Revista de Direito Tributário

64

MALHEIROS EDITORES

Revista de Direito Tributário

Publicada sob os auspícios do

IDEPE — Instituto Internacional de Direito Público e Empresarial
e do
IBET — Instituto Brasileiro de Estudos Tributários

ISSN 0102-7956

REVISTA DE DIREITO TRIBUTÁRIO
publicação trimestral de
MALHEIROS EDITORES LTDA.
Rua Paes de Araújo, 29, 17º andar - conj. 171 - CEP 04531-940
São Paulo, SP - Brasil - Tels. 822-9205 - 820-9718 - 820-5549 - Fax. 829-2495

Assinaturas e comercialização:
CATAVENTO DISTRIBUIDORA DE LIVROS S.A.
Rua Conselheiro Ramalho, 928 - CEP 01326
São Pauo, SP - Brasil - Tel. 289-0811 - Fax. 251-3756

Diretor Responsável: Álvaro Malheiros
Diretora: Suzana Fleury Malheiros
Supervisão Gráfica: Vânia Lúcia Amato

Composição: HELVÉTICA LTDA.
Impressão: Gráfica e Editora FCA (Fundação de Ciências Aplicadas)

SUMÁRIO

VIII CONGRESSO BRASILEIRO DE DIREITO TRIBUTÁRIO

SESSÃO SOLENE DE ABERTURA 7

CONFERÊNCIA MAGNA

A ISONOMIA TRIBUTÁRIA NA CONSTITUIÇÃO FEDERAL DE 1988
— José Souto Maior Borges 8

MESA DE DEBATES

DIREITO PENAL TRIBUTÁRIO 20

CONFERÊNCIA MAGNA

A PROGRESSIVIDADE NA ORDEM TRIBUTÁRIA
— Roque Antonio Carrazza 43

MESA DE DEBATES

TRIBUTOS FEDERAIS 56

MESA DE DEBATES

TRIBUTOS ESTADUAIS 77

CONFERÊNCIA MAGNA

VEDAÇÃO AO EFEITO DE CONFISCO
— Aires Barreto 96

MESA DE DEBATES

TRIBUTOS MUNICIPAIS 107

MESA DE DEBATES

INOVAÇÕES NO SISTEMA TRIBUTÁRIO 129

SESSÃO SOLENE DE ENCERRAMENTO 152

IX CONGRESSO BRASILEIRO DE DIREITO TRIBUTÁRIO

QUESTÕES
— Geraldo Ataliba 159

TAXA DE POLÍCIA — DESCARACTERIZAÇÃO POR VIOLAÇÃO DO PRINCÍPIO DA LEGALIDADE E PELA INADEQUAÇÃO DE SUA BASE IMPONÍVEL: UM CASO CONCRETO
— Eduardo Bottallo 173

ICMS — NATUREZA JURÍDICA DOS CONVÊNIOS DE ESTADOS-MEMBROS — INCONSTITUCIONALIDADE CONTINUADA
— Sacha Calmon 178

MERCOSUL E TRIBUTOS ESTADUAIS, MUNICIPAIS E DISTRITAIS
— Roque Antonio Carrazza 182

LIMITAÇÕES TEMPORAIS DA MEDIDA PROVISÓRIA: A ANTERIORIDADE TRIBUTÁRIA
— José Souto Maior Borges 192

MODELOS JURÍDICOS DA TRIBUTAÇÃO BRASILEIRA
— Wagner Balera 201

ISS — NÃO INCIDÊNCIA SOBRE FRANQUIA
— Aires F. Barreto 216

IPI — IMPOSSIBILIDADE JURÍDICA DE SE UTILIZAR O IMPOSTO SOBRE PRODUTOS INDUSTRIALIZADOS EM TRIBUTAÇÃO DIFERENCIADA DO AÇÚCAR PARA PRODUTORES DO SUL E DO NORDESTE
— Misabel de Abreu Machado Derzi 225

ISS E AS ATIVIDADES DE "FRANCHISING"
— Marçal Justen Filho 242

CRÉDITOS DE ICMS E IPI
— Heron Arzua........ 255

TRATADO INTERNACIONAL, EM MATÉRIA TRIBUTÁRIA, PODE EXONERAR TRIBUTOS ESTADUAIS
— Estevão Horvath e Nelson Ferreira de Carvalho 262

QUESTÕES
— José Eduardo Soares de Mello........ 269

VIII CONGRESSO BRASILEIRO DE DIREITO TRIBUTÁRIO

REALIZADO EM 14 DE SETEMBRO DE 1994

TEMÁRIO

PERIODICIDADE DO IMPOSTO DE RENDA
COMPENSAÇÃO DE CRÉDITOS
INOVAÇÕES NO SISTEMA TRIBUTÁRIO

(Notas taquigráficas das Conferências, Mesas de Debate, Sessões de Abertura e Encerramento)

SESSÃO SOLENE DE ABERTURA

PROFª MISABEL DERZI — Meus amigos, declaro abertos os trabalhos do VIII Congresso Brasileiro de Direito Tributário, promovido pelo IDEPE — Instituto Internacional de Direito Público e Empresarial. Convidamos os presentes a acompanharem o Coral da Polícia Militar do Estado de São Paulo, que cantará o Hino Nacional.

— É executado o Hino Nacional. (*Palmas*)

(*sem revisão da autora*)

PROFª MISABEL DERZI — A Mesa está composta pelo Prof. Geraldo Ataliba, Presidente do IDEPE, pelo Prof. Humberto Medrano, da Universidade Católica do Peru, pelo Prof. Paulo de Barros Carvalho, Presidente do IBET, pelo Prof. Aires Barreto, Diretor Científico do IDEPE, pelo Dr. Fugimi Yamashita, Diretor da IOB, pelo Prof. Souto Maior Borges, da Universidade Federal de Pernambuco, pela Profa. Elizabeth Nazar, Diretora da Faculdade de Direito da Universidade Católica de São Paulo, pelo Dr. Heron Arzua, Secretário da Fazenda do Estado do Paraná, pelo Prof. Fernando Albino de Oliveira, da Universidade de São Paulo e da Universidade Católica de São Paulo, pelo Prof. Estevão Horvath, pelo Prof. Wagner Balera e pelo Dr. José Eduardo Soares de Melo.

Portanto, é uma grande honra darmos início aos trabalhos desse VIII Congresso Brasileiro de Direito Tributário, um congresso que vai se debruçar sobre temas centrais do Direito, Tributos Federais, Estaduais, Municipais, especialmente inovações no Direito Tributário e no Direito Penal Tributário. Nada esperamos além de que este VIII Congresso alcance o êxito e a qualidade científica de seus trabalhos, como tem alcançado ao longo desses anos, e se notabilizado por ser o congresso mais completo, mais profundo e que mais tem marcado a História do Direito em nosso País.

Tenho a honra de presidir a esses trabalhos, esperando como sempre — por meio da colaboração de todos os seus participantes, professores, juristas, advogados, magistrados, enfim, profissionais do Direito — a colaboração para o elevado nível e cientificidade dos seus resultados.

Este congresso é celebrado em homenagem à memória de Rubens Gomes de Souza, Aliomar Baleeiro, Kleber Giardino e Antônio Roberto Sampaio Dória, juristas e cientistas ímpares do Direito Brasileiro, que desbravaram os caminhos e deixaram a sua marca indelével na História do Direito Tributário Brasileiro.

Na parte científica deste congresso ouviremos o Prof. José Souto Maior Borges, sobre um tema belíssimo, um tema de minha predileção especial e eu tenho a impressão que da predileção de muitos dos juristas presentes: "A isonomia tributária na Constituição Federal de 1988".

CONFERÊNCIA MAGNA

A ISONOMIA TRIBUTÁRIA NA CONSTITUIÇÃO FEDERAL DE 1988

JOSÉ SOUTO MAIOR BORGES

Isonomia na Constituição

PROF. JOSÉ SOUTO MAIOR BORGES — Excelentíssima Sra. Profª. Misabel Derzi, DD. Presidente deste VIII Congresso Nacional de Direito Tributário; Exmo. Sr. Prof. Humberto Medrano, que tanto nos honra com a sua presença; Exmo. Sr. Prof. Geraldo Ataliba, DD. Presidente do IDEPE, órgão promotor deste evento, conjuntamente com o Exmo. Sr. Prof. Paulo de Barros Carvalho, DD. Diretor do IBET e demais pessoas nominalmente mencionadas pela Profª. Misabel Derzi, e por isso mesmo seria ocioso discriminá-las.

O tema da minha exposição é: "A isonomia tributária na Constituição Federal de 1988". Algo insólito, estranho e surpreendente parecerá a um Congresso que tem como uma das suas temáticas centrais a análise de temas *atuais* de Direito Tributário, se venha a abordar um assunto como este, objeto da presente exposição e que parece tão desgastado pelo uso superficial e até pelo mau uso. Entretanto, nada mais moderno do que o antigo, o legado cultural do passado, naquilo em que ele condiciona toda a nossa existência contemporânea. No entanto, se comprometida a análise com uma vocação de profundidade, ela revelará uma riqueza inexplorada. E se não quisermos viver apenas no império do meramente retórico, relembraremos aqui a consigna do Hino Nacional, que acabamos de cantar — todos nós — com voz emocionada: "paz no futuro e glória no passado". A referência pela Prof Misabel Derzi às figuras veneráveis de Rubens Gomes de Souza, de Aliomar Baleeiro, de Cleber Giardino e de Antônio Roberto Sampaio Dória me tranquiliza quanto à minha tomada de posição pessoal. Não é possível renovação alguma nos estudos de Direito Tributário sem este ato contínuo e renovado de reverência ao passado e ao seu legado cultural, naquilo que ele mais autenticamente representa: um tesouro inestimável para todos nós.

Constituição de 1988

Com esta introdução tranquilizadora é que eu ouso me aventurar por este tormentosíssimo tema. Se abordado em profundidade, ele próprio mostrará que, no seu seio, habitam as questões não apenas dignas de serem questionadas, mas no contexto geral da Constituição de 1988, os problemas *mais dignos de questionamento*. Veremos como essa problemática se desdobra ao longo da nossa exposição.

Para atingirmos a meta proposta, escolhemos um *caminho*. Que caminho será este, a percorremos todos nós, num esforço profundo de meditação? Analisar algumas teses centrais em torno deste questionamento e condicionantes de uma colocação, com dignidade teórica expositiva, do problema da isonomia constitucional. Proporemos então à nossa meditação o desdobramento de algumas teses fundamentais.

A primeira tese: toda novidade, toda construção teórica inovadora tende, com a ação do tempo, a assumir um caráter conservador. Uma doutrina que, nas suas origens, era grandiosa precisamente porque rompia com o passado, porque significava uma ruptura com o pré-estabelecido, é descontinuidade para com esse passado, mas ao mesmo tempo significa uma continuidade, porque é um esforço de repensamento daquilo que antes de nós foi pensado. Tudo tende a assumir, com a ação do tempo, dimensão conservadora, não porque nós sejamos responsáveis por um ato de infidelidade intelectual, mas simplesmente porque biologicamente o comportamento médio humano não pode manifestar-se de outra maneira. Somos condicionados a assumir uma posição conservadora a partir daquelas posições inovadoras que originariamente assumimos. Nada a estranhar, entretanto: já dizia Heráclito, o pensador matinal: o homem deve defender as suas leis com as muralhas da sua cidade. Eu próprio pretendi algures caracterizar este fenômeno com um dizer moderno, referindo-me ao "encastelamento doutrinário em torno dos estudos jurídicos relativos ao Direito Tributário".

Prudência interpretativa

A segunda tese: é uma contingência do conhecimento humano o ser necessariamente imperfeito; temos que aprender, conseqüentemente, a conviver com o erro. Erros não são pecados; erros são a ocasião de despertar a curiosidade para formas de investigação científica criativamente novas. E através do erro nós podemos assumir uma posição comprometida com o avanço científico, na medida em que o próprio erro sinaliza para a circunstância de que, se está errada a hipótese, a hipótese oposta será, provavelmente, verdadeira. Assim sendo, e sem maiores problemas de consciência, poderemos abandonar as nossas convicções, se eventualmente revestidas de erro, porque nenhuma construção científica estará totalmente certa e nenhuma totalmente errada; há uma predominância, nas melhores teorias científicas, do conteúdo de verdade, mas sempre insinuando-se insistentemente o erro como hóspede indesejável. Mas nós temos que aprender a conviver com o erro, abandonar a nossa própria vaidade, e deixar que as nossas teorias pereçam, para que nós possamos continuar vivos em busca de melhores teorias e de uma aproximação mais direta da verdade.

Como não há absolutamente conhecimento humano atemporal e inespacial, podemos assumir, a terceira tese, um enunciado, válido inclusive na ciência do Direito Tributário: em *ciência só o provisório é definitivo*. Parece um paradoxo, mas na verdade não é, porque o ser provisório da investigação científica no campo do Direito Tributário é uma característica da qual ele não pode se apartar. Conseqüentemente ele tem que utilizar esta circunstância ligada ao conhecimento humano para dela tirar proveito e possibilitar o progresso dos estudos jurídicos em torno do tributo. Como que a ajuda do desfavorável (Guitton).

Distinções

A quarta tese afirma que a distinção entre princípio e norma corresponde hoje a uma posição conservadora, objetivamente conservadora. A doutrina, inadvertida, resiste contudo a reconhecer a necessidade de superação dessa distinção. Como é que se daria esta superação? Ir além desta distinção, sem sair dela; é exatamente a famosa consigna de Carlos Cossio. Ele preconizava, para os estudos da ciência jurídica contemporânea, esta regra metodológica, a regra de ouro: "ir além de Kelsen sem sair de Kelsen"; um ato de fidelidade ao pensamento alheio e ao mesmo tempo de insubordinação, de inconformação com a manutenção do *statu quo* científico; superação naquilo que o pensador, o cientista recebeu como legado cultural, a ser administrado pelo seu tempo.

Não vou — para um auditório com as qualificações intelectuais deste — insistir na distinção entre princípio e norma. Pelo contrário, ela aqui não será posta; vai ser simplesmente pressuposta. A partir dela, nós tentaremos avançar num progresso efetivo no campo dos estudos sobre os princípios constitucionais, com particular referência ao princípio geral da isonomia nas suas implicações com a isonomia tributária propriamente dita.

Contudo, o *caminho* — uma via, nada mais do que uma via para o nosso pensamento, entre outros que poderiam ser adotados, outras perpectivas de estudos consignadas pelos estudiosos — vai ser, para lograr-se o passo à frente — aí sim algo paradoxalmente — tentarmos dar um passo atrás. Retomar produção científica algo esquecida no tempo.

Quinta tese: hoje em dia nós temos, ao manipular as categorias teóricas, o vezo de identificar o apenas moderno — que às vezes se reveste de características na verdade *modernosas* — com uma garantia absoluta de supremacia teórica, de excelência científica no confronto com a produção científica ou artística que nos antecedeu. Todavia, não há garantia alguma — isso não passa de um mero preconceito — de que o moderno suporte, sempre com vantagem, confronto com o passado.

A doutrina

Sem nenhum intuito encomiástico eu diria que o único avanço efetivo nos estudos sobre o princípio constitucional da isonomia modernamente foi dado pelo Prof. Celso Antônio Bandeira de Mello na sua monografia sobre "O conteúdo jurídico do princípio da igualdade". Mas se desconsiderarmos, para fins meramente metodológicos, o trabalho do Prof. Celso Antônio, eu tenho sinceros receios de que nada que foi produzido e pensado (ou sequer pensado, melhor *dito*: escrito) sobre a isonomia, modernamente, resistiria a um teste de confrontação com doutrina jurídica antecedente.

Vocês já se deram ao trabalho (mais que trabalho, ao desperdício de esforço intelectual mal direcionado) de ler certos livros modernos, livros que sairam logo após a vigência da Constituição Federal de 1988, praticamente como se diria — com a licença da metáfora — na primeira fornada? Eles se caracterizam por uma congênita superficialidade expositiva; mera repetição do pré-estabelecido; glosa intercalar de textos constitucionais, sem a menor preocupação de dignidade expositiva. É claro que há exceções, há o trabalho do Prof. Sacha Calmon; há o trabalho do Prof. Roque Carrazza, eu não vou fazer injúria a esses estudiosos; mas a regra é esta, e esses trabalhos excepcionais constituem aquilo que Carnelutti dizia numa belíssima metáfora: um milagre; e o milagre existe não para negar — é ainda de Carnelutti a ressalva — a regra, mas para confirmar a necessidade da exceção.

Vou expor aqui um ponto de vista referente à doutrina antiga.

Muito bem, o que é que nós podemos fazer diante do texto, do que um pensador autêntico pensou? É procurar extrair dele todas as suas virtualidades e fazer exatamente aquilo que Cossio preconizava, com relação a Kelsen, ir além dele sem sair dele.

Acaso na minha vida de estudioso me deparei com o trabalho de Francisco Campos sobre a isonomia constitucional. Francisco Campos é uma figura muito controvertida (foi ministro da justiça do Governo Vargas), mas a essa controvérsia em torno das circunstâncias pessoais da sua existência corresponde uma unanimidade no reconhecimento de que ele foi efetivamente um grande jurista, um grande constitucionalista — e está aqui o Prof. Ataliba para reforçar o nosso entusiasmo.

O despertar para o tema

Muito bem, qual foi o texto de Francisco Campos, escrito ainda sob a vigência da Constituição de 1946, que instigou as minhas reflexões? O seguinte: a isonomia constitucional não era um princípio constitucional qualquer, porém o mais eminente dos princípios constitucionais. Por mais eminentes que sejam o *habeas corpus* e o mandado de segurança, por exemplo, que estavam contemplados na Constituição de 1946, sem isonomia eles não teriam efetividade.

A partir daí verifiquei que este era um texto fundamental, era o princípio-dos-princípios, o mais originário de todos, não na ordem cronológica, mas na ordem valorativa e epistemológica, a condicionar os nossos estudos e a aplicação constitucional. A isonomia é, na Constituição Federal, o protoprincípio — o mais originário na ordem do conhecimento, o outro nome da *Justiça*. Uma Justiça imanente — não transcendente portanto — ao ordenamento constitucional positivo. Direito Constitucional e Justiça Constitucional, *o mesmo*. Portanto, esta reverência ao passado é um ato — se nós queremos ser autenticamente modernos — de fidelidade intelectual ao que não devemos absolutamente desprezar. Impõe-se repensar o que pensou Francisco Campos e até o que pensaram antes dele.

Voltar ao pensador, ao que ele pensou, uma regra que diria epistemológica — com essa licença do pensar moderno — é sempre um pensamento *fiel*, um *ato de fidelidade*. Por isso é que já se disse admiravelmente: pensar nada mais é do que *recordar*, e mais ainda, pensar é *comemorar* o que foi dito, vivido e antes pensado; todo ato de pensamento não passa de uma *comemoração pensante*. Sem o reconhecimento desse legado cultural do passado, nós regrediríamos à barbárie e à idade da pedra lascada; sequer seria possível a continuidade da ciência, a continuidade do *mundo da cultura*. E mais, se nós pensarmos com seriedade o que foi antes de nós pensado, ocorrerá que, num ato de contrição intelectual, teremos de reconhecer que recebemos esse precioso legado cultural sem mérito nenhum nosso; nós o recebemos graciosamente, ele está à nossa disposição, pelo simples fato de que constitui um legado comum à humanidade, um bem comum da humanidade; algo que não está alojado na vaidade subjetivista e deplorável de pensadores superficiais.

Hierarquias de princípios

Pensar, portanto, é, ao fundo, *agradecer* por aquilo que nós recebemos dos nossos antecessores.

A partir daí, da afirmação de que todos são princípios contitucionais contrapostos às meras normas constitucionais, e a partir do que ensinou Francisco Campos, é possível avançarmos, ir além do pensador, sem trair o seu pensamento. É possível pensarmos a sexta tese: há uma hierarquização na região normativa, como que no *interior* dos próprios princípios constitucionais.

Será que esta é uma construção cerebrina, partida da incontinência verbal do Prof. Souto Borges, ou ela, como qualquer opinião doutrinária, sequer pode constituir uma base de avaliação, uma base de experimentação daquilo que as nossa pobres teorias, como redes, lançam sobre a realidade, sem saber *a priori* o resultado que dela vamos obter, se uma boa pescaria ou uma frustração do próprio pensamento.

A Constituição Federal consagra claramente uma hierarquia: essa hierarquia não é apenas semântica, ou seja, do seu significado normativo, da sua consistência de significação, da sua expansão de significado em torno do texto constitucional, mas é também uma hierarquia sintática. Há princípios na Constituição Federal que, pela sua extrema eminência, não podem ser tangidos sequer por uma reforma constitucional, não podendo sequer ser objeto de deliberação, medidas pendentes a abolir esses princípios fundamentais, tal como prescreve o art. 60, § 4º da Constituição Federal de 1988.

Princípios

A Constituição tem princípios fundamentais e normas, mas tem meros princípios, por exemplo os princípios gerais ligados à ordem econômica (art. 170 do texto constitucional). Porém, numa Constituição revestida do grau de pormenorização da Constituição Federal em vigor, não é à toa que ela enuncia certos princípios topograficamente em primeiro lugar no seu texto: são os princípios da Federação e da República, que estão no art. 1º, é o princípio da tripartição do poder, que está no art. 2º; é o princípio da democracia, que está no art. 4º; e são os direitos e garantias *fundamentais* do art. 5º do texto constitucional.

Enquanto, com relação aos princípios ligados à ordem econômica, a Constituição Federal faz referência apenas a que eles são princípios *gerais*. Com relação a esses princípios, que agora acabo de enunciar, a Constituição Federal os nomeia como sendo *fundamentais*. O *Título I* da Constituição trata precisamente dos *Princípios Fundamentais* — que, enquanto tais, não são meros princípios. Os direitos e garantias individuais são efetivamente direitos e garantias, mas como elas se projetam pelo texto constitucional todo, na aplicação constitucional, que condicionam no seu todo, esses direitos e garantias acabam por se corporificar também como principais.

Sétima tese: a ousadia teórica, se responsável, é uma virtude metodológica, nada tem a ver com vaidade de estudioso; nada tem a ver com incontinência verbal; falta de contenção em estritos termos de produção científica. Cientificamente, nós só podemos avançar se tivermos a coragem de ousar. E eu vou ousar conjecturar que, mesmo esta distinção entre princípios constitucionais fundamentais e meros princípios acaba por convocar o nosso pensar para um avanço ainda maior em termos doutrinários e para uma concepção ainda mais originária, no sentido de que é possível estabelecer no texto constitucional uma hierarquização desses próprios princípios constitucionais. E aí nós atingimos o núcleo, o cerne, o ponto central da nossa exposição.

Superioridade do princípio

Afirma Francisco Campos: a isonomia não é um princípio constitucional como outro qualquer, ela condiciona a eficácia à aplicação de todos os demais princípios constitucionais. E afirmo eu: a isonomia não está restrita apenas ao enunciado do art. 5º *caput* e item I da Constituição. Se não manipularmos irresponsavelmente as palavras, veremos que não é por acaso que a Constituição Federal, dos 77 itens em que se desdobram os direitos e garantias fundamentais do art. 5º, faz menção à isonomia no *caput* do dispositivo: todos são iguais perante a lei; ou como diria Kelsen: a isonomia *formal* é ali garantida. Mas ela institui logo em seguida, no primeiro item, a isonomia no sentido *substancial*, a isonomia *material*: homens e mulheres são iguais em direito e obrigações, nos termos desta Constituição. A igualdade é ai a *matéria* da Constituição.

Insisto: pensar é sempre um esforço de retornar ao passado. O pensador matinal dizia também: tudo tende à unidade, a variedade tende sempre à unidade, a diversidade, à simplicidade da uniformização: tudo é um (Heráclito).

Oitava tese: a Constituição gravita, toda ela, em torno de um núcleo constituído basicamente pelos seguintes princípios constitucionais: a isonomia (art. 5º, *caput* e item I); a legalidade (art. 5º, item III); a universalidade da jurisdição (art. 5º, item XXXV: "A lei não excluirá da apreciação do Poder Judiciário lesão ou ameaça a Direito" — é o que diz o texto); o princípio do contraditório, art. 5º, item LV: "Aos litigantes, em processo judicial ou administrativo, e aos acusados em geral são assegurados o contraditório e ampla defesa, com os meios e recursos a ela inerentes".

Nesse núcleo principal, num mínimo formal de saturação — que é o máximo de saturação substancial dos princípios — nós chegamos ao cerne dos direitos e garantias fundamentais que estão no texto da Constituição Federal de 1988. Mas não nos basta isso ainda; tudo não é *um*, tudo não se reduz à unidade? Todos os direitos e garantias individuais, todos os princípios que estão no texto constitucional, a universalidade da jurisdição, a legalidade, o contraditório, são servientes, estão a serviço da isonomia, e sem eles seguramente não se explicam com a necessária densidade de exposição teórica. Não é possível abstrair a isonomia na análise de qualquer princípio constitucional.

Não diz a Constituição Federal que nós somos iguais perante regulamentos, portarias, ordens de serviços, instruções, resoluções do Banco Central, pareceres-normativos. A Constituição Federal diz: Todos são iguais perante a lei". A *legalidade é a morada da isonomia*. Se, na linguagem-de-objeto, a legalidade e a isonomia estão enunciadas em dois incisos apartados do texto constitucional, a isonomia formal no *caput* e no inciso I e a legalidade, no inciso II, na metalinguagem doutrinária legalidade e isonomia podem ser enunciados como *um só princípio*. Legalidade e isonomia, no texto constitucional, um mesmo aspecto, um só princípio, a lei é a morada da isonomia, *legalidade isônoma*, portanto, é dizer: isonomia como conteúdo da legalidade; a isonomia, como uma regra contenutística, se quisermos utilizar a terminologia instigante de Pontes de Miranda.

Abrangência

E a universalidade da jurisdição? Sem isonomia ela seria um princípio oco; uma enunciação balofa, um *flatus vocis*. E o contraditório? Como assegurar a polêmica, a discussão? A *dialética do contraditório no processo judicial*? O entrechoque das opiniões, sob império de regras processuais norteadas, todas elas direcionadas, para um fim que o processo atinge, inclusive o processo tributário, que será fiscalizado todo o tempo, no tocante à *pertinência* da discussão pela parte imparcial que é o juiz. Como isso seria possível sem isonomia? Estou falando da Constituição de 1988...

A isonomia está também no preâmbulo da Constituição Federal. Antes de qualquer outra coisa, antes de começar a disciplinar qualquer matéria, já declara o legislador constituinte, no preâmbulo, o fim das normas que institui: preservar a igualdade. A isonomia está ainda no art. 4º, item V, nas relações interestaduais, nas relações que o Brasil mantém com os Estados estrangeiros. Regem-se, todas elas, pelo princípio da igualdade. Portanto, antes de qualquer disciplinação ou estruturação interna do ordenamento jurídico constitucional brasileiro, está a isonomia, persistente, a governar todas as relações jurídicas de ordem internacional que o Brasil entretem.

Aliomar Baleeiro já dizia, e vamos respeitar o pensamento dele, reverenciando aquilo que ele disse: os princípios implícitos no texto constitucional têm a mesmíssima positividade e eventualmente a mesma eficácia dos princípios constitucionais expressos. Portanto, eu posso extrair na metalinguagem doutrinária a regra de que em verdade existe também uma isonomia no relacionamento entre as pessoas constitucionais, União, Estados Membros e Municípios.

Não significa, essa isonomia das pessoas constitucionais, tenham elas as mesmas atribuições legislativas e administrativas. Significa, isto sim, que elas recebem as suas competências diretamente do texto constitucional, sem intermediação de espécie alguma. E o Município — *essa diversidade na unidade* que possibilita e viabiliza a unidade nacional num país de dimensões continentais como o Brasil? O Município é uma *criatura da Constituição*: o art. 1º ao estruturar a federação brasileira, refere-se ao Município; o art. 18 diz que o Município é autônomo. O Município portanto não recebe a sua competência legislativa e administrativa senão do próprio texto constitucional. Equivocado seria supor fora possível colocar esse problema a nível infraconstitucional. Perfeitamente caracterizada portanto a isonomia das pessoas constitucionais.

Isonomia e legalidade

E finalmente a isonomia do art. 5º, enunciada na linguagem constitucional como um princípio distinto da legalidade. Mas, na metalinguagem doutrinária, não é preciso usar a mesma terminologia da linguagem do objeto, e eu posso muito mais adequadamente dizer: legalidade isônoma, um só princípio.

E seja-me permitida, em decorrência dessas divagações, uma outra tese a nona e a mais importante, talvez (ou muito mais) um devaneio da *imaginação generosa*, em torno do texto constitucional. É que a isonomia *não está no texto constitucional* apenas; a isonomia, em certo sentido, *é a Constituição Federal de 1988*. Tudo é um. Todos os princípios e normas se reconduzem ao princípio mais originário, o que está no fundo dos fundamentos da Constituição.

E quando se trata da isonomia em matéria *tributária* (art. 150, item II), numa Constituição pormenorizada como a brasileira, a tendência da analítica superficial é afirmar logo: essa reiteração da isonomia, no setor tributário, é uma redundância, uma superfluidade, uma duplicação inútil do texto constitucional que dantes enuncia, em caráter genérico, a legalidade geral (art. 5º, *caput* e item I).

Hoje eu não penso assim; considerando a importância que o problema tributário tem para o Estado Brasileiro, o dramático desafio para a arquitetônica constitucional, de distribuir poder de tributar entre três esferas autônomas de governo — União, Estados e Municípios —, provocou a necessidade de que houvesse uma disciplina autônoma quer da legalidade tributária, quer da isonomia tributária. Veda, o art. 150, discriminações entre contribuintes. Esta reiteração se dá sob uma perspectiva completamente distinta da legalidade e isonomia gerais no texto constitucional.

Qual é essa perspectiva? Já aí, a legalidade e isonomia são encaradas, por assim dizer, no texto constitucional, como *limitações constitucionais do poder de tributar*. E a suprema limitação do poder de tributar é a isonomia. Portanto, nenhuma lei tributária material sem isonomia, nunhum tributo sem legalidade. Nós voltamos às vetustas origens do Direito Tributário: *nullum tributum sine lege*. No fundo, tudo monocordicamente reitera o dizer do passado.

É uma característica do Direito moderno a inflação legislativa, o culto nesse sentido descomedido e destemperado não da lei em si, mas da produção legislativa incontida. À lei se permite tudo, contanto que na prática ela não regule nada; normas desprovidas de efetividade. A lei, por conter normas de caráter geral, é privilegiada nas preocupações com os estudos, inclusive de Direito Tributário, e assim deve ser, mas não se perdendo a visão da floresta pela contemplação da árvore. Na legalidade não está o Direito todo; a legalidade tem que ser consorciada, para a sua eficácia com o ato administrativo e judicial; ou seja, as sentenças administrativas, os acórdãos administrativos e os atos judiciais (colegiais ou singulares).

Muito bem: que acuso de ser destemperado? Rogo ninguém atribua à minha exposição o sentido de que estou preconizando o desrespeito à lei. De maneira nenhuma. O que eu quero dizer é o seguinte: em ciência do Direito, e portanto em ciência do Direito tributário, a magna indagação que retorna o tempo todo nas nossas meditações é o respeito dos limites do nosso pensar, em respeito aos limites do nosso objeto. A lei jamais foi feita para regular todos os casos — nenhum, excetuado — que concretamente ocorrem na convivência social. Pelo contrário, as leis são feitas para aquilo que normalmente acontece. É uma velha parêmia, só na aparência, parecendo ser firmada pela consideração de que, ao lado das normas tributárias de caráter geral, existem as normas tributárias de caráter excepcional.

Alcance do princípio

Todavia, o conceito de geral e o de excepcional nas suas interrelações são, um como outro, conceitos relativos. A norma excepcional é, também ela, uma norma de caráter geral, só que a norma geral excepcional (se assim me posso expressar) se dirige a uma generalidade mais restrita de pessoas, por exemplo, uma norma de isenção. Não podemos estabelecer em texto de lei uma isenção em caráter individual, porque isso seria atentatório a dois princípios constitucionais que venho preconizando como supremos no texto: seria atentatório à isonomia e à competência constitucional do Poder Executivo. O Congresso não pode votar uma lei de caráter individual, isso não é novidade, mas é por isso que eu retorno sempre ao pensamento antigo. Ferrara, em 1921, dizia na Itália: uma lei de caráter individual nada mais significa do que um ato administrativo revestido da roupagem apenas formal de lei. Um ato inconstitucional por invasão de competência, diz-se hoje.

Então a generalidade da lei deflui, não como dado *a priori* do conhecimento humano, mas da circunstância de que temos, no texto constitucional, o princípio da tripartição de poder. Consequência deste: O Poder Legislativo não pode invadir a esfera do Poder Executivo e a do Poder Judiciário. A lei terá que ser sempre geral. E aí está a sua miséria e a sua grandeza, porque ela não pode esgotar a regulação da vida social toda. E aí se coloca o problema, não das antinomias entre lei e sentença — como se a lei dissesse: é proibida tal conduta, e uma sentença de aplicação dela dissesse: é autorizada tal conduta. Não é isso que se questiona. O problema é bem diverso: como a lei não pode — não cabe no rol das coisas humans, da imaginação criadora e da inteligência do homem — prever tudo aquilo que vai acontecer na vida concreta (a vida é muito mais rica do que a nossa pobre capacidade de imaginação), há sempre casos que escapam à normativa da regra geral e *gritam* pela aplicação de regra diversa daquela disciplina adotada eventualmente em seu texto.

A generalidade das lei encobre eventualmente a sua miséria. Ali, onde haja uma generalidade de expansão da lei, uma generalidade inexcetuada, i.é, sem exceção no texto legal, há sempre um sacrifício da Justiça.

Dizendo essas coisas assim e muito abstratamente formulado, o enunciado não perde a sua validade, mas perde um pouco da compreensão e da comunicação. Mas, se eu disser que a miséria do Imposto Provisório sobre movimentações Financeiras — IPMF é precisamente a sua generalidade, porque, em decorrência dela, é incompatível esse imposto com a capacidade contributiva, a compreensão fica enormemente facilitada. É a força iluminadora do exemplo.

Constituição e lei

Outra suposição minha, infelizmente desconsiderada: não se deve confundir uma lei inconstitucional com a *aplicação* inconstitucional, essa sim, de uma norma infraconstitucional. Como as lei são feitas para *aquilo que normalmente acontece*, num caso concreto excepcional (o que se não confunde com a excepcionalidade das normas legais) pode ocorrer que a aplicação da norma tributária venha a redundar numa flagrante injustiça, ou que, ao negar-se a aplicação de uma norma tributária geral ou de uma norma tributária qualquer instituída em lei, injustiça também venha a eclodir na vida social. Suponha-se, por exemplo, que, numa determinada região do País haja uma circunstância fortuita, uma calamidade pública num determinado Município, por exemplo, como ocorreu na minha terra há muitos anos: um bairro pode estar afetado por um incêndio ou por uma enchente e esse infortúnio afeta a capacidade contributiva individual por um período limitado de tempo, mas seguramente afeta. O que ocorre então? O legislador concede uma isenção restrita aos habitantes do bairro (A). Meses depois ocorre que, por um infortúnio maior ainda, esse infortúnio se estende e recai sobre outro bairro (B). Mas não há lei prevendo tal situação. A lei só foi feita para resolver a situação do bairro (A), mas tudo indica que se os habitantes do bairro (B), dantes não afetados, vierem a ser atingidos por esse infortúnio, o legislador daria exatamente a mesma solução. É caso típico de interpretação *extensiva*. E se o legislador não previu a hipótese, como as lei são feitas para o que normalmente acontece, a essa situação absolutamente excepcional, o próprio ordenamento jurídico dá o remédio. Um dos instrumentos para essa integração é a *isonomia*.

Não está dito na Constituição Federal de 1988 que os direitos e garantias que ela estabelece, no art. 5º, independem de regulamentação? Por que então, que espécie de *pudor* leva o intérprete — o que é muito mais acomodação servil à aplicação superficial — a desaplicar o texto constitucional em tais hipóteses? Não é preciso decretar a inconstitucionalidade de lei "omissiva".

Agora, se se aplica a uma situação norma que foi feita para regular casos gerais, realmente a aplicação aí é a aplicação inconstitucional de norma constitucional.

Eu também continuo não falando novidade, estou apenas tentando dizer coisas velhas sob perspectivas novas, ou, como diria o Ministro Baleeiro, transportanto vinho velho em pipa nova. Rubens Gomes de Sousa disse isso com toda clareza nos seus pareceres luminosos. Um exemplo: o Imposto Predial e Territorial Urbano. A Constituição Federal o tempo todo, quando fala da propriedade, o faz em reiteração que nos chama a atenção, atrela o seu exercício à sua função social. E diz claramente, ao atribuir a competência ao Município, que o imposto Predial e Teritorial Urbano poderá ser progressivo, de modo a assegurar a função social da propriedade (art. 156, § 1º). Institui-se o Imposto Predial e Territorial Urbano, por hipótese, progressivo no tempo, em função do valor venal do imóvel. É claro que quem detém grandes imóveis, imóveis supervalorizados, imóveis que constantemente prestam reverência — como um bezerro de ouro — à especulação imobiliária; imóveis que não estão exercendo a sua função social; imóveis que, simplesmente ociosos, formando estoques para a cumulação de riquezas, é claro que eles próprios sempre correspondem a uma manifestação ostensiva de capacidade contributiva individual. E a lei foi feita para alcançá-los e não a outros; a lei foi feita, repito, para aquilo que normalmente acontece (*quod plerumque fit*). Mas, argumenta-se *ad terrorem*, contra a constitucionalidade dessa imposição, com a circunstância que chega a ser ridícula: a alegação de que eventualmente o imposto pode cair sobre uma viuvinha desamparada, pensionista da Previdência Social que herdou imóvel superlativamente valorizado na Av. Paulista, mas não tem como pagar o tributo, ou que o IPTU progressivo no tempo pode até recair sobre um desempregado que tem um grande patrimônio mas está sem trabalhar e não tem como realizar dinheiro... Isso seria incompatível com a capacidade contributiva individual. São, todos esses, casos-limites, a mais excepcional das excepcionalidades. E por isso imprevistos no plano legal. E o legislador faz obra humana e, pois, necessariamente imperfeita.

Ora, exigir o imposto em hipótesses que tais, é evidentemente recair no que eu critiquei, uma aplicação inconstitucional de norma constitucional. Agora, uma solução evidentemente desastrada seria considerar-se a lei inconstitucional como um todo, em nome de uma incidência excepcional. É só uma questão de se inovar aquela *lógica do razoável* a que se reportava o Prof. Recaséns Siches. Mas o dizer bem humorado diz que bom senso é a coisa mais bem repartida do mundo, porque todo mundo acha que o seu é suficiente (risos). Pretende-se então decretar a inconstitucionalidade de lei em circunstâncias como essa. Nada mais desarrazoado.

Concluo esta exposição, à mingua de tempo, que muito já me foi concedido pela generosidade da atenção.

Este congresso foi feito exatamente para quebrar tabus e preconceitos. Não é à toa que ele se afirma como ocasião renovada para o repensar de vários temas constitucionais. E se nós queremos ser fiéis a esse desiderato, teremos que constantemente retomar o ofício e esforço do pensar, sem o qual não existe nenhum jurista, nenhum especialista em Direito Tributário ou outro ramo qualquer de conhecimento jurídico digno deste nome. Muito Obrigado. (Palmas).

PROFª MISABEL DERZI — Tivemos a honra de ouvir palavras maravilhosas, discurso belíssimo do Prof. Souto Maior Borges. Eu acredito que os nossos juristas homenageados Rubens Gomes de Sousa, Aliomar Baleeiro, Kleber Giardino e Sampaio Dória tiveram, nas palavras de Souto, a homenagem justa que se lhes poderia prestar.

Professor Medrano, esses juristas a que nos referimos aqui, juristas brasileiros que abriram os caminhos do Direito Tributário, foram homenageados pelo Prof. Souto de uma forma ímpar, porque nos lembrou que estudar ou reestudar o pensamento tributário é comemorar. Comemorar é exatamente o que nós estamos fazendo hoje, reestudando o antigo, retomando aquilo que de precioso temos nesse antigo, aquilo que o pensador como um Aliomar Baleeiro, um Sampaio Dória, um Cleber Giardino e um Rubens Gomes de Souza, aquilo que esse pensador pensou e nós podemos apenas pretender, no máximo — eu ainda não consegui, mas como os senhores vêem o Prof. Souto consegue e sempre consegue, e por isso que ele é feliz, já escreveu uma obra chamada ''Ciência feliz'' — ele consegue sempre colocar uma pedra a mais, um tijolo a mais no edifício da ciência jurídica. Alguns tentam, como eu, arduamente, embora não consigamos colocar essa pedra. Nós estimamos, estimulamos, e aplaudimos sempre que alguém o faz.

Evolução da ciência

Então, reestudando o antigo e retomando as lições dos grandes mestres e submetendo todas essas lições ao teste rigoroso da cientificidade, teste rigoroso que mesmo quando infirma teorias científicas não nega o valor dessas afirmações, mesmo quando elas tendo prestado um elevadíssimo e um relevantíssimo serviço à ciência do Direito Tributário, mesmo quando estas afirmações científicas num certo momento deixam de ser suficientes para abarcar ou para explicar a totalidade dos fenômenos da realidade. Assim como no campo das ciências exatas a um Kepler sucedeu um Newton, a um Newton sucedeu um Einstein, também no Direito.

A obra da ciência é uma obra contínua e a esta visão belíssima o Prof. Souto, o discurso do Prof. Souto, é a confirmação sempre correta, sempre exata de que ele é um dos maiores juristas brasileiros de todos os tempos. E submetido a um novo teste de verificabilidade esta constatação sempre se confirma. O Prof. Souto nos trouxe aqui, exatamente, a primazia do princípio da igualdade, a prevalência do princípio da igualdade, além de retomar o pensamento, mesmo porque pensado por esses grandes pensadores da História do Direito, ele lembrou a hierarquia entre esses princípios constitucionais, todos eles, para sacar, ir passando por todos esses princípios a prevalência evidente do princípio da igualdade.

Federalismo

O federalismo não se compreende sem a isonomia e a igualdade entre os entes políticos federados; a legalidade não se compreende se não soubermos que não faz lei, não se assenta para codeliberar e codecidir a não ser aqueles que se situem como iguais — fundamentalmente como iguais, porque o senhor não discute com o escravo, ele ordena.

Então, fundamentalmente atrás da República — isso sempre nos ensinou Geraldo Ataliba — está o princípio da igualdade: República, legalidade, federação, o devido processo legal, por todos esses princípios caríssimos da Constituição perpassa sempre a igualdade. A igualdade, como diz o nosso mestre Souto, não está na Constituição, é a Constituição de 1988. E ao dizer isso fez alguma coisa mais difícil de se fazer ainda: demonstrar que entre os princípios fundamentais da Constituição, aqueles mais fundamentais — e esse o pensamento avançado, pelo menos como eu o vejo neste momento, de Souto Maior Borges — da Constituição, alguns deles pode ser que sejam mais fundamentais ainda do que outros. Esse é o nosso desafio, porque o tempo todo muitas vezes não se trata de estabelecer propriamente uma hierarquia entre os princípios, mas de pesar ou de sopesar um frente aos outros, onde estamos falando de princípios fundamentais.

Vejam os senhores que quando entre nós foi declarada a abolição da escravatura todos nós sabemos que alguns senhores e proprietários levantaram a questão do direito adquirido e do direito de propriedade. Sem dúvida alguma teria havido ali, do ponto de vista desses proprietários, um confisco, porque seja como for esses seres humanos escravos tinham um valor patrimonial e o seu patrimônio tinha sido substancialmente reduzido.

Então, ao lado do não-confisco, do direito de propriedade e de outros princípios, segundo a Constituição todos eles fundamentais, uma outra indagação muito importante surge entre o sopesamento e a relação entre esses grandes princípios. De plano o Prof. Souto se inclinou, ao longo do seu discurso, para um peso maior, um assento maior na igualdade ou na isonomia dentro do Direito, mas avançou também algumas soluções em caso de conflito, e que ao longo dos anos nos vão ser lembrados, que é a relação entre normas excepcional e norma geral e a lógica do razoável.

Quero portanto saudar o Prof. Souto Maior Borges, agradecer a ele essas palavras tão marcantes, tão decisivas na abertura deste VIII Congresso Brasileiro de Direito Tributário, torcendo para que no enfrentamento das questões, no dia-a-dia do Direito Tributário, possa a doutrina brasileira, possa a jurisprudência brasileira colocada frente a esses conflitos, entre grandes princípios constitucionais, entre princípios fundamentais, adotar as palavras do Prof. Souto e equilibrar esses princípios com os pesos adequados, como aqui foram colocados.

Portanto, mais uma vez muito obrigada, Professor, ao seu belíssimo discurso, como já era de se esperar.

Teremos um breve intervalo. Muito obrigada. (Palmas)

MESA DE DEBATES

DIREITO PENAL TRIBUTÁRIO

PROFª MISABEL DERZI — Vamos retomar os nossos trabalhos dando início à nossa Mesa de Debates sobre Direito Penal Tributário. Cada componente desta Mesa exporá o tema durante 10 minutos.

Damos a palavra inicialmente ao Dr. Arnaldo Malheiros Filho.

(*sem revisão do autor*)

PROF. ARNALDO MALHEIROS FILHO — Professora Misabel Derzi, meus caros mestres Geraldo Ataliba, Celso Antônio e José Carlos Dias, meus amigos Luiz Francisco Carvalho Filho e Wagner Balera, prezados colegas, eu queria agradecer a oportunidade de estar hoje nesta Mesa, particularmente com esse auditório altamente qualificado, para trazer um pouquinho da experiência e da vivência de Advocacia Criminal que se tem tido com relação ao tema Direito Penal Tributário, nesta época histórica que tem sido marcada, não só no Brasil, mas é uma tendência que se verifica hoje amplamente na Europa e nos EUA, pelo que se chama de criminalização da vida econômica; ou seja, este movimento que tenta tirar o Direito Penal do âmbito da marginalidade social para fazê-lo alcançar também uma marginalidade legal que existiria nos círculos mais privilegiados. É essa tendência que se manifesta com o endurecimento, o rigor maior de legislação tipo crimes de colarinho branco, crimes financeiros, econômicos, e os crimes contra o Fisco, os crimes tributários.

Severidade da Constituição

Isso ocorre no quadro, e eu acho muito importante que se faça essa meditação, da Constituição de 1988, o mais repressivo dos diplomas constitucionais que o Brasil já teve, incluída em sua história a polaca de 1937. A Constituição de 1988 é uma questão interessante, eu que estou trazendo para o debate esta afirmação confesso perante os senhores que me demorei muito a dar conta disso, e não tenho idéia de se os constituintes de 1988 tinham a noção de estar preparando a Constituição mais repressiva que o Brasil já teve. Uma Constituição, meus senhores, que chega a erigir a inafiançabilidade de crime a direito individual.

Eu não compreendo que direito o indivíduo tenha primeiro na proibição dele próprio ter fiança ou na proibição de que alguém mais tenha fiança. Mas é curioso que o fim da ditadura militar, a queda de um regime que se amparou na repressão clandestina, um regime que se sustentou sobre os seus porões, onde havia prisão ilegal, tortura e morte sendo praticadas como meio de sustentação, a hora que este regime cai e que se convoca uma Assembléia Constituinte democrática para traçar as linhas do Estado que o vai substituir, dentro dessas linhas surge esse conteúdo muito mais voltado para a repressão do que para os direitos humanos.

Crimes inafiançáveis

Isso se observa mesmo antes da Constituinte: nós podemos nos recordar que a Nova República que nasceu com a eleição de Tancredo Neves e entrou em vigor com a posse de José Sarney se manifestou pela primeira vez com o Ministro da Fazenda tentando promover a prisão preventiva de um banqueiro, o episódio Mário Garnero-Brasilinvest, Prisão preventiva que é uma terrível exceção ao princípio de direitos humanos, hoje incorporado à Constituição, da presunção de inocência, prisão preventiva que significa pena sem condenação, e que acabou sendo um símbolo da Nova República que veio na onda que derrubou a ditadura militar e que consagrou os direitos humanos.

É assim que a nossa Constituição absurdamente cria figuras de crimes inafiançáveis; como diz o Governador Gilberto Mestrinho, do Amazonas, matar um jacaré é um crime inafiançável, matar o fiscal do Ibama não, é afiançável. (Risos) Crimes imprescritíveis, o que é uma exceção totalmente irracional. Há uma norma geral de Direito Penal que é a da prescrição dos delitos, de acordo com o período, correlacionada à gravidade de cada um; crimes inanistiáveis, como que já bloqueando a porta de possíveis reconciliações da nação consigo mesma, que possam ocorrer, a exemplo do que havia ocorrido com a nossa anistia de 81 no Brasil. Faltou criar — e parece que havia proposta — os crimes inabsolvíveis, aqueles dos quais você não pode ser absolvido (risos), e crimes impensáveis.

Crime fiscal

Dentro dessa linha feroz da Constituinte o Governo Collor, que se caracterizou por uma porção de coisas que todo mundo aqui já sabe e não seria saudável para o ambiente repetir, que teve entre as suas características um certo gosto pela teatralidade, pelas medidas pirotécnicas, baixa a Lei 8.137 tentando fazer um arrocho nessa Legislação Penal Tributária, chegando cada vez mais próximo de arranhar a vedação constitucional da prisão por dívida, quando se cria uma figura de delito consistente em deixar de recolher tributo que tenha sido recebido pelo contribuinte para repasse aos cofres públicos, uma figura que vem sendo invocada com extrema freqüência aqui no Estado de São Paulo para os casos de inadimplemento da obrigação de recolhimento do ICMS.

Alega-se que quem não paga o ICMS e que portanto está em dívida com o Fisco Estadual, teria na realidade praticado o crime de deixar de recolher o imposto a pretexto de que esse imposto estaria destacado na nota. Acontece que esse destaque do ICMS — e disso sabem todos os senhores muito melhor do que eu, que sou um curioso nesse assunto — não tem a menor liquidez com relação à obrigação tributária, porque aquilo significa o montante correspondente a imposto naquela quantia cobrada, calculado por dentro, do qual o emitente da nota ainda tem que contabilizar os seus créditos, compensar os créditos que tenha contra o Fisco, resultando daí a sua obrigação de recolher.

Sonegação

Acho que seria perfeitamente criminalizável a atividade que se encaixasse naquele conceito clássico de sonegação, que é o de ocultação à autoridade fiscal de fato relevante para a obrigação tributária. Essa é a noção clássica, é o sujeito que omite declaração que teria de comunicar à autoridade fiscal, é o cidadão que altera uma situação que deve ser de conhecimento dessa autoridade, é a posição daquele que de alguma maneira fornece documentos falsos, inidôneos, de maneira a que se vá deturpar a escrita de um contribuinte e com isso prejudicar a posição do Fisco perante aquele contribuinte.

O Estado de São Paulo — e os colegas que militam na área do Direito Tributário têm sabido disso — adotou uma posição através de decreto do Governador lamentável, que é aquela que manda comunicar ao Ministério Público toda lavratura de auto de infração.

Eu posso trazer, apenas para dar sabor aqui ao debate, algumas situações interessantes que tenho vivido profissionalmente. Por exemplo: uma grande multinacional com matriz na Alemanha e subsidiárias em muitos países, no Brasil e na Argentina, decidiu, por conta do Mercosul, transferir uma parte da sua produção do Brasil para a Argentina. Essa exportação é uma exportação complicada, porque são bens de capital de uma empresa de capital estrangeiro que o Banco Central quer analisar uma comutatividade dessa exportação, mas depois de um longo processo aprova e emitem-se as guias de exportação e é feito o embarque por via rodoviária, destino Argentina. Na Barra do Turvo um fiscal autua a empresa porque estaria transferindo bens de ativo fixo para outro estabelecimento do mesmo contribuinte, que seria uma empresa na Argentina, e que o sujeito entende que é o mesmo contribuinte. Quer dizer, os argentinos se soubessem eram capazes até de algum ato de retaliação diplomática. É tão absurda a situação de dizer que aquilo não era uma exportação que houve o acolhimento do direito do contribuinte na primeira instância administrativa. No entanto, tinha sido feita a comunicação à Polícia e esse inquérito policial está rolando há aproximadamente um ano; caminha sempre para o arquivamento, mas ainda não chegou lá, e não sei se um dia vai chegar.

Exemplo

Um outro exemplo de situação absurda: uma empresa importadora impetrou um mandado de segurança para liberar uma mercadoria que estava para chegar no Porto de Santos, obteve uma liminar que foi confirmada por sentença; posteriormente, num recurso de ofício, o Tribunal cassou a segurança e entendeu que era devido o imposto que o Fisco ficou impedido de cobrar pela liminar e pela segurança. A empresa adotou uma posição de entender que: "Bom, se o Fisco não está mais impedido de cobrar, o Fisco que cobre". O Fisco, quando se deu conta disso dois anos depois, achou que não, que a empresa é que deveria ter se apresentado para regularizar a situação. Pode haver uma discussão interessante de quem tem razão sob o ponto de vista do Direito Tributário; agora, que não houve sonegação parece evidente, porque antes do fato gerador ocorrer ele já estava sendo comunicado pela empresa através da própria impetração do mandado de segurança. Então o conceito clássico que deveria ser mantido de sonegação seria exatamente esse, essa deturpação ou omissão dolosa de fatos, e não a simples omissão de recolhimento que caracteriza a prisão por dívida.

Como mudança mais recente — acho que esse é um ponto altamente polêmico — é a extinção do dispositivo legal que permitia o desaparecimento do crime através da satisfação plena da obrigação tributária, o pagamento do tributo com todos os seus acessórios, ocorrida pela Lei 8.383.

Apenas para dizer uma palavra, porque o meu tempo se esgotou, eu diria o seguinte: antes da Lei 8.383 o Estado dizia ao contribuinte relapso: me pague ou você será condenado; e hoje quem diz isso para o contribuinte é o fiscal, que diz: me pague ou você será condenado, porque não vai ter outra solução (risos).

Muito obrigado. (Palmas)

PROFª MISABEL DERZI — Por favor, Prof. Wagner Balera.

(*sem revisão do autor*)

PROF. WAGNER BALERA — Inicialmente gostaria de agradecer ao Prof. Geraldo Ataliba pelo convite para falar aos senhores sobre esse tema, cumprimentar os integrantes da Mesa, notadamente a Profa. Misabel Derzi, Presidente deste VIII Congresso Brasileiro de Direito Tributário. O Direito Penal Tributário ganhou de certo modo uma relevância diferente, justamente com a promulgação dessa Lei 8.137 de 1990.

Parece que o objetivo principal do legislador foi mudar o conceito de Direito Penal no campo específico. Não havia, na minha opinião, que se falar em Direito Penal Tributário, nós não tínhamos no Brasil o Direito Penal Tributário antes dessa lei, e agora nós temos o Direito Penal, que também não é Tributário porque considera muito mais o agente do que a conduta, e o que interessa no Direito Tributário é a conduta, levar dinheiro ao cofre público e não ao agente.

Valores

Então há uma inversão de valores aí que quem é — como nós — leigo em Direito Penal percebe desde logo, porque o que interessa para o Direito Tributário é a conduta e não propriamente o agente. O tributo é a quantia.

Essa é a primeira observação que se poderia fazer; aliás, o meu antecessor já apontava este fato, a criminalização da vida econômica, o que é uma distorção de valores. Agora, será que isto não tem uma raiz sociológica? Eu coloco para meditação dos senhores este ponto.

A sensação que se tem no Brasil é a de impunidade. Alguém outro dia, captado por uma antena parabólica, disse exatamente o que é o sentimento dos brasileiros em relação a muita gente que não vem ao caso dizer aqui: é tudo bandido. Agora, por que só o bandido que mata ou furta simplesmente é punido? Talvez tenha sido este quadro de imoralidade institucional que tenha levado o legislador a cometer os absurdos, os disparates da edição dessa Lei 8.137, que bem poderia ser definida, como fazia Vico, como uma *monstra lego*.

Então acho que nós temos de entender essa lei no contexto histórico que o país está vivendo, onde a impunidade não é mais tolerada, as pessoas não querem mais saber e que as condutas ilícitas sejam punidas. Por isso que o Direito Tributário é obrigado agora a pensar na responsabilização penal do empresário, quando se deveria proceder ao aperfeiçoamento da máquina de arrecadação, a fim de que os contribuintes que não cumprem as suas obrigações fossem cobrados de imediato. Isto resolveria o problema do ponto de vista do Direito Tributário; o que não vem a pelo é se intentar uma medida extrema como esta, de criminalização de todas as condutas, inclusive esta primeira, que aliás já foi referida pelo Arnaldo, a simples conduta de deixar de recolher no prazo legal o tributo, inciso II do art. 2º, vira crime. Deixar de recolher não é crime no Direito Brasileiro porque a Constituição não admite a definição disso como crime.

Impunidade

Os senhores vão ver no meu trabalho escrito, que está publicado na Revista de Direito Tributário, que eu sou exigente neste assunto; mas é intolerável uma construção penal tributária ou penal simplesmente nesse nível, porque é uma aberração. Será mesmo que o legislador não fez isto para que ninguém fosse punido? Pode ser, eu não sei. Então vejo a contradição que se coloca alguém que está estudando a legislação penal. Será que a lei foi tão malfeita para que ninguém seja punido? Pode ser.

Um outro aspecto que é importante considerar, ainda neste ponto do Direito Penal Tributário relativo a esta lei, é que nós aprendemos no Direito Penal o problema da tipicidade, e eu nunca vi uma legislação que se propusesse a construir crimes contra a ordem tributária tão descarregada de tipicidade como esta. É uma ousadia até da minha parte falar isso na presença da Profa. Misabel Derzi, que construiu um monumento da literatura tributária brasileira que é o seu livro *Direito Tributário, Direito Penal e Tipo*, mas de qualquer maneira é importante que o legislador aperfeiçoe os tipos, e aqui o que houve foi uma degradação do tipo. Eu continuo ficando estarrecido diante da incompetência legislativa nessa matéria, e me parece que realmente isto é de caso pensado, não pode se imaginar que tenha sido de outra maneira.

A política tributária exige, sim, que haja um certo conteúdo repressivo nas condutas que são repudiadas pela comunidade; então, é um elemento de política tributária a construção de uma norma penal bem feita, uma norma penal que seja eficaz, o que não é o caso desta Lei 8.137.

Isonomia penal

Vou me limitar realmente ao tempo a mim designado, mas como é uma mesa de debates eu gostaria de dizer realmente, para ousar me contrapor ao meu antecessor, que me parece adequado o tratamento atual da matéria a respeito do que acontece com quem não paga o tributo. Não deve acontecer nada do ponto de vista penal, porque a ilicitude já se verificou; é na lógica desse sistema que isto tem relevância jurídica. Se aquilo é um delito, o fato do agente poder pagar não deve significar absolutamente nada, porque o que não pode pagar vai ser punido. Então nós estaremos invertendo a isonomia se permitíssemos que o que pode pagar não fosse punido e o que não pode fosse punido.

O que tem acontecido nessa matéria — e sobre isso eu tenho também meditado muito — é que o Fisco não quer punir, ele é tolerante, ele permite, então, que o contribuinte parcele o débito, por exemplo, e tolera parcelamento do objeto de um delito, descaracterizando completamente isto. Mas se nós tivéssemos uma norma que para ser coerente com o sistema impedisse o pagamento do tributo que já configurou o delito, tudo bem; o que não se pode é tratar duas pessoas, em função da sua capacidade econômica, de modo distinto do ponto de vista penal. Isso é possível de se fazer do ponto de vista tributário, mas não do ponto de vista penal.

Então eu concordo com o dispositivo da legislação em vigor que inadmite a extinção da punibilidade pelo fato do pagamento; me parece que isto é coerente com uma política repressiva, como a que o legislador intentou mal fazer, mas fez, porque a lei está aí em vigor.

Eram essas as breves considerações que eu queria fazer nessa primeira abordagem. Muito obrigado. (Palmas)

PROFª MISABEL DERZI — Gostaríamos de ouvir o Dr. Luís Francisco Carvalho Filho.

DR. LUÍS FRANCISCO DA SILVA CARVALHO FILHO — Doutora Misabel, senhores componentes da Mesa, minhas senhoras e meus senhores, desde o final da década de 70, quando fui aluno do Prof. Geraldo Ataliba, já ouvia falar da necessidade urgente de uma reforma tributária no Brasil, e desde então verifico que esse sistema é cada vez mais caótico e cada vez mais casuístico, e a reforma nunca deixou de ser uma promessa eleitoral.

Desordem legislativa

A repressão aos chamados crimes tributários no Brasil inscreve-se nesse quadro de absoluta desorganização legislativa. O que vemos hoje é que os agentes do poder público não sabem distinguir o que é dívida do que é fraude, e dentro desse quadro de caça às bruxas apontado pelo Dr. Arnaldo Malheiros Filho, lamentavelmente pessoas de bem têm sido expostas à execração pública, como se fossem delinqüentes vulgares.

Eu ouso discordar do Prof. Wagner quando ele cuida do problema da extinção da punibilidade, e creio que esse é um exemplo vivo da desorganização do nosso Direito Penal Tributário. O princípio da extinção da punibilidade foi resultado da interpretação jurisprudencial de uma lei de 1965. Acabou sendo incorporado ao nosso ordenamento legal pela lei 8.137/90, só que menos de um ano depois da edição dessa lei, uma nova lei revogou esse dispositivo e menos de um mês depois já se começava a discutir a reinclusão do princípio no ordenamento jurídico de novo.

Eu me lembro, por exemplo, de um projeto de lei do Senador Gilberto Miranda que reincorpora o princípio da extinção da punibilidade com o pagamento do tributo no prazo da impugnação do auto de infração. E há outros projetos, alguns casuísticos, naturalmente para se resolver o problema de diversas personalidades que acabaram se tornando objeto da repressão penal contemporânea.

Extinção da punibilidade

Mas afinal, o que é certo e o que é errado? O princípio da extinção da punibilidade genéricamente concebido ou a ineficiência do poder público, que permitia ao infrator — e ainda permite, de certa forma — administrar o andamento do inquérito policial para que, só na iminência da denúncia, o tributo fosse recolhido? Eu creio que o problema é muito mais de incompetência, de falta de organização, do que o princípio em si. Na minha opinião, o Direito Penal Tributário deveria ser reescrito no Brasil observando-se três princípios: em primeiro lugar, evidentemente, o atendimento do interesse do poder público, ou seja, a arrecadação dos tributos e a intimidação da sonegação; em segundo lugar, o respeito institucional à figura do contribuinte, que não existe hoje; e em terceiro lugar, a modernização do próprio Direito Penal Brasileiro.

Repressão

Acho um absurdo discutirmos ainda hoje a possibilidade de prisão dessas pessoas. Nós temos de encontrar fórmulas alternativas de punir, e fórmulas mais eficazes. Eu creio que uma multa penal fixada em valores expressivos e correspondentes ao próprio resultado da sonegação seria muito mais eficiente do que a pena de prisão que seria suspensa por *sursis* etc. E reservaria a pena privativa da liberdade à prisão domiciliar e em casos de reincidência apenas.

Sou favorável — como já disse — à volta da extinção da punibilidade pelo pagamento do tributo desde que realizada num prazo razoável a ser fixado pela lei e, em princípio, eu defendo o afastamento das esferas policiais da apuração desse crime. Grande parte dos delitos de natureza tributária não demandam nenhum tipo de investigação policial; a autoria é definida, a materialidade não representa nenhuma dificuldade de apuração, e a polícia precisaria agir apenas em casos mais complexos, como, por exemplo, de constituição de empresas fantasmas, derrame de notas frias. Casos corriqueiros poderiam ser apurados diretamente pelo Ministério Público, através de simples requisições.

Processo penal

Acho que com isso nós poderíamos agilizar o processo, porque o grande desafio da legislação brasileira é ter uma repressão à fraude fiscal que seja eficiente, mas que — como disse o Arnaldo Malheiros Filho — não feche a porta, quer dizer, o Estado não perca a possibilidade de recolher aquele tributo. Porque hoje, se pagar ou não pagar, o sonegador será indiciado, desaparecendo o interesse de se recolher o tributo.

Defendo também, por outro lado, a possibilidade de se decretar a indisponibilidade dos bens pessoais do réu para assegurar o pagamento dessa multa em casos especiais. Acredito, ser possível unir rigor com civilidade. Hoje nós temos rigor e ineficiência, e não temos nenhuma civilidade.

Eu gostaria de lembrar que cada vez que se arranha um direito individual, para a repressão de qualquer conduta, há um efeito multiplicador e incontrolável que vai acabar como um bumerangue atingindo nós mesmos, um dia ou outro.

Era isso que eu gostaria de dizer neste momento. (Palmas)

PROFª MISABEL DERZI — Teremos a honra de ouvir agora o Dr. José Carlos Dias.

PROF. JOSÉ CARLOS DIAS — Com a beleza na Presidência e com o talento na Presidência representados por Misabel Derzi, eu queria saudar os meus companheiros que se responsabilizam por este debate.

O Arnaldo, brilhante advogado, começou nos surpreendendo a todos no libelo que fez contra a nossa Constituição cidadã, mas na realidade o que o Arnaldo atingiu foi o grande objetivo de demonstrar que nós estamos vivendo hoje um instante em que, muitas vezes, em nome da ética e do próprio Direito se violentam outros princípios que são fundamentais, como o próprio direito de defesa ou o princípio da presunção de inocência.

Mãos limpas

O que se está vendo, não só neste país, mas em muitos países, como por exemplo na Itália, com a famosa "Campanha das mãos limpas", é o renascimento de um fascismo que está ultrajando os princípios fundamentais da cidadania. Hoje o que acontece? A Polícia e o Direito Penal passam a ser instrumentos para equilibrar desajustes sociais profundos a que nós assistimos na nossa sociedade. Quer se ver o engravatado atrás das grades, e por causa disto cometem-se violências e injustiças, como se isto reequilibrasse a nossa estrutura social. Exemplo bem gritante disto é a Lei 8.137, como outras leis extravagantes como a 7.492 que define os crimes do sistema financeiro, que não guardam nenhuma coerência, nenhuma harmonia com o próprio Código Penal, não só em termos de princípios, mas em termos de pena, inclusive.

Pessoa jurídica

Na Lei 8.137, nós encontramos, no art. 11, o princípio segundo o qual "quem de qualquer modo, inclusive por meio de pessoa jurídica concorre para os crimes definidos nesta lei...". Quer dizer, isto que está dito no dispositivo legal é uma violência a quem procura entender um pouco da autoria e da responsabilidade. O art. 14 que foi tão debatido e que foi revogado cometia a heresia de extinguir a punibilidade também do art. 3º da Lei 8.137 que define os crimes funcionais contra a ordem tributária, extraviar livro oficial, processo fiscal ou qualquer documento que tenha guarda em razão da função, como se o funcionário tivesse algum imposto a pagar para ver extinta a sua punibilidade.

Tais exemplos são citados só para mostrar a falta de técnica legislativa, a violência ao princípio da tipicidade, como nós vemos na Lei 8.137, quando embaralha os tipos que estão previstos no art. 1º e no art. 2º, cujas conseqüências penais são muito diferentes. A Lei 8.137 também revogou aquele salutar princípio da antiga lei que definia os crimes de sonegação fiscal, a Lei 4.729, que determinava ao juiz a imposição somente de pena de multa ao réu primário. Aqui não, acumula-se a pena pecuniária à pena de privação da liberdade.

Realmente não faz sentido algum a pena de privação de liberdade para este tipo de crime, isto é uma coisa absolutamente ultrapassada; cadeia só deve existir para aqueles cujo convívio social corresponde a um risco físico a cada um de nós. Os outros criminosos, aqueles que praticam condutas antissociais, mas que podem cruzar conosco na rua, ainda que a convivência seja antipática e asquerosa, esses devem merecer um outro tipo de pena: de multa, de interdição de direitos etc.

Razoabilidade das penas

Para os crimes tributários como para outros crimes que estão bem de perto ligados à atividade do comércio, à atividade industrial, deveríamos debater e nos aprofundar no estudo da questão do Direito Penal das pessoas jurídicas, que já é uma verdade na França, com penas sérias que podem chegar inclusive à pena de morte — que, para a pessoa jurídica seria a dissolução da sociedade. E com isso nós estaríamos evitando o grande perigo, o que diariamente está acontecendo, que é a adoção do princípio da responsabilidade objetiva. Aplica-se o art. 25 da Lei 7.492 como uma norma de hexegese e de interpretação para todas as leis extravagantes que tratam dos chamados crimes dos negócios. Então, por ser diretor, por ser acionista, ele é o autor do crime.

Agora, com o avanço da profissionalização das empresas, o que nós vemos também é que muitas vezes acontece que existem réus contratados que recebem o "adicional de periculosidade" porque podem vir a ser processados por crime tributário. Esta é a realidade, e com isto nós vemos pessoas vendendo a sua própria liberdade.

Extinção da punibilidade

Eu discordo aqui do eminente Prof. Wagner quando ele sente assim um asco pela possibilidade de ainda se estender a ponte para que a punibilidade seja extinta pelo pagamento do tributo. Eu acho que a finalidade desta lei é forçar o pagamento do imposto e não é levar à cadeia as pessoas porque tiveram o azar de virem a ser surpreendidos pelo fiscal e pela polícia.

Estamos assistindo hoje exatamente isto, o abuso praticado por autoridades policiais, pelo Ministério Público, que vislumbram concursos de crimes absolutamente inadmissíveis, pois se a sonegação fiscal já tem embutida no tipo a fraude — ou a fraude material ou pelo silêncio malicioso —, para com isto evitar o pagamento do tributo, é claro que é um absurdo que se acumule a este crime o crime de falsidade ideológica, o crime de falsidade documental, como muitas vezes nós temos visto em denúncias ou em atos de indiciamento por parte da autoridade policial.

Eu gostaria, ao finalizar, de dizer o seguinte: este princípio da possibilidade de se extinguir a punibilidade depois de já lavrado o auto de infração, antes do oferecimento da denúncia ou em qualquer instante, mas desde que haja ainda um último convite à sensatez, seria salutar, muito embora exista a lei a possibilidade sempre da denúncia espontânea antes de iniciada a ação fiscal.

Denúncia espontânea

A denúncia espontânea vem prevista expressamente nos art. 138 e 139 do Código Tributário Nacional, que é lei complementar recepcionada pela Constituição, em que pese a posição contrária de eminentes juristas, mas de qualquer forma é indiscutível que o Direito Penal Tributário existe para servir à finalidade do Estado de cobrar impostos. Não há cabimento algum que se impeça alguém de comparecer perante o Fisco e dizer: "Olha, eu cometi esta fraude, quero me corrigir, quero pagar. Isto não pode ter a força de uma confissão de crime". Com a mão o Estado recebria o tributo, e com a outra poria na cadeia o contribuinte.

Esta tese já começou a receber uma resposta em nível de precedente jurisprudencial. Tenho conhecimento de um julgamento no Tribunal de Justiça de São Paulo, e começou com o estudo de alguns advogados — e aqui está um que ousou bater às portas do eminente Prof. Geraldo Ataliba e pedir a ele que fizesse um estudo mais aprofundado especificamente sobre a questão da denúncia espontânea. Na realidade, desaparecendo a obrigação tributária, não há porque se falar em ilícito penal.

Esse brilhante parecer, que eu não diria que é de Direito Tributário, é um brilhante parecer de Direito Penal, do Prof. Geraldo Ataliba, é o que deveria ser melhor estudado, debatido e difundido, para que realmente nós encontremos caminhos seguros, e é o único caminho que o Estado poderia usar para estimular pessoas que fraudaram o Fisco a comparecer e reconhecer então a sua dívida, e negociar a sua dívida para com o Estado.

Eu entendo que há necessidade realmente de uma grande reforma. Nós esperamos que isto aconteça em breve, para que não continue a ser o Direito Penal um instrumento de violência e de coação, mas sim um instrumento de ordem, de paz e de justiça na nossa sociedade. (Palmas)

PROFª MISABEL DERZI — Professor Geraldo Ataliba.

PROF. GERALDO ATALIBA — Professora Misabel, companheiros de congresso, o maior mestre de Direito Tributário que eu conheci — não só pessoalmente, mas principalmente por sua obra — o Prof. Sainz de Bujanda, que com seus 75 anos ainda brilha como o líder do Direito Tributário na Espanha, do Direito Público, vamos dizer; é reconhecido na Europa inteira e a influência da sua obra chegou até nós. Ele é homenageado, é reconhecido pelos bons estudiosos e juristas dedicados ao Estudo do Direito Tributário no Brasil.

Unidade do direito penal

Quando ele trata do tema Direito Penal Tributário, diz: os preceitos de algumas leis esparsas, principalmente voltadas para o Direito Tributário, inserindo alguns preceitos de matéria penal, não justificam a criação de um Direito Penal Tributário, ou que se vislumbre um Direito Penal Tributário. Diz ele: não, estes preceitos, logo logo, com o amadurecimento da sociedade e do legislador irão migrar para o seu lugar próprio, que é o corpo do Código Penal. Assim como na área da Saúde, na área das Finanças Privadas — acaba de mencionar o Dr. José Carlos Dias — e em outras áreas vão surgindo preceitos penais, a tendência é que e esses preceitos todos vão para o Código Penal, para formar essa unidade tanto quanto possível sistemática, exatamente para tornar mais eficaz a lei, a repressão, e mais racional o tratamento dessa matéria, facilitando o estudo, a interpretação e a aplicação.

Participo de uma Mesa onde estão tão eminentes penalistas; ousaria dizer que Arnaldo Malheiros Filho, Luiz Francisco da Silva Carvalho e José Carlos Dias são a nata do nosso Direito Penal, não só como advogados atuantes mas como pensadores, criadores, que estão contribuindo com o seu pensamento e a sua ação para aperfeiçoar e amadurecer a meditação desse país sobre esse tema. Paulo Frontini, como Professor de Direito Comercial da USP é e sempre será um digníssimo representante do Ministério Público, até porque foi Procurador Geral da Justiça do Estado de São Paulo, durante tanto tempo; Wagner Balera, às qualidades de jurista que todos admiramos alia a função de Procurador do INSS. Jurista por excelência, que tem a visão global, é o Prof. Celso Antônio. Misabel Derzi, entre outras coisas que admiramos, com sua visão de teoria geral do Direito, escreveu o livro "Direito Penal, Direito Tributário e Tipo", onde aproxima estas meditações.

Ridícula tese da autonomia

Não acredito na autonomia de nenhum ramo do Direito, acho que isso é uma balela, uma confusão, um equívoco, e no Direito Tributário tem gerado tantos desastres. Toda pessoa que começa a pensar no Direito Tributário autônomo vai acabar comprometendo a ordem jurídica, os direitos do cidadão, o bom relacionamento fisco e contribuinte, e não contribuirá para que o Direito Tributário seja um instrumento de paz e progresso.

Porque não acredito na autonomia de qualquer ramo do Direito, mas na unidade essencial, visceral, fundamental e indispensável do Direito é que sustento: cada um destes setores didaticamente separados — só didaticamente, em si eles não são autônomos — sugeriu aos seus observadores, aos juristas que os estudaram, princípios, técnicas que melhor aproximam o observador do objeto (no caso, a norma) e facilitam a sua tarefa de rapidamente, com a possível segurança, ir desvendando dentro da unidade do sistema o conteúdo, o sentido e o alcance dos diversos preceitos, para poder aplicá-los aos casos concretos.

Direito de superposição

Então, observando isso e lendo as lições dos grandes mestres, vejo que o Direito Tributário em geral é um direito de superposição. Por quê? Porque na maioria das vezes só é possível aplicar corretamente a lei tributária se se conhece a disciplina jurídica dos fatos sobre os quais a lei tributária incide, e a lei tributária incide sobre fatos da vida civil — a propriedade de imóveis, a transmissão de imóveis, a morte, a sucessão — da vida comercial — a prática de operações mercantis, certas prestações de serviços em certos contextos contratuais — da vida financeira — as operações financeiras, os contratos de seguro, de câmbio etc. Ora, se o intérprete não conhece ou, no mínimo, não vai se informar com os conhecedores, sobre o preciso conteúdo, sentido e alcance das normas de Direito Bancário, de Direito Comercial, de Direito do Trabalho, de Direito Civil etc., não vai poder aplicar corretamente o Direito Tributário.

Em outras palavras, a lei tributária não incide, na maioria das vezes, diretamente sobre fatos, mas incide sobre fatos já qualificados por outro ramo de Direito. Então é preciso conhecer essa qualificação dada por outros ramos do Direito para poder correta e adequadamente — presente a necessidade de harmonia do sistema jurídico — aplicar correta e adequadamente cada preceito da lei tributária.

Direito de subposição

Quando, entretanto, chegamos diante do Direito Penal, noto — e submeto a minha meditação aos senhores — que se dá um fenômeno inverso: quando se está diante daquilo que se chama Direito Penal Tributário — de que Sainz Bujanda já disse: não é Direito Penal Tributário, é Direito Penal puro — é preciso considerar que a lei penal não vai incidir diretamente sobre comportamentos ou sobre fatos, mas vai incidir sobre comportamentos e fatos regulados antes pela lei tributária.

Então é preciso conhecer a qualificação que a lei tributária dá a estes fatos, os efeitos que a lei tributária atribui a esses fatos, a qualificação que dá aos agentes em torno desses fatos, para só depois entender o fato jurídico sobre o qual poderá incidir a lei penal. Então, diante da lei penal, a lei tributária é uma lei de subposição.

Em outras palavras, isto que didaticamente podemos chamar de Direito Penal Tributário, só para efeito didático, incide dependendo da legislação tributária, o que obriga o intérprete a conhecer a situação jurídica tributária, para depois poder aplicar a lei penal tributária.

Crimes fiscais

Realmente leiam essas diversas leis — e o Dr. Luiz Francisco da Silva Carvalho demonstrou a instabilidade legislativa tão comprometedora da ordem e da paz, da eficácia da lei — consultem essas leis e vejam lá: pagar tributo fora do prazo, não preencher o livro adequadamente, não preencher o documento, a nota fiscal, isto e aquilo outro; ora, quem vai dizer o que é atributo e o que não é atributo, quando é devido o tributo, qual é o prazo? Está no prazo, nasceu obrigação, não nasceu obrigação? O livro é exigível, não é exigível? O papel, o documento, a nota é legalmente exigível, não é exigível? Vai ser o Direito Tributário; sem que eu examine o Direito Tributário e saiba com clareza, com segurança, é ou não exigível este ou aquele livro, este ou aquele documento, este ou aquele comportamento; sem que eu possa dizer com relativa tranqüilidade — ainda precisando ouvir os especialistas, os conhecedores — é devido, não é devido o tributo, nasceu, não nasceu a obrigação, vai nascer, o prazo de liquidação? Sem que estas coisas estejam claras, não posso aplicar aquela lei que diz: é pressuposto penal descumprir prazo, não preencher papel, não ter livro etc.

Assim, parece-me que, salvo os casos em que a lei tributária fala em falsidade, falsificação de papel, de documento, de assinatura (aí não é preciso conhecer Direito Tributário: uma perícia dirá se essa assinatura foi falsificada, este papel não foi impresso de acordo com as exigências administrativas, na gráfica credenciada, então é falsificado; ou então, duas notas fiscais com o mesmo número já é um indício, daí não é preciso conhecer Direito Tributário). Quando a lei tributária menciona em si mesma uma fraude, uma falsificação, então este fato não vai, na sua apreciação, requerer conhecimento do Direito Tributário. Mas isso é o excepcional nas leis penais tributárias; a regra é que façam referência à lei tributária, figuras, situações, contingências, fatos do Direito Tributário.

Sustento que não é possível essa simplicidade, essa facilidade, essa leveza com que vão sendo conduzidos esses assuntos no Brasil, pondo em risco — como disse o Dr. Luiz Francisco, como acentuou o Dr. Arnaldo Malheiros Filho — o nome, o conceito, a dignidade e a honra de pessoas físicas e jurídicas, esta facilidade com que as pessoas lêem a lei, já a entendem e já a aplicam. Aí o ponto mais grave. Conto que o Prof. Celso

Antônio vá cuidar disso, desejaria que cuidasse disso, principalmente quando quem interpreta aquela lei e a aplica ao fato, não arcará com a menor responsabilidade pelas conseqüências do que está fazendo: "Eu fiz, agora o Ministério Público e o juiz que resolvam". Jogou na rua da amargura o nome de uma pessoa, destruiu eventualmente uma empresa ou a comprometeu seriamente; e a essa pessoa, que agiu de um modo tão ligeiro, não se reserva nenhuma conseqüência.

Lei sancionadora das demais

Num clima desses, estamos partindo para afinal a vulneração da lei repressiva tributária, e portanto vamos tirar-lhe a grande virtude que ela tem de reforçar a obrigação tributária, dar-lhe o devido cunho de seriedade, para aquelas pessoas que não ficam na normalidade, na generalidade do comportamento de todos nós, de cumprir a lei tributária, por causa das suas conseqüências patrimoniais e também porque temos não só a consciência cidadã, mas a consciência de que é bom estar consonante com o pensamento da comunidade, traduzido na vontade geral, que por sua vez se expressa pela lei.

Para essas pessoas — e seria desejável que esse grupo de pessoas fosse excepcional — o reforço punitivo da obrigação tributária funcionaria dentro, também, de um clima de normalidade e de respeito aos direitos de todos, assegurando a eficácia que todos desejamos e para isso temos que trabalhar e contribuir, estudando a eficácia da lei tributária e da lei repressiva tributária.

Muito obrigado. (Palmas)

PROFª MISABEL DERZI — Gostaríamos de ouvir o Dr. Paulo Frontini.

PROF. PAULO FRONTINI — Professora Misabel Derzi, Presidente desta Mesa, Prof. Geraldo Ataliba, Prof. Celso Antônio, meu caro amigo José Carlos Dias e demais membros da Mesa, quero a todos fazer uma saudação afetuosa e de modo muito especial aos senhores participantes deste congresso.

Processo penal

Eu estava fazendo umas reflexões sobre essa legislação, digamos, penal tributária, tentando pôr em ordem o pensamento para ter aqui uma intervenção à altura do nível deste congresso, e me lembrei, Prof. Geraldo Ataliba, do nosso velho mestre Canuto Mendes de Almeida. O Prof. Canuto Mendes de Almeida foi por muitos anos catedrático de Processo Penal, e era um professor muito interessante pela sua didática. Começava a primeira aula dizendo que o processo penal tinha grandes afinidades com o samba, e cantava na classe: "primeiro é preciso julgar, para depois condenar".

PROF. GERALDO ATALIBA — Desculpe a interrupção. Eu fui aluno também, eu e Paulo Frontini somos da mesma turma. O Prof. Canuto cantava muito melhor. (Risos)

PROF. PAULO FRONTINI — Eu estava exatamente, como uma denúncia espontânea, ressalvando isso. O Prof. Canuto cantava melhor e ensinava muito bem. E recomendava pelo menos uma bibliografia para quem fosse se dedicar ao Direito Penal, pelo menos um livro, pelo amor de Deus: Código de Processo Penal. Mas ele dizia ...

PROF. GERALDO ATALIBA — ... lista telefônica para saber o endereço das delegacias. Ele recomendava isso: a lista telefônica para saber o endereço das delegacias.

PROF. PAULO FRONTINI — Esse é um valioso adendo, eu não tinha registro disso. O Prof. Canuto dizia assim: "os senhores não se preocupem não, não tenham problemas de consciência, porque no Brasil não há possibilidade de erro judiciário, no Brasil não pode ocorrer erro judiciário". Nós ficávamos com os olhos arregalados: "o que será que esse homem está dizendo?" "Porque — dizia ele — todo brasileiro deve, no mínimo, uns 10 anos de cadeia para a Justiça". (Risos)

O auditório é formado de gente experiente e todos estão rindo, mas o estudante daquela década, não calouro porque era o quinto ano, mas novato, iniciante, ouvia aquilo e ficava aparvalhado: "meu Deus, que será que eu fiz?" Aí ele dizia: "Falso testemunho, ou vocês não falaram mal daquela..."

Aí, Prof. Geraldo, eu acho que hoje se não é o falso testemunho, mas a sonegação fiscal realmente sugere que não há risco de erro judiciário no Brasil. (Risos) Então somos todos realmente "equisonômicos", estamos em pé de absoluta igualdade, suponho eu, e suponho que não haja nenhuma parabólica captando em linha direta com o Ministério da Fazenda essa comunicação intramuros. (Risos)

Mas tudo isso me sugere o seguinte: eu acho que há duas ordens de raciocínio que me foi possível apreender nas brilhantes intervenções de todos os ilustres professores e doutores aqui presentes: Dr. Arnaldo Malheiros, Dr. Wagner Balera, Dr. Luiz Francisco aqui à minha esquerda, Dr. José Carlos Dias e o Prof. Geraldo Ataliba.

Uma, o Dr. José Carlos mostrou, mas é um fato que eu não sei se ele tem que ser tratado a nível de um seminário técnico, um seminário jurídico como este, porque o que nós estamos vendo hoje é a questão de que os grandes aglomerados urbanos, e mais que isso, a sociedade brasileira tornou-se uma aldeia. Por quê? Porque a televisão leva os fatos para dentro dos lares no momento talvez que eles aconteçam, ou logo depois, e esta divulgação da simples suspeita de um ato ilícito tem exposto, realmente, personalidades à execração pública em circunstâncias realmente que muitas vezes sugerem — como foi dito também pelo Dr. José Carlos Dias — uma reflexão muito séria sobre até onde continua prevalecendo a presunção de inocência e o respeito à dignidade do ser humano.

Direito à honra

Eu me lembro bem de um problema desse tipo na área do consumidor, quando uma figura ilustre da vida empresarial foi escrachada (o termo é de gíria policial, mas acho que todos aqui entendem) perante a autoridade e escrachada sob as luzes da televisão previamente convocada porque na sua rede de supermercados um desodorante estava com o preço acima da tabela. Este empresário foi chamado para a polícia e quando chegou lá havia todo este aparato expondo-o a uma situação constrangedora. Eu gravei muito esse episódio porque trabalhava nessa área na época, e verifiquei mais: meu Deus do céu, mas quem tem uma empresa com inúmeros estabelecimentos, lojas, dependências, como que pode ser responsabilidade se um item, ou nem um item, uma mercadoria daquele item de todo aquele seu ativo circulante está fora do preço, está fora da tabela? No entanto, esse fato aconteceu.

Eu não sei qual o tratamento que se pode dar a isso. É a primeira observação. Isto é um problema de caça às bruxas, foi também uma expressão usada pelo Dr. José Carlos Dias, e a mim realmente constrange, isto é uma coisa que está muito ruim na nossa vida de respostas jurídicas, o trato jurídico desses problemas. A sociedade brasileira está sendo conduzida para uma emocionalização desses fatos, muitas vezes de uma forma constrangedora para as pessoas envolvidas, e isto em termos de dignidade humana eu acho que não está correto. Não sei como se deveria solucionar isso, mas é uma realidade.

Então de repente a opinião pública começa a exigir uma satisfação. A culpa é da televisão? Não acho que seja, os meios de comunicação estão aí para divulgar. Acho que está faltando um trato mais sério, mais profissional, menos sensacionalista por parte, às vezes, das autoridades. Eu digo isso com muita tranqüilidade porque entendo — sempre tive esta convicção e quando me coube chefiar o Ministério Público transmiti isso aos colegas — que o funcionário público está preso por um dever de sigilo por tudo que ele sabe em razão do cargo. Nós sabemos, há lei sobre isso, até no Código Penal, e se está no Código Penal é isso mesmo. No entanto, às vezes, as autoridades, ou aqui e ali alguma autoridade — não estou generalizando, estou ressalvando porque não se pode generalizar — tem a tentação de se destacar, ou porque sofre pressões e quer dar uma resposta, ou porque aquele é um momento de surgir, de destaque, de aparecer em público.

Este assunto, Prof. Geraldo e Profa. Misabel, é uma coisa que deve ser meditada, para qualquer coisa assim como um novo comportamento ético nessas questões.

A par disso eu acho que o outro item que nós temos de analisar, e que o Congresso vai chegar a conclusões desse tipo, é que toda essa legislação de Direito Penal especial — o Direito Penal comum é aquele que está no Código Penal, o Direito Penal especial é esse das leis esparsas, então existem normas de Direito Penal comercial, Direito Penal imobiliário, Direito Penal tributário, Direito Penal do consumidor — tão extravagante, com normas como foi bem observado não sei se pelo Dr. Malheiros ou pelo Dr. José Carlos Dias, normas que não têm nenhuma afinidade com os princípios gerais da parte geral do Código Penal, tudo isso está precisando de uma sistematização; é preciso ordenar isto, submeter isso a princípios científicos que o Direito Penal os tem de longa tradição.

Crime falimentar

Aí ganham relevo dois temas já abordados — apenas eu estou reforçando, são anotações que eu tinha feito nas minhas reflexões prévias, antes de comparecer — que me parecem fundamentais.

O problema da autoria. O Direito Brasileiro vai tateando nesse sentido. A Lei de Falências, por exemplo, de 1945, tentou passar assim uma metralhadora giratória em cima do crime falimentar. Realmente a Lei de Falências prevê condutas penais para o falido, para o ex-falido, para o concordatário, para o síndico, para o liquidante, para o escrivão, para o Ministério Público, para o juiz e para o perito; só não prevê para o advogado do falido. (Risos)

No entanto, a Lei de Falências tentou criar um sistema de autoria que tinha uma criatividade, seria uma espécie de responsabilidade por omissão. Mas isso não evoluiu, foi derrubado pelo trabalho da doutrina, dos advogados, dos tribunais, achando que isso levaria a uma responsabilidade objetiva.

Eu não quero contrariar o que tantos entenderam que era por aí, porque eram figuras realmente difíceis de entender: falta de rubrica judicial no livro contábil, coisa do século passado, dos tempos que o juiz não tinha muito o que fazer e ficava ali, pondo visto em cada folha. Eu vi isso no interior, vinham os livros e ele passava assinatura em cada folha do livro. Então, se faltava essa rubrica, crime. Meu Deus, vá entender isso no Direito Penal! Mas as figuras mais graves como o desvio de bens da massa, a Lei de Falência dá um esquema disso, que era uma tentativa de encaminhar o problema da autoria na época da empresa, tinha esta realidade: a atividade econômica começa a ganhar relevo penal em certos flancos que ela exibe e essa atividade econômica se exerce fundamentalmente através da empresa; a empresa é explorada por uma pessoa jurídica, quem responde dentro da pessoa jurídica? A Lei de Falências sugeria um critério que não vingou.

Falta de providência legislativa

Depois disso nós vemos aí, ainda agora, essa Lei Antitruste vem aí outra vez com a metralhadora giratória: começa no controlador, passa no diretor, no gerente, nós vamos acabar acertando o porteiro da fábrica. Isso, pelo que a experiência vem ensinando.

Então é preciso caminhar para essa sistematização enfrentando o problema da autoria, que é um problema grave, e também o problema do concurso das figuras penais.

Isso teve também um precedente na parte penal da Lei de Falência, a chamada figura da unidade do crime falimentar, e isso não tem sido — na minha opinião — aproveitado pelos estudiosos do Direito Penal como um manancial muito interessante para nós entendermos a unidade de conduta em todos esses procedimentos. Na verdade o que se pretende talvez é um resultado único. A Lei de Falências captou isso. Então, todas aquelas figuras dos arts. 186 ao 191 da Lei de Falências, quando praticadas pelo falido, se unificam na unidade do crime falimentar; só responde uma vez, por uma conduta; a pena é uma só.

Ora, isto talvez merecesse um estudo nessa linha, porque a questão então do concurso de crimes é um inferno nessa matéria. Eu estava vendo aqui entre a Lei de Sonegação Fiscal, aquela lei de 65 e essa Lei 8.137, há muitas figuras que são coincidentes, as penas são diferentes. O comportamento parece igual, ou quase igual, a conduta do agente é quase idêntica. No entanto, na lei de 65 a pena é detenção e na Lei 8.137 é reclusão. Como fica isso? Uma revogou a outra? Uma fala agentes administrativos, informação falsa perante agente administrativo — é uma figura. Na Lei 8.137 perante agente tributário, agente fazendário. Onde fica um e onde fica o outro?

Essa falta de sistematização, como dizia muito bem o Prof. Geraldo Ataliba, está exigindo um trabalho muito sério, porque afinal é uma sobreposição de conceitos e o Direito Penal também tem que compreender as condutas da vida tributária, e esta, por seu turno, as condutas da vida comercial e da vida empresarial.

Esses são pontos que me parecem fundamentais para nós conseguirmos levar adiante esse trabalho que é a construção das instituições jurídicas, que é um trabalho que nunca vai terminar, mas que a todo momento exige o nosso olhar atento e o nosso carinho para que nós façamos jus a realmente sermos considerados uma nação civilizada e a idéia que todos comungamos de que vivemos num estado de direito.

Muito obrigado. (Palmas)

PROFª MISABEL DERZI — Obrigada, Prof. Paulo Frontini.

Temos ouvido aqui posições interessantes, tanto entre juristas que estudam mais de perto o Direito Penal como outros que se dedicam ao Direito Tributário. Na minha opinião, apesar de estarmos diante de um legislação penal-tributária assistemática e muito deficiente do ponto de vista da segurança jurídica, nós sabemos fundamentalmente que os delitos contra a ordem tributária resultam necessariamente de dois núcleos essenciais, unidos em uma relação de causa e efeito.

Em primeiro lugar necessariamente tem que existir tributo a pagar e seus acessórios, cuja redução ou supressão é o objetivo colimado pelo agente que pratica o delito. Esse é o núcleo fundamental, haver tributo a pagar, o próprio ou alheio, em certos casos específicos. Mas este núcleo isoladamente não é suficiente para configurar nenhum delito contra a ordem tributária, é fundamental ainda que o agente pratique atos específicos — ou omissivos ou comissivos —, enfim, ações fraudulentas que na verdade são meros instrumentos especificados na lei, que servem para a obtenção dessa vantagem, redução de imposto ou de tributo a pagar ou sua supressão.

Um núcleo não funciona sem o outro no Direito Brasileiro, ou seja, não há crime por dívida tributária. Se não há tributo a pagar ou se esse tributo, essa obrigação foi cumprida, não há possibilidade de delito. Igualmente nós entendemos que o Direito Brasileiro não sanciona penalmente descumprimento de dever acessório pura e simplesmente se não há tributo a pagar; ou seja, se há uma mera omissão da escrita, se há erro na declaração, porque trata-se de um delito doloso. Então, se o contribuinte errou, se omitiu, está com a sua escrita atrasada mas efetivamente ele não tem como intenção evitar o tributo a pagar, porque inexiste obrigação, que está cumprida, inexiste crime.

Crime de risco

Então, são dois núcleos essenciais. O Direito Brasileira não pune, graças a Deus, nem as dívidas pecuniárias nem aquilo que algumas legislações estrangeiras chamam de delitos de risco, e que, embora não havendo tributo a pagar, qualquer ato ou omissão do contribuinte que coloque em risco a administração, desde que especificado em lei, essa figura configura delito. Então nós estamos diante de dois núcleos essenciais.

Portanto, o que no meu entender se pune fundamentalmente é a desonestidade. Estamos diante de crimes que configuram mentira, escrita desonesta, desonestidade fundamentalmente direcionada, a evitar pagamento de tributo devido. Então, se não há tributo a pagar graças a uma causa de não tributatividade, por distinção da tributatividade posta pelo legislador, se estamos diante, portanto, de um fenômeno de imunidade ou de um fenômeno de isenção, ou se estamos diante de um fenômeno de remissão ou de anistia, posto pelo legislador esse fenômeno, não há possibilidade de sancionar penalmente a conduta do agente. E embora não tendo havido pagamento de tributo, se também não há prática de qualquer ato ou omissão definida especificamente na lei própria, não há o que sancionar penalmente. Por isso é que juristas como esses que estão aqui presentes realçaram a profunda interrelação entre o Direito Tributário e o Direito Penal.

Normas punitivas

As penais são simplesmente normas que sancionam a infração a outros ramos jurídicos, a outras normas jurídicas. Os delitos de fundo tributário nada mais são do que isso. O Direito Penal Tributário é um ramo que sanciona as infringências mais graves ao Direito Tributário; no momento em que o Direito Tributário não é infringido ou que o próprio legislador dispensa o contribuinte de pagar o tributo devido, concedendo remissão ou anistia, automaticamente fica excluída a ilicitude penal.

Nós sabemos há tantos anos que a unidade do injusto penal funciona para todos os ramos jurídicos e que foram os grandes penalistas — eu peço perdão aos grandes juristas que estão aqui nesta Mesa para referi-los — que ensinaram que na verdade um delito e sua conceituação específica nós extraímos da lei penal, mas aqueles atos — como dizem os penalistas — tipificados na lei, configuram ou não um crime, se são atos praticados contra o direito, se são anti-jurídicos, isso nós não extraímos do Direito Penal, extraímos na análise da totalidade do sistema jurídico.

Anti-juridicidade

Portanto, se um ato ou fato praticado pelo contribuinte efetivamente configura delito, nós temos que buscar essa anti-juridicidade dentro do Direito Tributário. E se lá o legislador tributário diz "não há tributo a pagar" ou "não há obrigação acessória a cumprir", fica absolutamente excluída a questão penal. Por isso mesmo o Direito Penal Tributário é Direito Penal. Mas como em todas as relações do Direito Penal com outros ramos jurídicos, ele alimenta, se embebeda profundamente da fenomenologia tributária.

Então, todos os passos do legislador que atingem a tributividade, que alteram o dever de pagar tributo, vão ter imediata repercussão no Direito Penal. Se o contribuinte é imune, ele é isento, não há que conjugar penalidade, não há possibilidade disso, porque qualquer erro na escrita, qualquer atraso ou documento inadequadamente preenchido nunca configurará dolo, ele não tem o que deixar de pagar, ele não tem o que deixar de recolher. Recolher é um erro não sancionável no Direito Penal.

Igualmente se o legislador tributário diz: aqui havia o tributo, havia a obrigação tributária; eu sei que o contribuinte deixou de recolher o imposto devido, mas isso não é mais relevante para o Direito Tributário, nós estamos a conceder remissão, nós estamos a conceder anistia, o legislador tributário que se comporte. Se ele quer que o crime de sonegação tenha algum resultado prático, que ele não fique concedendo anistia e remissão a todo momento, porque não é possível que o Direito Penal, que guarda exatamente o campo da sanção, as infringências mais graves do Direito, venha a atuar se o próprio Direito Tributário diz: "Não, para nós você está perdoado, não precisa recolher o imposto devido, as suas infrações aqui na área do Direito Tributário estão perdoadas". Automaticamente nós temos que excluir, dentro de um automatismo imediato, não se fala mais em Direito Penal.

Pessoalidade do injusto

Portanto, não importa o que faça o legislador penal tributário; parece que, como já disseram bem aqueles juristas que me precederam, a técnica legislativa é das piores, e pior ainda é a prática do Direito Penal Tributário. Não importa, todos os princípios do Direito Penal são chamados, especialmente a pessoalidade do injusto, que é uma norma constitucional. E eu acho que é mais do que isso, é uma conquista da humanidade a questão da pessoalidade do injusto. Então não importa o que faça o legislador ordinário, ele sobretudo tem que ser abrigado no Direito Penal Tributário.

A mesma coisa diríamos em relação ao Direito Tributário. O nosso Código Tributário Nacional proíbe o legislador estadual e municipal de conceder anistia quando os fatos envolvem crime ou são dolosos. Por quê? Porque o legislador tributário estadual e municipal não tem competência para legislar sobre Direito Penal; só que o legislador tributário estadual e municipal nem sempre escutam o Código Tributário Nacional, e na prática acontece indiscriminada concessão de anistia e de remissão. Isso vai ter profunda repercussão no Direito Penal, porque diante do fato posto nenhum juiz vai condenar, e não pode condenar, alguém ao cárcere se os outros co-cidadãos estão simplesmente perdoados para o Direito Penal, estão perdoados dentro do Direito Tributário, aquele fato antes ilícito no Direito Tributário está liberado. Então não há possibilidade de se condenar alguém ao cárcere se a massa dos cidadãos praticando o mesmo fato dentro do Direito Tributário foi posta livre de quaisquer sanções na área do Direito Tributário.

Então nós queríamos chamar a atenção para esse fenômeno, exatamente a unidade do injusto penal no campo deste ramo maravilhoso, o concurso sempre necessário dos grandes juristas da área do Direito Penal, que não importa o que faça o legislador, tenho certeza de que esses juristas não deixarão nem a nossa jurisprudência nem a nossa doutrina perfilharem os caminhos menos recomendáveis, esquecendo-se dos grandes princípios que regem o Direito Penal secularmente.

Muito obrigada. (Palmas) Prof. Celso Antônio Bandeira de Mello.

(*sem revisão do autor*)

PROF. CELSO ANTÔNIO BANDEIRA DE MELLO — Excelentíssima Profa. Misabel Derzi, meus eminentes colegas de Mesa, meus colegas, disse a Profa. Misabel que o melhor vinha para o fim; no caso eu creio que só se se entender por melhor nas proximidades da hora do almoço e terminar logo de uma vez. (Risos)

Com efeito, à medida que os colegas iam falando a minha inquietação ia aumentando. Como estamos falando de crimes, eu diria que estou aqui nesta Mesa como uma vítima de uma delicadeza do Prof. Geraldo Ataliba, de uma homenagem que o Prof. Geraldo Ataliba me presta me convidando para participar, mas definindo o assunto antes que eu pudesse dizer sim, não etc. E me parece que seria pavoroso depois fugir com o meu nome impresso e divulgado.

Realmente depois de tudo o que foi dito posso dizer pouco porque o que ia dizer já disseram tudo. Na verdade eu não tinha a dizer, porque em matéria de Direito Penal eu me vejo mais facilmente relacionado com ele na qualidade de sujeito ativo de um crime do que na qualidade de sujeito ativo de uma exposição que envolva esse assunto. (Risos) Infelizmente é isso. De sorte que eu nem ao menos ousaria dizer que a minha posição na Mesa virou ornamental, porque se alguém pode ter uma posição ornamental nesta Mesa, justamente não há a negar porque já foi observado pelo Dr. José Carlos Dias, é a Profa. Misabel Derzi. (Risos) Com a devida vênia dos colegas, ninguém aqui poderia ter a menor pretensão de ornamentar mesas. (Risos)

Tendências do legislador penal

De sorte que vou apenas compartilhar com os colegas, rapidamente, uma reflexão que fiz e que se acentuou, digamos, ao ouvir as exposições, cuja tônica pareceu-me ser um certo desconforto ante essa tendência de alastramento do Direito Penal e do endurecimento, digamos assim, nas relações com os cidadãos. Eu penso que efetivamente este é um fenômeno universal.

Tomando como gancho a colocação feita pelo Prof. Wagner, realmente parece exato que isto esteja relacionado com uma sensação geral de desconforto, uma sensação geral de desagrado, com a impunidade que parece vigorar neste País. Mas o fenômeno, penso eu, não é apenas um fenômeno brasileiro. O Dr. José Carlos Dias mencionou também o problema na Itália, vale dizer.

Creio eu que esse alastramento do Direito Penal, e aí a recente Lei sobre Licitações e Contratos codifica uma série de comportamentos como crime, tipifica uma série de condutas, isto é apenas um aspecto de um fenômeno muito mais amplo para o qual talvez não tenhamos tomado a devida atenção, que é, em todo o Ocidente, o enfraquecimento da posição do cidadão perante o Estado. É como se nós estivéssemos entrando em um novo ciclo e já estamos caminhando em marcha batida para um retorno a formas mais autoritárias de exercício do poder.

Legalidade na Europa

Em toda a Europa o princípio da legalidade tem sofrido — visto o tema de uma perspectiva técnico-jurídica brasileira — um retrocesso gigantesco. Nenhum de nós ignora que a história da democracia mantém as mais íntimas relações com a instauração e o fortalecimento dos parlamentos e com o monopólio da produção de normas que inovam inicialmente na ordem jurídica em favor do Legislativo. Entretanto, o que se assiste no mundo inteiro praticamente é um gigantesco fortalecimento do Executivo, não apenas pelo alargamento da sua atividade, não apenas pela intensificação nos campos onde já atuava, mas sobretudo na progressiva e crescente conquista de poder legislativo, a tal ponto que o princípio da legalidade já sofreu uma transformação mediante construções teóricas e eufêmicas que designam — na França, por exemplo — o princípio da legalidade e não o princípio de obediência à lei, à lei ou ao regulamento.

Já se chegou a um ponto extremo de que a França de hoje, tal como nos antigos principados alemães depois da restauração, a competência legislativa é das matérias arroladas; todo o restante da competência pertence ao Poder executivo. Não existe mais sequer a supremacia da lei no sentido de que se a lei regulasse matéria antes regulada por regulamento prevalece a lei; não existe mais isso também.

Nos demais países onde a coisa não chegou a esse extremo — na Itália, por exemplo — existem os decretos-leis. As nossas medidas provisórias são uma cópia dos decretos-leis italianos, com uma pequena diferença: é que entre nós, não havendo manifestação do Legislativo, automaticamente considera-se que a medida provisória perdeu a sua força jurídica. Lá na Itália, embora não exista essa expressa disposição constitucional, o entendimento é unânime, tranqüilo e pacífico, e o efeito é esse mesmo — e nem poderia ser outro.

Enfraquecimento dos direitos individuais

Nos países que ainda procuram manter o princípio da legalidade com alguma vigência, digamos, aceita-se como uma delegação legislativa indireta as disposições genéricas das leis, que mal regulam certo conteúdo, e o restante é feito pelo Executivo ou então expressamente a lei se reporta a disposições ulteriores do Executivo. Isto obviamente é um manifesto enfraquecimento da posição do cidadão, do indivíduo perante o próprio Estado, porque todos sabemos que o Executivo é unipessoal e por isso mesmo a sua visão é monolítica, as suas normas são produzidas na intimidade dos gabinetes, não passam pelo crivo da publicidade em sua elaboração e, portanto, pela crítica dos vários segmentos da sociedade, ou pela ação legítima dos "lobbystas", e desabam de um momento para outro sobre o cidadão.

Enfraquecimento dos direitos individuais

Reconheça-se, a doutrina toda faz notícia disto, de que razões objetivas poderosíssimas concorrem para esse fortalecimento do Poder Executivo que — eu diria — é em contrapartida o enfraquecimento do cidadão, aludindo sobretudo a complexidade da vida moderna, que passa a exigir que as soluções sejam de um lado cada vez mais rápidas, cada vez mais técnicas, e cada vez mais discriminadoras de blocos de situação, para o que obviamente o Executivo está muito mais instrumentado do que o Poder Legislativo.

Penso que este fenômeno do alastramento do Direito Penal ou do endurecimento até das relações entre Estado e cidadão se ubica dentro de um quadro muito mais amplo, e este quadro corresponde a um período histórico em que, de algum modo, o poder e a oposição conjunta da sociedade, da qual o Parlamento seria o mais natural representante, o poder retoma progressivamente o que lhe havia sido tirado. Todos sabemos que é perfeitamente possível esta analogia, dizendo que o Executivo é um sucessor do rei; todos sabemos que é um governo monocrático e monolítico, porque a característica central do Poder Executivo — foi até acentuada como traço diferenciador entre as funções do Estado — a característica central é a hierarquia, que não existe nos outros poderes, e que permite, portanto, que um homem na cúspide da pirâmide, dirija uma comunidade inteira. Quanto mais se fortalece o Executivo evidentemente mais se enfraquece o cidadão.

Parece-me que todo esse fenômeno de endurecimento que estamos assistindo, de alastramento do próprio Direito Penal, não é senão uma faceta de um período histórico que está começando a desabrochar e em respeito do qual talvez não tenhamos as devidas advertências. Nós outros, latino-americanos, que sempre vivemos debaixo de regimes despóticos e de ditaduras, ao fazermos discussões jurídicas estamos na verdade de algum modo participando de um debate intelectual atraente, encantador, mas, de regra, profundamente divorciado dos acontecimentos da rotina diária.

Endurecimeno legislativo

A cópia de leis repressoras que o sistema normativo brasileiro abriga é simplesmente gigantesca. Eu lembraria apenas uma delas muito desconhecida: a Lei 8.429 do tempo deste último chefe do Executivo, deste que foi defenestrado, cujo nome nem é bom praticar, a bem da salubridade ambiente, por razões ecológicas até, eu diria. (Risos) Essa Lei 8.429 vem qualificar os comportamentos categorizáveis como de improbidade administrativa e os divide em três tipos: com enriquecimento ilícito, com lesão ao erário ou que atentam contra os princípios da administração. Independentemente da responsabilidade civil, sanções penais ou administrativas, as sanções previstas são de uma dureza espantosa: desde logo a suspensão dos direitos políticos, que varia de 3 a 8 anos, nesta gradação: menos grave atentar contra os princípios da administração pública, gravidade digamos média com lesão ao erário, gravidade extrema com enriquecimento = perda do cargo, função e emprego. Note-se que ela se aplica em quem quer que ocupe qualquer lugar, digamos assim, no serviço público, não importa se é por eleição, se é por contrato, se é por designação, o nome é irrelevante.

Praticamente todos os comportamentos que assistimos diuturnamente praticados pelos nossos governantes estão enquadrados lá. Todos. Pensemos por exemplo no caso do atual ministro. Falar em ministro, todo mundo já sabe que ministro de verdade é o Ministro da Fazenda do Brasil, porque um homem já foi condenado em ação popular, exatamente pelo uso da máquina administrativa, e agora a denúncia está na Revista Veja. Este é um dos casos típicos da lei, da perda de função pública e suspensão de direitos políticos, a menor multa é de 100 vezes o salário mínimo. Essa é a menor multa que existe. As sanções são terríveis! Usar por exemplo a televisão para propaganda, fazer propaganda como todos fazem, com uso dos dinheiros públicos, é um dos casos paradigmáticos para incluir-se nessa lei.

Ineficácia da lei no Brasil

Eu diria que no Brasil nós assistimos a este fenômeno mundial, aqui naturalmente agravado pela circunstância de que não se aplica a pena, então é possível aumentar 10, 20, 300 vezes, ou pena de estripamento, tanto faz, porque realmente não ocorrerá nada em se tratando de alguém que use paletó e gravata. Às vezes até quem não usa, porque nós temos visto autoridades públicas se apresentando, bastas vezes, com trajes eu não digo sumários, mas pelo menos bastante informais. Portanto, já nem posso falar em paletó e gravata; retiro paletó e gravata. Pessoas de um certo padrão, de um certo nível, estão, como regra acima, do bem e do mal. Então pega-se um, pega-se outro, aí é um caso fantástico.

Hoje leio nos jornais que um ex-presidente do Senado teve seu mandato cassado. O seu mandato foi cassado por praticar exata e literalmente aquilo que é praticado por praticamente todos. Ele até deve pensar: meu Deus, mas por que eu? (Risos) Os meus colegas todos estão em situação semelhante à minha! Então nós sabemos que essas coisas são absolutamente excepcionais.

Mas é certo que há um alastramento não apenas do Direito Penal, mas das sanções previstas. E essa lei é interessante, nela se inclui não apenas o agente que praticou o ato, mas o terceiro que de algum modo concorreu ou incentivou ou se beneficiou da prática daquele ato; quer dizer, pega terceiros ali, os da administração também. Já vêem os colegas que boa parte dos brasileiros se encontrariam em face dessa norma numa situação semelhante àquela que o Prof. Paulo Frontini declarou a que, segundo o Prof. Canuto Mendes de Almeida, correspondiam os brasileiros.

Mas disso tudo eu quero extrair apenas um ponto, quero apenas sugerir aos colegas — porque se estão aqui certamente é porque são pessoas que têm um grande apreço, um grande interesse, um grande amor ao Direito — que pensem um pouco neste fenômeno que se está passando e para o qual eu não tenho visto suficientemente acordados os estudiosos; possivelmente estamos entrando num novo período histórico que se caracterizará pelo grave enfraquecimento da posição do cidadão perante o Estado e um retorno a concepções monocráticas.

"Reserva" de lei?

Dir-se-á: mas isso acontece na Europa! Alguém nega que a França seja um país democrático? E no entanto lá existe esse absurdo dos absurdos, o Legislativo só poder legislar sobre as matérias que foram relacionadas ... Me perdoem se me alonguei muito por terminar, mas um comentário que eu sinto impulsos profundos para fazer: no Brasil eu vejo as pessoas falarem em reserva de lei; isto não pode ser matéria de reserva de lei — cada vez que vejo isso eu me irrito. Embora eventualmente como advogado eu use, porque isso pega bem ao juiz, essa reserva de lei. (Risos) Eu uso isto. Esse negócio de reserva de lei no Brasil é a coisa mais absurda que pode existir. Essa noção de reserva de lei ou essa expressão reserva de lei deve-se a Otho Mayer, é uma expressão que vem do século passado, pela circunstância de que existia essa distinção, o que competia ao monarca e o que competia ao Legislativo em matéria de produção de norma jurídica. Não, isto é reserva de lei, isto é só para o Legislativo, isto não é para o monarca fazer, porque na restauração, logo depois que caiu Napoleão e na Alemanha houve a restauração dos monarcas e dos príncipes, eles voltaram com muita força ainda, eram monarquias constitucionais, mas eles outorgavam as suas Constituições, os mais fracos deles com o apoio dos principais estamentos da sociedade; mas os outros não. Então, considerava-se que o rei tinha poderes naturais, e considerava-se que não eram normas jurídicas aquilo. Mas são essas que regulam nossa vida.

Pois bem, isto que existiu e essa tal reserva de lei que existiu nessa época hoje é o sistema francês. A França que vedava ao Executivo fosse lá o que fosse logo depois da revolução, agora separa como os antigos impérios alemães. Nós estamos realmente assistindo a isso. Alguém vai dizer que a França não é democrática? Eu acredito que não são mais essas instituições que estão sustentando a democracia em certos países onde o Executivo retomou os seus poderes, os poderes do rei. É uma realidade social, é uma convicção, é uma introjeção democrática real que está mantendo. Mas isso tende a se esboroar.

Esvasiamento dos parlamentos

Agora com a Comunidade Européia vejo que primeiros ministros desses países tomam decisões numa cúpula que afetam a cada um dos europeus; e eles não são, na verdade, os representantes diretos do povo desses países. Mas já acontece isso. Já se aceita tranqüilamente na Europa que essas decisões sobrepassam até suas próprias Constituições. As Constituições são interpretadas de maneira a se ajustar a essa nova situação. A existência de um megaestado que surge é a reprodução dos antigos impérios e provavelmente virá acompanhada deste mesmo fenômeno do fortalecimento, se não forem concebidas fórmulas outras jurídico-políticas para dar nova injeção de força ao cidadão.

Dizia Forstoff, na terceira década deste século, que os instrumentos concebidos pela burguesia para a defesa do cidadão contra o Estado revelar-se-iam insuficientes. Dizia Forstoff, pensando principalmente no aumento da influência do Poder Executivo ligada às novas concepções, isto é, ligada à concepção de que o Estado não mais encarava a realidade social como um dado, mas como um objeto de transformação, que é exatamente o nosso próprio período histórico. Mas digo eu muito mais do que isto: o que está engendrando essa nova situação que nós estamos assistindo, de enfraquecimento da posição do cidadão, foi o desenvolvimento tecnológico, que criou uma sociedade terrivelmente complexa e que além de criar múltiplos braços tecnológicos, multiplicou as possibilidades de dano causadas por um só indivíduo, por uma só empresa, o que obriga a regular cada vez mais a conduta do cidadão.

Então, essa discussão que eu assisti nesta Mesa a respeito desse fortalecimento, desse endurecimento, a meu ver não é senão uma das facetas do fenômeno geral que vem a ser esta caminhada em marcha batida, que parece estar todo o Ocidente se dirigindo para um retorno de uma visão mais autocrática e conseqüentemente menos democrática, com menos garantia para os cidadãos.

Obrigado. (Palmas)

PROFª MISABEL DERZI — Vejam os senhores que eu tinha razão, absoluta razão quanto ao fechamento com chave de ouro desta Mesa de Debates. O Prof. Celso Antônio colocou o tema nas suas devidas proporções, até nos situou na própria era histórica que nós estamos vivenciando ou cujo início já se vislumbra.

Quero apenas fazer uma retificação às palavras do Prof. Celso Antônio Bandeira de Mello: o professor pode ser um gênio para falar em Direito, mas não é o melhor avaliador do próprio charme e do charme dos membros masculinos que compõem esta Mesa. (Risos)

Para encerrar essa Mesa de Debates vamos pedir ao Dr. Arnaldo Malheiros Filho que se pronuncie, já que seu nome foi tantas vezes invocado pelos outros membros desta Mesa de Debates. E com isso encerraremos os nossos trabalhos.

(*sem revisão do autor*)

DR. ARNALDO MALHEIROS FILHO — Relembro uma ocasião em que fiquei muito impressionado, num debate na Faculdade de Direito de Harvard, nos EUA, um professor marcadamente democrata questionar um outro de posições republicanas sobre o seguinte e interessante assunto: ele dizia "por que quando a Suprema Corte Americana tem uma composição democrata ela gera grandes marcos de defesa do indivíduo contra o Estado, e quando os ditos liberais do Partido Republicano estão na Suprema Corte ela anula as conquistas do indivíduo contra o Estado e dá uma força total para o Estado contra o indivíduo?" E perguntava a ele: "Afinal, vocês republicanos são liberais ou não são?" O intelectual republicano disse assim: "Não, o senhor está deturpando o debate; na realidade o que nós queremos para a América é liberdade para trabalhar e bandidos na cadeia". Aquela idéia: nós e eles. Da mesma forma que hoje vemos partidos e forças mais identificados com as camadas populares da sociedade dizer: "Nós queremos leitura, para que eles, os de gravata (ainda que sem gravata, mas numa certa posição) vão para a cadeia", quando na realidade o que todos lados trabalham é pelo Estado e contra o indivíduo, e o indivíduo é cada vez menos cidadão.

Não quero dizer mais nada além disso. Muito obrigado. (Palmas)

PROFª MISABEL DERZI — Com isso encerramos essa Mesa de Debates. Vamos ao intervalo para o almoço e retomaremos a partir das 14 horas.

CONFERÊNCIA MAGNA

A PROGRESSIVIDADE NA ORDEM TRIBUTÁRIA

ROQUE ANTONIO CARRAZZA

PROFª MISABEL DERZI — Prosseguindo com os trabalhos deste VIII Congresso Brasileiro de Direito Tributário, compõem a Mesa nesta sessão o Professor e Juiz Américo Masset Lacombe, a Professora e Juiza Ana Maria Pimentel, o Professor Estevão Horvath, o Professor Sacha Calmon, a Professora Elizabeth Nazar, o Professor Souto Maior Borges, o Professor Geraldo Ataliba, o Professor Roque Antônio Carrazza.

Convidamos para compor a Mesa o Professor Eduardo Bottallo, o Dr. Antônio Carlos Monteiro, o Juiz Dr. Antônio Prudente, o Professor Paulo de Barros Carvalho, a Juiza Dra. Celene Maria de Almeida, a Juiza Dra. Salete Camargo Nascimento.

Registramos a presença neste auditório do Professor Humberto Medrano.

Para saudar o conferencista desta tarde, Professor Roque Carrazza, em nome do IDEPE falará o Professor Geraldo Ataliba.

PROF. GERALDO ATALIBA — Senhores congressistas. Breves palavras sobre o nosso conferencista, de todos conhecido, por este prestigioso e renovadamente editado, "Curso de Direito Constitucional Tributário", Prof. Roque Carrazza. É um livro que todos conhecem e acompanham, até porque é a demonstração cabal de que estudar Direito Tributário, no Brasil, a sério, é estudar a Constituição. O nosso Direito Tributário, ao contrário do que acontece em todos os outros países do mundo, está na Constituição. Quem falar em Sistema Tributário Brasileiro tem que ler a Constituição: ali está o sistema.

Quero falar da pessoa do Prof. Roque Carrazza, minha querida Presidenta Misabel Derzi. Roque Carrazza é um jovem membro do Ministério Público de São Paulo, mas já no cume da carreira, como procurador de Justiça; ao lado dessas atividades profissionais, desde muito cedo despertou para a vocação docente e hoje é reconhecido por quem tenha sido seu aluno — e já são milhares aqui em São Paulo — ou por quem o tenha conhecido como conferencista ou expositor em palestras, conferências, seminários e debates de que tem participado, pelo Brasil afora e até mesmo no Exterior.

Roque Carrazza é uma vocação docente notável, que se disciplinou para dominar o uso da palavra, para fazer da palavra a serva de um pensamento claro, límpido, sistemático e sobretudo didático. A preocupação de Roque Carrazza — generosa preocupação que é a nota do professor — não se cinge a buscar conhecer, aprender, fazer-se mais sábio dentro do seu setor, que é o Direito Público; não. É pedagógico e didático, está na natureza do professor nato o transmitir, o repartir, o dar aquilo que tem aos outros. Esmerou-se até o último grau no sentido de conseguir a capacidade da transmissão para, da melhor maneira possível, ilustrar, informar, ensinar, formar a todos os que o ouvem; e, o que é mais importante, esmerar-se no esforço de suscitar a curiosidade, despertar a vontade de conhecer, animar aqueles que se disponham a estudar, incentivar a meditação e a crítica do sistema tributário e das categorias dessa ciência.

É este expositor, este professor consagrado que vamos ter a honra de ouvir agora. Muito obrigado. (Palmas)

PROF. ROQUE CARRAZZA — Professora Misabel Machado Derzi, DD. Presidente do VIII Congresso Brasileiro de Direito Tributário, Prof. Américo Lacombe, DD. Juiz Presidente do Tribunal Regional Federal da 3ª Região, Prof. Geraldo Ataliba, Presidente do IDEPE, demais integrantes da Mesa, minhas senhoras e meus senhores, colegas congressistas. Antes de mais nada eu quero dizer da grande satisfação que sinto em estar aqui, participando do VIII Congresso Brasileiro de Direito Tributário, que está sendo promovido pelo prestigioso Instituto Internacional de Direito Público e Empresarial — IDEPE. Ao mesmo tempo, saúdo a ilustre Profa. Misabel Derzi, Presidente do Congresso, e sem favor algum uma das maiores juristas brasileiras da atualidade. Sua obra, marcada pela seriedade e pelo espírito de pesquisa, suas aulas sempre eruditas e brilhantes, e sua simpatia irradiante, fazem de Misabel um ponto de referência obrigatório, para todos quantos, como eu, estudam a Ciência do Direito Tributário. Permitam-me ainda agradecer as palavras amáveis e altamente elogiosas com que o Prof. Geraldo Ataliba me apresentou.

Progressividade dos impostos

Conforme anunciado, vou falar-lhes sobre ''A Progressividade na Ordem Tributária''. É um tema amplíssimo, que, obviamente, não conseguirei esgotar no curto espaço de 50 minutos. Mesmo assim, tentarei dar aos amigos congressistas uma visão panorâmica desse interessante assunto. Depois, se houver debates, terei a oportunidade de fazer uma melhor meditação sobre tudo aquilo que tiver sido dito e, de modo especial, sobre tudo aquilo que tiver ficado implícito em minhas palavras.

Como o tema é vasto e, em contrapartida, o tempo é escasso, inicio imediatamente a abordagem do assunto, enfatizando que, em nosso sistema constitucional tributário, em tese, todos os impostos devem ser progressivos. Por quê? Porque graças à progressividade eles atendem ao princípio da capacidade contributiva, que é o princípio informador dos impostos.

Não ignoro que há muitos estudiosos que fazem empenho no sentido de que, no Brasil, apenas dois impostos devem ser progressivos: o Imposto sobre a Renda e o IPTU, e que, mesmo no IPTU, a progressividade só é possível no tempo, quando se implementa uma das condições apontadas no § 4º, do art. 182, da Constituição. Com o devido acatamento, discordo. Tenho para mim, repito, que, em princípio, todos os impostos devem ser progressivos. Como assim? A lei que os criar em abstrato deverá estruturá-los de tal modo, que suas alíquotas variem para mais, à medida que forem aumentando suas bases de cálculo. Quanto maior a base de cálculo, tanto maior a alíquota. Exemplificando para melhor esclarecer, no caso do Imposto sobre a Renda: quanto maior a renda líquida (base de cálculo) tanto maior a alíquota. As alíquotas, no Imposto de Renda — veremos daqui a instantes —, vão aumentando, à medida que a renda líquida do contribuinte também aumenta.

A progressividade das alíquotas tributárias, longe de atritar com nosso sistema jurídico, é o melhor meio de se afastarem, entre nós, as injustiças fiscais. Sem impostos progressivos, não há como atingir-se a tão almejada igualdade tributária. Imposto com alíquota fixa perpetua as injustiças fiscais, porque trata de maneira idêntica contribuintes que não são iguais. Pelo contrário, com a progressividade, os impostos conseguem ter caráter pessoal e ser graduados segundo a capacidade econômica dos contribuintes.

Mas, realmente, eu sou o primeiro a reconhecer que a Constituição Brasileira exige, de modo expresso, que dois impostos observem a progressividade: um é o Imposto sobre a Renda e o outro é o Imposto Predial e Territorial Urbano, o IPTU.

IPTU

Comecemos pelo IPTU. O IPTU, como sabem, vem genericamente previsto no art. 156, I, da Constituição Federal! "Compete aos Municípios instituir impostos sobre a propriedade predial e territorial urbana".

Sem descer a detalhes que a cultura jurídica desse egrégio plenário não suportaria, o IPTU é um imposto de competência municipal. Os Municípios podem instituí-lo e sobre ele dispor. O IPTU deve ter por hipótese de incidência a circunstância de uma pessoa, física ou jurídica, ser proprietária de um imóvel localizado na zona urbana do município (imóvel urbano, pois). Esse imóvel tanto pode consistir num prédio, como num terreno.

Indo agora ao ponto que mais de perto nos interessa, o IPTU também deve obedecer ao princípio da capacidade contributiva.

Só para nos situarmos no assunto, o princípio da capacidade contributiva está veiculado na primeira parte, do § 1º., do art. 145, da Constituição: "Sempre que possível os impostos terão caráter pessoal e serão graduados segundo a capacidade econômica do contribuinte..." Seguem-se outras colocações, que não dizem respeito ao princípio em exame. O predito § 1º. prossegue autorizando os agentes fiscais a, observados os direitos e garantias individuais, aferirem os sinais exteriores de riqueza do contribuinte, de modo a detectarem possíveis fraudes. Houve aqui, na verdade, um erro de técnica legislativa: o legislador constituinte aglutinou no mesmo dispositivo duas normas jurídicas radicalmente distintas e, por isso mesmo, inconfundíveis. Isso me faz lembrar aquela famosa sátira de Jean Rivero, para quem o legislador, inclusive o constitucional, pode se dar ao luxo de cometer erros que reprovariam até mesmo um estudante de Direito.

Capacidade contributiva

Mas, deixando de lado essa questão menor, redacional, superável pela interpretação sistemática, o fato é que todos concordam que o princípio da capacidade contributiva, no Brasil, está veiculado na primeira parte, do § 1º., do art. 145 da Constituição: "sempre que possível os impostos terão caráter pessoal e serão graduados segundo a capacidade econômica do contribuinte".

O princípio da capacidade contributiva, já se disse, hospeda-se nas dobras do princípio da igualdade e ajuda a realizar, no campo tributário, os ideais republicanos. É justo, é jurídico, é razoável que quem, em termos econômicos, tem mais, pague proporcionalmente mais imposto do que quem tem menos, isto é, seja submetido a uma alíquota maior, ou, se quisermos, contribua proporcionalmente mais para a mantença da coisa pública.

É interessante notar que a capacidade contributiva, a qual alude a Constituição e que o legislador ordinário deverá necessariamente levar em conta, ao criar os impostos de sua competência, é objetiva e, não, subjetiva. É objetiva, porque se refere, não às condições de riqueza do contribuinte individualmente consideradas, mas, sim, às manifestações objetivas de riqueza do contribuinte: ser proprietário de um imóvel, ter um automóvel, operar em bolsa, praticar operações financeiras, prestar, em caráter negocial, um serviço de qualquer natureza, praticar uma operação mercantil, e assim por diante. É aquilo que o saudoso tributarista gaucho Alfredo Augusto Becker, em seu hoje clássico livro "Teoria Geral do Direito Tributário'' chamava, com muita propriedade, de fatos-signos presuntivos de riqueza.

O que seriam, para Becker, os fatos-signos presuntivos de riqueza? Seriam fatos que, *a priori*, revelam que, quem os realiza, tem riqueza suficiente para ser alcançado pelo imposto específico. Esta é uma presunção absoluta, uma presunção *iuris et de iure*, uma presunção que não cede passo nem mesmo diante de prova em contrário. Se presente o fato signo presuntivo de riqueza, pouco importa se o realizador do fato imponível, dadas as suas condições pessoais, não tem condições para suportar a carga econômica do imposto. Exemplifico: é muito comum, aqui em São Paulo, — e, acredito, em todos os grandes centros do País —, *os shopping centers*, para promoverem as suas vendas, sortearem, entre seus clientes, automóveis de alto luxo: BMWs, Mercedes, Hondas, Mitisubishis etc. O IPVA que incide sobre esses automóveis é bastante elevado, como todos sabemos. Vamos admitir que o contemplado num desses sorteios seja um jovem de 20 anos, que já não vive às expensas paternas (tem economia própria), mas que luta com dificuldades, para manter-se: trabalha de dia e estuda à noite. Pergunto: teria sentido considerar este jovem isento do IPVA porque ele efetivamente não tem condições para pagar o imposto que incide sobre o automóvel que possui? Eu penso que não. Ele terá que pagar o IPVA. Se não pagar, será executado, correndo o risco, até mesmo, de perder o veículo.

IPVA

Aliás, nos impostos sobre a propriedade — e o IPVA, tanto quanto o IPTU, é um imposto sobre a propriedade — a capacidade contributiva revela-se com o próprio bem. Presume-se — e essa é uma presunção absoluta — que quem tem um automóvel luxuoso tem condições de pagar o imposto a ele concernente.

Essa linha de raciocínio põe por terra, penso eu, aquela surrada questão do velho aposentado que é proprietário de um imóvel luxuoso, adquirido numa quadra mais feliz da sua vida, mas que hoje amarga sua existência com as minguadas pensões previdenciárias que o INSS lhe paga. Sendo a capacidade contributiva objetiva, ele terá que pagar o IPTU referente ao seu imóvel. Se não pagar será executado, correndo o risco até mesmo de vir a perder o imóvel, a menos que se encontre naquela situação contemplada na Lei 8.009/90, que dispõe sobre a impenhorabilidade do *bem de família*.

Apenas para ilustrar a minha exposição, o art. 1º da Lei 8.009/90 estabelece: ''o imóvel residencial próprio do casal, ou da entidade familiar, é impenhorável e não responderá por qualquer tipo de dívida civil, comercial, fiscal, previdenciária ou de qualquer outra natureza, contraída pelos cônjuges ou pelos pais ou filhos que sejam seus proprietários e neles residam, salvo nas hipóteses previstas nesta lei''. Relendo a parte que mais de perto nos interessa, ''o imóvel residencial é impenhorável e não responderá por qualquer tipo de dívida fiscal''.

Imposto objetivo

Mas, voltando ao ponto, quem tem um imóvel urbano deverá pagar o respectico IPTU. Essa, segundo me parece, é a única solução possível. Senão poderíamos ficar diante da seguinte e esdrúxula situação: num prédio de alto luxo, com um apartamento por andar, cada proprietário pagaria um IPTU diferente. Assim, o proprietário do apartamento do último andar, que é um banqueiro, pagaria o IPTU no grau máximo, o proprietário do apartamento do oitavo andar, que é um industrial, cujos negócios estão indo bem, pagaria o IPTU no grau médio, o proprietário do apartamento do quarto andar, que é um profissional liberal, que está ensaiando os primeiros passos na profissão, pagaria o IPTU no grau mínimo; e, para não nos prolongarmos demais, o proprietário do apartamento do primeiro andar, que é o famoso velho aposentado, estaria isento do pagamento do IPTU.

Teria sentido considerar essa pessoa, que afinal também é proprietária de um apartamento que vale um milhão de dólares, ou um milhão de reais — vamos prestigiar a moeda tupiniquim —, despida de capacidade contributiva? Eu entendo que não. Com efeito, a capacidade contributiva não se revela só na conta bancária, mas no patrimônio como um todo considerado.

Não teríamos mais mãos a medir, penso eu, se a situação econômica individual do contribuinte tivesse que ser considerada no momento do pagamento do IPTU. Sei que essa é uma questão polêmica, de modo que prefiro apenas registrar a minha opinião, para depois, no desenrolar do Congresso, ouvir colegas que eventualmente pugnem em sentido contrário.

Retomando o fio do raciocínio, volto a dizer que o IPTU deve obedecer ao princípio da capacidade contributiva. Diante do Texto Supremo, tal como se encontra em vigor, não tenho dúvidas em dizer que, hoje, o proprietário de um imóvel luxuoso há de ser proporcionalmente mais tributado, por meio do IPTU, do que o proprietário de um imóvel mais modesto. E quando digo ''há de ser proporcionalmente mais tributado'', quero significar que há de ser submetido a uma alíquota maior. Exemplificando para melhor esclarecer, o proprietário de uma casa luxuosa com piscina, quadra de tênis, localizada em bairro estritamente residencial, será submetido a uma tributação por meio do IPTU debaixo de uma alíquota de — digamos — 1,5% do valor venal do imóvel; já o proprietário de um ''quarto e sala'', localizado num bairro fabril, será submetido a uma alíquota de 0,5%. Sim, porque se os dois forem submetidos à mesma alíquota, estarão sendo tributados de maneira desigual, sem a atenção ao princípio da capacidade contributiva, que, no caso, revela-se no próprio bem.

Espécies de progressividade

Enfim, o IPTU deve obedecer ao princípio da capacidade contributiva, e para isso deve ser progressivo. Essa é, como a chama o Prof. Geraldo Ataliba, uma *progressividade fiscal*, de observância obrigatória, diga-se de passagem.

Mas, há uma outra progressividade, que eu chamaria de *progressividade extrafiscal*, que tem dado margem a inúmeras controvérsias. Eu não desconheço, que mesmo neste Plenário, há colegas que defendem pontos-de-vista diferentes do meu. É o caso do Prof. Luciano da Silva Amaro, com quem discuti o assunto num Congresso em Salvador. O Prof. Luciano entende a matéria de maneira oposta à minha — o que é muito bom, porque é do entrechoque de idéias que normalmente faisca a verdade. Eu até reconheço de antemão que o ponto-de-vista do Prof. Luciano e dos que perfilham a sua corrente é mais simpático, já que todos nos alegramos quando ouvimos que não temos de pagar tributo ou que, pelo menos, temos de pagar menos tributo do que o pretendido pela Fazenda Pública. Mas é um ponto-de-vista, ''data venia'', que atrita com a Constituição.

Vejamos o que estabelece o § 1º, do art. 156, da Constituição: ''O imposto previsto no inciso I — que é o IPTU — poderá ser progressivo nos termos de lei municipal, de forma a assegurar o cumprimento da função social da propriedade''. O IPTU poderá ser progressivo nos termos de lei municipal de forma a assegurar o cumprimento da função social da propriedade.

Abrindo um ligeiro parênteses, entendo que este "poderá" equivale, na verdade, a deverá. Essa é, aliás, a opinião do ilustre Prof. José Souto Maior Borges, contida em magnífico parecer que está publicado na *Revista de Direito Tributário* 59. Por que esse singelo poderá equivale a deverá? Porque, como averbava Rui Barbosa, em Direito Público sempre que uma pessoa política recebe um poder, ela, na reallidade, está recebendo um dever. Em Direito Público, a todo poder corresponde um dever. É por isso que se costuma dizer que as pessoas políticas têm poderes/deveres, ou, como quer Celso Antônio Bandeira de Mello, deveres/poderes. De forma que, juridicamente interpretado, esse dispositivo estabelece que o IPTU deverá ser progressivo nos termos de lei municipal, de forma a assegurar o cumprimento da função social da propriedade. A função social da propriedade, já lhes adianto, é-nos revelada pelo Plano Diretor do Município, nos termos do § 2º, do art. 182, da Constituição. Já chego lá.

Ubicação do princípio

O que agora quero enfatizar é que este § 1º, do art. 156, da Constituição, não tem nada a ver com o princípio da capacidade contributiva e deve ser obedecido independentemente da obediência ao princípio da capacidade contributiva. O § 1º, do art. 145, da Constituição e o § 1º, do art. 156, do mesmo Diploma Magno, não se excluem, não se repelem; ambos convivem e devem conviver harmonicamente.

O que eu estou tentando significar é que o princípio da capacidade contributiva no IPTU não se revela, como querem alguns, no § 1º, do art. 156, da Constituição. Não! O princípio da capacidade contributiva, também no IPTU, revela-se no précitado § 1º, do art. 145, da Constituição. Não há a necessidade da edição de nenhum plano diretor para que o IPTU tenha caráter pessoal e seja graduado de acordo com a capacidade econômica do contribuinte.

São coisas diferentes, que, alguns, muito a propósito, tentam coligar. De que modo? Simplesmente dizendo que, enqanto não houver um plano diretor para o Município, as alíquotas do IPTU tem que ser as mesmas: tanto para o imóvel de alto luxo, localizado em bairro estritamente residencial, como para o imóvel modestíssimo, localizado na periferia. Estas idéias são muito do agrado das elites e das classes dominantes, mas, a meu ver, não encontram apoio na Constituição.

O que a Constituição quer, penso eu, é que, além de obedecer ao princípio da capacidade contributiva, o IPTU seja progressivo, de forma a assegurar o cumprimento da função social da propriedade. Em outras palavras, além de obedecer a uma progressividade fiscal — como exige o § 1º, do art. 145, da Constituição — o IPTU deverá obedecer a uma progressividade extrafiscal, agora nos termos do § 1º, do art. 156, sempre da Constituição. Só a progressividade extrafiscal é que vai depender da edição do plano diretor. É o que se depreende da só leitura do § 2º, do art. 182, do Diploma Magno: "a propriedade urbana cumpre sua função social quando atende às exigências fundamentais de ordenação da cidade expressas no plano diretor".

Extrafiscalidade

Vejam os colegas que o IPTU pode e deve ser um instrumento de extrafiscalidade.

O que é extrafiscalidade? Extrafiscalidade é o emprego dos meios tributários para fins não-fiscais mas ordinatórios, isto é para disciplinar comportamentos de virtuais contribuintes, induzindo-os a fazerem ou a deixarem de fazer alguma coisa.

Como sabem, normalmente a tributação desenvolve-se com o objetivo de carrear dinheiro para os cofres públicos, para que o Estado tenha recursos para atingir os fins que lhe são assinalados pela Constituição e pelas leis. Normalmente, pois, a tributação desenvolve-se com objetivos fiscais. Algumas vezes, no entanto, a tributação realiza-se ou, mesmo, deixa de realizar-se para ordenar comportamentos, levando os contribuintes a fazerem o que é interessante para o progresso do País ou a não fazerem o que, mesmo sem ser ilícito, não contribui tanto para o progresso nacional. Exemplifico: as alíquotas do imposto sobre a importação de produtos voluptuários são altíssimas, chegam às vezes à casa dos 300% do valor do produto importado. Por quê é assim? Para aumentar a arrecadação? Não propriamente, mas para fazer com que os contribuintes evitem adquirir esses artigos estrangeiros voluptuários. Com isso, dois objetivos são alcançados: em primeiro lugar não há evasão de divisas e, em segundo lugar, prestigia-se a indústria nacional. Se, amanhã, o perfume francês e o perfume nacional custarem a mesma coisa, dificilmente alguém adquirirá o perfume nacional. De modo que, às vezes, exacerba-se a carga tributária para que as pessoas se sintam desestimuladas a fazer algo que, mesmo sem ser ilícito, não é tão interessante, em relação ao bem comum.

Eu lhes dei um exemplo de emprego da tributação para inibir comportamentos, mas posso dar-lhes exemplo diametralmente oposto: não raro, a tributação é empregada para estimular comportamentos. Quem já não ouviu falar dos projetos SUDENE, SUCAM, SUDAM, Zona Franca de Manaus? São projetos que envolvem incentivos fiscais. Fiquemos com o Projeto SUDENE (os outros são semelhantes). Pelo Projeto SUDENE, as indústrias que se instalarem na região Nordeste do País estartão, durante 10 anos, isentas do pagamento de tributos federais: Imposto de Renda, IPI, Imposto sobre Importação etc. Isso é feito, sim, para aumentar a arrecadação? Não, não vai haver arrecadação alguma, pelo menos em relação a essas indústrias. Isso é feito para estimular a instalação de indústrias em regiões carentes do Brasil, onde a mão-de-obra é superabundante e, em contrapartida, os capitais são escassos. Não fossem esses incentivos, dificilmente uma indústria montaria uma fábrica no interior do Maranhão. Nenhuma censura em relação a esse Estado, que nos deu muitos intelectuais — Ferreira Gullar, por exemplo —, mas, sob o aspecto econômico, o Maranhão deixa um pouco a desejar em relação, por exemplo, ao Estado de São Paulo.

Pois bem, não fossem esses incentivos — no caso o Projeto SUDENE —, dificilmente uma indústria se instalaria no Maranhão; preferiria ficar aqui no pólo Rio-São Paulo, onde estão as melhores estradas, os melhores portos, os melhores aeroportos, a mão-de-obra mais qualificada, e, por que não dizer, o mercado consumidor.

Muito bem, o IPTU também pode ser um instrumento de extrafiscalidade. Assim, nada impede que as alíquotas do IPTU variem de acordo com o índice de aproveitamento do terreno, com a localização do imóvel, com o tipo de construção, com sua destinação, com o número de pavimentos por andar, e assim por diante. Tudo vai depender, agora sim, do Plano Diretor.

Vamos admitir que, nos termos do Plano Diretor, determinado bairro se destine a residências. Nada impede que as alíquotas do IPTU sejam exacerbadas, de modo a desestimular a instalação, naquele bairro, de indústrias. Também nada impede que, nos termos do Plano Diretor, o proprietário de imóvel que tenha um quintal imenso pague mais IPTU do que pagaria se o quintal tivesse menores proporções.

Função social da propriedade

Até num mesmo prédio de apartamentos, dependendo do que estipular o Plano Diretor do Município, pode haver IPTUs diferentes. O proprietário do apartamento alugado poderá pagar menos IPTU que o proprietário do apartamento que é mantido vazio, apenas para fins especulativos. Por quê? Porque o primeiro proprietário estará cumprindo melhor a função social da propriedade.

Mas, eu volto a insistir: não há a necessidade de editar-se um Plano Diretor para que o IPTU seja graduado segundo a capacidade econômica dos contribuintes. Temos aí duas situações distintas: a primeira, o princípio da capacidade contributiva exige que o IPTU tenha alíquotas diferenciadas, conforme os imóveis urbanos sejam mais ou menos luxuosos; já o § 1º, do art. 156, da Constituição exige que o IPTU experimente uma progressividade de alíquotas, em função das conveniências locais, expressas no Plano Diretor do Município. Nessa última situação não está em jogo a capacidade contributiva, mas, sim, a função social da propriedade.

Digamos que, nos termos do plano diretor, o bairro X se destine precipuamente à instalação de indústrias. Se houver um plano diretor assim estabelecendo, nada impede que a lei tributária mande cobrar, da pessoa que instalar sua residência nesse bairro, mais IPTU do que da outra pessoa, que monta sua residência no bairro Y, o bairro certo, o bairro que, nos termos do Plano Diretor, se destina efetivamente a residencias. Haverá aí uma tributação diferenciada, não em decorrência da capacidade contributiva do proprietário do imóvel, mas, sim, das conveniências locais do Município, expressas em seu plano diretor.

Talvez outro exemplo torne a idéia mais clara. Digamos que duas pessoas sejam proprietárias, cada uma, de imóveis residenciais idênticos. Os dois imóveis têm as mesmas dimensões, o mesmo material; os dois foram construídos a partir de uma mesma planta. Essas duas pessoas deverão pagar o mesmo IPTU. Por quê? Porque têm a mesma capacidade contributiva, pelo menos em relação a esses imóveis. Mas, vamos admitir, agora, que o imóvel de A esteja localizado num bairro residencial, a teor do plano Diretor do Município e, o imóvel de B, num bairro comercial. B será chamado a pagar mais IPTU do que A. Por quê? Porque A estará cumprindo melhor a função social da propriedade, nos termos do plano diretor do Município.

Em suma, o que estou pretendendo significar é que o princípio da capacidade contributiva, independentemente da existência do Plano Diretor do Município, exige que a tributação, por via do IPTU, seja maior ou menor, de acordo com o maior ou o menor valor venal do imóvel urbano. Já o § 1º, do art. 156, da Constituição, permite que, em havendo plano diretor, as alíquotas do IPTU variem para menos ou para mais, conforme o imóvel urbano realize melhor ou pior sua função social.

Enfim, essas as idéias, em relação ao IPTU, que depois eu gostaria de ver discutidas por todos os colegas congressistas.

Mas vamos agora navegar em águas mais amenas, ou para quem não gosta de água, vamos percorrer terreno mais plano.

Disse-lhes, no início de minha exposição, que realmente a Constituição exige, de modo expresso, que dois impostos sejam progressivos: um é o IPTU, que acaba de fazer os nossos cuidados; e, o outro, é o imposto sobre a renda e proventos de qualquer natureza.

Imposto sobre a renda

Deveras, estabelece o art. 153, § 2º, I, da Constituição, que o imposto de renda será informado pelos critérios da generalidade, da universalidade e da progressividade, na forma da lei. Vejam os amigos, que aqui não está estatuído que *só* o imposto sobre a renda será informado pelo critério da progressividade; aqui simplesmente está estabelecido que o imposto sobre a renda será informado pelo critério da progressividade. Nada impede, portanto, que outros impostos venham a ser informados pelo mesmo critério. Aliás — e o argumento é do Prof. Geraldo Ataliba — aqui está também estabelecido que o imposto sobre a renda será informado pelos critérios da generalidade e da universalidade e, no entanto, nunca jamais se discutiu que todos os outros impostos devem ser informados por esses mesmos critérios. Enfim, o imposto de renda será informado pelo critério da progressividade.

Estamos aqui diante de uma norma cogente, ou seja, de observância obrigatória e, não, facultativa. A lei, referida na parte final desse inciso, poderá, apenas, estabelecer o modo, a forma pela qual se dará a progressividade no imposto de renda; mas não poderá, em absoluto, anular o comando constitucional.

Com efeito, diante do Diploma Maior não tenho dúvidas em dizer que quem tem rendimentos mais expressivos deverá necessariamente ser mais tributado, por meio de imposto sobre a renda, do que quem tem rendimentos menores.

E quem tem rendimentos apenas suficientes para sobreviver? Este, penso eu, está agora imune à tributação por meio de imposto sobre a renda. O assalariado mínimo, por exemplo, está imune à tributação por meio deste imposto. Por quê? Porque — sempre nos termos da Constituição —, o salário mínimo é o mínimo indispensável para que alguém sobreviva e mantenha os seus, durante um período de 30 dias. Quem ganha o salário-mínimo não tem capacidade contributiva; se não tem capacidade contributiva, nada lhe pode ser retirado, nem mesmo a título de imposto sobre a renda.

Alícotas no Brasil

Tenho percebido que há realmente uma tendência do legislador a graduar o imposto de renda, segundo a capacidade econômica dos contribuintes. Observem que, agora, o imposto de renda da pessoa física está submetido a três alíquotas: à alíquota de 15%, à alíquota de 26,5% e à alíquota de 35%. Já é uma tentativa de graduar-se o imposto, segundo a capacidade econômica dos contribuintes. Mas uma tentativa que ainda não atingiu, a meu ver, os objetivos constitucionais.

Os colegas não desconhecem que em países tributariamente mais adiantados as alíquotas do imposto de renda da pessoa física oscilam entre 5 e 55%. Alguém certamente poderia me interromper dizendo: "Bem, mas uma alíquota de 55% é uma alíquota escorchante". Posso até concordar, mas essa alíquota de 55%, nesses países tributariamente mais adiantados, como os chamei, é reservada para as grandes fortunas do país; três ou quatro pessoas são submetidas a tal tributação. A maioria dos contribuintes, — a classe média, vamos assim chamá-las —, nesses países, está na faixa dos 8 ou dos 10%, ao contrário do que acontece no Brasil, em que a grande maioria dos contribuintes está na faixa dos 26,5%.

Não sei se a informação é verdadeira, mas vou "vender o peixe pelo preço que eu paguei". Certa feita, uma aluna que estudou em Cambridge, contou-me que, na Inglaterra, a alíquota máxima do imposto de renda da pessoa física é de 97%. Mas logo ela me tranqüilizou. É que apenas uma pessoa paga imposto de renda debaixo de uma alíquota desse jaez: é o dono dos poços de petróleo no Mar do Norte. E com os 3% que lhe sobram, ainda é o homem mais rico da Inglaterra (tem, como vêem, grande capacidade contributiva).

Bom, nem tanto ao mar, nem tanto à terra. Acredito que, em havendo uma multiplicação de alíquotas do imposto sobre a renda, o princípio da capacidade contributiva, em relação a esse tributo, seria melhor atendido.

Personalização dos impostos

Um outro ponto: para que a progressividade no imposto sobre a renda se cumpra, é preciso, ainda, que a lei autorize às pessoas que têm rendimentos, certas deduções que lhes garantam a subsistência e a de seus dependentes: deduções com alimentação, com vestuário, com lazer, com instrução, com tratamento médico e assim por diante. Do contrário, o imposto deixa de ser sobre a renda e passa a ser sobre rendimentos. Ora, a Constituição não deu à União competência para criar imposto sobre rendimentos. Aliás, o imposto sobre rendimentos é um imposto inconstitucional, porque não atende aos reclamos instantes do princípio da capacidade contributiva.

Querem ver? Admitamos que duas pessoas trabalhem numa mesma empresa e ganhem o mesmo salário. A primeira é solteira, não tem filhos, goza de boa saúde; a outra é casada, tem filhos em idade escolar e, o que é pior, a sogra doente e sem recursos mora em sua companhia. Pois bem, esse último contribuinte (infeliz contribuinte, podemos assim considerá-lo), se não puder deduzir as despesas necessárias, estará sendo tributado desigualmente, porque seu imposto não será, no caso, sobre a renda, mas sobre rendimentos, e imposto sobre rendimentos — repito — no Brasil é inconstitucional, porque não atende ao primado da isonomia.

Deduções

Temos atualmente um sistema de deduções razoável, disciplinado pela Lei 8.134/90. Um sistema de deduções bem melhor do que o existente na lei pretérita (lei 7.713/88). Mas é um sistema que ainda poderia ser aperfeiçoado. Vejam que muitas deduções são irreais. Quem tem filho em idade escolar — é o meu caso e o da maioria dos colegas — sabe que as deduções com o estudo dos filhos não são integrais. Quem tem um filho num colégio tipo Dante Aleghieri — que é um colégio de nível médio, um bom colégio, mas que está longe de ser um colégio de padrão suiço — não pode, na verdade, abater tudo o que gasta na sua educação. A educação dos filhos nos dias atuais também não se completa apenas com a escola oficial; há necessidade de escola de idiomas, de esportes e, eventualmente, até escola de música. Essas despesas, que também fazem parte da instrução dos filhos, não podem ser abatidas do imposto de renda a pagar.

O mesmo podemos dizer dos aluguéis. As quantias que podem ser abatidas estão muito aquém das despesas locatárias de alguém de classe média. Os valores que podem ser abatidos só beneficiam quem, na verdade, já está isento, porque ganha tão pouco, que nem se enquadra na faixa dos 15%.

De modo que — repito — há uma tentativa de se imprimir ao imposto sobre a renda esse caráter progressivo, mas uma tentativa ainda tímida, que deveria ser aperfeiçoada.

ITR

Bem, amigos, eu lhes falei, até este momento, sobre a progressividade do IPTU e do Imposto sobre a Renda. Mas penso que também em relação aos outros impostos, a progressividade é imprescindível. Vamos dar alguns exemplos: o

IPVA — Imposto sobre a Propriedade de Veículos Automotores — deve ter alíquotas progressivas, dependendo do valor do veículo; quanto mais luxuoso for o veículo e, portanto, mais caro, tanto maior a alíquota do IPVA. Também penso que o taxista, que tira do veículo o seu sustento, deverá ser menos tributado por via do IPVA, do que o particular, que utiliza o veículo apenas para fins de locomoção e lazer. Um outro exemplo: o Imposto Territorial Rural, que o vulgo chama de INCRA. INCRA é a autarquia incumbida de arrecadar o Imposto Territorial Rural — (ITR). O Imposto Territorial Rural também deverá ter alíquotas progressivas, dependendo do valor venal, agora do imóvel rural. O Imposto sobre a Importação também deverá ter alíquotas progressivas, dependendo do valor do bem importado. Enfim, os exemplos poderiam ser multiplicados, que são legião.

Impostos indiretos

Mas há alguns impostos que, por sua estrutura constitucional, não têm como obedecer ao princípio da capacidade contributiva e, por isso, não podem ser progressivos. São impostos cuja regra matriz constitucional não permite que tenham caráter pessoal e sejam graduados segundo a capacidade econômica do contribuinte. É o caso do ICMS (Imposto sobre operações relativas à circulação de mercadorias e serviços). Como sabem, quem suporta a carga econômica do ICMS não é nem o comerciante, nem o indústrial, nem o produtor que pratica a operação mercantil. Quem suporta a carga econômica do ICMS é o consumidor final da mercadoria, e essa carga econômica é sempre a mesma, quer o consumidor final seja rico, pobre, ou paupérrimo. Dou-lhes um exemplo forçado: se um multimilionário e um mendigo entrarem no bar da esquina e comprarem, cada um, um maço de cigarro da mesma marca, os dois pagarão o mesmo preço pelo maço e verão embutido no preço, o mesmo valor de ICMS. Um que tem megacapacidade contributiva e, o outro, que não tem nenhuma capacidade contributiva, já que espicaça a comiseração pública esmolando pelas ruas. No entanto, os dois suportarão a mesma carga econômica de ICMS.

Idêntica ordem de raciocínio pode ser desenvolvida em relação ao IPI. Todos nós já entramos numa loja e perguntamos: quanto custa esta mesa? Custa R$100,00, fora o IPI. Se por hipótese o IPI sobre operações jurídicas com esse tipo de produto industrializado for de 25%, pagaremos pela mesa R$125,00, R$100,00 a título do produto propriamente dito e R$25,00 a título de IPI.

É que não é da índole, não é da essência do ICMS, do IPI e dos impostos que a economia rotula de ''impostos indiretos'', terem caráter pessoal e serem graduados segundo a capacidade econômica dos contribuintes. Mas, mesmo em relação a esses impostos, não é difícil percebermos a influência do princípio da capacidade contributiva. Observem os companheiros que o inciso I, do § 3º, do art. 153, da Constituição exige que o IPI seja seletivo em função da essencialidade do produto industrializado. A idéia é essa: quanto mais essencial for o produto industrializado, tanto menor deverá ser a tributação por meio de IPI. É o que de fato acontece. As operações com óculos, por exemplo — são produtos industrializados — são isentas de IPI; já as operações com cartas de jogo, com bebidas alcoólicas, com armas de fogo, suportam uma tributação muito intensa a título de imposto sobre produtos industrializados.

Vejam que por trás do dispositivo ora em exame está presente a influência do princípio da capacidade contributiva.

Seletividade

O mesmo podemos dizer em relação ao ICMS. Estabelece o art. 155, § 2º, III, da Constituição, que o ICMS poderá ser seletivo em função da essencialidade das mercadorias e dos serviços. Aqui também vale a observação há pouco feita: esse singelo "poderá" corresponde ao peremptório deverá. Portanto, o ICMS também deverá ser seletivo em função da essencialidade das mercadorias e dos serviços, e isso não por uma questão de justiça ou de bom senso, mas em função de um comando constitucional. A Constituição nesse particular não está dando um mero conselho, fazendo uma recomendação que o legislador seguirá por boa ou afastará por inconsistente. Está determinando que também o ICMS seja seletivo, em função da essencialidade das mercadorias e dos serviços.

Aqui chegado eu pergunto: é possível o controle judicial em matéria de seletividade de IPI e de ICMS? Sem embargo de doutas opiniões em sentido contrário, estou convencido que sim. É perfeitamente possível esse controle. É certo que o Poder Legislativo recebeu da Constituição uma certa margem de liberdade para fazer com que esses impostos sejam seletivos em função da essencialidade dos produtos industrializados, das mercadorias ou dos serviços; mas nada impede que o Poder Judiciário avalie se essas expressões, que têm um conteúdo mínimo, foram ou não levadas em conta pelo Legislativo. Se o Judiciário concluir que a legislação ultrapassou os critérios de razoabilidade e de bom senso ao revogar, por exemplo, uma isenção sobre a venda de remédios, tornando-a mais tributada do que a comercialização de ração para cães de luxo, poderá perfeitamente restabelecer o benefício fiscal. Foi aliás o que fez recentemente uma juíza, aqui da Justiça Federal, ao decidir a seguinte questão: lei revogou uma isenção de IPI que beneficiava a comercialização de remédios; o contribuinte foi a Juízo e demonstrou que, com essa revogação, estava sendo menos taxada a venda de ração para gatos, do que a venda de remédios. Ora, por mais que se queira dizer que essas palavras que estão no texto constitucional são fluidas, é óbvio que é muito mais essencial o remédio, do que a ração animal. Em função disso, a juíza sentenciou, determinando que o benefício fosse restabelecido.

De modo que, a meu sentir, o Poder Judiciário pode perfeitamente controlar a seletividade em matéria de IPI e de ICMS. Ao dizer isso, encontro-me até em ótima companhia, uma vez que o Prof. Sacha Calmon Navarro Coêlho pugna exatamente no mesmo sentido.

Mas retomando a idéia central para que ela não se disperse, penso haver demonstrado que todos os impostos, em tese, devem ser progressivos, exatamente para que os contribuintes recebam tratamento isonômico. A lei tributária deve ser igual para todos e a todos deve ser aplicada com igualdade; o contribuinte que se encontra na mesma situação jurídica deve receber o mesmo tratamento tributário. E em matéria de impostos, a lei que os estruturar deverá fazê-lo de tal modo, que suas alíquotas variem para mais, à medida que forem aumentando suas bases de cálculo. É assim que o princípio da igualdade, em matéria tributária, se realiza.

Essas as idéias que, com humildade científica, submeto à douta apreciação deste Plenário. Obrigado a todos pela gentileza de me terem ouvido. (Palmas)

PROFA. MISABEL DERZI — Em nome dos participantes deste VIII Congresso Brasileiro de Direito Tributário agradeço ao Prof. Roque Carrazza pela Conferência desta tarde, todos nós agradecemos por sua exposição brilhante, por sua postura científica notável e sempre adequada, agradecemos o Prof. Roque por ter tomado um tema complexo, amplo, difícil, por ter — como disse o Prof. Souto — comemorado novamente esse tema e o tornado límpido, claro, simples, por suas brilhantes qualidades didáticas.

Esta tarde se encerra de uma maneira muito feliz para todos, de uma forma gratificante, e com isso vamos encerrando mais uma sessão deste Congresso do dia 14 de setembro.

Muito obrigada. (Palmas)

MESA DE DEBATES

TRIBUTOS FEDERAIS

PROF. ESTEVÃO HORVAT (presidente) — Boa tarde, colegas Congressistas. Vamos dar início a mais uma sessão do VIII Congresso Brasileiro de Direito Tributário com outra mesa de debates, agora versando o tema Tributos Federais. Enquanto aguardamos a vinda dos demais professores que comporão a Mesa, vamos iniciando para não perdermos mais tempo, até porque temos outra mesa às15h30.

Quero agradecer aos componentes da Mesa e apresentá-los, se é que falta alguma apresentação: a Professora Lúcia Valle Figueiredo, Exma. Profa. Titular de Direito Administrativo da PUC de São Paulo e Juíza do Tribunal Regional Federal, o Prof. Eugênio Doin Vieira, que todos já conhecem, e Dr. Sidney Saraiva Apocalipse.

Em primeiro lugar vou passar a palavra à Profa. Lúcia Valle Figueiredo, que disporá em princípio de 15 minutos para falar; se pudermos estender, faremos isso.

Tem a palavra a Profa. Lúcia.

(*sem correção da autora*)

PROFª LÚCIA VALLE FIGUEIREDO — Senhor Presidente desta Mesa, Dr. Estevão Horvath, ilustres componentes da Mesa, senhores Congressistas. Como o Dr. Estevão disse que talvez eu tenha 15 e talvez eu tenha 30 ou 25 minutos, dependendo de quem comporá a Mesa, eu começo com uma certa dificuldade de dosar o meu tempo. Então falarei primeiro o essencial e se tempo houver eu estenderei no que entendo importante.

Mandado de segurança

Claro que estando ao lado de três tributaristas, eu resolvi não me dedicar especificamente ao tema tributário Tributos Federais, mas sim a um tema que está ligado ao Direito Tributário, sobretudo ao dia-a-dia daqueles que são operadores do Direito Tributário: é a questão do mandado de segurança em matéria tributária, efeitos da sentença, para distinguir aquelas relações tributárias que são instantâneas daquelas que são continuativas. A sentença do mandado de segurança seria nesses casos ''rebus sic stantibus'', portanto, enquanto permanecesse a situação permaneceria a sentença.

Para chegar a alguma conclusão claro está que eu tenho de passar, ainda que rapidamente, sobre o problema dos efeitos da sentença de um modo geral no mandado de segurança, falar brevissimamente sobre a relação jurídica, chegando à relação jurídica tributária, para então enfrentar o tópico da ação jurídica tributária quando instantânea ou quando de efeitos continuativos, para verificar à lume de súmula também do Supremo, qual temperamento a súmula do Supremo que estabelece ... Eu tenho aqui a súmula, então vamos reproduzi-la realmente com fidelidade, porque acho a coisa pior do mundo quando alguém reproduz alguma coisa sem fidelidade. A súmula do Supremo é a 239. Também aproveito para dizer que esta matéria já foi julgada pela 4ª Turma do nosso Tribunal, que acompanhou o meu entendimento; portanto, a 4ª Turma vem assim julgando nesses casos da relação tributária continuativa.

Enquanto o Dr. Estevão me faz o favor de procurar a súmula, para reproduzir "ipsis literis", gostaria de falar inicialmente sobre o problema da sentença; o problema cruciante aqui que devemos enfrentar é de a sentença poder abrigar fatos futuros, porém previsíveis, decorrente da mesma relação jurídica, quer seja numa tutela preventiva, quer seja já depois numa tutela que já não é mais preventiva, mas já está havendo uma constrição indevida para o contribuinte. Quero também dizer que isto não me coloca de forma alguma na afirmação de que o mandado de segurança possa ter uma sentença normativa. Acontece que o problema da normatividade da sentença, da preventividade do mandado de segurança tem sido bastante distorcido. Aí eu tenho de lembrar, primeiro, quanto a preventividade do mandado de segurança, sequer eu precisaria relembrar, uma vez que o texto constitucional é absolutamente expresso no que concerne ao inciso XXXV do art. 5ª., tal seja: ao Judiciário não se lhe pode subtrair qualquer lesão ou ameaça; quer dizer, a simples ameaça já é capaz de provocar, de ensejar a atuação judicial.

Tutela preventiva

Enfatizo isso porque vejam, vai haver o III Congresso do IOB, do qual vou participar, e o tema que me deram é Tutela preventiva no Mandado de Segurança, então a questão continua se pondo, e continua se pondo não sei até porque, em face da Constituição de 88, que a mim parece de uma clareza lapidar. Não é possível se negar uma tutela preventiva e se dizer que existe apenas a lei em tese, quando o contribuinte quer se insurgir contra uma lei que vai lhe ter aplicação, aquela lei se aplicará necessariamente ao contribuinte. Portanto, não vejo como se fugir do fato de que a tutela preventiva no mandado de segurança tem que ser amplamente aceita pelo Judiciário. Não se trata de nenhuma lei em tese, mas sim da aplicação concreta de uma lei em tese que teria foros, de uma lei sim — não aí em tese —, a aplicação concreta de uma lei que teria absolutamente expectativa de ser aplicada àquele contribuinte, uma vez que ele se inseriria na relação jurídica.

Com relação ao problema da sentença do mandado de segurança, esse também é um problema a ser enfrentado porque tem-se dito muita vez que o mandado de segurança — verdade que os autores têm realmente concluído de forma diferente, mas como quem concluiu que a sentença do mandado de segurança era apenas mandamental foi o grande Pontes de Miranda, e é claro que aí a insurgência a Pontes de Miranda fica um pouco difícil. Mas os autores de um modo geral têm aceito que a sentença do mandado de segurança em geral — não estou falando especificamente do mandado de segurança tributário, para depois então tirar as conclusões para o mandado de segurança tributário — pode ser constitutiva, condenatória e em alguns casos especialíssimos até declaratória.

O Prof. Celso Agricola Barbi cita vários exemplos para demonstrar que mesmo a sentença declaratória em casos excepcionais poderia se colocar, como por exemplo quando a parte pleiteia em juizo apenas a anulação de um determinado ato e mais nada, não pleiteia mais nada. Outro exemplo que ele dá da sentença, aí condenatória, é quando a parte pleiteia a anulação de um ato e ademais da anulação do ato pleiteia, por exemplo, uma reintegração funcional; então teríamos um sentença condenatória. E seria constitutiva quando por meio do mandado de segurança se chegará a uma situação nova para a parte ou uma modificação no mundo jurídico; portanto, de qualquer forma haveria uma constitutividade.

Então vejam que necessariamente, quer a sentença do mandado de segurança seja constitutiva ou condenatória, ela sempre terá uma carga de declaratividade. Com relação a isso não tergiversam os autores, como citei — Celso Agricola Barbi, Castro Nunes, Alfredo Buzaid, na obra dele "Mandado de Segurança", Prof. Hely Lopes Meirelles, Prof. Sérgio Ferraz, em "Questões Polêmicas no Mandado de Segurança". Isso não é, pelo menos, mais objeto de tanta tergiversação doutrinária; jurisprudencial ainda é.

Relação de direito público

No que concerne à relação jurídica eu aqui tenho uma definição, e creio que seria até desnecessária, do Santoro Passarelli, que as relações jurídicas são públicas ou privadas. São públicas quando estamos diante de um interesse público, de uma lei que estaria encartada utilizando a denominação clássica de divisão dicotômica de Direito Público e Privado, que é apenas ... (e agora estou em frente ao Prof. Paulo de Barros Carvalho, que é um jurista de excepcional porte, sobretudo na parte de Teoria Geral do Direito). A relação jurídica seria pública quando nós tivéssemos de um lado o Estado e de outro lado um particular; portanto, essa relação jurídica não poderia ser alterada senão por força da lei ou evidentemente por força de uma decisão judicial. No tocante às relações jurídicas privadas, pelo contrário, elas poderiam ser alteradas pela mera conjugação da vontade das partes.

Dito isso, nós enfrentamos direto o problema das relações jurídicas tributárias instantâneas e continuativas. O juiz Hugo de Brito Machado fez um trabalho interessante sobre isso, e na verdade é interessante que já se encontrava na Teoria Geral do Direito e também nos processualistas todo um alicerce, todo um fundamento, para também se aplicar ao Direito Tributário esse conceito de relação jurídica continuativa, vale dizer, uma relação que deve ser "rebus sic stantibus", enquanto as coisas não se modificarem não há como se modificar a situação da coisa julgada, ainda que seja no mandado de segurança.

Coisa julgada

O Dr. Hugo de Brito Machado dá um exemplo muito fácil de compreender, que seria a questão de uma relação instantânea quando qualquer fato tributário deflagra uma relação jurídica que é esporádica; por exemplo, a compra e venda de um imóvel geraria de imediato um tributo. E dá como conceito de relação jurídica continuativa, que está totalmente alicerçado na Teoria Geral do Direito, a qual recorrem os processualistas também para exemplificar o que seria uma relação jurídica continuativa, e também dá como exemplo dessa relação jurídica continuativa aqueles tributos que enquanto a pessoa jurídica ou pessoa física, mas no caso geralmente é da pessoa jurídica, ainda está naquela situação. Por exemplo, teremos o IPI, o Finsocial, teremos vários tributos que estão dependendo exatamente daquela relação; enquanto a pessoa se encartar, o inverso em que ela constitucionalmente será obrigada a pagar um determinado tributo e enquanto a lei for aquela nós teremos uma relação jurídica que vai perdurar no tempo. De um lado temos então o Estado e de outro lado a pessoa que se subsume àquela ação jurídica.

Então não seria crível, ou seria de certa forma bastante absurdo, que se pensasse que a decisão do mandado de segurança, apenas e tão somente, fosse subtrair a pessoa jurídica daquele ato concreto que se está a praticar. Então nós estaríamos violando a garantia constitucional que fala da ameaça de lesão.

O Prof. Celso Bastos dá um exemplo até, que parece muito feliz, que é o seguinte: como poderia se impetrar um mandado de segurança, por exemplo, numa hipótese em que está proibido de entrar no tribunal ou entrar em algum lugar público alguém sem paletó ou sem gravata. Suponhamos que esse mandado de segurança concedido, imagine-se se é de se supor que a cada vez que a pessoa fosse entrar no local estaria coagido à interposição de um outro mandado de segurança porque se entenderia como uma renovação do ato coator. Ora, assim não é e assim não pode ser, porque aí seria muita escassa a utilidade da decisão judicial.

Mandado de segurança e fatos futuros

Transposto isso para o lado tributário, a experiência de toda a Primeira Instância — e faço um "mea culpa", porque eu também entendi durante muito tempo que a decisão em mandado de segurança teria um caráter "normativo" se se dissesse que ela poderia se aplicar a situações futuras. Aí eu estava, inclusive, indo mais adiante do que a própria súmula do Supremo Tribunal Federal, que restringe a eficácia da sentença ao mesmo exercício. Todavia Roberto Rosas, comentando essa súmula, diz que não há uma razão jurídica para que nos casos — então ressalvo aqueles casos em que eu estou mais segura de que isto assim deve acontecer — de inconstitucionalidade (veja-se: se há uma declaração de inconstitucionalidade, quer seja "incidenter tantum"), se houver uma declaração de inconstitucionalidade pelo Supremo, numa arguição de inconstitucionalidade, ele determinará depois disso a suspensão pelo Senado Federal. Mas suponhamos que haja uma declaração de inconstitucionalidade por um tribunal, e a decisão do tribunal vincula a decisão de todo o tribunal quando há uma declaração de inconstitucionalidade, as turmas são vinculadas. Imagine-se que havendo a declaração de inconstitucionalidade valesse só para aquele dado fato ou valesse só para um exercício. Não há fundamento jurídico para isso.

Por isso que disse, estou mais tranqüila no que concerne à inconstitucionalidade, à imunidade e à isenção. Se a imunidade é algo que afasta a pessoa da competência impositiva, portanto, a competência impositiva não se estende àquela pessoa, nós teremos que na isenção também a competência impositiva fica pelos fatos — seja uma isenção pessoal ou seja uma isenção real — afastada da incidência. Portanto, nestas três hipóteses, outras hipóteses eu não quero me comprometer, porque pode existir uma possibilidade de que essa não seja uma conclusão inteiramente válida.

Eu passo somente a uma conclusão de um trabalho que escrevi a este respeito, e como reafirmo, houve aceitação ... É claro que se a parte pedir somente referente a um mês, a decisão do tribunal ou do juiz não pode ser "ultra petita", não estou aqui postulando que o juiz decida "ultra petita". Então eu leio só esta conclusão: se continuativas as relações jurídicas tributárias, protraem-se no tempo, e se acobertadas pela coisa julgada material, enquanto durar o estado de fato e de direito, portanto, "rebus sic stantibus", resolve-se como determinado na sentença. Nada pode ser diferente, porque não há fundamento jurídico para ser diferente, caso estejamos em face de uma sentença proferida em mandado de segurança, dado que já tem aquelas características da sentença em mandado de segurança. E a meu ver sobejam então razões para se dizer que nas hipóteses de isenção, imunidade e inconstitucionalidade a sentença não pode se restringir a um único fato ou para um mês específico. Faço a ressalva se a parte apenas tiver pedido isso, então a sentença será nula se for "ultra petita". Mas se a parte tiver pedido para se subtrair da relação jurídica, nós teríamos uma possibilidade da coisa julgada ir até aí.

Já estou tomando muito tempo, já ultrapassei meu tempo, por isso eu pediria escusas aqui à Presidência. Depois ficarei às ordens para um debate. Muito obrigada pela atenção com que me ouviram. (Palmas)

PROF. ESTEVÃO HORVATH — Depois dessa brilhante e elucidativa conversa da Profa. Lúcia Figueiredo e as lições que nós sempre podemos extrair do que ela diz, o tempo nunca é demasiado e infelizmente foi muito pouco para S. Exa. dizer o que poderia ter dito. De qualquer maneira temos de prosseguir, lembrando aos colegas que hoje haverá a possibilidade de serem feitas perguntas até um determinado limite de tempo, dentro do razoável. Portanto, quem se interessar, por favor anote num papel e as nossas recepcionistas vão recolher na hora oportuna.

Passo a palavra ao Prof. Eugênio Doin Vieira, para o tema que ele houver escolhido tratar.

(*sem revisão do autor*)

PROF. EUGÊNIO VIEIRA — Excelentíssimo Sr. Presidente da Mesa, caríssimos colegas que a compõem, prezados colegas congressistas, nós tivemos registrado em reuniões anteriores deste plenário o fortalecimento nos dias atuais do poder do príncipe em detrimento dos direitos individuais constitucionalmente assegurados. Mas, também se registrou, e os colegas lembrarão, o fato de que atualmente mais do que nunca expressase, sobretudo no Poder Judiciário, a resistência dos cidadãos às imposições do poder, principalmente do Poder Executivo. Daquela passividade cúmplice anterior, em que os contribuintes se eximiam de qualquer resistência à norma fazendária, preocupados com aquele débito consciencial que todos presumiam ter, está se passando, mercê inclusive de um trabalho dos profissionais da advocacia, a um questionamento judicial quase que sistemático das normas que expressem exigências novas.

Resistência dos cidadãos

É claro que esse questionamento resulta também não só da precariedade com que são elaboradas as disposições normativas que inovam no sistema jurídico, como também do esvaziamento da representatividade do governo, do poder central, em relação à consciência dos cidadãos, uma precariedade do sistema democrático onde o cidadão comum, o homem da planície, se sente cada vez mais descompromissado com as decisões daqueles que o administram e governam, como se governo e povo não integrassem, imbricados, uma mesma e grande relação jurídica.

Em função dessa resistência, que passou a ser quase sistemântica, alimentada — como disse — pelos estudos dos profissionais da advocacia, nós tivemos freqüentes e numerosos casos, nos últimos tempos, de decisões no Judiciário que suprimiram, derrubaram exigências do fisco em posições expressas não só em atos normativos ou em lançamentos fiscais, mas mesmo em textos de lei.

Essa introdução nos permite falar agora sobre a problemática da correção monetária dos tributos, em especial dos federais, que são o tema desta nossa mesa de debates.

A inflação, que todos nós esperamos seja em breve de saudosa memória, obrigou o sistema jurídico a se instrumentar de forma a que os valores dos débitos para com a fazenda pública fossem atualizados a fim de manterem, quando não menos, o seu valor real. Em função disso tivemos uma série de disposições legais que se sucederam, disciplinando por via de lei, porque de outra forma não poderia ser, a incidência da correção monetária sobre os tributos.

TR e TRD

Em data recente a Lei Federal 7.799 de 10 de julho de 1989 instituiu o BTN fiscal como índice de correção monetária dos débitos fiscais federais. Logo a seguir, na sucessão destes planos econômicos que têm tentado — até agora em vão — conter o processo inflacionário, e que ao fazê-lo infelizmente têm perturbado em excesso o processo legislativo e o sistema jurídico como um todo, com o Plano Collor II foi expedida a Medida Provisória 294 de 31 de janeiro de 1991, que extinguiu o BTN, esse que era o índice de correção monetária dos débitos fiscais, a partir de 1 de fevereiro de 1991.

Mas essa mesma Medida Provisória 294 em seus arts. 1º e 2º criou a chamada TR — Taxa Referencial, e por desdobramento a TRD — Taxa Referencial Diária. O que era a TR? Definiu o próprio texto da medida provisória: calculada a partir da remuneração mensal média dos depósitos bancários a prazo fixo e/ou dos títulos públicos federais.

Essa Medida Provisória 294 se transformou na Lei 8.177, de 1º de março de 1991, cujo art. 9º, repetindo o art. 7º da medida provisória que a motivou, explicitava: a partir de fevereiro de 1991 incidirá a TRD sobre os impostos, as multas, as demais obrigações fiscais e parafiscais, os débitos de qualquer natureza para com as fazendas nacional, estadual, do Distrito Federal e dos Municípios, com o Fundo de Participação Pis/Pasep e com o Fundo de Investimento Social e sobre o passivo das empresas concordatárias em falência e de instituições em regime de liquidação extrajudicial, intervenção e administração especial temporária.

Observem os colegas que o texto extravasou de tal forma que alcançou inclusive a correção monetária de tributos do âmbito dos Estados, do Distrito Federal e dos Municípios.

Logo a seguir, com a promulgação dessa medida provisória e da lei que a institucionalizou em definitivo, surgiram os estudos dos doutores sobre o tema, e foram unânimes no sentido de que se a TR era por definição legal uma taxa que media a remuneração mensal média do capital, não havia sustentação jurídica para pretender utilizá-la como índice ou parâmetro para atualização monetária dos débitos fiscais. Ainda que se admitisse que no contexto da TR, em seu cálculo matemático, estivesse embutida uma parcela inflacionária, esta parcela não estava juridicamente nem definida e nem individualizada, de tal forma que a aplicação simples e direta da TR sobre os débitos fiscais representava uma punição, um agravo do "quantum debeatur", em detrimento de toda a sistemática jurídica e do princípio da legalidade.

Eu rememoro aqui Alcides Jorge Costa, Ricardo Mariz de Oliveira, a própria manifestação de Tércio Sampaio Ferraz, então Procurador Geral da Fazenda Nacional, dizendo declaradamente "esta é uma taxa remuneratória e não um índice de atualização". Se era uma taxa remuneratória não havia fundamento legal para aplicá-la como índice de correção dos débitos. Em função de toda a doutrina e da resistência dos estudiosos foram propostas inclusive ações diretas de inconstitucionalidade. Nós poderíamos referir duas aqui, uma delas da própria Procuradoria Geral da República, referente à correção dos débitos perante o Sistema Financeiro de Habitação, e outra de um partido político referente à correção que o fisco pretendia aplicar no imposto de renda referente ao ano base de 1990, exercício de 1991. Houve também numerosas decisões, singulares, sobretudo em liminares, repudiando essa aplicação desse fator corretivo.

Na primeira das ações diretas de inconstitucionalidade a que me referi o Ministro Sepúlveda Pertence, inclusive, em voto vencedor, repetiu claramente isso, que em se tratando de uma taxa de remuneração nada tinha a ver com a variação do poder aquisitivo da moeda, era uma taxa remuneratória de capital e ilegal era estendê-la a índice de correção dos débitos fiscais. Mais do que ilegal, no caso inconstitucional.

Na segunda ação também o Ministro Célio Borja trilhou o mesmo caminho: a TR é taxa remuneratória e não índice de atualização do poder aquisitivo da moeda.

Essa reação, que se generalizou, levou o Poder Executivo a tomar providências, e em junho, pelo Medida Provisória 297 do dia 28, e em julho, pela Medida Provisória 298 do dia 29, estabeleceu que a incidência da taxa da TR não seria mais sobre quaisquer débitos e sim sobre os débitos vencidos. Há uma diferença fundamental entre as duas medidas provisórias; a primeira explicitava que seria a partir da data em que o débito deveria ser pago e excluía muito sabiamente a referência a débitos para com as fazendas estaduais, do Distrito Federal e municipais; a segunda, verificando que a primeira não sanara o erro, a impropriedade da anterior, pois que mantinha como taxa de correção monetária, disse que ela seria aplicada como taxa de juros de mora. Esta Medida Provisória 298 foi transformada na Lei 8.218 de 29 de agosto de 1991, publicada no dia 30, estabelecendo que haveria incidência sobre os débitos fiscais federais, os débitos em geral, de uma taxa de juros de mora correspondente à TR acumulada.

Diante dessa nova providência, nós poderíamos apreciar a posição do fisco, que continuou calculando desde 1º de fevereiro de 1991 a TR aplicada sobre os débitos tributários federais, intitulando-a de juros de mora ou encargos de TRD, declarando inclusive que não competia a ele apreciar constitucionalidade ou inconstitucionalidade de normas legais. E devemos registrar uma posição diversificada do Conselho de Contribuintes a nível federal, o 1º Conselho de Contribuintes, que passou a declarar, sempre com votos majoritários — e até agora que saiba eu sempre com recurso do Procurador da Fazenda Nacional — que a TR não pode ser aplicada como índice de correção monetária, mas que poderia sê-lo como taxa de juros a partir da vigência da Lei 8.218. Teria então o Conselho de Contribuintes o entendimento de que de 1º de fevereiro a 31 de julho de 1991 não haveria como incidir correção monetária sobre os débitos fiscais. Por quê? 1-a BTN fora revogada; 2- não havia nenhum índice com fundamento legal para que se estabelecesse a correção. A partir de 1º de agosto haveria um novo índice de taxa de juros de mora. E assim ele tem entendido, inclusive em acórdãos da Primeira Câmara. Posso citar o 86.536 de 18 de maio recente e o 1.182 da Quinta Câmara, de 14 de junho, também recentíssimo.

Nesse segundo acórdão há um estudo excelente de um colega nosso aqui presente, o congressista Delmo Martins Silva, que é o relator, no sentido de que cabe aos órgãos administrativos judicantes apreciar da aplicação ou não ao caso concreto das normas que entendam inconstitucionais. É, portanto, um caminho relativamente novo, muito bem exposto neste voto que tenho aqui em meu poder e que fica à disposição dos colegas, com os quais aliás eu gostaria de permutar subsídios jurisprudenciais sobre o assunto, dizendo que se o órgão é judicante, de autonomia decisória, ainda que administrativo, ele não pode se jungir ao princípio de que a lei tem que ser considerada constitucional. Essa norma pode ser válida para a autoridade administrativa comum, mas não para o poder judicante. Em conseqüência ele não aplicará ao caso concreto aquela norma, se a entender carente de fundamento constitucional.

É interessante observar que num caso como tal nós teríamos a personalidade de um delegado de Receita Federal, por exemplo, que até há bem pouco não só era uma autoridade administrativa, como era um julgador de Primeira Instância, desdobrado em dois momentos diferentes. Esse é um tema assaz interessante, que inclusive se não me equivoco está entre os relacionados para o Congresso da IOB em novembro.

Logo a seguir veio a Lei 8.383, que os colegas todos conhecem, que de certa forma limitou no tempo essa discussão e esse tema. O tema ainda é importante no momento porque todos os débitos tributários que alcançaram o ano de 1991 estão minados por esse tipo de cálculo desde 1º de fevereiro, por essa aplicação de uma correção monetária ou de uma taxa de juros. E se os colegas que têm a vivência da banca de advocacia observarem, vão ver que em muitos casos este fator corretivo avulta de tal forma que ele é maior em valor do que todos os outros somados, inclusive principal e consectários.

A Lei 8.383, que fez a chamada reforma tributária de emergência, instituiu a Ufir no seu art. 1º, dizendo que ela seria a medida de valor e parâmetro de atualização monetária dos tributos. Portanto, encerrou no tempo o problema da TR e da TRD. Mas disse mais em seus arts. 80 a 84, que o contribuinte poderia compensar-se dos valores que houvesse pago a título de TRD incidente sobre tributos pagos dentro dos prazos legais, reconhecendo assim, pelo menos nestes casos, a ilegalidade da aplicação da TRD.

Jurisprudência

Qual foi ou qual tem sido o comportamento do Poder Judiciário sobre o assunto? Nós temos subsídios relativamente limitados, algumas decisões de Primeira Instância, ainda recentemente uma da 4ª Vara da Justiça Federal em Goiás, e diversas decisões do Tribunal Regional Federal da 5ª Região, que tem sistematicamente entendido, apelações 12.837, e 23.942 e a remessa oficial 38.008, divulgada recentemente pela imprensa especializada, que têm entendido que é inviável a aplicação da TRD como fator de atualização monetária, e que a própria superveniência da Lei 8.383 com seus arts. 80 a 84, veio esvaziar a discussão e a possibilidade de qualquer aplicação desta TRD, uma vez que esses artigos autorizam a compensação.

Essas sentenças, que eu conheço, não estabelecem nenhum limite no tempo para a validade, de tal forma que nós então teríamos de entender que durante o ano de 1991, desde que foi revogada a BTN, não haveria como aplicar correção monetária sobre os débitos fiscais federais, por falta de arrimo legal. A partir de 1992 teríamos a incidência da Ufir, criada, como vimos, no art. 1º da Lei 8.383.

Essa exposição, que é talvez oportuna para os colegas que lidam com o assunto e que não têm, naturalmente, o caráter de grande digressão doutrinária, nos leva entretanto a uma série de ponderações, e de questões que nós tentamos responder ou deixamos em aberto. A primeira delas seria justamente se a TRD sendo definida legalmente em sua própria criação como taxa remuneratória do capital, pode ou não ser utilizada como parâmetro para juros de mora. Outra seria se a Lei 8.383 de 30 de dezembro de 1991 pode alcançar débitos e agravá-los ainda no exercício de 1991. E até nós perguntaríamos mais: pode uma lei agravar exigências de correção e de juros para aplicar essas exigências a fatos geradores já ocorridos, a débitos já apurados, anteriores à vigência desta lei? Ela teria amparo no art. 106 do CTN?

Para complementar, levantaríamos ainda a questão da limitação constitucional dos juros, a limitação de que trata a Constituição no art. 192, § 3º.

Esta exposição, já disse mais de uma vez, tem por finalidade permitir que os senhores cheguem aqui com algumas indagações e saiam daqui com muitas indagações; nós as propomos ao Plenário, agradecendo carinhosamente pela atenção que nos dispensaram. (Palmas)

PROF. ESTEVÃO HORVATH — Muito obrigado, Prof. Eugênio, por essa excelente exposição de um tema que oferece inúmeras indagações ainda por resolver, e principalmente, eu diria, até pela síntese que ele conseguiu trazer, em tão pouco tempo, de um assunto tão emaranhado, e que vai propiciar debates, com certeza, daqui a pouquinho.

A palavra agora vai ser passada ao Dr. Sidney Saraiva Apocalipse, para tratar do tema que lhe aprouver.

IR — Fonte

PROF. SIDNEY SARAIVA APOCALIPSE — Pretendo ser breve e trazer a este Plenário uma questão que foi levantada por um dos congressistas em sua tese, que eu deixaria à meditação desse outro grupo para, se houver questões, serem apresentadas.

Já não é de hoje, ouvem-se aqui e acolá, vozes que se insurgem com relação à tributação pelo imposto de renda na modalidade de retenção na fonte. Aqui vou me cingir à tributação do imposto de renda na fonte quando considerado mera antecipação de outro imposto — de renda, evidentemente.

A tese que se desenvolve é de que o conceito de renda implica necessariamente a observância de uma operação que signifique por um lado uma série de ingressos e por outro um rol de despesas ou saídas, de tal modo que impossibilitaria ao legislador ordinário criar hipótese tributária que gravasse o que comumente se chama de faturamento ou receita.

Eu colocaria para meditação o conceito de renda, não com esta ótica, mas com a ótica de renda como algo proveniente da aplicação de um trabalho, de um capital, uma riqueza nova que adere ao patrimônio da pessoa por obra do seu trabalho, por obra da aplicação do seu capital, ou quando até mesmo empresarialmente os combine de tal forma a obter a almejada riqueza nova.

Sobre essa riqueza nova, dentro deste conceito de renda, entendo não haver espaço para a alegada inconstitucionalidade do imposto de renda na fonte sob o argumento de que não estariam nestas hipóteses contempladas, em alguns casos, as despesas; ou seja, estar-se-ia tomando a renda bruta ou até mesmo o faturamento.

Não vejo como perseguir este caminho, estas idéias, a partir do instante em que a Constituição Federal também reconhece a existência da modalidade de arrecadação mediante incidência do imposto na fonte, porquanto no art. 157, quando esse imposto é cobrado por determinadas pessoas políticas, pertence a elas o produto dessa arrecadação. Portanto, o imposto de renda na fonte é algo que ao constituinte pareceu factível, e que o legislador ordinário implementa nas hipóteses que todos nós conhecemos.

Ficaria nessa generalidade, ficaria tão-somente com estas colocações, para suscitar o debate em relação a essa matéria que já vem sendo repisada desde o Congresso passado e em inúmeras palestras.

Conceito de renda

A propósito, apenas para finalizar, entenderia eu que este conceito de renda tomado no sentido de que seria a renda tão-somente o encontro de uma operação que gere um resultado positivo, uma operação que considere receitas e despesas, de certa forma está contaminado ou está sendo impulsionado pela tese de que o imposto de renda deva observar uma determinada periodicidade, que eu não discutiria aqui também de que maneira pudesse ser.

Lembro de outros impostos, apenas para suscitar também esse debate, como o imposto sobre produtos industrializados, que para atender ao requisito constitucional da não-cumulatividade exige um período; mas não vejo razão jurídica para que esse período seja necessariamente mensal. Houve — e eu não milito nessa área específica — momentos em que esse imposto especificamente chegou a ser apurado quinzenalmente. Há situações como essa — suponho eu — vigentes ainda. Nada impediria que fosse diária a verificação da não-cumulatividade.

Então, sobre este ponto, e tão-somente sobre ele, é que eu gostaria de me manifestar, para que os senhores possam também sofrer as mesmas preocupações que me assaltam. Muito obrigado. (Palmas)

PROF. ESTEVÃO HORVATH — Agradeço a intervenção do Dr. Sidney, que fez a gentileza de trazer mais algumas caraminholas para serem pensadas por todos nós, como se já não bastassem as que já foram trazidas até agora, e também a gentileza de reservar uma parte do tempo dele para que os debates pudessem ser mais extensos.

Passo a palavra então finalmente ao Prof. Paulo de Barros Carvalho.

Alícota zero

(*sem revisão do autor*)

PROF. PAULO DE BARROS CARVALHO — Boa tarde a todos. Devo dizer inicialmente que para me ater ao assunto desta tarde, Tributos Federais, escolhi um ponto, qual seja a do imposto sobre produtos industrializados, e dentro deste imposto um assunto que me parece interessante, qual seja o da alíquota zero. Agora, evidentemente, esse assunto é um pretexto para que nós possamos pensar, refletir sobre essa temática, e um pretexto também para examinarmos dentro de um assunto maior a pertinência e a significação do imposto sobre produtos industrializados.

Esse assunto maior, no caso, será o movimento que todos nós conhecemos e que vivemos, qual seja aquele que aspira por uma reforma tributária, por uma revisão do texto constitucional, para efeito de modificação de competências, modificação das temáticas de tributos, até possíveis supressões de tributos etc.

Então eu vou tratar do tema alíquota zero, advogando a tese de que alíquota zero é uma isenção, e não pode deixar de ser considerada como tal, sob tema de violação de um princípio fundamental que não pertence sequer ao Direito, mas às regras da nossa mente, às regras do nosso pensamento.

Antes de encaminhar os argumentos que pretenderão demonstrar esta tese, vou encaixar o IPI no assunto mais amplo da revisão constitucional.

Primeiro, felizmente — penso eu — a revisão não se deu. Por que felizmente? Esta é uma posição reacionária, uma posição retrógrada, como muitos pretendem dizer? Não, é uma posição que respeita a nossa dignidade jurídica, a nossa tradição, e que impede de qualquer maneira que se faça qualquer tipo de modificação no texto constitucional, que é o texto básico fundante da ordem jurídica brasileira, sem que haja experiência na aplicação dessa ordem jurídica.

Vejam, em termos de aplicação constitucional os seis anos que a Constituição vai celebrar agora em outubro representam praticamente nada, isso não é experiência com uma ordem jurídica. Os grandes princípios constitucionais estão sendo timidamente testados, e muitos, até, de uma forma pouco recomendável. Entretanto, há esse movimento político, e nós sabemos, pretende tomar a sistemática tributária como pretexto, mas na verdade quer é modificar outros pontos que representam conquistas sociais importantes da Constituição de 1988.

Diante disso, eu insisto em não modificar o texto constitucional? Não, não é propriamente isso. Nós temos aí as emendas à Constituição que a qualquer momento podem ser votadas. Todos nós somos testemunhas de que quando o Governo Federal pretendeu introduzir o IPMF ele soube como preparar e encaminhar a emenda e fazer com que ela fosse aprovada. De modo que os pontos importantes, os pontos, digamos assim, nebulosos, os pontos difíceis que entravam o funcionamento do nosso sistema constitucional tributário, podem, com uma ou com poucas emendas constitucionais, na forma em que o texto prevê, atingir a esses objetivos.

Então, dista de ser uma posição retrógrada, uma posição reacionária, uma posição conservadora a que luta contra esta pretensão de revisão constitucional. Agora fala-se até numa revisão constante, ininterrupta etc., o que me parece um outro absurdo, para um país que não tem tradição de experiência com as suas instituições.

Nós, diante de um caso novo, sabemos preparar leis muito bem tecidas etc.; quando chega na hora da prática dessas leis, da aplicação das normas para a regulação da conduta, o que se vê e que diante dos primeiros problemas a reação é de se modificar a lei e não de se continuar, como dão exemplo as nações mais desenvolvidas é que têm um Direito estável, seguro.

Emenda

A saída seriam emendas à Constituição, e com isso introduzir as modificações que quisermos. Mas o que o sistema constitucional tributário brasileiro precisa é de um esforço de racionalização, que eu penso está perfeitamente dentro do âmbito da competência federal, das competências estaduais, das competências municipais e da competência do Distrito Federal — que agora é pessoa política de Direito Constitucional interno, titular que é de Poder Legislativo e de representação na vontade nacional, seja na Câmara dos Deputados, seja no Senado da República. De modo que se houver um esforço de racionalização nesse sentido os grandes problemas do nosso sistema constitucional tributário serão resolvidos, sem modificação constitucional mesmo. Além disso, nós temos a via das emendas, que a qualquer instante podem ser acionadas.

Um dos pontos que me parece importante nesse esforço de racionalização é exatamente passar a exigir medidas que já existem. Eu não quero insistir naquele tema antigo — antigo porque o tempo agora passa muito depressa — da aplicação adequada do princípio da anterioridade, que foi violado de uma forma até primária, quando se atribuiu o respeito ao princípio da anterioridade, se eu não me engano a Lei 8.383, porque ela estava na imprensa oficial no dia 31 de dezembro, quando nós sabemos que o Diário Oficial circulou apenas no dia 2.

Anterioridade

Então vejam como foi se degradando esse valor constitucional da anterioridade. Tinha um sentido no texto constitucional que todos certamente saberíamos apontar, numa breve leitura. Agora, na hora da aplicação, na hora que o Direito chega ao plano da conduta, e o

Direito existe para regular a conduta, ele se realiza quando atinge o nível da conduta, regulando em obrigatória, proibida e permitida. Quando chegou nesse preciso instante e nós fomos ver onde está o valor, esse valor tão importante para todos nós que é o da anterioridade, o valor estava degradado, depauperado, inexistente.

É exatamente a mesma coisa que ocorre com as verbas para a saúde, para a educação, que no orçamento estão até em dotações razoáveis, mas a verdade é que não chegam nos pontos, não chegam nos hospitais, não chegam nos postos de saúde, ou chegam em valores muito pequenos, insignificantes. Para onde é que vai o dinheiro? Não sei, nem me interessa saber. Para onde é que foi esse valor da anterioridade que todos nós aplaudimos, repetimos e ensinamos? Também não sei. A verdade é que o Poder Público defendeu essa tese, de que teria havido respeito ao princípio da anterioridade porque estava na imprensa oficial a lei no dia 31 de dezembro.

Essa é uma medida pela qual nós temos que lutar, o respeito ao princípio da anterioridade.

Isenção

Outra, exatamente o ponto que eu queria chegar: a alíquota zero. A alíquota zero é o nome que o Poder Público Federal dá à redução da alíquota que era de 8%, para zero. Bem, é um nome que o legislador deu, não se trata de isenção, porque ele chama aqui de alíquota zero. E aí alegam: o Direito não está adstrito a respeitar os nomes e a própria natureza da realidade que ele regula, senão ele não poderia regulá-la. Dizem: o Direito cria as suas próprias realidades. Essa é uma meia-verdade; ele pode criar algumas realidades próprias, mas não todas. Realmente o legislador pode transformar o dia em noite, o horário de verão é uma prova disso; transformar o sexo das pessoas, homem em mulher, mulher em homem, agora os homens são mulheres, as mulheres serão homens; pode até matar a pessoa sem a pessoa morrer, como no velho Direito Romano, em que o cidadão cometia certos crimes e o pretor cassava, mediante uma norma, a condição de cidadão, a norma "ser pessoa" era expulsa do sistema, para esse cidadão. A pessoa morria para o Direito, passava a ser vendida nos mercados, alugada etc. O Direito poderia então até matar a pessoa, sem a pessoa morrer.

O Direito que pode tudo, e realmente pode fazer essas coisas, não pode fazer outras. Quais são esses limites? Esses limites são os chamados limites da linguagem normativa, tão bem tratados, tão bem explicitados por Genaro Carrió. Esses limites são em boa parte de ordem semântica, mas em algumas oportunidades de ordem lógica. Por exemplo, o Direito não pode equiparar os créditos aos débitos, senão todo o sistema obrigacional cai por terra. Imaginem amanhã se saísse uma norma dizendo: a partir de hoje todos os créditos são equiparados aos débitos. Pronto, todo sistema obrigacional cairia por terra. O Direito não pode equiparar sanção e dever, não pode de forma alguma, porque são noções fundamentais, são entidades fundantes para o sistema da ordem jurídica. Essas entidades, como são fundantes, têm que manter a sua individualidade durante todo o funcionamento do sistema.

Regras lógicas

Então o legislador, que pode fazer tantas coisas, está preso a uma série de regras lógicas, a uma série de regras semânticas, e ao próprio plano pragmático, isto é, o plano que trata da utilização dos signos jurídicos pelos usuários, que são os integrantes da comunidade jurídica — e todos os cidadãos acabam direta ou indiretamente lidando com os signos jurídicos.

O legislador é prisioneiro, então, desses limites. Um limite é um limite lógico, é o princípio da identidade, quer dizer, aquilo que é um copo agora terá que ser um copo daqui para a frente, sob pena de prejudicar a própria comunicação. O princípio da identidade é básico para que haja comunicação; sem identidade não há comunicação, em qualquer tipo de linguagem, em qualquer tipo de idioma, e no idioma jurídico, a linguagem jurídica, a linguagem prescritiva do Direito Positivo.

Por que este princípio estaria sendo violado com o nome alíquota zero e com o tratamento jurídico que se dá à alíquota zero? Todos sabem que o governo chama de alíquota zero porque se chamar de isenção ele vai ter que respeitar o princípio da anterioridade, e só poderá cobrar o tributo quando quiser restabelecer a alíquota, digamos assim, em 8%, em 5% ou no que for, ele terá que esperar o próximo ano. É por essa razão que chamam de alíquota zero, ao invés de dar o nome de isenção.

Mas por que se trata de isenção? Quem prova que é isenção? É muito simples. O legislador tem oito possibilidades para criar casos de isenção, entendida a isenção como uma norma que ataca outra norma, um fenômeno normativo, portanto, uma norma que é expedida e que vai mutilar um dos critérios da hipótese ou um dos critérios do conseqüente da norma de tributação para aquele caso concreto.

Isenções

Ora, há quatro possibilidades: ou mutila o critério material da hipótese atacando o verbo ou atacando o complemento. Exemplo: industrializar produtos. Muitas vezes o legislador ataca o verbo, ele diz: não se considera industrializar a fabricação de óculos mediante receitas. Ora, aquilo que é uma industrialização o legislador diz: nesse caso não é industrialização. Ele está desqualificando o verbo, aquilo que era industrializar agora não é mais industrializar.

Isso atrapalhou durante um tempo os teóricos do Direito Tributário no sentido de ficarem perplexos, porque não se tratava de um caso de isenção. Daí falaram: é a definição negativa da incidência, é isso, é aquilo, e uma série de teorias apareceram. Entretanto, o fenômeno é o mesmo, o legislador mediante uma norma, chamada norma de isenção, mutila um dos critérios da hipótese ou da conseqüência. Na hipótese ele pode atacar então o verbo, como nesse caso, ou o conseqüente; estão isentos o queijo de Minas, por exemplo — aí é o objeto. Industrializar o quê? Industrializar queijo de Minas — queijo de Minas é o objeto direto. Atacado fica industrializar sem o complemento, e portanto a regra não funciona para esse caso.

Depois do critério espacial, no critério temporal. No critério espacial todos chamam de isenção e reconhecem que seja isenção. No critério temporal, quando se mexe no componente temporal da hipótese, aí fala-se de suspenção do imposto etc., e não se diz da isenção, mas o fenômeno é exatamente o mesmo. Ou o legislador quando expede a norma de isenção ataca o conseqüente normativo, tratando do sujeito ativo ou do sujeito passivo, critério pessoal, ou da base de cálculo e da alíquota, critério quantitativo. Qualquer um que ele ataque, que ele mutile, tornará inútil a norma, a regra matriz de incidência desse tributo para aquele caso.

Pois bem, quando ele reduz a base de cálculo a zero, qualquer alíquota que se aplique dará como resultado zero, e portanto ficaria uma obrigação sem objeto, portanto, não se constituiria a obrigação. E quando se atribui o valor zero à alíquota, a mesma coisa: a base de cálculo valor da operação, vamos admitir, multiplicada pela alíquota zero daria zero, uma obrigação sem objeto; portanto, não haveria obrigação. O fenômeno é exatamente o mesmo.

Eu, por um princípio de coerência, diante de realidades jurídicas iguais deverei atribuir o mesmo nome e o mesmo regime jurídico. Imaginem se amanhã o legislador, por meros caprichos ou por segundas ou terceiras intenções passasse a chamar, nesse caso, de decadência. Não, isso não é decadência, e daria um nome novo, um nome estranho. Pronto, era um meio de se procurar subterfúgios e de se impedir a aplicação adequada desse sistema.

Pois bem, com esta idéia da alíquota zero a comunidade jurídica já se acostumou, ninguém reclama mais, ninguém se levanta. É um ponto que me parece importante. Cabe a todos nós, nesse instante em que se fala de grandes reformas, grandes movimentos de alteração, de mudança, de aperfeiçoamento do nosso sistema tributário, tomar posições firmes e severas nesse sentido, para então testarmos se é bom ou se não é bom esse sistema constitucional tributário, em tão pouco tempo de experiência.

Quando nós cumprirmos uma experiência que para teste constitucional me parece coisa de gerações — uma, duas, três gerações, no mínimo — para se saber se essa ordem jurídica funciona, já que o Direito que se auto-compõe, que se retroalimenta, poderá a qualquer instante absorver as situações novas, modificar-se de várias maneiras. E o texto constitucional dá inúmeros instrumentos nesse sentido.

De modo que eu coloquei essas questões aqui — são questões bem conhecidas — apenas para um despertar à reflexão; e vendo aqui a figura sempre imponente do Prof. Souto Maior Borges eu lembro, para que os senhores ''comemorem'' esses dois pontos, e quem sabe façam com que se comece um movimento de mais realidade com relação ao nosso sistema tributário, tão vilipendiado, tão ofendido nos últimos tempos.

Dizem até que no Brasil existem cinqüenta e tantos impostos ou cinqüenta e tantos tributos, dizem que a carga tributária no Brasil é astronômica, quando eu tenho tido notícias de que por exemplo na Alemanha a carga tributária é bem maior do que a carga tributária no Brasil, com uma evasão muitíssimo menor. Se a carga tributária fosse o que dizem no Brasil, com a evasão que existe já diminuiria radicalmente — começa por aí.

De modo que esse sistema tributário que é tão atacado, que é tão violentado, como aliás isso está em moda, ser também a nossa história, a História do Brasil, que é tida hoje como uma história de segundo nível, quando história não se compara uma história com outra; a história da nossa família é a mais importante para nós. De modo que dizem: a história bonita é a da França, dos EUA, da Inglaterra; agora, a do Brasil é fraca. E começa aquele trabalho de denegrir os nossos ídolos etc.

Vejam, uma outra mentira que eu até tinha me acostumado, diz que no Brasil se trabalha muito pouco. Eu vi uma comparação dos feriados no Brasil com outros países, nada disso: primeiro, o número de feriados no Brasil está perfeitamente na média e não suplanta os outros países, quer em desenvolvimento, quer já desenvolvidos; e depois nós sabemos, aqueles que já foram para a Europa e para os EUA sabem que um comerciante não atende antes do horário e não atende depois do horário também, essa é uma regra, pode o cliente querer comprar o que ele quiser, ''não, são 18 horas, é hora de fechar, o senhor volte amanhã''. Ele fica limpando a loja antes das sete, digamos assim, e pode bater que ele não abre, só às sete. No Brasil nós sabemos que não é assim, os advogados ficam nos escritórios até altas horas; os empresários — vamos fazer justiça aos empresários — ficam nas empresas até oito, nove horas da noite; os juízes! (Risos) E no entanto, dentro desse movimento de alteração constitucional, ficam jogando essas histórias de que no Brasil há muito feriado, no Brasil não se trabalha.

Agradeço imensamente a atenção de todos os senhores. Obrigado. (Palmas)

PROF. ESTEVÃO HORVATH — Nós é que agradecemos ao Prof. Paulo de Barros Carvalho pelas suas luzes costumeiras, mas não temos muito tempo para continuar nesse assunto. Então vamos passar às respostas das questões que foram formuladas. Existem algumas torrentes de questões para o Prof. Eugênio Doin Vieira e várias outras para a Profa. Lúcia. Então, o que eu vou pedir é para que cada um responda e, se for possível, juntar algumas questões assemelhadas numa resposta conjunta, e um de cada vez. Então eu começaria pela Profa. Lúcia Valle Figueiredo, que antes de tudo traria uma observação ou uma informação quanto ao aspecto da fala do Prof. Paulo de Barros Carvalho.

Anterioridade

(sem revisão da autora)

PROFA. LÚCIA VALLE FIGUEIREDO — É sobre o princípio da anterioridade que o Prof. Paulo de Barros Carvalho com muita razão apontou e que felizmente para nós o Tribunal Regional da 3ª Região ainda não examinou a tese em apelação; mas em mandados de segurança originários tem concedido a segurança, exatamente por reconhecer que houve violação do princípio da anterioridade, uma vez que, ao que consta, saíram alguns exemplares antes da meia-noite.

Eu diria, Prof. Paulo de Barros Carvalho, que a anterioridade continua maltratada, porque mesmo tendo saído no comecinho, no primeiro dia, teria que ter aquele lapso temporal para ser aplicado, sob pena de não haver anterioridade. Mas o nosso Tribunal felizmente acolheu a tese, portanto a anterioridade está sendo respeitada.

Passo rapidamente às questões que aqui foram propostas a mim.

"Pode o juiz, ao julgar inconstitucional a TR para correção dos débitos fiscais, instituir outro índice de correção? Não estaria o magistrado — se a resposta for positiva — extrapolando seus limites?"

A resposta é negativa. Entendo que o juiz não pode, porque senão o juiz estaria fazendo aquilo que Canotilho diz, ao invés de dar uma interpretação conforme a Constituição, o juiz estaria se erigindo em legislador, e isto o juiz não pode fazer. O que o juiz pode fazer é tentar compatibilizar a lei e dar uma interpretação conforme; a não ser, é claro, que a parte tenha pedido a exclusão daquele índice pela substituição de outro índice, aí seria completamente diferente.

Nesse mesmo sentido há uma pergunta que diz que o Superior Tribunal de Justiça tem reconhecido que é possível essa aplicação. Então já está respondida, porque eu entendo, data venia do Superior Tribunal de Justiça, que não seria possível.

Há uma outra pergunta que é: "Em caso de liminar concedida em mandado de segurança cuja decisão de primeiro grau seja denegatória, pergunta-se: perduram-se os efeitos da liminar até decisão final, em última instância? Fica o contribuinte, na hipótese de negação, se confirmada na instância superior, sujeito à imposição de multa? Se afirmativo, não estaria cerceando o acesso do Poder Judiciário?

Com relação à primeira parte, se perduram os efeitos da liminar até a decisão final, com pesar eu tento dizer que não perduram, a não ser (mas não tenho visto esse caso) que o juiz expressamente, embora a sentença sendo denegatória, ressalve. O que tem sido feito, isso sim, é se interpor um mandado de segurança para instância "ad quem", para a qual subirá o recurso, pedindo a suspensão da eficácia daquela sentença até que se resolva o recurso. E nisso há uma grande briga no Tribunal Regional Federal, ora nós estamos com maioria, ora estamos com minoria, muitas vezes depende até do quórum.

Limiar — compensação

A pergunta seguinte: "A senhora considera cabível o deferimento de liminar em medida cautelar preparatória de ação declaratória quanto à compensação? Pergunto isso em razão da certeza e liquidez, pré-requisitos, que entendem alguns só serão preenchidos por ocasião da sentença em ação declaratória".

Eu entendo que é inteiramente cabível, porque eu acho que o que fica assegurado é o direito à compensação, não o direito à extinção do crédito tributário por via da compensação. O que se assegura é o direito do contribuinte não ser autuado pelo fato dele estar procedendo à compensação. Se entretanto ele procedê-la de forma inadequada, aí o fisco poderá autuar. Quer dizer, acho — "data venia" dos meus ilustres colegas que pensem o contrário — que o Judiciário não está chancelando uma compensação; o Judiciário está assegurando um direito que está previsto em lei, que é permitir o direito à compensação em determinadas circunstâncias, não tratar, como alguns têm tratado, que a compensação extinguiria o crédito tributário, e portanto a compensação tem que estar certa, determinada etc. etc. Felizmente essa tese da compensação agora é vitoriosa na Seção do Tribunal Regional Federal da 3ª Região, mas pelo voto de minerva do Presidente da Seção.

PROF. ESTEVÃO HORVATH — Só para variar um pouquinho, passo a palavra ao Prof. Eugênio Doin Vieira para responder algumas questões.

(*sem revisão do autor*)

PROF. EUGÊNIO DOIN VIEIRA — Antes de responder eu gostaria de ressalvar aos colegas que não aceito posição de interpelante e interpelado, tanto que eu terminei a minha exposição com uma série de perguntas que os colegas ainda não responderam. Portanto, vou opinar sobre alguns assuntos.

UFIR

O colega Antônio Sá, do Rio de Janeiro, pergunta se é constitucional a exigência da medida provisória do Real no sentido de que os índices de correção monetária estaduais e municipais devem ser obrigatoriamente pela aplicação da Ufir.

A minha opinião é de que não é constitucional. Seria até admissível discutirmos que por via de lei complementar, invocando o art. 146, incisos I e III, houvesse lei federal disciplinando a questão da correção monetária. Os Estados têm autonomia legislativa, os colegas sabem disso, e há inclusive uma previsão constitucional no art. 24, de legislação concorrente entre União, Estados e Distrito Federal, nos assuntos tributários inclusive. Se lei complementar houvesse eu até aceitaria a tese de que aos Estados, enquanto não legislassem sobre o assunto, estaria aplicada a disposição. Quanto à obrigatoriedade por via de medida provisória que não é nascedouro de lei complementar, eu entendo que isso é inconstitucional. Aceitaria, como disse, que lei estadual regesse o assunto. Fora disso, há uma intromissão na autonomia do Estado.

O Prof. Nathanael Martins que, como os colegas sabem, além de nosso congressista, é também membro do Primeiro Conselho de Contribuintes, em sua pergunta aduz a seguinte informação: que hoje a maioria das Câmaras do Primeiro Conselho, por unanimidade de votos já está considerando inaplicável a TR no período de fevereiro a julho de 1991.

Dois ou três colegas perguntam, quase que glosando uma questão já respondida pela Dra. Lúcia, quanto à questão da progressão do crédito nos casos de compensação. Ela já explicitou bem. Evidentemente que não cabe ao juiz suprir lacuna de lei, mas sim invocar disposição legal que lhe pareça adequada.

Temos ainda outras questões do colega Marcelo Tadeu: "Uma empresa obteve liminar judicial autorizando a efetuar compensação dos seus créditos ... corrigindo monetariamente os valores desde a data de cada recolhimento, nos moldes da atualização dos débitos para com a Fazenda Nacional. Pergunto: pode a Receita Federal recusar-se a aceitar correção para o ano de 1991, sob a alegação de não mais haver indexação oficial para isso ... de usar a TR?"

Nós já vimos que a Receita Federal aplica a TR em 1991, portanto, ela não poderia eximir-se, porque a sentença manda que seja feito nos moldes que está sendo feita na Fazenda Nacional. Se a Fazenda não exigisse, a sentença também estaria eximindo a correção naquele exercício. Portanto, há aqui uma preocupação da sentença do juiz numa entidade ... créditos fazendários e os créditos do contribuinte.

Peço ao Presidente que me deixe respirar e passe a palavra para o Dr. Sidney.

PROF. ESTEVÃO HORVATH — Passo a palavra ao Dr. Sidney Saraiva Apocalipse.

PROF. SIDNEY SARAIVA APOCALIPSE — Vou englobar as perguntas.

A primeira delas: se o imposto é sobre a renda, pode o imposto de renda na fonte desprezar custos e despesas necessárias à sua obtenção? Aí vem uma outra colocação do Prof. Nathanael, no sentido de que concorda quanto a possibilidade de cobrança do imposto de renda na fonte quando o texto constitucional a ele também faz alusão ao art. 157.

IR — Fonte

É evidente que o Prof. Nathanael reconhece que o art. 157 não é a norma autorizadora da competência tributária, é simplesmente o reconhecimento do texto constitucional de que esta modalidade de tributação é consentida.

Esse é um problema com o qual nós estamos nos defrontando ainda. Se nós partirmos do pressuposto de que para a tributação da renda haja a necessidade da verificação do balanço, da soma algébrica entre ingressos e dispêndios, e tantas outras coisas mais, nós estaremos com uma dificuldade em relação ao imposto de renda na fonte sob a modalidade de antecipação.

Eu entendo que pode o legislador, para instituir essa modalidade, que é diversa do que torna a renda apurada em período base, desprezar os dispêndios, desprezar as despesas, desprezar os gastos necessários à manutenção da atividade produtiva e que tais. Aliás, quando ele os contempla como valores redutores para se chegar a uma renda líquida ou a renda tributável, lucro real, como se fala, da pessoa jurídica, nós ficamos também diante da indagação de qual é o limite ou qual é a imposição que se faz ao legislador ordinário para estabelecer que o dispêndio com a educação deva estar limitado a este ou àquele valor, ou que dispêndios devem ser considerados pelo legislador ordinário para constitucionalmente tributar a renda.

Como a questão colocada tratava de imposto de renda na fonte, busquei frisar sob a modalidade de antecipação do imposto de renda. Não vejo, na quadratura constitucional, limites para que o legislador se obrigue a considerar a renda líquida ou o lucro efetivo em dado momento, quando se aufere aquele ingresso, que é renda, no meu conceito, a partir do momento que representar uma riqueza nova que tenha sido proveniente, resultante do capital e do trabalho, da combinação entre ambos, o que justifica a não-tributação das heranças, dos legados, como eu dizia de manhã, exceto nos casamentos afortunados, quando se aufere riqueza nova por herança ou legado onde não há aplicação de capital e tampouco de trabalho.

PROF. ESTEVÃO HORVATH — Dr. Paulo de Barros Carvalho.

Art. 142 do CTN

(sem revisão do autor)

PROF. PAULO DE BARROS CARVALHO — "Se o Conselho de Contribuintes cancela a TR para 1991, mas permite que sobreviva como juros a partir da edição da lei, não estará o acórdão administrativo fazendo um novo lançamento? Não há violação do art. 142 do CTN?"

Eu acredito que sim, porque a função do Conselho de Contribuintes e dos Tribunais Administrativos é de, dentro do controle de legalidade desempenhado pela administração, falar sobre a legalidade do ato de lançamento. No momento em que há qualquer modificação no sentido de introduzir alterações no lançamento originário, evidentemente o Conselho não tem competência para isso; ele tem competência para declarar qual seria o erro, o equívoco, o problema contido no lançamento recorrido. Agora, não poderá ele, como entidade administrativa que não tem competência para lançar, expedir o lançamento ou fazer do seu acórdão um lançamento, dar a força de lançamento ao acórdão. Ele tem que decidir dessa forma e encaminhar os autos à instância de origem, para que a autoridade lançadora então tome as providências de estilo.

PROF. ESTEVÃO HORVATH — Volto a palavra à Profa. Lúcia Valle Figueiredo.

Compensação e cautelar

(sem revisão da autora)

PROF. LÚCIA VALLE FIGUEIREDO — "A professora considera possível o uso da tutela antecipatória sempre sob o manto da ação cautelar, mas dispensando-se a ação ordinária em matéria tributária, mormente nos casos em que se postula a compensação de tributos e/ou contribuições já declarados inconstitucionais pelo Supremo? Todavia, em decisão interpartes?"

Aqui eu entendo o seguinte: a dispensa da propositura da ação declaratória não será possível pelo que já afirmei na outra pergunta. É claro que a tutela cautelar... e aqui aproveito para enfatizar, se existe já uma decisão do Supremo, interpartes ou não interpartes, é claro que existe o relevante fundamento para que se dê a liminar; se existe, por exemplo, uma decisão de um tribunal, existe relevante fundamento para que os juizes da primeira instância dêem liminar naquele caso. Tenho enfatizado que relevante fundamento não é uma aferição subjetiva do juiz, mas é uma aferição objetiva. Relevante tem a ver com a tese proposta, com as condições objetivas em que estão colocadas e não com a questão pessoal do juiz. O juiz pode não estar de acordo com o tema, ter julgado de forma diferente, mas existirá ainda o relevante fundamento. Agora, acho que pode ser dada a tutela antecipatória, porém não pode ser dispensada a ação declaratória porque será ... ação declaratória sim, poderia ser dispensada, mas eu digo, aí precisaria uma ação que não seria declaratória, mas de rito ordinário, uma ação que na verdade vai, a final, dizer qual era realmente o crédito exato para compensar e qual o débito do contribuinte para finalmente extinguir este crédito.

Aí está atrelada a primeira resposta que dei. Quer dizer, quando se dá na tutela cautelar a possibilidade de compensação, dá-se o direito à compensação, mas não o direito à extinção do crédito tributário via aquela compensação que se está fazendo, porque para isso precisará da prova, nós precisaremos ter prova nos autos.

"A existência de auto de infração sobre ICMS com defesa administrativa constituiria impedimento à propositura do mandado de segurança de natureza preventiva ou em relação à atuação do fisco para os fatos futuros?"

O que eu entendo é o seguinte: é claro que a existência de um auto de infração com defesa administrativa não impossibilita a utilização do mandado de segurança, mas claro está que a parte desistiu do processo administrativo, sob pena de não haver interesse processual para a propositura do mandado de segurança. Então, ao mandado de segurança faltaria uma das condições da ação, supondo-se que a parte claramente dissesse que não está desistindo. Quer dizer, supondo-se a afirmação; ela não precisa dizer que desistiu, mas ela não pode dizer que vai continuar o processo administrativo.

Finalmente é a última que me cabe responder — digo finalmente porque sei do problema do tempo, porque até gosto muito de ser questionada: "Correção monetária complementar do balanço referente ao período base de 1989, índice fiscal tal, índice IBGE 70,28. Posicionamento da Mesa e em particular meu quanto à dedutibilidade fiscal da perda inflacionária supra-citada, considerando o precedente da Lei 8.200/91".

São tantas as questões tributárias que se colocam sub judice no Tribunal Regional da 3ª Região, que se não me falha a memória foi uma possibilidade de protrair isso no tempo, e não desde já. Eu acho que é essa.

Nós entendemos que a dedutibilidade teria que ser feita mesmo no primeiro ano, uma vez que reconhecido estava pela administração que tinha havido uma impropriedade.

UFIR em 1992

PROF. ESTEVÃO HORVATH — Professor Eugênio.

(sem revisão do autor)

EUGÊNIO DOIN VIERA — Com as ressalvas anteriormente feitas, volto a dialogar com alguns dos colegas.

Gilmar Krutsh, advogado de minha terra, pergunta: "Se a Lei 8.383 de 31 de dezembro de 1991, instituidora da Ufir, em seus arts. 96 e 97 determinou que teria vigência a partir de 1º de janeiro de 1992, poderia então a Ufir indexar o imposto de renda sobre o exercício financeiro de 1991, apurado em 31 de dezembro de 1991?"

Quanto ao fato de que a lei diga que entraria em vigência em 1º de janeiro de 1992 eu não vejo nenhum impedimento. Teríamos que discutir aqui, sob as luzes do Prof. Tércio Ferraz, a diferença entre vigência, validade, eficácia etc. Mas levanta-se a questão da efetiva divulgação desta Lei 8.383 não em 31 de dezembro de 1991, mas sim no exercício seguinte, como já foi mencionado inclusive pelo Prof. Paulo. Neste caso ela teria um vício formal insanável.

O colega José Carlos pergunta: "Tribunais de alguns Estados, se não me falha a memória Maranhão, Paraná e Rio Grande do Sul, decidiram que é legítima a aplicação da TR como indexador de atualização monetária, com respaldo principalmente no fato de que a TR é utilizada para corrigir os depósitos da caderneta de poupança, portanto, como índice de correção monetária. As unidades da Federação que não têm coeficiente próprio usam a TR. Como vê essa situação?"

Coerente com a afirmação anterior de que os Estados têm autonomia para decidir a respeito enquanto não haja lei complementar regendo o assunto, eu diria que qualquer lei estadual pode acolher a TR ou outro fator corretivo para aplicar nos seus créditos fiscais, respeitados naturalmente todos os princípios de legalidade, anterioridade etc. Se não houver lei estadual a correção, entendo eu, é inteiramente impugnável.

Júlio Cesar: "Considerando que a Lei 8.177 instituiu um plano de desindexação da economia e considerando que ao largo do ano de 1991 não houve base legal permitindo a correção monetária, podemos concluir que as obrigações pecuniárias aprovadas em 1991 repousam em dívida de dinheiro? Caso afirmativo, a disposição do art. 79 da Lei 8.383, obrigações pecuniárias convertidas em quantidade de Ufir, em janeiro de 1992, convertendo uma dívida em dinheiro em dívida de valor, não foi uma vergonhosa repetição do episódio do art. 18 do Decreto-lei 2.323 de 1986, aliás, declarado inconstitucional?"

Por favor, lembro que os Tribunais Regionais Federais da 1ª, 4ª e 5ª Regiões já se manifestaram pela constitucionalidade do art. 79 da Lei 8.383/91. Uma constitucionalidade — como o colega classifica bem — vergonhosa, porque prejudicou inclusive os legítimos direitos adquiridos, ao converter uma dívida de dinheiro em dívida de valor.

O colega Nelson Brandão — (Há neste congresso uma quantidade muito grande já de congressistas de carteirinha, aqueles que quando chegam só recebem um visto na carteira, que já vem de três, quatro, cinco, oito anos atrás, e por isso mesmo as fisionomias vão se tornando conhecidas, o que demonstra não só a qualidade deste conclave, como a dedicação e a assiduidade dos que o prestigiam e que o transformam num congresso importante, porque sem os senhores as Mesas poderiam ser as mais brilhantes e o congresso não significaria nada.

O colega Nelson Brandão faz parte desses congressistas de carteirinha).

"A Medida Provisória 298 não foi convalidada, inclusive porque a Lei 8.218 ratificou os atos praticados sob a vigência da Medida Provisória 297. Pergunto: vale a Medida Provisória 298 com referência aos atos e negócios praticados na sua vigência?"

Aplicação da TR

A Constituição diz, acatando as afirmações da pergunta, que não convertida em lei no prazo de 30 dias a medida provisória perde a sua eficácia, conseqüentemente assim estaria respondida a questão.

"As decisões do Tribunal Regional Federal da 5ª Região são no sentido de que a Lei 8.177 não se aplica a fatos geradores anteriores à sua vigência, ou seja, não caberia a TR como juro de mora de 1 de fevereiro a 31 de julho. Gostaria de ouvir a sua opinião a respeito."

Estou inteiramente de acordo. Entendo assim e acho que inclusive que o Conselho de Contribuintes ao decidir limitando o prazo a 31 de julho elaborou aquilo que se chama uma decisão salomônica: abriu já um precedente, irá mais longe, tenho certeza, a natureza não dá saltos e a atividade jurídica também não dá.

PROF. ESTEVÃO HORVATH — Professor Paulo de Barros Carvalho.

IPI e ICMS

PROF. PAULO DE BARROS — Perguntas do colega Cesar Guimarães Pereira, de Curitiba: "1 — A previsão constitucional do IPI admite a incidência desse tributo sobre operações de importação? 2 — A equiparação dos importadores a industriais relativamente à incidência do IPI sobre a venda dos produtos importados significa, bem vistas as coisas, a incidência do IPI sobre a mera comercialização de bens? Essa previsão legal configura invasão de competência estadual para a instituição do ICMS?"

Essa pergunta é muito interessante porque primeiro dá ensejo a se esclarecer um ponto: o imposto não incide sobre produtos industrializados; naturalmente que as normas não incidem sobre objeto, as normas incidem sobre as condutas humanas. O que faz o legislador federal? A Constituição diz imposto sobre produtos industrializados. Ele utiliza produtos industrializados encaixando em operações. Então, industrializar produtos, uma; duas, importar produtos industrializados do exterior; outra que está desativada agora, mas a qualquer momento pode ser reativada: arrematar produtos industrializados em leilão. E com isso constrói as hipóteses de incidência. De modo que é perfeitamente possível a incidência do IPI no caso de produtos importados do exterior.

Agora, quanto a equiparação dos importadores a industriais relativamente ao IPI, essa providência está entre aqueles casos possíveis de criação das próprias realidades pelo legislador. O legislador então diz: os importadores ficam equiparados a industriais, quer dizer, ficarão sob o mesmo regime jurídico. Isso não fere nenhum princípio simplesmente lógico ou lógico jurídico. E diz o seguinte: nesse caso, estando dentro dessa possibilidade, o legislador federal não estaria com isso invadindo a competência dos Estados e do Distrito Federal, ele estaria operando dentro do que lhe é possível fazer na competência federal.

PROF. ESTEVÃO HORVATH — Só me resta agradecer a todos os ilustres professores componentes desta Mesa, a atenção de todos os colegas, e depois de quatro minutos improrrogáveis retornaremos para a próxima Mesa de Debates. Muito obrigado. (Palmas)

MESA DE DEBATES

TRIBUTOS ESTADUAIS

PROFA. MISABEL DERZI — Meus amigos, vamos dar prosseguimento aos trabalhos com a Mesa de Debates sobre Tributos Estaduais. Cada um dos expositores terá 10 minutos para colocar o seu ponto de vista sobre o tema. As perguntas do auditório formuladas por escrito e encaminhadas à Mesa serão respondidas na medida do possível, porque a partir das 17 horas teremos uma conferência.

Gostaríamos de ouvir então o Prof. Estevão Horvath.

ICMS e conflitos

PROF. ESTEVÃO HORVATH — Senhora Presidente, ilustres demais professores componentes desta Mesa, colegas congressistas, o tema desta Mesa é "Tributos Estaduais". Há um certo número de meses me aflige muito uma questão com a qual eu acabei tendo contato por dever de ofício. É a questão de concessão unilateral de benefícios em relação ao ICMS por parte de certos Estados-Membros, provocando, no meu modo de ver — ou tudo indica que tendendo a provocar —, uma verdadeira guerra fiscal, se as coisas não se controlarem rapidamente a contento.

Em primeiro lugar vamos examinar ou relembrar aos colegas — porque evidentemente todos já conhecem — que a disciplinação do ICMS é extremamente pormenorizada e praticamente exaustiva no nosso texto constitucional. Quer dizer, em outras palavras, pouquíssimo restou ao legislador infra-constitucional, seja ele complementar ou ordinário, para regular esse imposto. E o ICMS, por outro lado, apesar de ser um imposto estadual, ou seja, cuja competência foi outorgada pela Constituição aos Estados-Membros da Federação e ao Distrito Federal, é um imposto de caráter nacional, isso diz a história, diz a tradição e diz a sua aplicação ou a aplicação de impostos parecidos no mundo inteiro. Sempre que ele não é um imposto do ente central, acaba causando problemas se não houver mecanismos para contrabalançar esta descentralização. Foi o que a nossa Constituição procurou fazer, e não é de hoje; a Constituição anterior já tinha algum tipo de mecanismo nesse sentido.

O que ocorre, então, é que o imposto estadual tem característica notadamente federal ou nacional. Portanto, para evitar que Estados entrem na chamada guerra fiscal entre si, foram postos alguns mecanismos. O mais importante deles me parece — ou talvez um dos mais importantes — é aquele que diz que os benefícios e incentivos fiscais não podem ser atribuídos aos Estados por um Estado, sem que haja concordância de outros Estados.

Vamos reler na Constituição Federal, no art. 155, § 2º, inciso XII, letra "g". Esse parágrafo, como todos sabem, cuida justamente do ICMS. O inciso XII, "g" diz: "Cabe à lei complementar regular a forma como, mediante deliberação dos Estados e do Distrito Federal isenções, incentivos e benefícios fiscais serão concedidos e revogados".

Apesar da linguagem, no meu modo de ver, extremamente clara do texto constitucional, o anterior algo parecido também já insinuava, alguns Estados vêm, unilateralmente, outorgando benefícios "lato sensu" a certas atividades mercantis, a certos tipos de comerciantes, a certo tipo de pessoas sujeitas à tributação pelo ICMS. E a coisa chegou a tal ponto que atualmente já há no Supremo Tribunal Federal algumas ações, poucas, discutindo este problema, que é de grande importância para a mantença da própria Federação. Vejam, é um problema que pode afetar a própria Federação como tal.

Então o problema é o seguinte: qualquer tipo de benefício é proibido de ser concedido pelo Estado sem autorização dos demais Estados, mediante algum procedimento que vamos ver qual seja. Já adianto a resposta, para justamente depois tentar demonstrar. Não é só a isenção, como se entendia quase que unamimemente na vigência Constituição anterior, que depende hoje da manifestação dos Estados para que possa ser concedida com relação a alguma coisa referente ao ICMS (hoje o ICMS, anteriormente o ICM). No meu modo de ver a Constituição diz que qualquer tipo de benefício ou incentivo fiscal que afete, que traga tratamento privilegiado a determinado tipo de contribuinte localizado num determinado Estado, sem que os demais tenham concordado com esse privilegiamento, é considerado benefício, e que altera o pacto federativo nesse sentido.

Convênios

Então a Constituição diz que caberá à lei complementar regular a forma como, mediante deliberação dos Estados e do Distrito Federal isenções, incentivos e benefícios fiscais serão concedidos e revogados. Como todos sabem, também, já existe essa lei complementar, que, creio eu, e à unanimidade é aceito, foi recepcionada pela Constituição de 1988. É a Lei Complementar n. 24/1975. Ela dizia, naquela época, ampliando os dizeres da Constituição, no art. 1º: "As isenções do ICM serão concedidas ou revogadas nos termos de convênios celebrados e ratificados pelos Estados e pelo Distrito Federal segundo esta lei".

Então vejam, ela já prevê a forma. É convênio hoje em dia. Pode ser de outra forma? Pode, desde que a lei complementar assim o diga; por enquanto é convênio que faz isso, porque já existe a lei complementar recepcionada por não contrária ao texto atual, que trata do assunto. E diz no parágrafo único: " O disposto nesse artigo também se aplica à redução da base de cálculo, à devolução total ou parcial, direta ou indireta, condicionada ou não, do tributo, ao contribuinte, responsável ou terceiros, concessão de créditos presumidos, a quaisquer outros incentivos ou favores fiscais ou financeiros-fiscais concedidos com base no ICM, dos quais resulte redução ou eliminação direta ou indireta do respectivo ônus, as prorrogações e extensões de isenções vigentes nessa data."

Vejam, se alguma dúvida esse tipo de disciplina de regulamentação da matéria podia ter na vigência da Constituição de 67/69, a Constituição de 88 parece ter espancado essas dúvidas, ao dizer que o convênio vai regular a forma como os Estados podem conceder isenções, incentivos e benefícios fiscais do ICMS.

Então vejam: ao contrário do que acontece com os demais tributos todos, onde a mesma pessoa que tributa é a competente para isentar unilateralmente, o ICMS depende, para que seja concedido qualquer tipo de bonificação, de benefício, de incentivos, seja qual for a palavra mais ampla para traduzir isso, de um acordo na forma prevista em alguma lei — que agora é a 24/75 — entre os Estados-Membros da Federação.

Incentivos

Aí dirão: não, mas a Constituição anterior só falava em isenção, a atual fala em isenção, incentivo e benefícios fiscais. Parece-me que o constituinte teve que chegar a requintes — a tendência me parece ser essa em certos momentos — o legislador insiste em expressões assemelhadas para ver se consegue atingir a todas as possíveis burlas que a lei propiciará no futuro, porque sempre se inventa algum argumento: "não, mas não se encaixa exatamente nisso, isso não quer dizer exatamente aquilo, então incentivo é uma coisa, benefício é outra, isenção é uma terceira".

Não me parece que assim seja, principalmente na linguagem da Constituição, que tem que ter — no meu modo de ver — uma interpretação teleológica, histórica, de uma forma muito mais marcada do que as demais leis infra-constitucionais.

Um exemplo de alguma coisa semelhante eu coletei no art. 165, § 6º., da Constituição também, onde ela repete coisas assemelhadas para, no meu modo de ver, se referir a uma mesma situação. O art. 165 trata dos orçamentos e diz no § 6º.: "O projeto de lei orçamentária será acompanhado do demonstrativo regionalizado do efeito sobre as receitas e despesas, decorrentes de isenções, anistias, remissões, subsídios e benefícios de natureza financeira, tributária e creditícia." Ora, acho que não existe nada mais claro do que perceber que quando ela fala "isenções, anistias, remissões, subsídios e benefícios de natureza financeira, tributária e creditícia", quer dizer, tudo aquilo do que o Estado estiver abrindo mão tem que ser objeto de controle. E como será feito isso? No projeto de lei orçamentária, deverá demonstrar-se como está sendo feita a aplicação desses benefícios.

A mesma coisa me parece que acontece na linguagem da Constituição quando fala dessa lei complementar e do convênio com relação ao ICMS, ou seja, *qualquer tipo de favor fiscal no sentido mais amplo possível está abrangido por esse artigo da Constituição e conseqüentemente da lei complementar*. As imunidades, investimentos privilegiados, isenções, alíquotas reduzidas, suspensão de impostos, manutenção de créditos, bonificações, créditos especiais, dilatação de prazo para recolhimento, tudo isto significa algum tipo de benefício ou privilégio ou favor fiscal que outras pessoas não possuem. Como as imunidades já decorrem diretamente do texto constitucional, estão fora de nossa preocupação para os efeitos deste subtema.

Então, além de ser uma quebra da isonomia com relação aos contribuintes, é uma quebra, no meu modo de ver claríssima, do pacto federativo com relação ao ICMS. Portanto — se é que a constitucionalidade pode ser superficial ou profunda, como já foi dito — absolutamente inconstitucional. Quero dizer o seguinte (isso já foi falado há pouco pelo Prof. Paulo de Barros Carvalho): nós nos acostumamos a certas coisas, que, por serem tão rotineiras, acabamos achando às vezes que são até naturais, normais, legais — no nosso caso jurídicas —, enquanto que não é bem assim; a coisa pode estar funcionando há 20 anos, há 15 anos, e nunca ter sido debatido o assunto a fundo, nunca ter se chegado a uma manifestação definitiva dos nossos tribunais, o que não quer dizer que a coisa seja certa, jurídica, legal, constitucional.

O que eu digo é o seguinte, o resumo de tudo isso que eu pretendi dizer: toda concessão unilateral de qualquer benefício que seja do ICMS — unilateral no caso atual —, sem que tenha sido discutido e aprovado devidamente numa reunião que vai resultar num convênio entre os Estados-Membros, é inconstitucional e deve ser anulada pelo Supremo Tribunal Federal.

Era isso que eu queria dizer por enquanto. Muito obrigado a todos. (Palmas)

PROFª MISABEL DERZI — Ouviremos agora o Prof. Célio Batalha.

PROF. CÉLIO BATALHA — Em primeiro lugar, a minha saudação à Profa. Misabel Derzi, Presidente deste Congresso, e coordenadora dos trabalhos desta tarde, aos demais colegas professores da Mesa, aos colegas que compõem o auditório. Aqui do lado tem um simpósio a respeito da terapia de tempo; como nós já fomos advertidos pela Profa. Misabel, de que nós devemos nos ater ao tempo, eu vou procurar — sem ter participado do seminário terapia de tempo — não cansá-los e, de forma muito breve, fazer algumas colocações para comum meditação.

Substituição

Em tema de Tributos Estaduais, me parece palpitante, neste momento, avaliar um pouco a questão da substituição tributária, que vem sendo mais recentemente objeto de algumas manifestações do Poder Judiciário, e, certamente, aplicável, na concepção dos Estados, a vários setores da economia. Para mera referência sobre o que falamos, tomemos a questão da substituição envolvendo veículos ou refrigerantes. Trata-se de procedimento que pretende que, na saída, no caso dos veículos ou dos refrigerantes, ocorridas do estabelecimento fabricante, desde logo, este retenha, na qualidade de substituto tributário, o ICMS que seria devido no momento em que o varejista, ou o distribuidor de veículo, vendesse o veículo ou refrigerante, ao consumidor final. Os Estados propuseram, e vêm adotando, um sistema que obriga que o fabricante retenha e recolha, mesmo que não receba o imposto, o ICMS correspondente a essa futura venda.

Algumas das questões que quero trazer à nossa meditação, nascem, em verdade, da referência prevista na Constituição Federal, e começa no art. 34, das Disposições Transitórias, notadamente no § 8º, que diz o seguinte: "Se no prazo de 60 dias contados da promulgação da Constituição, não for editada a lei complementar necessária à instituição do imposto de que trata o art. 155, I, "b", (que é exatamente o ICMS), os Estados, e o Distrito Federal, mediante convênio celebrado nos termos da Lei Complementar n. 24, de 7 de janeiro de 1975, (esta mesma que foi ainda há pouco mencionada pelo Prof. Estevão), fixarão normas para regular provisoriamente a matéria." A questão da substituição tributária tem outra referência, também constitucional no art. 155 inciso II-b, quando diz que cabe à lei complementar dispor sobre a substituição tributária.

Convênio × L. C.

Pois bem, o que os Estados fizeram? Na medida em que não havia, como não há, a lei complementar, com apoio nesse § 8º, do art. 34, Disposições Transitórias, por via de convênio (disciplina prevista na Lei Complementar n. 24, de 1975), estabelecerem o que chamaram de regulamentação provisoria da matéria. Mas se animaram tanto com esta regulamentação ou com esta disposição do § 8º, que fizeram quase que um novo regulamento de ICMS, calcado nesta disposição. Mais do que isso, evitando que fosse suscitada a problemática de que, a rigor, qualquer que seja o regime da substituição tributária, não se pode envolver um procedimento que antecipe o recolhimento de um tributo antes da ocorrência do fato imponível, buscaram os Estados disposição específica, introduzida pela Emenda Constitucional n. 3, que agregou o § 7º, ao art. 151 dizendo que "a lei pode atribuir a sujeito passivo de obrigação tributária a condição de responsável pelo pagamento do imposto ou contribuição cujo fato gerador deva ocorrer posteriormente, assegurada imediata preferencial restituição da quantia", etc.

Então, a Constituição, através do § 7º, do art. 151, editado no ano passado, passou a prever a possibilidade de antecipação. Com isso, os Estados entenderam que toda a sistemática da substituição tributária estaria legitimada.

Não é assim, todavia. Para esclarecer, peço licença para fazer coro com uma referência que o Prof. Estevão trouxe há pouco, uma lembrança sobre princípio de hermenêutica que auxilia a compreender que a legislação infra-constitucional, de natureza tributária notadamente, foi recepcionada pela Carta, quando com ela não incompatível. Vale o registro de que também existe disposição expressa, no mesmo art. 34 das Disposições Transitórias, § 5º, que diz: "Vigente o novo Sistema Tributário Nacional, fica assegurada a aplicação da legislação anterior no que não seja incompatível com ele".

Há, evidentemente, a aplicação concreta e inequívoca do princípio da recepção. Pois bem, como isso demonstra a insuficiência do sistema de substituição tributária, sos a ótica jurídicca? Entre alguns dos dispositivos que não são contrários à Constituição está o art. 128 do Código Tributário Nacional, que é um dispositivo que diz, em linhas muito gerais, que há necessidade de que o substituto tributário tenha a relação jurídica relacionada ou referente à ocorrência do fato gerador, do fato imponível. O substituto pode ser qualquer pessoa, mas deve ter por disposição constitucional ou infra-constitucional — mas a Constituição acaba impondo o mesmo raciocínio — uma vinculação qualquer com o fato gerador.

Tributar fato futuro

Nos exemplos que eu considerei, dos veículos ou do refrigerante, os senhores imaginem o seguinte: o fato imponível, relacionado à venda de um veículo ou de um refrigerante, a um consumidor final, envolve, nesta relação, o distribuidor do bem e o consumidor, que, evidentemente, não têm nada a ver com o fabricante. Aí a primeira grande dificuldade. O comprador final de um veículo e o distribuidor não têm nada a ver com o fabricante. Ora, não é tributária a natureza de um recolhimento que não decorre de uma obrigação tributária, de uma relação jurídica tributária, se se preferir. Se isso não tem natureza tributária, qual é o regime que eu devo aplicar para identificar este valor que deve ser recolhido? Qual é o título desse dinheiro que o fabricante está obrigado a recolher aos cofres públicos? Não é crédito tributário porque o fato imponível não ocorreu (fato imponível relacionado à venda do produto ao consumidor final). Não ocorreu no momento em que o produto deixou a fábrica. Isto seria, às avessas, como eu dizia, uma venda para entrega futura? Não sei, acho que não. Seria o quê? Um empréstimo compulsório? Se for empréstimo compulsório, há uma agravante ainda pior, porque o art. 148, portanto, não excepcionado naquelas disposições do art. 34, diz, expressamente, que, só a lei complementar pode dispor sobre empréstimo compulsório nos casos expressamente previstos.

Os tribunaîs já afastaram a possibilidade de mensuração da base imponível por medida algo que não tenha nada a ver com o fato imponível. As chamadas pautas fiscais, que eram valores previstos, pressupostos, arbitrados pelo fisco, por conta da necessidade de recolhimento de tributos, já foram rechaçadas como hipótese legal pelos tribunais, na exata medida em que isto, primeiro, não dimensiona coisa alguma do fato imponível, não se relaciona, necessariamente, com a ocorrência do fato imponível, até porque este pode não se dar. Não tem enfim, natureza tributária.

Portanto, precisamos imaginar qual seria, efetivamente, o fundamento, para que os Estados, como fizeram através do Convênio 66, que "disciplinou provisoriamente a matéria", mas, que acabou dando base para a edição de um outro Convênio, que é o convênio 107, (que trouxe a figura tributária da substituição para o regime automotivo) possam exigir a entrega de um valor que não é correspondente ao valor de venda do produto. O produto, hoje, ou é vendido acima da chamada tabela sugerida ao público, ou abaixo dessa tabela, dependendo do produto, produto "top" de linha, produto mais simples, e assim por diante. Então, se se recolhe com base na tabela está errado, isso não corresponde ao fato imponível. Se o carro sofrer uma avaria, se o vasilhame se quebrar antes de ser adquirido, então não pode recolher por conta de um fato imponível que jamais vai ocorrer. E se se preferir, se se for invocar por fim a disposição relacionada à Emenda Constitucional n. 3, aí é pior ainda, porque o que a Emenda Constitucional n. 3 agregou, ao art. 151, não foi mais ou menos do que uma previsão que eu li, mas peço licença para repetir aos senhores, segundo a qual é a lei que pode atribuir ao sujeito passivo a condição de responsável pelo pagamento do imposto. Diz, textualmente, a Constituição que só a lei pode fazê-lo. Isso significa dizer que está afastada qualquer disposição de Convênio, que, evidentemente, não é lei, mas acordo entre os Estados, acordo entre Secretários da Administração Pública, sem poder coercitivo. A conclusão é de que não têm fundamento jurídico válido as disposições que impõem o pagamento antecipado nas hipótese de substituição tributária aqui consideradas, porque regular provisoriamente (art. 34, § 8º), não é fazê-lo sobre figuras jurídicas que inovam a ordem jurídica, sendo certo que, à luz da Emenda Constitucional n. 3, só lei pode criar esse tipo de regime de anteciparem, podendo fazê-lo, porém, conforme as demais diretrizes da Carta.

Eram essas, Profa. Misabel, as considerações que, neste momento, me ocorrem. Muito obrigado. (Palmas)

PROFª MISABEL DERZI— Professor Heron Arzua.

PROF. HERON ARZUA — Senhora Presidente, meus colegas de Mesa, saudando o Prof. Alcides Jorge Costa, eu cumprimento todos os companheiros do congresso. Quero me aproveitar da oportunidade que tive de, durante algum tempo, estar exercendo a Secretaria da Fazenda do Paraná, para levantar problemas relativos ao ICMS. Primeiramente, dizer que sou advogado, formado nas mesmas universidades que vocês, estudei na PUC (especialização e doutorado) e, portanto, formado dentro da mesma ideologia tributária que é comum a todos nós. Porém, quero passar uma visão um pouco diferente, fruto da experiência de ter sido Secretário da Fazenda.

Não-cumulatividade

Quero inicialmente fazer um rápido exame dos impostos dotados do caráter da não-cumulatividade, porque o ICM foi criado originariamente com base num imposto francês, a *taxe sur la valeur ajoutée*, concebido por financistas franceses justamente para evitar a cumulatividade dos impostos de vendas. Em 1969 estudava eu na França e os professores apresentavam as excelências de um imposto de natureza incumulativa. Quais seriam elas? Excelências de natureza econômicca, tais como, a igualdade de tributação, já que, em razão de o imposto pago em cada etapa corresponder ao valor agregado nela, conhece-se exatamente o montante do imposto no bem final. Por aí, você saberia exatamente o total de imposto incidente numa mercadoria exportada, podendo desonerá-la, com favorecimento do comércio exportador. A fiscalização em cadeia também seria outra virtude de um imposto multifásico não-cumulativo, pois, atingindo todos os estádios (é estádio mesmo e não estágio) da circulação da mercadoria, teria o condão de gerar um elo de solidariedade entre os contribuintes, sendo um fiscal do outro. O pagamento do imposto de um é o crédito do outro. Favoreceria, sob outro ponto de vista, a especialização das empresas, principalmente das indústrias, porquanto não haveria mais vantagens fiscais no processo de integração vertical, usado propriamente para evitar a incidência do imposto em cascata.

Eu era aluno e assistia as aulas sobre o imposto incumulativo com muito interesse. O Brasil havia copiado esse imposto. O Professor Gerson Augusto da Silva, dentista de profissão, curioso em economia e tributação, foi à França e trouxe essa técnica de tributação, introduzida originariamente no imposto federal de consumo, que, depois da reforma de 1965, virou o imposto sobre produtos industrializados, com as caracteristicas econômicas do imposto francês. Sempre me impressionou o fato de na França ser frisado que a maior caracteristica do tva era a impossibilidade de haver sonegação. Até me lembra agora o Professor Marcos Cintra com o imposto único. Como na prática a teoria se mostra diferente, penso que o professsor que ensinava isso, hoje já falecido, até seria capaz de voltar se soubesse que o brasileiro, por exemplo, criou a nota fiscal só com o crédito, sem a operação propriamente dita. E com uma diferença fundamental: o imposto tem típica feição nacional e podia ser implantado facilmente num país unitário, como a França. Já no Brasil, como país federativo, a introdução de um imposto dessa natureza econômica, e ainda entregue à competência legislativa dos Estados-membros, trouxe problemas inimagináveis, que somente vieram a ocorrer na Europa com a sua extensão aos países da Comunidade Econômica Européia.

Não há IVA no Brasil

Misturando um pouco de política fiscal, administração tributária e enfoque jurídico, eu diria que esse imposto, como introduzido no Brasil, com o nome de imposto sobre operações relativas à circulação de mercadorias (da ótica jurídica não é um imposto sobre o valor agregado, embora o seja da visão econômica) até hoje apresenta vicissitudes em seus conceitos básicos. Nós temos um plenário aqui que pode concordar integralmente com a teoria do Professor Geraldo Ataliba na direção de que o direito tributário é um direito de superposição e que, no caso, ele se superpõe ao direito mercantil. Assim, as operações tributadas são operações jurídicas mercantis, reguladas originariamente pelo direito comercial. Este, todavia, é um mundo, o mundo onde as questões são tratadas cientificamente. Mas há os que habitam o outro lado, o mundo dos agentes fazendários e dos responsáveis pela defesa dos interesses dos Estados. Estes absolutamente não aceitam essa formulação teórica do Professor Geraldo Ataliba. Para eles, por exemplo, a "saída" não é apenas o aspecto temporal da hipótese de incidência, que supõe ter havido uma prévia operação jurídica, mas a "saída" é o próprio fato gerador do ICM, hoje ICMS. E essa separação traz complicações práticas intensas que se refletem na própria estabilidade do imposto.

E temos que admitir que a teoria de Geraldo Ataliba, da qual sou adepto, não resolve alguns problemas cruciais desse imposto, como sói ser a questão das transferências interestaduais de mercadorias. Se duas pessoas jurídicas são necessárias para a ocorrência do fato imponível (transmissão de propriedade), não podendo haver negócio consigo mesmo, e se negamos a autonomia dos estabelecimentos (para que sejam tidos como empresas distintas), então nas operações de transferências de mercadorias interfederadas o imposto não poderia incidir.

Substituição

Mas o que quero pôr em relevo é a existência de dois mundos, isolados entre sí, e que tratam de questões fundamentais do ICMS de modo inteiramente diferente. Há dois anos eu participei de um congresso sobre "substituição tributária", promovido pelos Procuradores do Estado do Rio de Janeiro. Lá a conclusão foi unânime de que a substituição tributária é inteiramente constitucional, nem precisando que uma emenda constitucional cogitasse dela. O Professor Rubens Gomes de Sousa pôs no Código Tributário Nacional, em sua redação primeira, a substituição tributária no ICM, convivendo sem problema algum com os arts. 121 e 128 do mesmo Código. Portanto, para o Professor Rubens Gomes de Sousa, a substituição era uma mera técnica tributária, de controle de sonegação, um conforto, uma facilidade para a administração tributária, e também uma forma de efetiva realização do princípio constitucional da isonomia. Seria uma maneira simples e sem custo administrativo para o fisco e contribuinte de cobrar o imposto. O caso das montadoras de veículos é um exemplo marcante dessas afirmações. Não sendo mais possível coibir a sonegação existente no setor do comércio varejista, as próprias fábricas pediram aos Estados a instituição do regime do recolhimento antecipado do imposto. E o resultado foi o que se viu. A arrecadação do imposto dobrou em pouco tempo.

O que eu quero averbar, e estou indo bem depressa em função de que o meu horário é reduzido, é que esse outro mundo não se comunica conosco porque pensa que nós, aqui, num congresso como este, só defendemos a ideologia do contribuinte. Para nós, tudo é inconstitucional, pode a Emenda 3 trazer em seu texto a substituição tributária que vamos dizer que não vale. Ela é inconstitucional porque permite a cobrança do imposto com uma base imponível estimada numa operação cujo fato gerador ainda não ocorreu. Mas foi a Constituição que autorizou isso e ainda assim não pode?

ICMS na constituição

Então, os senhores vejam que conceitos fundamentais do ICMS ainda são nebulosos e controvertidos, apesar de o imposto ter sido implantado entre nós em 1967. Questões outras estão à espera de decisões do Poder Judiciário, como a da importação de automóveis por pessoas físicas, se há ou não direito ao crédito do ICMS na aquisição de bens de capitas, se o método de cálculo da alíquota do imposto, em que o seu montante integra a própria base imponível, não fere o princípio da não-cumulatividade e, pois, o imposto deveria ser calculado "por fora" (como é no IPI) etc. De qualquer modo são questões que até hoje infirmam a cobrança do imposto.

Quase todos os impostos têm apenas uma frase na Constituição. O ICMS tem um regulamento inteiro e ainda assim é o que apresenta maiores problemas jurídicos e econômicos. Veja-se, "verbi gratia", a discussão sobre se o imposto deve ser cobrado ou pertencer ao Estado de origem ou ao Estado de destino.

Essa é uma discussão muito atual e hoje ela se apresenta até na Comunidade Econômica Européia, em que o imposto pertence ao país de destino. No Brasil, nós criamos a regra de que o imposto é do Estado de origem, com exceção dos combustíveis e energia elétrica, em que a exação é do Estado de destino. Esses dois únicos produtos mostram como poderia se comportar o ICMS se fora adotada a teoria do destino ou se, pelo menos, fora permitida a cobrança no Estado do destino. É evidente que daí teríamos de pensar numa outra técnica, porque os senhores sabem, aqueles que lidam com o imposto, que nessa matéria de combustíveis, da imunidade do ICMS nas operações interestaduais, ninguém paga nada, em especial nas operações com consumidor final. E a "ratio" dessa imunidade nunca foi a de exonerar o consumidor só porque se situa num outro lado da fronteira. Não. O melhor seria a supressão da Constituição desse casuísmo, pois penso que nós resolvemos satisfatoriamente essa questão, com a divisão da arrecadação entre o Estado de origem e o Estado de destino, usando o sistema de alíquotas diferenciadas entre as operações internas e interestaduais.

Incentivos

Outra matéria que foi tratada aqui diz respeito aos incentivos fiscais. Isso parece não ter solução a nível administrativo dos Estados, embora o Conselho de Política Fazendária — o Confaz — tenha sido criado para precisamente evitar a denominada "guerra fiscal" entre Estados. O Confaz, sabem os senhores, é um órgão que reúne o Ministro da Fazenda e os Secretários de Fazenda dos Estado e Distrito Federal e que cuida de isenções e de benefícios fiscais de um modo geral. Em rigor de verdade, é um órgão que cada vez que se junta dá prejuízo enorme aos Estados, porque a sua especialidade é a de reduzir a carga tributária do imposto, o que, aliás, não é de todo ruim. Mas muitos têm atribuído a esse organismo um caráter ditatorial, um caráter discricionário. Eu só lembro que, inobstante ele tenha sido criado durante o período arbitrário, na ditadura militar, ele foi copiado de mecanismo similar da Comunidade Européia. O Professor que me antecedeu ressaltou a feição nacional do ICMS. Nós damos uma isenção em São Paulo, quebramos uma indústria em Belém do Pará. Então é um imposto que há de ter um gerenciamento nacional e este se dá por intermédio do Confaz. Todavia, a liberdade que a Constituição conferiu aos Estados de legislarem sobre suas alíquotas enfraqueceu um pouco o poder de tutela daquele órgão nacional, agravado pelo flagrante desrespeito que a maioria dos Estados tem por sua decisões. Não se está afirmando aqui que as deliberações do Confaz não teriam que ser ratificadas pelas Assembléias Legislativas. Não. O que se quer registrar é a importância da existência de um órgão que tenha o gerenciamento completo de um imposto que, embora federativo, é de índole nacional. Mas há que se averbar que toda vez que o Supremo Tribunal Federal foi acionado para restaurar o respeito pelos princípios de uniformidade de que o imposto é constitucionalmente ornado (regulado pela Lei Complementar n. 24, de 1975), ele cumpriu sua missão e fulminou a regra estadual que originara o desvio. Mas nem sempre o Supremo é acionado. O que acontece é que há um elo de solidariedade entre os Estados e fica muito difícil você investir contra incentivos dados pelo Piauí, pela Paraíba, pois nós estaríamos nos prevalecendo do poder econômico da região. Questão, de qualquer modo, que vai ter de ser considerada.

Outro assunto sério é a incidência do ICMS na agricultura. O ICMS não foi um imposto inventado para a agricultura, a não ser que os nossos agricultores tivessem a organização contábil e fiscal que têm os comerciantes e industriais. O ICMS é imposto que exige organização. No Paraná nós temos 400 mil produtores e no total de inscritos no cadastro fiscal cerca de 150 mil empresas. É impossível você lidar com 400 mil. Eu ouvi aqui ontem uma referência de que é preciso melhorar o controle fazendário. É muito fácil dizer, o difícil é montar uma estrutura que seja apta para fiscalizar um tributo multifásico, que vai desde a agricultura até o consumidor final. Aí você teria de possuir uma equipe com 400 mil fiscais. O Estado do Paraná tem 700...

Créditos de ICMS

Na seara dos bens de capital os Estados têm legislação restritiva da utilização dos créditos, que me parece não estar de conformidade com a Constituição nem com os princípios maiores do imposto. Por interpretação pessoal minha, eu estou reconhecendo crédito do ICMS pela aquisição de bens de capital no Estado do Paraná. Isso consta de sua recente legislação. No Paraná, qualquer cidadão que compra ou importa uma máquina, ou ele se credita ou fica isento do imposto. Eu acompanhei essa evolução na França e penso não ser preciso uma revisão constitucional para desonerar os bens de capital da percussão do ICMS.

Outra questão é a do conceito de semi-elaborado. Aí entendo ser a questão, nos termos em que está colocada, insolúvel. A solução é eliminarmos essa figura do quadro do imposto, trazida que foi pela Constituição de 1988.

Finalmente, não vou falar de cesta básica e de seletividade porque não dá tempo. Só quero deixar expresso e lamentar que o novo Estatuto da Ordem dos Advogados tenha proibido a participação de advogados nos Conselhos de Contribuintes. Estes órgãos, que muitos serviços vêm prestando ao Poder Público na área tributária, ficam evidentemente enfraquecidos sem a participação de advogados especialistas.

Finalmente, para concluir, se me perguntassem se o ICMS é um imposto desejável, eu diria que não. Embora toda a riqueza de debates que ele sugere eu hoje preferia que os Estados tivessem um imposto incumulativo, mas à imagem e semelhança do IPI, um imposto em que tudo pudesse ser cobrado na indústria. Eu diria — e o Professor Alcides Jorge Costa concorda comigo — que é muito difícil administrar e cobrar um imposto multifásico, que atinge todas as etapas da circulação das mercadorias. E a cobrança do imposto somente na operação final, como postulam algumas entidades de classe, me parece fora de cogitação, pelo menos na atual realidade brasileira. É que a sonegação no varejo é total e de dificílimo, se não impossível, controle. Não há ninguém hoje neste país que pague o imposto a nível de varejo corretamente. A nossa cultura fiscal haveria de ser mudada radicalmente para que um imposto nas vendas finais pudesse ser instituído.

Muito Obrigado. (Palmas)

PROFª MISABEL DERZI — Professor José Eduardo Soares de Melo.

PROF. JOSÉ EDUARDO SOARES DE MELO — Eu também queria dizer que para mim é uma honra e satisfação estar aqui neste congresso mais uma vez, diante dessa platéia atenciosa e seleta, e uma Mesa também tão ilustre. Quero registrar também o seguinte, que ficar para falar em quarto ou quinto lugar é muito agradável, porque nós vamos aprendendo através de todos os que nos precederam, que vão nos ensinando muita coisa; mas também é uma frustração, porque tudo o que se preparou já se vai esvaindo. Então, é muito difícil. Ainda bem que vou falar antes do Prof. Roque e do Prof. Alcides, porque senão não restaria mais nada a falar a não ser dizer "Meu nome é Enéas". (Risos)

Antes de começar quero protestar com a Profa. Misabel, que só deu 10 minutos, e todos nós temos na vida 15 minutos de oportunidade para dizer o que pensamos.

H. I. do ICMS

O primeiro tema é o complemento do que o Prof. Heron Arzua falou, a questão tão debatida mas tão importante da incidência do ICMS nos conceitos de mercadoria, de circulação jurídica e de operações. Não vou repetir tudo o que nós já sabemos, e foi ensinado pelos Profs. Ataliba, Alcides e Roque, enfim, todos aqui desta Mesa. Mas lembrar o seguinte: que recentemente na Secretaria da Fazenda, o Tribunal de Impostos e Taxas do qual eu tenho a honra de participar, decidiu — de modo unânime — que a incorporação, conferência e integralização de bens ao capital de outra empresa, mesmo ocorrendo a circulação física, não seria hipótese de incidência de ICMS. Duas empresas organizaram uma terceira, não no mesmo local, mas sim remeteram para essa terceira, ou para esse local que passaria a ser a nova empresa, os seus bens; alocaram bens para a integralização do capital. Essas duas empresas foram autuadas por valores vultosos, sob a assertiva de que estaria se tratando de mercadorias, e aí vai por diante. Então, o Tribunal decidiu no sentido de que nós temos que distinguir o que é mercadoria e o que não é mercadoria; ou seja, são atos que não são praticados com a característica de um negócio jurídico-mercantil, e poderemos lembrar sempre a todo momento, a lição do Prof. Rubens Gomes de Souza, que não há se confundir o contrato de compra e venda, em que o objeto, a coisa, o preço são notas características, com o contrato de sociedade em que se está diante de uma criação de uma entidade.

"Circulação física"

Também nessa decisão foi levantada a questão das meras circulações físicas, porque a própria Secretaria da Fazenda de São Paulo, tem entendido que, quando há conferência de bens de capital ou mesmo quando exista a cisão de uma empresa entre seus estabelecimentos, desde que não ocorra circulação física não se poderia tributar pelo ICMS. Em ocorrendo essa saída física haveria ação fiscal. Mas olhando a própria legislação do ICMS, deparamos com situações que criam exceções. Primeiro, nos casos de perecimento, de furto, de incêndio, nós não podemos imaginar que se emita uma nota fiscal destinada a um ladrão que é desconhecido; ou então, no caso de um incêndio em que as mercadorias perecem dentro do estabelecimento, o destinatário seria desconhecido. A própria Secretaria da Fazenda de São Paulo tem entendido que, quando ocorrem as transferências de um estabelecimento inteiro para um outro local, não se exige ICMS.

Apenas para complementar esse raciocínio, também já temos decisões aqui em São Paulo no sentido de que transferências de bens de ativo e, em certos casos até de mercadorias ou estoque, para outros Estados não se subsumem à hipótese de incidência do ICMS. Essa é uma colocação que faço a vocês, e, não obstante o ICMS já tenha mais de 25 anos, e tenha comemorado suas bodas de prata, continuamos, aqui, pensando e repensando. E verifico com grande satisfação, que a própria Fazenda do Estado de São Paulo, pela composição majoritária do TIT, tem de certa forma procurando adaptar as normas a uma realidade jurídica de âmbito constitucional.

Transportes

Como tenho, ainda, uns oito minutos vou tratar de outro tema, que não foi abordado ainda aqui na Mesa, ou seja a questão dos "transportes". Temos discutido também na Fazenda algumas questões, e uma que me pareceu de superior importância envolve a natureza de dois negócios jurídicos distintos: o contrato de compra e venda, o contrato de transporte e a questão da substituição tributária.

A Secretaria da Fazenda examinou ações fiscais decorrentes de venda de mercadorias, em que havia o transporte por um transportador autônomo, destinado a um outro Estado, e essa venda se praticava sob a cláusula FOB. Então, aplicando certos diplomas jurídicos entendeu que poderia ser também considerada a substituição tributária.

Aqui me lembro uma palestra, que tive a felicidade de ouvir, do Prof. Alcides Jorge Costa, que disse que hoje em dia existe a substituição tributária para frente, para trás, para cima e para o alto, para leste, oeste ... Enfim, criou-se essa substituição tributária. E, no caso, se tratava de um contrato de compra e venda: comerciante (vendedor) de São Paulo e um comprador de outro Estado, por exemplo Rio de Janeiro, bem como, de transportador autônomo, que não tinha inscrição em São Paulo e não recolhia o ICMS. As ações fiscais foram intentadas contra o comerciante.

Duas posições foram evidenciadas no TIT: uma pró-contribuinte e outra pró-fisco, porque argumentos sempre temos para os dois lados. Do contribuinte se dizia o seguinte: temos que distinguir dois contratos, o contrato de compra e venda, que é aquele que foi celebrado e realizado pelo vendedor de São Paulo e comprador do Rio de Janeiro; e o contrato de transporte, celebrado com a cláusula FOB, que teria se exaurido no momento da entrega da mercadoria para ser transportada para outro Estado.

Com apoio nas lições dos tratadistas de Direito Comercial verificou-se que ocorria uma tradição simbólica e não haveria mais nada que se exigir daquele vendedor, porque então estaríamos diante de outro negócio, que é o negócio do transporte, esse então, realizado entre o transportador e o tomador dos serviços.

A Fazenda argumentava, no sentido de que o vendedor tinha uma participação, ainda que física, porque entregava a mercadoria. E argumentava-se também que na substituição tributária, (que é o liame, o vínculo, tudo aquilo que Rubens Gomes de Souza já havia ensinado), tínhamos que considerar este vínculo, como bem, não só em termos jurídicos, mas em termos fáticos. Evidentemente, poderia também se exigir o imposto de alguém que apenas tivesse carregado e colocado a mercadoria no caminhão, independente de ser o comerciante.

Enfim, a tese vencedora no TIT foi aquela que excluía a responsabilidade do vendedor, porque, tendo vendido sob a cláusula FOB, já não havia mais nenhuma responsabilidade, e operava-se a tradição simbólica, sendo estranho ao negócio jurídico do transporte. E me pareceu como principal argumento a aplicação do princípio da capacidade contributiva prevista no art. 146 da C.F., que também inspira e fundamenta a instituição dos impostos.

Compartilho dessa opinião e penso que sempre devemos aplicar os institutos de direito privado. Obrigado. (Palmas)

PROF.ª MISABEL DERZI — Professor Roque Carrazza.

PROF. ROQUE CARRAZZA — Professora Misabel Derzi. Demais integrantes da Mesa de Debates. Colegas congressistas. O tema deste painel é "Tributos Estaduais". Diante da vastidão do tema, confesso que partilhei daquela perplexidez do burro de Buridan. Para quem não se recorda, o burro de Buridan é personagem de uma fábula. Havia um burro que estava faminto e sedento e, por incrível que pareça, tinha o mesmo grau de fome e de sede. Uma mão caridosa aproximou do pobre animal água e feno. Mas ele estava, repito, com a mesma dose de fome e de sede; titubeou tanto, que acabou morrendo de fome e de sede. Então, não querendo ser uma vítima da Ciência, uma vítima do Direito Tributário, resolvi fazer logo uma opção, e para isso pensei assim: qual é o tributo estadual economicamente mais importante? É o ICMS. De fato, as quantias em jogo na tributação por via de ICMS são, sem dúvida, muito mais expressivas do que as quantias em jogo na tributação por via do imposto sobre doações, de IPVA, de taxas estaduais e assim por diante. A arrecadação estadual vem basicamente do ICMS.

Em razão disso, peço venia para levantar uma questão atual de ICMS, que, inclusive, entra no campo do Direito Tributário Penal, que é um dos temas centrais desse VIII Congresso Brasileiro de Direito Tributário.

Crime e ICMS

A questão é a seguinte: comete crime contra a ordem econômica o comerciante que, tendo repassado a carga econômica do ICMS ao consumidor final, deixa de recolher, a tempo e a hora, o tributo? Vejamos.

Ninguém ignora que o comerciante ao vender a mercadoria, repassa, porque a lei a tanto o autoriza, a carga econômica do ICMS, ao consumidor final. O consumidor final vê embutido no preço, o "quantum" do ICMS pago. Depois, periodicamente (em geral uma vez por mês), o comerciante levanta todas as operações mercantis que realizou e recolhe o tributo devido. Muito bem, se ele deixa de recolher o tributo, ele comete crime contra a ordem tributária?

Só para nos situarmos no assunto, os crimes contra a ordem tributária vêm capitulados na Lei 8.137, de 1990, que em seu art. 1º, estabelece: "Constitui crime contra a ordem tributária suprimir ou reduzir tributo ou contribuição social e qualquer acessório, mediante as seguintes condutas: omitir informação ou prestar declaração falsa às autoridades fazendárias, fraudar a fiscalização tributária, inserir elementos inexatos, ou omitindo operação de qualquer natureza em documento ou livro exigido pela lei fiscal, falsificar ou alterar nota fiscal ou documento equivalente relativo a venda de mercadoria ou prestação de serviço efetivamente realizada. Pena: reclusão de dois a cinco anos e multa." Estabelece o art. 2º dessa mesma lei: "Constitui crime da mesma natureza ... inciso II: deixar de recolher, no prazo legal, valor de tributo ou de contribuição social, descontado ou cobrado, na qualidade de sujeito passivo de obrigação e que deveria recolher aos cofres públicos. Pena: detenção de 6 meses a 2 anos e multa."

Muito bem, torno a indagar: comete esse crime contra a ordem tributária o comerciante que deixa de recolher, nos prazos legais, o ICMS, cuja carga econômica foi suportada pelo consumidor final da mercadoria? Em outras palavras, ele está deixando de recolher, no prazo legal, valor de tributo cobrado de terceiro (o consumidor final)?

Eu entendo que não.

Contribuinte de fato

A Teoria Geral do Direito Tributário nos ensina que o sujeito passivo do tributo é o realizador do fato imponível (do fato gerador em concreto). É aquela pessoa que realiza o fato hipoteticamente descrito na lei e por ela considerado apto a desencadear obrigações tributárias. Normalmente é o sujeito passivo do tributo que suporta a carga econômica do tributo, e assim deve ser. Se foi ele que revelou capacidade econômica, se foi ele que fez nascer a obrigação tributária, nada mais natural que seu patrimônio suporte as conseqüências da exação. Algumas vezes, no entanto, a lei permite que tal carga tributária seja suportada por terceira pessoa: o consumidor final. O consumidor final não é sujeito passivo do tributo; o consumidor final é, quando muito, *contribuinte de fato*; nunca *contribuinte de direito*.

Essa linha de raciocínio, que eu procurei abreviar em função do adiantado da hora, aplica-se em gênero, número e grau ao ICMS. Quem é o contribuinte do ICMS? É o adquirente da mercadoria? Não! É o comerciante, o industrial ou o produtor que praticou a operação mercantil. O consumidor final é apenas o contribuinte de fato, é apenas quem suporta os ônus econômicos do tributo.

Mas se não houver o recolhimento do ICMS, quem vai ser executado, quem vai ser sancionado? É o comerciante que praticou a operação mercantil. Se o comerciante se esquecer, apesar de ter autorização legal para tanto, de repassar a carga econômica do tributo ao consumidor final, poderá eximir-se do recolhimento do tributo? É evidente que não. Poderá "a posteriori" repassar a carga econômica ao consumidor final? Também não.

Diante do exposto, apesar de algumas opiniões fazendárias em sentido contrário, tenho para mim que o comerciante que não recolhe o ICMS, cuja carga econômica foi suportada pelo consumidor final, não está cometendo crime algum contra a ordem tributária, ele está apenas numa situação de inadimplemento. Será executado, terá que pagar o tributo, terá que pagar a multa, mas não terá que suportar, por falta de tipicidade, o processo criminal. Sem tipicidade não há crime, como, aliás, também não há tributo, conforme a lição escorreita da Profa. Misabel Derzi.

Depositário infiel

Aliás, o caso está se tornando mais caótico ainda, na medida em que a Lei 8.866, de 11 de abril 1994, considera *depositário infiel*, assujeitanto-o à prisão civil por dívida, quem deixa de recolher ao Tesouro, tributo arrecadado de terceiro. O problema, porém nem se coloca em relação ao comerciante que deixa de recolher o ICMS, na medida em que ele não está deixando de recolher ao Tesouro, tributo arrecadado de terceiro.

Mas há ainda um dado que precisa ser trazido à colação: essa lei é inconstitucional. A Constituição, com todas as letras, estabelece que não haverá prisão civil por dívida, salvo a hipóteses de pessoa que deixa de adimplir, podendo fazê-lo, prestação alimentícia ou do depositário infiel. O Direito, aqui, o que é que fez, através da Lei 8.866/94? Equiparou ao depositário infiel, quem deixa de recolher ao Tesouro, tributo arrecadado de terceiro. Penso que essa equiparação não podia se realizar.

Nós sabemos que o Direito cria as suas próprias realidades, como aliás bem frisou o Prof. Paulo de Barros Carvalho na sessão anterior. De fato, só através das presunções e das ficções é que o Direito, muitas vezes, consegue disciplinar os comportamentos humanos na vida social. As presunções e ficções operam nos quadrantes do Direito, como as hipóteses nos quadrantes da Matemática. Mas há um limite para isso, e o limite está na Constituição. Não se pode através de presunções e de ficções atropelar direitos constitucionais, inclusive direitos constitucionais tributários.

Já imaginaram? Amanhã, embora a Constituição estabeleça que a casa é inviolável, uma lei vem a dispor: não se considera casa, o apartamento que dista até um quilômetro de uma repartição policial. "Mutatis mutandis", foi o que aconteceu aqui, quando considerou depositário infiel quem deixa de encaminhar ao Tesouro tributo arrecadado de terceiro.

Poderia ter feito isso? Não. Quem é depositário infiel? Segundo a unanimidade dos autores, é aquele que não restitui a coisa, quando solicitada legalmente ou quem aliena o bem que, por determinação judicial ou legal, tinha que conservar consigo. O depositário infiel, em síntese, é aquele que não restitui a coisa que lhe foi entregue em depósito, ao ser reclamada pelo depositante.

Ora, a Lei 8.866/94 equiparou ao depositário infiel justamente quem faz o contrário, isto é, retém para si tributo que arrecadou de terceiro e que tenha o dever de encaminhar ao Tesouro. É, pois, inconstitucional.

Então, sem embargo das considerações feitas no início, tenho para mim que a própria Lei 8.866/94 esbarra no texto constitucional e, por isso, deve ser posta em olvívio.

Eu teria outras questões a levantar; eventualmente nos debates poderão ser trazidas à baila. Por enquanto, muito obrigado a todos. (Palmas)

PROFª MISABEL DERZI — Caros congressistas, esta Mesa primou pela excelência das exposições aqui feitas. Para encerrá-la, então, nós convidamos o nosso caro mestre da USP, Prof. Alcides Jorge Costa.

PROFª ALCIDES JORGE COSTA — Senhores membros da Mesa, senhoras e senhores, vou limitar-me a algumas considerações de ordem geral, sem descer a muitos pormenores, e vou tentar ser muito rápido.

Problemas do ICMS

O Prof. Heron Arzua com a sua experiência de grande conhecedor do assunto e de Secretário Estadual da Fazenda, expôs o problema das dificuldades da arrecadação de um imposto multifásico desta natureza, e propôs que, de uma forma ou de outra, fosse substituído. O problema é o seguinte: o ICMS substitui o velho IVC, que tinha efeitos econômicos desastrosos; se o IVC tivesse sobrevivido, a nossa economia hoje certamente teria dificuldades muitíssimo maiores. Além do que, para substituir o ICMS teríamos de substituir uma complicação por outra; não há imposto simples.

Todos aqueles que propõem um imposto novo, isso é clássico, pregam que se trata de um imposto de extrema simplicidade que vai evitar a sonegação. No fim, nada disto acontece, nenhum é simples e nenhum, totalmente, evita a sonegação. Agora a última novidade é o imposto único, que seria uma espécie daqueles remédios que se vendem no Viaduto do Chá, e que curam câncer, espinhela caída, unha encravada, tudo! Não vai funcionar, é claro. Então não adianta muito tentar substituir.

O que eu acho que se deve fazer com este imposto, que tem aspectos econômicos muito favoráveis, é tentar substituir os dois partidos que aqui se apresentaram — o dos contribuintes e o dos procuradores — pelo do bom-senso. Isto feito, talvez se chegue a uma solução. O ICMS ficou constitucionalmente complicado, e posso assegurar-lhes que assim foi em grande parte por causa do lobby dos Estados, das secretarias de Fazenda dos Estados. Queriam pôr mais coisas, mais coisas, na Constituição, como se aquilo fosse a salvação de todos os Estados; o resultado é este, temos uma Constituição antinômica, com uma emenda recente, a da substituição, que melhor estaria num compêndio de humor negro do que numa Constituição. Esta emenda é um despautério! Nem vou entrar em maiores considerações.

Foi levantado também o problema de que este é um imposto antes para ser cobrado em caráter nacional, e que no

Brasil é atribuído aos Estados, e que seria um imposto incompatível com a Federação. A Alemanha também é uma federação e também cobra esse imposto. E talvez a proposta fosse, no caso, copiar o sistema alemão para a próxima reforma constitucional: os Estados cobram mas a lei é federal. Eu até me atreveria a propor exatamente isso. E não estamos longe disto, porque a lei complementar pode fazer tanta coisa, que só não temos uma lei nacional, ainda, de observância obrigatória por todos os Estados, quase só porque o Congresso Nacional não elaborou esta lei.

Quero referir-me agora a algumas dificuldades mais tópicas e que vão mostrar certos problemas.

Núcleo do ICMS

O primeiro problema, é o do fato gerador, que deu alguma discussão no começo, sobre se era só a saída etc. Acabou prevalecendo a tese defendida, primeiro, pelo Professor José Nabantino Ramos, de que só existe operação quando existe transmissão de propriedade. Eu, agora, digo de público, que sempre me pareceu que esta teoria era inconsistente com a realidade. Por que? É muito boa , em termos europeus, porque lá o imposto é pago por empresa. A empresa verifica o seu faturamento geral. Aqui, pelo contrário, desde o início se copiou o que estava no IPI. Transformamos cada estabelecimento numa unidade e é claro que chegamos a becos-sem-saída como os que foram mencionados. Houve ainda excesso de influências do Direito Civilista no Direito Tributário. Sem um exame mais aprofundado da própria legislação concluiu-se: "não, onde não há transferência de propriedade, não há fato gerador".

Chegamos a becos-sem-saída como o das transferências interestaduais, que o Prof. Nabantino Ramos já dizia que era uma exceção à regra geral. Não é nada de exceção. O problema é outro.

Transferências

Chegamos a um fato curioso: quando alguém transfere matéria-prima ou produto acabado para ser revendido na sua loja etc., nem discute. Paga o imposto, porque se não paga, não há crédito no destino, dada essa separação entre os estabelecimentos. Mas quando se vai transferir seu bem do ativo fixo, aí começa a discussão.

Na verdade, o que é preciso fazer é repensar tudo isto.

Já fiz uma proposta — nem vou deter-me nela — de conceituação, que era baseada naquilo que existe, era uma teorização daquilo que existe e não a criação de uma teoria para ser arrochada de qualquer forma na realidade.

O que proponho é repensar a teoria do fato gerador — ou hipótese de incidência — do ICMS, tendo em vista a realidade legislativa.

O segundo ponto diz respeito ao que se pode creditar.

A nossa Constituição é diferente de todas as outras, que não dizem que o imposto deve ser necessariamente não cumulativo; simplesmente a não-cumulatividade é praticada por extrema conveniência econômica.

Não-cumulatividade

A nossa Constituição diz que o ICMS é não-cumulativo, mas ultimamente tem sido feito o impossível para torná-lo cumulativo, através de práticas as mais variadas, derivadas, inclusive, de antinomia que existe na Constituição.

Este imposto não-cumulativo é incompatível com o imposto tipo produto bruto que é cobrado no Brasil. Ele só não é incompatível com o imposto tipo renda ou imposto tipo consumo. E nós temos um imposto tipo produto bruto.

De modo que há, realmente, uma incompatibilidade entre as duas coisas e se deveria dar o crédito a tudo que entra no estabelecimento. Entre nós, os fiscos estaduais acham, por exemplo, ser válido o crédito referente à energia elétrica consumida na fábrica, mas não à consumida no escritório da fábrica.

Ou não entenderam nada ou não quiseram entender a natureza deste imposto — e aí começa a confusão.

Um outro problema é o da dificuldade de cobrar o ICMS no varejo. Sempre achei que não tinha muito propósito uma proposta que andou sendo feita de substituir o ICMS por outro imposto cobrado só no varejo. Aí ninguém arrecadava mais nada. Mas a Constituição não obriga a que o imposto seja multifásico e vá até o varejo. Simplesmente pode ser suprimida a incidência no varejo. O essencial é que o ICMS seja não cumulativo.

Substituição

Chego à substituição. Os Estados, sentindo dificuldade na cobrança, tentaram ou tentam transformar este imposto em imposto monofásico. Esta é que é a pura verdade. Não vou deter-me no problema jurídico da substituição, porque já cansei um pouco de falar no assunto e porque, "substituição" (entre aspas) é um pouco mais do campo anedótico, que do campo jurídico mesmo.

O que aconteceu?

Os Estados, quiseram tornar esse imposto monofásico, para cobrá-lo com mais facilidade, onde é mais fácil, ou seja, no produtor — por exemplo, as montadoras; mas, ao mesmo tempo, não querendo perder arrecadação, inventaram a tal de substituição, que não é nada mais, nada menos que o seguinte: o imposto é monofásico e a base de cálculo é arbitrada. Quer dizer, cobra-se o imposto do fabricante e diz: a sua base de cálculo é o seu preço mais a margem de lucro, que eu estimo, até a mercadoria chegar ao consumidor.

Ora, isso não tem o menor sentido numa economia de mercado como a que temos agora. Creio inteiramente inútil invocar o exemplo do Código Tributário Nacional — não nego que estava lá o problema dos cigarros. Estava lá, mas não significa que a cobrança, tal como feita não fosse também inatacável; ao que me lembre, Rubens Gomes de Souza jamais defendeu esse tipo de substituição que existe agora. Lembro também que o cigarro já vinha com preço de venda no varejo marcado, coisa que não existe mais. A economia mudou e deixou de ser tão controlada. O sistema atual de substituição é de um imposto monofásico com base de cálculo arbitrada. E o arbitramento é perigoso. Quando o Secretário precisa de mais dinheiro, faz Portaria aumentando as margens de lucro e aí chegamos à conclusão que o coitado do Tiradentes morreu de graça.

(Risos)

Isso, é claro, precisa ser corrigido. Esta substituição constitui-se em defeito muito grave. Mas para corrigir o incorrigível fizeram uma incorreção maior, que foi a Emenda Constitucional, n. 3.

Exportações

Outro problema é o das exportações. Neste particular, Brasil tem ainda muitos traços coloniais, como veremos. Quando Thomé de Souza chegou ao Brasil, trouxe dois regimentos do Rei de Portugal, um do próprio Governador Geral e o outro da Tesouraria; nele se instituía a décima, sobre a importação e a exportação. Durante todo o período colônial, todo o Império, no período republicano, o imposto de exportaçãp foi importante. Nas sucessivas Constituintes discutia-se com muito afinco de quem ia ser o imposto de importação — e foi dos Estados até a Emenda 18, de 1965, que o aboliu. Mas não o aboliu por inteiro. Ele é renitente e, embora traço colonial, volta sempre, tendo ressurgido sob a forma de tributação dos semi-elaborados, bem como sob a forma de estorno de crédito dos produtos industrializados exportados. Quer dizer, economicamente este é um imposto de exportação, reminiscência viva do Brasil Colônia.

Problemas

Só quero citar mais dois fatos: antes da Independência, já um tesoureiro-mór da Alfândega do Rio mandava uma carta ao Príncipe Regente, pedindo que se extinguisse o imposto de exportação, porque era contrário aos princípios econômicos e não era praticado por nenhuma nação, das que ele chamava de civilizadas. A conclusão, vocês tirem.

Embora disfarçadamente, os Estados ainda cobram este imposto.

Nos Estados Unidos, quando foi feita a Constituição, há mais de 200 anos, já nela se escreveu que os Estados não podiam cobrar imposto de importação ou de exportação. Aquele país, ao que me consta, não faliu. Pelo contrário. E esta proibição foi decidida no tempo em que o país só exportava produtos primários.

Em compensação, nos Estados Unidos, desde o começo, o imposto sobre a propriedade foi extremamente importante como meio de arrecadação.

No Brasil nunca se cobrou o imposto territorial rural, durante a Colônia; não se cobrou durante o Império; apareceu na Constituição de 1891, mas praticamente não foi cobrado e praticamente não é cobrado até hoje.

Liguem os dois fatos: como havia necessidade de arrecadação, a não cobrança sobre a propriedade levava à cobrança de um imposto, de exportação. Só país colonial depende de imposto de exportação. E até hoje, quase não se cobra imposto sobre a propriedade rural no Brasil. A arrecadação do ITR é ridícula. Em 1990, em termos de percentagem do PIB, indo até a terceira casa decimal, sua arrecadação deu 0,003%. Enquanto isso, o Imposto de Renda, sobre o trabalho, rendeu aos cofres públicos, no mesmo período, 1,448% do PIB.

Estes são os males que enfrentamos.

E quando se fala em estorno de crédito, e quando o Supremo dá uma liminar mantendo o estorno de crédito, conforme requerido por Minas, que depois também não cumpriu a liminar — requereu e não cumpriu, senão as exportações paravam — continua em vigor o regimento real que Thomé de Sousa trouxe para o Brasil.

Confaz

Para terminar, só queria dizer uma palavra sobre o Confaz, que hoje eu reputo pouco menos que uma desgraça nacional. (Risos) Explico porquê: na verdade, o Confaz nunca foi criado. É de geração espontânea. (Risos) Não há nenhuma lei que o tenha criado. A Constituição anterior e a Lei Complementar 24/75 sempre diziam que os Estados se reuniriam para celebrar convênios. A estas reuniões resolveram dar o nome de conselho, o Conselho Nacional de Política Fazendária, (Confaz), que tem sido presidido pelo Ministério da Fazenda, o que não deixa de ser estranho; na hora da Constituinte todo mundo prega a autonomia dos Estados e depois estes pedem ao Ministro que presida este Conselho. (Risos)

O que aconteceu? Está escrito na Constituição que é para tratar de incentivos, benefícios e isenções. E na verdade, o Confaz trata de incentivos, benefícios e isenções, mas ultimamente tem passado a maior parte do tempo tratando de malefícios. (Risos) Não vou deter-me aqui na análise jurídica disso, mas obviamente o Confaz tem extrapolado suas atribuições. Cria substituições, cria outras coisas, e, com base em famosos convênios, que muitas vezes nem os Estados signatários obedecem, faz-se o regulamento. Quer dizer, as Assembléias Legislativas estaduais foram postas de parte, talvez, porque tenham estado muito ocupadas dando nome a escolas, pontes e estradas.

Estes são os verdadeiros problemas que temos de enfrentar, em matéria de ICMS e temos de resolver estes problemas. Não existe imposto simples e quando a economia vai ficando mais complexa, os impostos vão também ficando mais complexos. Qualquer imposto.

Quem tem oportunidade de percorrer a legislação norte-americana do Imposto de Renda até esfria. É bastante complexa, porque a economia é muito complexa. Há vinte anos, quando não existia esse mercado financeiro bastante sofisticado que existe hoje, o imposto de renda sobre operações financeiras era extremamente simples. Hoje é complexo. O que precisa existir é um imposto que seja efetivamente realizável no Brasil, de acordo com as condições nacionais.

A guerra fiscal, que não é evitada, talvez nem dependa de um Confaz que, repito, nunca foi criado; foi um regimento interno que o criou e, por estranho que pareça, foi aparecer depois na Lei Complementar 65, que cuidou dos famosos semi-elaborados e deu uma delegação — isso é surrealista — inconstitucional para um órgão que não existe. (Risos)

Isto é Brasil.

São estas as considerações que queria fazer. Não vou mais além, porque já me estiquei muito. Desculpem-me por não ter entrado em maiores considerações de ordem jurídica, que até achei desnecessárias, porque já tinha sido precedido por outros conferencistas, que as tinham enfrentado com grande brilho.

Muito obrigado. (Palmas)

PROFª MISABEL DERZI — Temos mais de quinze questões formuladas à Mesa. Infelizmente, considerando o adiantado da hora, não será possível responder a essas questões. Mas a Mesa sugere aos interessados que se dirijam pessoalmente aos professores que compõem a Mesa para discutir os temas de sua predileção. Os Professores gentilmente se colocam à sua disposição.

Vamos, então, encerrando esta Mesa de Debates, agradecendo a participação dos Professores, que trouxeram essa valiosíssima contribuição a este VIII Congresso.

Passaremos a um intervalo de cinco minutos, no máximo, para a conferência de encerramento. (Palmas)

CONFERÊNCIA MAGNA

VEDAÇÃO AO EFEITO DE CONFISCO

AIRES BARRETO

PROFª MISABEL DERZI — Meus amigos, estamos aqui presentes para esta sessão de encerramento de mais uma jornada deste Congresso.

A Mesa está composta pelo Professor Aires Barreto, conferencista desta tarde; Professor Paulo de Barros Carvalho; Professor Roque Antônio Carrazza; Professor Osiris de Azevedo Lopes Filho; Professor Souto Maior Borges; Professor Fernando Albino de Oliveira; Professora Elizabeth Nazar; Professor Estevão Horvath; Professora Lúcia Valle Figueiredo; Professor Marçal Justen Filho; Professor Heron Arzua; Dr. Antônio Prudente.

Temos a satisfação de convidar o Professor Paulo de Barros Carvalho para saudar o conferencista.

(*sem correção do autor*)

PROF. PAULO DE BARROS CARVALHO — Em situações como esta o apresentador costuma dizer que o conferencista dispensa apresentação e todos certamente pensam, mas não dizem: se dispensa, por que está apresentando, então? (Risos)

No caso não é propriamente uma apresentação. O termo é que é usado excessivamente.

Vamos fazer uma breve reflexão sobre a figura do conferencista. Vamos pensar quem é aquele que nos vai dirigir a palavra e falar, no caso, sobre um tema muito importante, um tema elevado, um valor constitucional, que é a proibição de confisco.

Quero dizer que o Professor Aires Fernandino Barreto, professor da PUC, reúne no seu perfil profissional, no seu perfil de jurista, uma condição muito interessante: o Professor Aires tem uma vasta experiência específica da área tributária, tendo sido, por carreira, como funcionário de carreira, tendo escalado todos os postos, diretor das Rendas Imobiliárias e depois diretor das Rendas Mobiliárias, da Secretaria das Finanças do Município de São Paulo. Isso durante um longo tempo. Depois, passou a advogar e empregando esses conhecimentos, essa prática, na solução e no encaminhamento de questões também especificamente tributárias, realizando aquilo que, aliás, eu cito a cada instante, por me parecer muito importante e muito cabível: fazendo aquela síntese a que alude o Professor Lourival Villanova, quando diz que o jurista é o ponto de intersecção entre a teoria e a prática, entre a ciência e a experiência, dizendo até melhor que Pontes de Miranda, quando salientava a improcedência da dicotomia aristotélica entre teoria e prática. Pontes de Miranda diz, incisivamente: não há diferença entre teoria e prática. Ou se conhece o objeto ou não se conhece o objeto.

Muito bem. Tudo isto reúne o Professor Aires Fernandino Barreto, que entre as suas obras fez editar uma sobre "Base de cálculo, alíquota e princípios constitucionais". Foi um livro que causou um grande impacto, porque deu tratamento de muita profundidade ao estudo principalmente da base de cálculo, criando, inclusive, classificações e divisões que estão sendo aplicadas por outros autores, com uma base teórica sólida. Esse livro se difundiu e continua com grande aceitação.

Autor de vários artigos, o Professor Aires Fernandino Barreto é diretor científico do Instituto de Direito Público e Empresarial — IDEPE — e também diretor da ***Revista de Direito Tributário***.

Além de tudo isso, ele participou do I ao VIII Congresso Brasileiro de Direito Tributário, que estamos realizando.

Com isto, não querendo mais me apropriar do tempo dos senhores, introduzo o Professor Aires Fernandino Barreto. Obrigado. (Palmas)

Confisco

PROF. AIRES BARRETO — Professora Misabel Derzi, Presidenta deste Conclave; Professor Paulo de Barros Carvalho, em nome de quem saúdo a todos os componentes da Mesa, ilustres professores, dos quais sou discípulo; senhoras e senhores.

O Professor Souto Maior Borges, disse, ontem, aqui, que poderia parecer estranho, em Congresso que tem por objeto questões atuais, versar o princípio da isonomia.

Mestre Souto, no entanto, mostrou-nos quão atual é o tema da isonomia. Souto acrescentou não apenas um tijolo —- imagem utilizada pela Professora Misabel Derzi —- mas ergueu, efetivamente, um novo alicerce, uma nova viga mestra para o princípio da isonomia. Em frase lapidar, Mestre Souto disse que a isonomia não está na Constituição, é a Constituição.

O meu tema é atual por outras razões. É que dele não se tem ocupado a doutrina, nem ontem e nem hoje. Eu diria até que, numa posição extremada, os doutrinadores têm fugido do tema: "vedação ao efeito de confisco", como o diabo da cruz.

É em torno desse tema tormentoso, não desbravado ainda pela doutrina, que me atrevo a tecer algumas considerações.

A Constituição da República, no art. 150, inciso VI, proibe à União, aos Estados, ao Distrito Federal e aos Municípios:

"VI — utilizar tributo com efeito de confisco".

Linguagem e direito

Por que a Constituição utiliza a expressão "efeito de confisco"? Porque confisco é medida sancionatória, de caráter sancionatório. Não nos esqueçamos que se designa por confisco a absorção total ou parcial da propriedade privada, sem indenização. Seria equivocado dizer, pois, "é vedado o confisco". O que se proíbe é que, por via da exigência de tributo, se obtenha resultado cujo efeito seja equivalente ao do confisco.

A professora, e juíza federal, Regina Helena Costa também entende que confisco é absorção total ou parcial da propriedade, sem indenização, lembrando que a utilização da expressão "efeito de confisco" decorre da circunstância de que se tributo é instituto que não constitua a sanção de ato ilícito, a Constituição só poderia referir-se a efeito de confisco e não a confisco propriamente dito ("Princípio da Capacidade Contributiva", Malheiros Editores, São Paulo, 1993, p. 75).

Notem que a Constituição utiliza o termo "tributo" e não a sua espécie "imposto" conduzindo o intérprete ao entendimento de que a vedação ao efeito de confisco não é apenas aplicável aos impostos, mas extensível às taxas e às contribuições. Se assim é, ou não, cuidaremos mais adiante.

Retomemos o exame da cláusula "efeito de confisco". Vamos ver que esse conceito integra o grupo dos conceitos indeterminados.

A doutrina classifica os conceitos em determinados e indeterminados; estes últimos congregam os conceitos cuja vaguidade é ampla.

Alf Ross assinala que todas as palavras, que todos os conceitos são vagos, que o seu ponto de referência é indefinido, pois consistem em um foco central e uma área nebulosa, uma área de incerteza.

Garcia de Enterría melhor explica esse fenômeno, quando diz: a estrutura de um conceito indeterminado é identificada por um núcleo, ou zona de certeza, configurada por dados prévios e seguros. Além desse primeiro círculo, outro é identificável, compondo uma zona de incerteza, uma zona intermediária: o halo do conceito, formando uma zona relativamente imprecisa, nebulosa. Finalmente, diz ele, há uma zona de certeza negativa, segura, porque plenamente definida, envolvendo as situações em que o conceito não se aplica.

Formulemos um exemplo: se, numa sala escura, acendermos uma lanterna, projetando seu facho contra a parede, vamos verificar que o seu foco clareará um determinado círculo; que, ao derredor dele, outros se formarão, estes cada vez menos claros até chegar-se ao máximo de penumbra e, finalmente, uma outra porção dessa sala, que permanecerá escura.

São plenamente identificáveis, então, duas zonas de certeza: a zona totalmente iluminada, absolutamente clara e uma zona absolutamente escura. Permeando essas zonas, outra haverá; mas esta terá por timbre a penumbra, a pouca claridade. É a área de incerteza, de vaguidade, tal como ocorre com os conceitos indeterminados.

Juan Ramon Capella diz que algumas vaguidades são irredutíveis e que não há como superá-las, a não ser pela adoção de critérios arbitrários. E exemplifica: quando se diz que um automóvel é azul e é bom, a afirmação de que o automóvel é azul não encerra praticamente nenhuma incerteza. Azul é algo que preenche um standard comum entre as pessoas. Mas já a afirmativa: o automóvel é bom, é um conceito que vem carregado de uma série de imprecisões e de obscuridades.

Deveras, qual é o paradigma de bom? O desempenho do automóvel? A sua velocidade? A sua durabilidade, o conforto, a reunião de todos esses elementos? Qual é o conceito de bom desempenho: a velocidade ou o torque do automóvel? O conforto ou o espaço?

Enfim, qual é o ideal? A propósito, em que consiste o ideal?

Na verdade, quando falamos de um bom automóvel, estamos a referir um conceito, com exaltação própria da nossa observação, conceito esse que nunca será igual para as demais pessoas, porque esse conceito está influenciado por uma série de fatores, vários e variáveis, a maioria dos quais de natureza psicológica e não susceptíveis de serem comparados.

Efeito de confisco é conceito indeterminado; jocosamente, poderíamos dizer ''mais que indeterminado, porque, até agora, nem mesmo a área iluminada foi adequadamente explicada pela doutrina''.

Comecemos com um dos extremos. Lembremo-nos da frase de Marshall: o poder de tributar envolve o poder de destruir. Por essa visão, nenhum tributo seria confiscatório. Bem por isso, não tardou a réplica de Holmes: o poder de tributar exige, como acompanhante inseparável, o dever de conservar. Com isso, retorna-se à posição — acolhida pela nossa Constituição — de que tributo não pode ter efeito de confisco.

O grande e inesquecível Baleeiro adverte: reduzindo os impostos a duas categorias, é posssivel dizer que todos eles incidem sobre o capital e são suportados pela renda, o que nos levaria a concluir que é a desmedida subtração da renda que pode caracterizar o confisco.

Vejamos se assim é. Exame atento demonstrará, de um lado, a Constituição autorizando a tributação (cf., especialente, arts. 145 a 156); e, de outro, a mesma Constituição garantindo o direito de propriedade, nada obstante vinculado à sua função social.

Se ambas as instituições são compatíveis, qual é o ataque proibido? A nosso sentir, só o ataque que mutila a propriedade, que pretende absorvê-la, por via de tributação.

Efeito confiscatório

Peres de Ayala assevera que o efeito confiscatório produz-se quando o pagamento do imposto exige a liqüidação total ou parcial do patrimônio. Não em função da peculiaridade de determinado sujeito passivo, não, mas em função da própria estrutura, em razão da qual tenha sido moldado o imposto ou outro tributo.

Em resumo, a vedação ao efeito de confisco é uma extensão da garantia ao direito de propriedade, visto sempre com a sua visão social.

Palao Taboada, a seu turno, assevera que o confisco é um freio à progressividade. Não me parece que essa seja uma resposta adequada, porque tributos existirão, que nada obstante não progressivos podem atingir as raias do confisco, como exemplificativamente seria um imposto sobre a propriedade predial e territorial urbana, cuja alíquota fosse de cem por cento.

Este pode ser um primeiro marco. Mas só essa baliza não supera os nossos problemas.

É preciso avançar um pouco mais. E, para tanto, vamos buscar suporte naquele que, entre nós, mais se dedicou ao exame do "efeito de confisco".

Vamos relembrar as lições de Sampaio Dória. É dele, segundo pensamos, o melhor estudo visando a decifrar a matéria do confisco, em termos tributários. Deveras, foi Antônio Roberto Sampaio Dória, o saudoso Sampaio Dória, quem, em trabalho escrito sob a luz da Constituição de 1946, intitulado "Princípios constitucionais tributários e a cláusula de *process of law*", já formulava as primeiras distinções: dizia ele que os impostos poderiam ser classificados em proibitivos e confiscatórios. E vinculava os proibitivos ao poder de polícia.

À época, fazia muito sentido essa classificação, porque a Constituição de 46 dizia, ao versar a competência comum, que União, Estados e Municípios podiam criar determinados impostos, taxas e outras rendas quaisquer (isso levou o mestre Geraldo Ataliba a observar que tal classificação equivalia a dizer que as cores são branca, preta e quaisquer outras).

Fazia sentido, dizíamos, a classificação de Dória, porque, nessa ocasião, havia os impostos de licença.

Na verdade, eram impostos que, rigorosamente, haveriam de classificar-se como taxas. Com efeito, eram impostos exigidos em função de uma atividade estatal específica diretamente referida ao contribuinte, para valer-me aqui da terminologia de Geraldo Ataliba.

Diante desses impostos de licença era possível se produzisse o efeito de confisco.

O exemplo mais conspícuo foi o do imposto de licença exigido dos cabineiros da cidade de Santos. Época houve em que era permitido instalar cabinas nas praias santistas, nas quais as pessoas mudavam de roupa e podiam usufruir da praia, sem necessidade de serem proprietárias de imóveis avizinhados da orla marítima.

Administradores e (especialmente) legisladores daquela cidade praiana, todavia, à medida que proliferavam essas cabines, e que mais e mais as praias santista perdiam sua beleza, tanto administradores como legisladores (especialmente estes) deram-se conta de que essas cabinas estavam a prejudicar o turismo, a enfeiar as praias e a semear a sujeira, inibindo a utilização delas por parte de outros banhistas. O que fizeram então os legisladores de Santos? Como o imposto era de licença, foram elevando o valor da "licença", agravando mais e mais o imposto, até que um grupo desses cabineiros, considerando insuportável o montante cobrado, resolveu bater às portas do Judiciário, sustentando o caráter confiscatório do imposto. A matéria chegou até o Supremo Tribunal Federal. O Supremo rejeitou a tese do confisco, e advertiu: se esses comerciantes não têm tino administrativo e se têm lucros menores que outros, que se queixem de si próprios e não do pretenso excesso do imposto.

Impostos proibitivos

À luz da Constituição de 1988, parece não mais ser cabível essa distinção entre impostos proibitivos e impostos confiscatórios ou, mais amplamente, entre tributos proibitivos e tributos confiscatórios, porque o que a Constituição veda são tributos com efeito de confisco. A Constituição não veda o chamado tributo excessivo ou o tributo proibitido, senão apenas aqueles que podem produzir efeito de confisco.

Vamos cuidar da chamada área de certeza. É possível definir, sem incorrer em erro, os pólos, a área de certeza. Nenhum de nós diria, conscientemente, que uma alíquota de 1% atingindo a propriedade imobiliária, urbana ou rural, seria confiscatória. Nenhum de nós diria, de outra parte, também conscientemente, que uma alíquota de 100% sobre essa mesma propriedade imobiliária, urbana ou rural, não seria confiscatória.

Mas o fato é que a doutrina não se debruçou no sentido de identificar, de fornecer parâmetros relativamente à área de incerteza, à área nebulosa, à área de vaguidade existente entre o trecho absolutamente claro e o trecho absolutamente escuro.

Isto me leva a contar-lhes a seguinte historieta: determinado cidadão estava só, em uma ilha, isolado do mundo e, de repente, vê um balão a gás se aproximando, com uma pessoa dentro. A pessoa que está no balão dirige-se ao que está na ilha, indagando: "por favor, onde é que eu estou?" Responde o que está na ilha: — 'O senhor está num balão". Diz o que está no balão: — "Ah, o senhor deve ser contador". "Como é que o senhor adivinhou?" 'É porque o senhor responde a todas as perguntas, mas não explica nada". (Risos) O que estava na ilha retrucou: — 'E o senhor deve ser economista". "E como o senhor também acertou a minha profissão?" 'É evidente: o senhor saiu sem rumo, não sabe onde está e não tem os pés no chão!" (Risos)

Cá entre nós, há quem acrescente alguma coisa a essa história, dizendo que havia uma segunda pessoa na ilha e que essa pessoa era um advogado. E que este, ao ser questionado tanto pelo contador como pelo economista sobre quem estaria com a razão, teria respondido: — 'Bem, primeiro preciso saber quem é o meu cliente". (Risos)

O fato é que existe alguma semelhança entre essa situação caricata do economista, que não sabe onde está e não tem os pés no chão, com a posição da doutrina brasileira em matéria de confisco.

Com efeito, a doutrina limita-se a dizer, senhores, que é confiscatório o imposto que excede a capacidade contributiva.

Não fornece critérios, nem bons, nem maus, para restringir essa área de imprecisão e explicitar o que pretende dizer com tributo que excede a capacidade contributiva. Pensa equacionar a questão, ao afirmar que esse é um problema do Poder Judiciário, a quem cabe resolver a situação diante de cada caso concreto.

Não me parece correta essa posição. Não que não caiba ao Judiciário resolver os casos concretos que envolvam a questão do confisco. É claro que essa é a função precípua do Poder Judiciário. O que pretendo dizer é que não pode a doutrina esconder-se, passar ao largo do problema do confisco, como se a matéria não existisse, e deixar o Judiciário sem sua colaboração. É missão impostergável da doutrina fornecer critérios a serem utilizados na apreciação do confisco. Cabe-lhe oferecer caminhos, identificar as especificidades, e os critérios para que se possa discernir entre hipóteses confiscatórias e hipóteses em que o confisco não se configura. Cabe-lhe estudar e acenar ao Judiciário quais os critérios gerais para a solução dos casos concretos. Pode até ocorrer que os caminhos indicados não sejam bons. Mas até mesmo nesse caso se terá prestado colaboração ao Judiciário, porque se lhe facilitará para que vislumbre o caminho correto.

Riqueza renovável

Tenho lido (tudo o que me foi possível ler, li) o mais possível sobre ''efeito de confisco''. Há pouco, deparei-me com um trabalho do professor Marçal Justen Filho, aqui presente. Ao iniciar a leitura, achei que tinha encontrado a solução para as minhas angústias. É que o professor Marçal procede a importante distinção entre riqueza renovável e riqueza não renovável. É por aí o caminho, pensei. Ávido, procurei ler o que vinha depois disso. Mas o brilhante professor paranaense, Marçal Justem Filho, ao que parece, está mais preocupado com o estudo da licitação, porque, logo, após abandona o tema, deixando-nos com água na boca.

Efeito confisco

A doutrina também afirma que só os impostos atinam com a capacidade contributiva. Faço parte de uma minoria que discorda dessa posição. Mas a doutrina que defende que só os impostos atinam com a capacidade contributiva, excluindo, portanto, taxas e contribuições, não explica, não concilia essa posição com a circunstância de que a Constituição utiliza, nessa cláusula, o termo tributo e não o vocábulo imposto; mais uma vez, repito, a acenar para o intérprete no sentido de que prevê a possibilidade de que se produza o confisco, quer nos tributos vinculados, quer nos tributos não vinculados.

Por tudo o que expus até aqui, já fica visível que seria demasiada qualquer pretensão minha de solucionar esse tema tão tormentoso.

Efeito confisco

Apesar disso, lembrei-me de outra lição de Souto Maior Borges, invocando Popper: é sobre os erros que se constróem os acertos.

Então, falarei um pouco sobre os critérios de aferição do ''efeito de confisco''. Deverei errar, e errar muito. Mas isso não me preocupará. É porque estou certo de que sobre meus erros, sobre o erro das minhas teses, os ilustres professores que se dedicarem ao estudo do tema encontrarão o caminho seguro, o porto seguro das angústias de todos aqueles que se dedicam ao Direito Tributário, construirão, enfim, por sobre os meus erros todos os acertos.

Sintetizo as minhas teses:

1 — Penso que podem ser confíscatórios os impostos sobre o patrimônio — quer considerados na sua perspectiva estática (propriedade imobiliária), quer na sua perspectiva dinâmica (transmissão de propriedade imobiliária) — e o imposto sobre a renda.

2 — Penso que os demais impostos, como regra, não são confiscatórios. Excetuo, as seguintes hipóteses:

2.1. Quando tenham por grandeza dimensível, com perspectiva dimensível, um critério de valoração que seja obtenível (que só seja determinável após a apuração do preço). Exemplifico: um imposto cuja base de cálculo seja a receita bruta pode proporcionar o confisco, porque não há como absorver esse valor no preço dos bens. Deveras, receita bruta será sempre o resultado da soma dos meus preços. Então, não adianta elevar os preços, porque sempre se seguirá a inexorável elevação da receita bruta respectiva. Nesse caso, o imposto poderia ser confiscatório.

2.2. A outra exceção, a possibilitar que o imposto fosse confiscatório, envolve aquelas situações em que a base de cálculo é o preço (dos produtos, mercadorias ou de outros bens), mas a esse preço não possa (por determinação legal) ser incorporado o imposto. Então, se não se pode incorporar o imposto ao preço, pode esse tributo vir a ser confiscatório. Como o contribuinte não tem como recuperar aquele valor, como não pode fixar um preço que já contenha o valor do próprio imposto, esse imposto pode ser confiscatório.

Retomando a classificação: teríamos uma grande divisão:

a) poderiam ser confiscatórios os impostos sobre o patrimônio, estática e dinamicamente considerados, e os impostos sobre a renda.

b) os demais impostos não podem ser confiscatórios, salvo

b.1) se o preço não puder ser contido na base de cálculo; ou,

b.2 se for uma grandeza qualquer, só apurável (determinável, encontrável) após a apuração do preço, como é o caso, por exemplo, da receita bruta.

Convém que exemplifiquemos também a afirmação de que, em regra, os demais impostos não são confiscatórios: o imposto de importação pode ter uma alíquota de 100 %, de 150%, 200%, 300% ou de 400%. Nem por isso se poderá dizer que o imposto é confiscatório. Com efeito, o IPI, o ICMS — desde que seja possível incorporá-los ao preço, o que se obtém pelo repasse desses valores ao adquirente — não atingirão, nunca, as raias do confisco.

Cuidemos mais detalhadamente dos impostos sobre o patrimônio, (estática ou dinamicamente considerados) e dos impostos sobre a renda. Uns e outros podem ser confiscatórios. Quando seria confiscatório o imposto sobre o patrimônio?

Desdobramentos

Não penso em solucionar a questão de modo aleatório. Não penso que a solução possa ser a que se consolidou na Argentina, isto é, a de que todo e qualquer imposto sobre o patrimônio, que atinja mais de 33% da renda ideal do imóvel, é confiscatório.

Embora a solução que alvitro obviamente desemboque num percentual, não resulta a nossa conclusão da escolha aleatória de um percentual mas da premissa, que entendemos inafastável.

Na repartição da renda, pensamos não poder o estado ficar com parcela superior àquela que restará com o produtor da renda ou titular do bem. Penso que impostos sobre o patrimônio e sobre a renda serão confiscatórios na medida em que o Estado fique com parcela superior àquela que tocará ao produtor da renda ou ao titular do patrimônio, já considerada a dedução correspondente à preservação do mínimo necessário, garantido pela Constituição, à manutenção do capital e à produção de outros capitais.

Examinando a Constituição, vamos verificar que o Estado só nos oferece em termos de saúde, em termos de educação, parcela inferior à metade das nossas necessidades. Exemplificativamente, o Estado só é responsável pela educação, pelo ensino fundamental; o restante é atribuído à responsabilidade do particular. O mesmo se dá em relação à saúde. Isto para não falar na segurança (basta considerar a proliferação de empresas de vigilância, pela incapacidade do Estado de proporcioinar segurança ao cidadão). Em suma, quaisquer que sejam as áreas em que atue, o estado não proporciona à sociedade nem a metade das suas necessidades. Conseqüentemente, não poderá o Estado ser "sócio" do cidadão contribuinte em percentual superior a essa metade.

Penso que qualquer imposto sobre a propriedade ou sobre a renda, que implique subtração de parcela igual ou maior que aquela que restará em mãos do produtor da renda ou titular da propriedade, será confiscatório.

É sabido que os imóveis rendem de 5% a 10% ao ano do seu valor venal (Como o Estado só poderia ficar, no máximo, com a metade, as alíquotas máximas seriam de 2,5% a 5%). Alíquotas superiores à metade da renda potencial (renda ótima) dos imóveis seriam confiscatórias.

Convém ter presente que nos referimos à alíquota real e não à alíquota nominal (essa consideração tem maior importância, no caso do imposto sobre a renda). Somos sempre tentados a dizer que pagamos imposto sobre a renda, à razão de 35%. Todavia, considerando que o imposto sobre a renda tem as suas alíquotas aplicadas por patamares, as pessoas submetidas à alíquota de 35% pagam, em verdade, percentuais menores que esse. Com efeito, sobre os primeiros reais, há isenção; sobre a segunda parcela, a alíquota é de 15%, sobre a subseqüente é de 26,6% e só sobre a excedente é que se aplica 35%. Assim, em termos reais, nenhum contribuinte paga 35% de imposto sobre a renda. Os maiores contribuintes pagam em razão de uma alíquota real de, por exemplo, 27%, 28%, 29%, 33%. Mesmo o maior deles não paga 35%, mas, v.g., 34,8% (dado que sobre as primeiras parcelas da renda auferida as alíquotas cabíveis são menores, isto para não falar na faixa de isenção. Não se pode esquecer que o IR, no Brasil, como dizem alguns, é por graus; ou, por degraus, como querem outros. Lembramos que para obter a alíquota real do imposto sobre a renda divide-se o imposto devido pela renda líquida.

Não podemos confundir, assim, alíquotas reais (que se obtém com a divisão acima) com alíquotas nominais (no caso, a alíquota de 35%, indicada na lei).

Não nos estendemos sobre essa temática, porque estamos perante o Professor Osíris de Azevedo Lopes Filho, que é mestre no assunto e pode censurarnos caso venhamos a cometer algum equívoco.

Em resumo, defendemos a ocorrência de "efeito de confisco" caso a parcela real que venha a ficar com o Estado seja superior àquela que restará em poder do produtor da renda.

Aos que pensarem que essa é uma tese esdrúxula, lembramos que o seu nascedouro tem fundamento em lições de Sampaio Dória: "se o Estado — dizia ele — toma mais do indivíduo do que dá em troca, desvirtua-se o imposto em confisco".

Esse nos parece ser o grande ponto de partida para o equacionamento da questão e dos nossos problemas. A verificação dos encargos do Estado, no nível constitucional, mostra que o Estado não oferece (não contribui, não proporciona) metade daquilo que precisamos; conseqüentemente, não pode ficar com metade da nossa renda (poupada ou não).

Outros tributos

Para concluir: pensamos que, em matéria de impostos, assim deve ser vista a questão do confisco.

Todavia, voltamos à observação de que a Constituição fala em tributos com efeito de confisco e não em impostos com efeito de confisco. É de perguntar-se, então: as taxas poderão ser confiscatórias?

Geraldo Ataliba, agudamente, já advertia, em seu "Hipótese de Incidência Tributária": "há radical diferença entre imposto e taxa". E demonstra que enquanto os impostos têm por hipótese de incidência um fato lícito qualquer, exceto uma atuação do estado, as taxas têm por h.i. precisamente uma atividade estatal específica dirigida ao contribuinte. A seu turno, Paulo Barros Carvalho lembras que, já na Constituição, é possível extrairmos a síntese da materialidade das hipóteses de incidência de todos os impostos, representada por um verbo e respectivo complemento. Assim, "auferir renda" (para o imposto sobre a renda), "prestar serviços" (ISS), "promover operações mercantis e prestar determinados serviços" (ICMS) e assim por diante. Já em relação às taxas, essa síntese seria sempre uma atividade do Estado (que seria o seu agente). Deveras, tem-se o Estado "fornecendo certidão", o Estado prestando serviço público de coleta de lixo", o Estado "fiscalizando tal ou qual atividade", e assim por diante. Pode ser reduzido a um verbo — auferir — e ao seu complemento — renda. E assim prestar serviços, importar produtos estrangeiros, exportar produtos nacionais, promover operações mercantis e por aí afora.

Já relativamente às taxas, o que temos é o Estado prestando serviços, o Estado fornecendo certidões, o Estado fiscalizando determinada atividade. A impulsão nos impostos é do particular, a impulsão nas taxas é do Estado, a mostrar que os tributos, como preleciona o mestre Geraldo Ataliba, são vinculados e não-vinculados a uma atuação estatal. A evidenciar que os impostos representam, envolvem sempre um fato lícito qualquer, independentemente de uma atividade estatal e que inversamente as taxas só podem ser exigidas diante dessa atividade estatal dirigida diretamente ao obrigado.

Nessa medida, as hipóteses de incidência são absolutamente diversas e, via de conseqüência, também as bases de cálculo são absolutamente diversas. A base de cálculo do imposto é uma dimensão do fato lícito, traduzido por esse verbo e complemento. A base de cálculo do imposto sobre a renda é uma dimensão da renda. A base de cálculo do ISS é uma dimensão da prestação de serviços.

Ora, se, diversamente, nas taxas o cerne é a atividade estatal, a base de cálculo só pode ser o custo da atividade estatal.

Nos impostos, tem-se um fato específico, e, conseqüentemente, uma base de cálculo também específica: o valor venal (RS 100.000,00) da casa de José, o valor venal (RS$50.000,00) da casa de João, e uma alíquota genérica, todos pagando 1% (a questão não se altera mesmo que pensássemos aqui, Professor Roque Carrazza, numa tributação progressiva, em que certas classes estariam, claro, submetidas à alíquota de 2% e não de 1%. Todavia, todos aqueles que estivessem na mesma classe pagariam igualmente 1% ou 2%).

Repetindo: no imposto há uma base de cálculo específica para cada caso e uma alíquota genérica; nas taxas, inversamente, temos sempre uma base de cálculo genérica, única, representada pelo custo da atividade estatal (a atividade estatal é una, única) sobre a qual aplicar-se-ão alíquotas específicas, representadas pelas medidas relacionadas com os utentes das taxas: metro quadrado, alqueire, testada e por aí afora.

Conseqüentemente, se a base de cálculo das taxas é o custo da atividade estatal, não há como cogitar-se, senão obliquamente, de confisco, porque para haver confisco seria necessário que tivéssemos uma base de cálculo, concretamente considerada, absolutamente distante do custo da atividade estatal. Só que nesse caso o tributo seria inválido, por desnaturação da base de cálculo. Só por via de conseqüência, é que seria confiscatório. Vale dizer, a taxa, antes de ser inválida, em virtude de confisco, já o era em razão da desnaturação da base de cálculo. Seria despiciendo cogitar de confisco. A utilização de base incompatível com o tributo já seria razão bastante para fulminar a exigência. Como prega o dito popular, teríamos perdido a guerra por dez razões diferentes; a primeira (desnaturação da base) porque não tínhamos canhões; as demais dispensa-se de referir. Não adianta cogitar de confisco se, primeiro, houve desvirtuamento base de cálculo.

Parece razoável concluir, portanto, num primeiro momento, que o efeito de confisco não se aplica às taxas.

O mesmo não ocorre com relação às contribuições.

Contribuição de melhoria

Comecemos pela contribuição de melhoria. Em relação a essa subespécie tributária é possivel a ocorrência de confisco. Sabendo-se que a contribuição de melhoria é o tributo que incide sobre a valorização imobiliária causada por obra pública, haverá fatalmente confisco se, sobre a base de cálculo — valorização imobiliária causada por essa obra pública — aplicar-se alíquota superior à 100%. Se a hipótese de incidência da contribuição de melhoria é a valorização imobiliária acarretada pela obra pública, o máximo que se poderá exigir a esse título é toda a valorização. Isto é o mesmo que dizer que, sobre a base de cálculo valorização, aplicar-se-á a alíquota de 100%. Confisco (efeito de) haverá se a alíquota aplicável e aplicada for superior a 100%. Estar-se-á absorvendo parcela da propriedade (atribuindo-a ao Estado), produzindo inegável efeito de confisco. Ocorrerá, nesse caso, haverá mutilação da propriedade porque, nesse caso, o Estado, em virtude da aplicação da alíquota "confiscatória", absorverá um valor (total ou parcial) da propriedade estranho à valorização imobiliária decorrente de obra pública.

Então, sempre que a alíquota exceder o limite de cem por cento, a contribuição de melhoria será confiscatória.

No caso das demais contribuições, também pode ocorrer o efeito de confisco. Para apurá-lo, os critérios seriam os mesmos que propusemos para os impostos.

Podem ser confiscatórias as contribuições, em relação às quais a base de cálculo escolhida for uma grandeza só apurável, determinável, subseqüentemente à obtenção do preço. O exemplo é o faturamento. Não há como absorver no preço dos bens o valor da contribuição, sem que esse valor agregado ao preço, reflita-se no faturamento, aumentando-o. Quanto mais se elevar o preço, mais faturamento haverá; a cada novo aumento de preço (para absorver o devido a título de contribuição), ocorrerá proporcional aumento do faturamento. Portanto, se dissermos que foi criada uma contribuição, cuja base de cálculo é o faturamento, na qual se previu uma alíquota de 100% (cem por cento), essa contribuição, sem dúvida, será confiscatória. É que qualquer que seja o faturamento, haveremos de entregar o produto corresponde ao Estado, a título de contribuição.

Não queremos cansá-los, em demasia. Basta lembrarmos que aplicar-se-iam às contribuições aquelas mesmas regras que propusemos anteriormente relativamente ao impostos. O Estado não pode deter parcela igual ou superior àquele que fica com o produtor da renda ou da receita correspondente. Isto se aplica mesmo diante da inteligência de que é única (para os empregadores) a contribuição versada no art. 195, I, da Constituição, tendo por base de cálculo a conjugação de folha de salário, faturamento e lucro.

Muito há que caminhar sobre essa matéria. A doutrina precisa debruçar-se sobre esse tema, a fim de que sobre estes nossos erros possa construir os tão ansiados acertos.

É hora de encerrarmos. Afinal, não gostaríamos que a nossa Presidenta tenha que nos confiscar a palavra. Obrigado. (Palmas)

PROFª MISABEL DERZI — Em nome de todos os congressistas presentes, agradeço ao Professor Aires Barreto pelas preciosas, científicas e claras lições aqui oferecidas, lembrando que as palavras do Professor Aires clarearam um tema tão difícil e que a ausência de contribuição doutrinária e contribuição jurisprudencial não é um fenômeno brasileiro, não é um fenômeno nacional. Os autores de um modo geral, quer no Brasil, quer na América Latina, quer na Europa, se queixam exatamente desse mesmo fenômeno: omissão total na doutrina e mais ainda na jurisprudência. Os autores alemães dizem que não conhecem , na história do Direito Alemão, uma decisão qualquer, jurisprudencial, que tenha declarado inconstitucional um tributo por seus efeitos confiscatórios. O mesmo podemos dizer nós em relação à realidade brasileira, embora os alemães conheçam alíquotas elevadíssimas em relação a determinados impostos.

MESAS DE DEBATES

TRIBUTOS MUNICIPAIS

PROFª AIRES BARRETO — Estão abertos os trabalhos relativos à Mesa de Debates, que tem por tema os tributos municipais.

Compõem a Mesa os professores Eduardo Botallo, Marçal Justen Filho, Anna Emília Cordelli Alves, Elizabeth Carrazza e Souto Maior Borges.

Tenho o privilégio de passar a palavra ao Professor da Universidade de São Paulo, Eduardo Domingos Botallo.

PROF. EDUARDO DOMINGOS BOTTALLO — Saúdo, primeiramente, os participantes da Mesa, os Professores Aires Barreto, Marçal, Elizabeth e Anna Emília e também os participantes deste Congresso, expressando a honra e a satisfação de participar desta Mesa de Debates.

O tema genérico deste Congresso é "questões atuais de Direito Tributário". Especificamente, hoje, essas questões estarão voltadas para a temática dos Tributos Municipais. É claro que os tributos municipais, em si mesmos considerados, poderiam justificar um congresso inteiro, porque as questões que sugerem são profundas, múltiplas e extremamente interessantes. Mas é evidente que temos de fazer uma necessária limitação, não só em função do tempo, como também da própria objetividade que um encontro deste tipo precisa atender.

Tendo sido escalado para falar primeiro, pretendo colocar uma série de temas concretos, para, eventualmente, serem desenvolvidos e complementados pelos demais debatedores.

Preço de serviço

Uma questão que tem sido freqüentemente discutida na temática da tributação municipal é a que diz respeito ao conceito de preço de serviço, a base imponível do Imposto sobre Serviços de Qualquer Natureza.

As discussões em torno desse tema estão ligadas aos elementos componentes desta base, na medida em que, muitas vezes, pretende-se nela incluir certos valores, que não configuram a remuneração, a contrapartida devida ao prestador de serviço, pelo desempenho de suas atividades.

Um exemplo dá corpo a essa questão: as empresas locadoras de mão-de-obra, cobram dos seus clientes remuneração pelos serviços que a eles prestam, mas também são reembolsadas pelas despesas com salários e reflexos indiretos da relação de emprego mantida com as pessoas que se vão encarregar da execução dos mesmos.

E, recorrentemente, o que se constata é que os Municípios pretender considerar como "preço do serviço" não apenas a parte que diz respeito especificamente à remuneração dessas empresas, como ainda os valores correspondentes ao reembolso das despesas mencionada.

A questão evoca conceitos extraídos não propriamente do Direito Tributário, mas do Direito Financeiro porque assemelha-se à idéia de receita e de entradas no campo das finanças públicas.

As receitas, correspondem aos valores que se agregam ao patrimônio da entidade, e as entradas, são valores que simplesmente transitam pelos cofres fazendários, sem a eles se integrarem. A meu ver, somente as primeiras revelam capacidade contributiva.

Esse é um problema de grande importância prática, porque diretamente relacionado com a questão do dimensionamento da base imponível do ISS.

Serviço sem fim lucrativo

Uma outra questão — e a respeito dela creio que haverá alguma divergência aqui na Mesa — diz respeito à tributação, pelo ISS, de determinadas atividades exercidas por entidades sem fins lucrativos. Especificamente quanto ao tema, eu apresentei um trabalho, publicado no vol. 63 da ***Revista de Direito Tributário***, que foi distribuída aos participantes deste Congresso. Nele eu sustento que, embora entidades sem fins lucrativos possam exercer atividades, em tese, sujeitas ao ISS — e a situação concreta aventada foi a promoção de eventos como shows, bailes etc., fazendo-o com habitualidade e mediante a cobrança de ingressos, tais atividade não configuram hipóteses de incidência do ISS. Falta ao ente promotor a condição subjetiva de contribuinte, eleita nesse campo, e também falta o sentido de atividade-fim, que é, na minha opinião, fundamental para que a incidência do ISS possa ocorrer.

Por enquanto, apenas coloco esse problema, porque sei que o Prof. Marçal tem visão diferente e, eventualmente, poderemos voltar a ele mais adiante.

Imunidades

Uma terceira questão — e essa, na verdade, extrapola os limites da tributação municipal, diz respeito ao alcance da imunidade, que beneficia instituições desinteressada.

Como sabem, a Constituição Federal declara imunes a impostos as rendas, os bens e os serviços de instituições de assistência social e de educação sem fins lucrativos e desde que atendam a determinados requisitos estabelecidos na legislação complementar.

A extensão dessa imunidade tem sido questionado por entidades tributantes nos casos, por exemplo, em que imóveis pertencentes a tais entidades sejam locados, ou então nos casos em que estas entidades prestem serviços a terceiros mediante remuneração ou, mais amplamente, já saindo do campo da tributação municipal, essas entidades promovam operações de circulação de mercadorias e até aufiram rendas: até que ponto pode-se reconhecer ou sustentar a subsistência da imunidade nessas situações? Todos que moram em São Paulo conhecem o prédio do Mappin, no centro da cidade, cuja propriedade pertence à Santa Casa, que, pela locação aufere receita, que imagino seja significativa. Nesse caso, a Prefeitura entende que não se aplica a imunidade, porque esse imóvel está sendo explorado. Tenho para mim que, embora haja rendimento resultante da locação desse imóvel, desde que esse rendimento seja investido na atividade-fim da entidade, em nada fica comprometida a subsistência da imunidade.

A questão diz respeito à compreensão da regra do § 3º do art. 150 da Constituição Federal.

Progressividade do IPTU

Outro tema bastante polêmico diz respeito à progressividade do IPTU.

O Prof. Roque Carrazza, em sua brilhante conferência de abertura desse Congresso, abordou o tema e colocou a sua visão sobre o entendimento da progressividade ligada ou não à existência do Plano Diretor dos Municípios.

A posição do Prof. Roque nem sempre tem sido aceita pelos Tribunais. O 1º Tribunal de Alçada Civil de São Paulo diverge muito, existindo Câmaras que seguem a trilha aberta pela doutrina dele e do Prof. Geraldo Ataliba e outras que vinculam a possibilidade do tributo ser progressivo à prévia existência do plano diretor do Município.

Competência do Município e ISS

A última questão que apresento nesta primeira passagem, se refere à abrangência do campo da competência municipal em termos de tributação de serviços.

O entendimento prevalente durante a vigência da Constituição anterior era o de que o conceito de serviços, como campo de competência do tributo municipal, era residual; os serviços tributáveis pelo Município correspondiam àqueles não compreendidos na competência dos Estados e da União.

A partir da Constituição de 1988, a situação mudou, porque, na verdade, ela inverteu os dados do problema: atribuiu aos Estados-membros a competência para tributar os serviços de comunicações e os de transportes intermunicipais e interestaduais e, a partir da outorga explícita dessas duas modalidades de serviços aos Estados-membros, reservou para os Municípios, inteiramente, a possibilidade de tributação de todas as demais espécies.

Essa mudança de visão leva à questão de aferir-se a recepção ou não das normas da legislação complementar que dispunham sobre o ISS, especialmente dos Decretos-Lei 406/68 e 834/69.

Aí, portanto, os temas que, em princípio, eu acho que poderão despertar o interesse dos debatedores e da Platéia.

Muito obrigado. (Palmas)

PROF. AIRES BARRETO — Eu tenho a satisfação de passar a palavra agora ao Prof. Marçal Justen Filho, que fará também sua exposição sobre o tema "Tributos Municipais".

ISS

PROF. MARÇAL JUSTEN FILHO — Ilustre Professor Aires Barreto, na sua pessoa gostaria de prestar o meu agradecimento ao IDEPE e a todos os membros do IDEPE, não apenas pela honra com que fui ornado, na medida em que fui escolhido para participar desta Mesa, mas também pela oportunidade de, na realização sucessiva de Congressos, possibilitar o progresso do desenvolvimento do pensamento científico, o que se faz através destes elevados debates.

Ilustres professores, senhores e senhoras congressistas: a minha colaboração tem a ver com um trabalho que desenvolvi a propósito de uma dissertação de mestrado, que foi algo atualizado para este Congresso e, lamentavelmente, por uma questão de tempo, não foi possível a sua inclusão no folheto, na revista correspondente, mas ao que parece será publicado posteriormente.

Neste espaço de tempo é inviável expor todas as observações que eu tinha feito.

O título é "O ISS, a Constituição de 1988 e o Decreto-lei n. 406", numa tentativa de verificar como se comporta a legislação infra-constitucional produzida antes de 1988, frente às novas regras constitucionais.

Interpretação

A primeira proposta — e a questão fundamental — é de questionar uma espécie de hermenêutica inercial, eu diria, ou seja, aquela tentativa de revisar os conceitos que eram exarados a propósito do ISS na vigência da Carta anterior. Há um primeiro obstáculo, que é o seguinte: podemos pensar que o ISS foi mantido na Constituição de 88. Portanto, tudo aquilo que se dissera, se afirmara e mesmo aquilo que a jurisprudência consagrara anteriormente ficaria automaticamente mantido na vigência da nova Carta. Esta é uma questão que tem necessariamente de ser revisada.

Na medida em que o texto da Constituição, enquanto tal, enquanto unidade sistêmica, produz uma nova ordem constitucional, também ainda quando a legislação anterior seja eventualmente recepcionada de modo expresso ou de modo implícito, ela tem de ser interpretada de acordo com a nova ordem constitucional. Isto põe, fundamentalmente, o problema da autonomia municipal, que foi objeto de maravilhosa explanação do Prof. Souto Maior, a propósito da sua conferência, quando observava a consagração do Município enquanto ente constitucional, que não pode ser tratado nos moldes tais. Se já era difícil dizer viável o tratamento sob a égide da Carta anterior, certamente sob a nova Carta é inviável enfocar o Município com alguns preconceitos de ente menor ou de ente subordinado à vontade federal.

Portanto, esta é a questão primeira: não é possível simplesmente manter conceitos e preconceitos existentes anteriormente e nem mesmo afirmar que a jurisprudência já definiu a interpretação que merece um dispositivo da Constituição.

A alteração da Constituição como um todo e em tópicos específicos, recoloca o problema do ISS, do Decreto-lei 406 etc.

Hipótese de incidência do ISS

Houve uma alteração, indicada pelo Professor Eduardo, que se refere à materialidade da hipótese de incidência do ISS. O texto não é mais idêntico, não tem a mesma redação da Constituição anterior, porque antes de se aludir à competência do Município de tributar serviços de qualquer natureza, não compreendidos na natureza tributária da União ou dos Estados, agora há uma referência apenas a serviços não compreendidos no art. 155, II, que é aquele que trata de ICMS.

Seja qual for o motivo do legislador constituinte, isto é irrelevante em termos de norma e de sistema constitucional, ou seja, interpreta-se a Constituição como um todo sistêmico e isso envolve uma revisão de conceitos anteriores, porquanto a competência do Município não mais está restrita, como antes se colocava e que agora passa a ser muito mais definida do que o era.

Há uma outra questão, que tem a ver com a supressão das chamadas isenções heterônomas — a competência para isenções heterônomas.

Na Constituição anterior, previa-se, autorizava-se a União, por lei complementar, em casos de relevante interesse nacional, conceder isenção de tributos locais (estaduais e municipais). Esta competência não existe mais e isto retrata a postura do legislador constituinte, especialmente em matéria de discussão a propósito da famosa lista de serviços.

Lista

Seria possível reconduzirmos aquela interpretação de que a lista de serviços era exaustiva a um conceito genérico de que, se a União podia, mediante isenção, excluir da incidência do ISS alguns serviços, ela poderia implicitamente — já que o faria mediante lei complementar — definir os serviços, ou seja, a isenção seria uma exclusão explícita; a definição, por lista de serviços, seria uma exclusão implícita, na acepção de que existiria, oculta, subjacente, uma espécie de isenção.

Em última análise, se a Lei Complementar poderia, por uma via expressa, conceder isenção de serviços locais, na lista de serviços ela poderia definir quais eram os serviços tributáveis e quais não eram tributáveis.

Ora, se não há mais essa competência, como seria possível determinar, atribuir à União, a competência para, através de uma lista de serviços, implicitamente conceder isenção de tributos municipais? A competência do Município é aquela definida na Constituição, e não se subordina a qualquer via de intervenção, através de Lei Complementar da União e, portanto, a lei complementar, neste caso, para fins de definição de lista de serviços apenas poderia atuar para evitar eventuais conflitos de competência e, ainda aí, naquele campo específico do art. 155, II.

Fins lucrativos

Ainda neste vôo de pássaro, há uma questão quanto ao fim lucrativo e o conceito de empresa. Eu tenho origem de comercialista e posso, com certa tranqüilidade, afirmar que entre os comercialistas é pacífico o entendimento de que o intuito lucrativo; não integra o conceito de empresa, ainda que seja em termos práticos inconcebível existir uma empresa sem intuito lucrativo, mas o intuito lucrativo não dá o conceito de empresa. Ainda que pudéssemos supor que existiria competência da União para restringir o conceito de sujeito passivo para fins de ISS — e é duvidoso que haja esse conceito — teríamos problema extremamente sério de afirmar que, porque o Decreto-lei 406 aludiu a empresa, seria inevitável o intuito lucrativo, e que os serviços prestados sem fins lucrativos não estariam sujeitos à incidência do ISS.

Parece-me que estão.

Primeiro argumento: o intuito lucrativo não é inerente ao conceito de empresa no campo do Direito Comercial; em segundo lugar: tanto não é que se admitem empresas públicas que não têm intuito lucrativo; em terceiro lugar: teríamos de supor, ao considerar como relevante a ausência do intuito lucrativo, que o legislador federal estaria, sob certo ângulo, ampliando a imunidade constitucional, porque quando a Constituição quis que o intuito lucrativo ou a ausência de intuito lucrativo fosse relevante, concedeu imunidade. Portanto, ou o problema se resolve no campo da imunidade ou se resolve no plano da lei municipal. Nunca seria possível imaginar que uma lei complementar estaria ampliando a imunidade, uma contradição absolutamente invencível, inviável. Ou estaria reduzindo a imunidade, o que também seria algo inviável.

Logo, o intuito lucrativo é, em si, irrelevante e o que a Constituição nova tende a retratar é, exatamente, essa idéia, inclusive ao referir, no dispositivo observado pelo Prof. Eduardo, a questão da alteração da disciplina da imunidade, quando se pretende seccionar as atividades vinculadas ao cumprimento específico da missão do ente imune daquelas outras atividades ou daqueles outros bens, dizendo que esses não estão abrangidos pela imunidade.

De qualquer modo, a idéia é a de que uma entidade particular, que desenvolva uma prestação de serviços de qualquer natureza mediante remuneração, não pode invocar a sua ausência de condição de empresa para pretender escapar à incidência do ISS.

Empreitadas

Eu tenho três temas e vou concluir com apenas um deles, que é o das empreitadas — aquela regra do art. 11 do Decreto-lei 406, quando diz que "a execução por administração por empreitada, subempreitada de obras hidráulicas de construção civil e os respectivos serviços de engenharia consultiva, quando contratados com a União, Estados, Distrito Federal, Municípios, autarquias e empresas concessionárias de serviços públicos, ficam isentos do imposto a que se refere o art. 8º." O parágrafo único do art. 8º do Decreto-lei 406, trata de definir o que seriam os serviços de engenharia consultiva.

Tem-se questionado o tema, sustentando que existiria aí uma isenção heterônoma, concedida de modo compatível com a Carta anterior e que teria sido não recepcionada, não seria compatível com a nova ordem constitucional, que excluiu aquela competência que a Constituição anterior reservava à União.

A meu ver, teríamos de reconhecer, em última análise, que o dispositivo já era inconstitucional durante a vigência da Carta anterior. Porque como a doutrina — e há um belo trabalho do Prof. Geraldo Ataliba sobre isso — destacava, a concessão de isenção heterônoma por parte da União dependia da existência de um interesse relevante, que demonstrasse, que justificasse, que embasasse a ausência de incidência tributária.

Repercussão

Ora, esse dispositivo não corresponderia à existência de tal relevante interesse nacional. Poderiam dizer que nesse caso quem arca com o pagamento, quem é contribuinte de fato, quem tem o peso econômico do tributo é uma pessoa de Direito Público e, portanto, o caso até entraria na órbita da imunidade. Diríamos: se é assim, por que apenas os serviços de construção civil? Onde o fundamento para diferenciar todos os serviços, todas as operações realizadas com Direito Público? Onde haveria a transferência, a traslação do encargo econômico? Por que apenas esses?

Aqueles que dizem que a regra trabalha com um conceito de imunidade, na verdade estão supondo um conceito muito mais amplo de imunidade, que teria de abranger todas as hipóteses possíveis e imagináveis.

Portanto, a idéia com a qual eu concluo, a propósito do art. 11, é a de que esse dispositivo, sumariando os diversos argumentos, ele não tem compatibilidade com a nova ordem constitucional; não é possível invocar imunidade; seria questionável a sua constitucionalidade na vigência da Carta anterior e essa hipótese, portanto, se sujeita, presentemente, à tributação por parte dos Municípios, vigente a nova ordem constitucional.

Eu tinha outros dois tópicos, que gostaria de falar, mas não vou me prolongar mais do que já o fiz, que têm a ver com a questão da base de cálculo e especificamente no caso dos profissionais autônomos.

Essa era a minha colaboração. Obrigado. (Palmas)

PROF. AIRES BARRETO — Depois de termos tido o privilégio de ouvirmos o Prof. Marçal Justen Filho, vamos passar a palavra à Profa. Anna Emília Cordelli Alves.

(*sem correção da autora*)

PROFª ANNA EMÍLIA CORDELLI ALVES — Senhores Professores que compõem a Mesa; caros colegas congressistas: acho que as questões que foram aqui colocadas são muito ricas e na verdade demandam uma discussão nossa a respeito, até para estarmos conseguindo firmar alguns conceitos ou clarear alguns conceitos.

Tenho alguma coisa a falar sobre o conceito de preço de serviço e ISS, que o Prof. Botallo colocou, mas vou deixar para um segundo momento, o momento dos debates, porque na verdade o tema que eu deliberei trazer aqui à questão diz respeito ao último tema colocado pelo Prof. Botallo, que cuida da abrangência da competência municipal em termos de ISS.

Serviços residuais

Após a Constituição Federal, podíamos falar em tributação de serviços residuais ou não seria mais possível, após essa Constituição, tal afirmação?

Com relação a isso eu gostaria de trazer a vocês uma questão específica, concreta, que é a questão das operações nas Bolsas de Mercadorias e Futuro, por corretoras de mercadorias. É, na verdade, matéria muito ampla, mas eu vou tentar fazer umas poucas colocações para que depois, no debate, possamos conversar um pouco mais, nos aprofundar um pouco mais.

Pretende-se tributar tais operações com fundamento na Lei Complementar 56, de 1987, como agenciamento, corretagem ou intermediação de bens móveis; portanto, as operações realizadas pelas corretoras. Assim, no item 56, que na verdade cuida também da intermediação, mas de títulos quaisquer. Esse item 56 coloca, na verdade, uma exceção, quando diz que o Município pode tributar agenciamento, corretagem ou intermediação de títulos quaisquer e abre um parêntese para dizer ''exceto os serviços executados por instituições autorizadas a funcionar pelo Banco Central''.

Financeiras

Eu colocaria à Mesa e aos colegas a tentativa de definir esta exceção. Esta exceção, na verdade, estaria dentro do campo da não incidência, pura e simples, ou seja, na qualidade de Lei Complementar, definindo conflitos de competência, atribuindo as competências, ou melhor ainda, definindo as competências constitucionais, ela teria dito que está do campo de tributação do Município aquela intermediação referente a títulos de instituições autorizadas a funcionar pelo Banco Central ou isso seria, na verdade, uma isenção?

Acho que esse tema já foi ventilado aqui pelo Prof. Marçal. Seria um exemplo concreto a respeito disso.

Deve-se dizer também que as corretoras de mercadorias — e agora eu vou dar algumas informações à Platéia, porque alguns talvez não conheçam o funcionamento dessas Bolsas de Mercadorias — na verdade elas não são autorizadas pelo Banco Central, não necessitam de autorização do Banco Central. As Bolsas de Mercadoria foram iniciativa da Bolsa de Valores e não se pode dizer que as mercadorias negociadas nessas Bolsas sejam valores mobiliários. Elas não são classificadas como valores mobiliários e há nesse sentido um estudo do Prof. Fernando Albino de Oliveira.

Bens móveis

Portanto, estaria justificado, quer como tributação de bens móveis, quer se entenda que as mercadorias, as ''commodities'' negociadas, são bens móveis, porque há toda uma corrente que defende que as ''commodities'' negociadas na Bolsa de Mercadoria configuram verdadeiros bens móveis e, portanto, sujeitos à tributação do ISS, quer se considerem como títulos — e esses títulos não seriam valores mobiliários, mas sim títulos representativos de bens móveis, portanto, passíveis de serem tributados pelo Município, o que estaria afastando o argumento, que na verdade tem sido predominante na jurisprudência, de que essa operação com mercadorias, com ''commodities'', nas Bolsas de Mercadorias, configura operação financeira, portanto, objeto de eventual tributação (porque não é tributada) pelo IOF e não pelos Municípios.

Uma outra distinção que cabe fazer é o que é auferido em termos de intermediação, porque a corretora de mercadorias, quando promove a intermediação, na verdade ela cobra uma taxa operacional dos seus clientes. Então, sustenta o Município que tributável por via de ISS seria o valor dessa taxa operacional. Os ganhos que os investidores eventualmente venham a ter nas Bolsas de Mercadorias é que poderiam estar sujeitos à tributação pelo imposto federal.

Seriam, na verdade, duas hipóteses de incidências diversas, uma, tendo como base o valor da taxa operacional, outra, eventual tributação federal, que teria como base os ganhos dos investidores. Seriam duas coisas completamente diferentes.

O fundamento das decisões que têm entendido pela não incidência do ISS é que as operações nas Bolsas de Mercadorias se liqüidam ou se podem liqüidar financeiramente, raramente ocorrendo liqüidação pela entrega física dos bens contratados. Ou seja, mesmo que eu compre na Bolsa de Mercadorias o boi gordo, eu não levo o boi gordo; na maior parte das vezes esses contratos se liqüidam financeiramente, muito embora , ainda que numa escala reduzida, ocorra a entrega física dos bens.

Bolsa de mercadorias

Portanto, estaria configurado, segundo essa jurisprudência que tem sido dominante, mas que do último ano para cá vem sofrendo uma ligeira alteração, já não digo que seja uma alteração que nos permita dizer que se está entendendo que o Município possa tributar, mas alguns juízes da Fazenda Pública têm proferido sentença no sentido de que entendem tributável pelo Município, sim, de que a competência é municipal e muitos têm entendido que com o advento da nova Constituição aquela isenção anteriormente concedida pela Lei Complementar 56 estaria afastada pela maior abrangência do campo de tributação municipal e que, portanto, seria, sim, fato gerador, a hipótese de incidência do ISS. Temos tido nos Tribunais alguns votos, ainda que votos minoritários, votos vencidos, mas que têm levantado a problemática da competência municipal para tributar essas operações em Bolsas de Mercadorias.

Como se trata, portanto, de uma questão que parece estar sofrendo uma alteração em termos de postura jurisprudencial, acho muito interessante que se discuta até dentro desse quarto tema proposto pelo Dr. Botallo, que é a abrangência da competência municipal em termos de ISS.

Ou seja, o que é intermediação? Esse serviço de corretagem, de intermediação, ainda que uma parte não conheça a outra, e, portanto, alega-se, não há intermediação porque as partes não se conhecem (um dos requisitos da intermediação seria uma parte, o vendedor, conhecer o comprador), a jurisprudência a favor do Município tem entendido que essa intermediação não necessita ser necessariamente física, que se trata de uma intermediação jurídica, o que possibilitaria a tributação pelo Município, dada a presença do fato gerador (intermediação), remunerado por uma taxa operacional.

Nesse sentido, esse tema comporta análise do que venha a ser ''commodities'' ou uma série de outras indagações e colocações, mas que na verdade tornariam pesada a minha intervenção e eu prefiro apenas lançar essas questões para que no debate, eventualmente, possamos aprofundar alguns conceitos.

Coloco aos meus colegas debatedores essa questão, esperando vê-la discutida. Muito obrigada. (Palmas)

PROF. AIRES BARRETO — Passo a palavra à Profa. Elizabeth Nazar Carrazza.

(*sem correção da autora*)

PROFª ELIZABETH NAZAR CARRAZZA — Em primeiro lugar, gostaria de cumprimentar meus colegas de Mesa, Prof. Aires, Prof. Souto Maior Borges, Prof. Eduardo, Profa. Anna Emília e Prof. Marçal e a todos os Srs. Congressistas.

Progressividade

Na verdade eu vou limitar-me a tratar de dois assuntos, um deles muito rapidamente, na medida em que foi objeto da palestra do Prof. Roque Carrazza, no primeiro dia do nosso Congresso. O Prof. Roque falou bastante a respeito da progressividade do IPTU. Concordo, realmente, com ele. Tive oportunidade de fazer minha tese de doutoramento sobre esse tema. Apenas um dos aspectos que o Prof. Roque não chegou a mencionar e que me parece importante, diz respeito à progressividade do IPTU no tempo, com natureza sancionatória.

Parece-me que existem, em rigor, progressividades diferentes: aquela que vem da capacidade contributiva, que decorre da existência de capacidade contributiva; a outra, que vem da função social da propriedade e uma terceira, que seria a progressividade no tempo, que pode chegar até quase ao desaparecimento do próprio bem imóvel.

Não teria muito mais a acrescentar. Sei que existem divergências profundas a respeito desse tema, mas era apenas para colocar a posição.

Outro assunto, que me parece interessante que tratemos neste Congresso, diz respeito à taxa de iluminação pública.

A taxa de iluminação pública, como todos sabemos, é uma taxa que tem sido exigida como taxa de serviço. Existem alguns problemas graves com relação a esta taxa, que têm sido apontados pelos Tribunais já com alguma freqüência.

Os Municípios de maneira geral, principalmente os Municípios pequenos, têm muita dificuldade na arrecadação tributária própria e acabam sobrevivendo apenas das transferências e dos fundos de participação. Talvez em decorrência disso, muitas vezes, insistem tanto na cobrança de taxas, que na verdade não são taxas. E outras vezes, como no caso, uma taxa de serviço, quando há realmente a prestação de um serviço público; entretanto, um serviço público de natureza genérica, não específica e indivisível, portanto, porque dirigido a toda a comunidade.

Taxas

A grande questão relativa às taxas, que fica naquela competência de todas as pessoas políticas, porque está relacionada à própria competência administrativa, me parece que está nesse campo. As taxas só podem ser exigidas em razão de exercício de poder de polícia ou em razão da prestação de um serviço público específico e divisível. Não é possível a exigência de uma taxa de iluminação pública, na medida em que esse serviço não é nem específico, nem divisível, é de caráter geral, como já disse, voltado para toda a comunidade e não há como se tornar divisível.

Eu participei de um seminário de Direito Municipal, em Foz do Iguaçu, recentemente, onde haviam muitos representantes de Municípios pequenos e algumas das questões formuladas diziam respeito à possibilidade de exigência de um ''aluguel'' (entre aspas) cobrado da empresa prestadora do serviço de energia elétrica, serviço público, pela colocação dos postes de luz. Até isto se pensou. E pelo que me recordo, há pouco tempo um Município do interior de São Paulo criou um imposto, que foi chamado pelos jornais de imposto sobre o poste (Risos), criado, acredito eu, pela utilização daquela área pública.

A questão é realmente engraçada, mas essa foi uma tentativa que se fez para cobrar a taxa de iluminação pública. Rigorosamente, como é sabido, todos esses serviços de natureza genérica devem sair dos cofres públicos da sua arrecadação geral, das receitas que advierem do IPTU, do ISS ou dos fundos de transferências, mas nunca se pode exigir uma taxa por um serviço dessa natureza. Serviço público, sim, entretanto indivisível.

Perguntariam: bom, o serviço está posto à disposição. De qualquer forma, ele continua sendo indivisível, porque um serviço posto à disposição só pode ser tributado quando há possibilidade de individualização. Não sendo possível a individualização, não há que se falar em taxa de serviço.

Falei bem rápido porque o nosso tempo é bastante curto, mas acho que não teria mais nada a acrescentar no momento. Obrigada. (Palmas)

PROF. AIRES BARRETO — Depois de termos ouvido a importante manifestação da Profa. Elizabeth Nazar Carrazza, tenho a grata satisfação de passar a palavra ao meu mestre, Prof. José Souto Maior Borges.

PROF. SOUTO MAIOR BORDES — Meu caro Professor Aires Barreto e meus colegas de Mesa: realmente a generalidade do tema proposto nesta, como nas outras mesas de debates, assusta, porque se dispomos de pouco tempo e de muita temática, estamos inapelavelmente condenados à superficialidade da exposição.

A única solução para mitigar um pouco esse inconveniente, digamos, metodológico, é praticar algo arbitrariamente, (o que estamos fazendo aqui) uma seleção temática dentro dessa vastíssima gama de alternativas de abordagem que temos à nossa disposição para enfrentar nestas mesas-redondas.

Competência

No tocante ao ISS, há algumas coisas a serem ditas: por exemplo, a questão da competência municipal em si para instituir o Imposto sobre Serviços. Hoje existe um fenômeno, que lamentavelmente enferma a vida legislativa brasileira, já o disse, tão inflacionada, que é aquele fenômeno ao qual o Prof. Ataliba, com muito bom humor, se referia como sendo a ''síndrome da lei complementar''.

Lei complementar

Nós cobramos da lei complementar algo que ela, pelas suas próprias forças, não nos pode dar. Por uma espécie de subversão interna, no campo do sistema constitucional tributário, o que vemos é praticamente a lei complementar ser encarada, na vida Direito, como uma panacéia para todos os males do sistema constitucional tributário.

Essa questão, por exemplo, da lei complementar do art. 145, item III, da Constituição Federal, que dispõe sobre a competência do Município para instituir Imposto sobre Serviços de qualquer natureza, não compreendidos na competência tributária estadual, como foi referido aqui, na exposição feita pelo Prof. Eduardo Bottallo: serviços de transporte interestadual e de comunicação (aart. 155, III).

Os serviços tributáveis pelo Município, ontem como hoje, são constitucionalmente serviços de qualquer natureza. E aí se coloca um inafastável dilema: ou bem o serviço é de qualquer natureza, como diz a Constituição Federal, e nesse caso não podem ser somente os serviços listados especificamente em lei complementar, ou bem os serviços são apenas os especificamente listados em lei complementar e, nesse caso, eles não são serviços de qualquer natureza. Não há como escapar a este dilema e fugir ao jogo de alternativas.

Prudência interpretativa

Mas, o que é pior: interpreta-se a Constituição Federal atribuindo à lei complementar como que um cheque-embranco para controlar a competência tributária do Município. Ora, eu aprendi, em minhas aulas mais elementares de Direito Tributário e nos meus estudos mais "verdes" dessa matéria, que o tributo é um instrumental de autonomia municipal; autonomia que assenta sobre um tripé: a autonomia é primeiramente *política*, pela eleição de prefeito e vereadores; segundo, *administrativa*, pela administração própria no que concerne ao peculiar interesse municipal e em terceiro lugar ela é uma autonomia *tributária*, pela instituição e arrecadação de tributos municipais; e tudo para assegurar a *administração própria* do Município.

Ora, eu não posso interpretar a Constituição desconsiderando as exigências dos princípios constitucionais, e o princípio da autonomia municipal é um dos mais eminentes princípios constitucionais, a meu ver um princípio que tem tão grande importância na Federação brasileira, que responde pela própria costura, pela arquitetônica constitucional do federalismo brasileiro (art. 1º da Constituição de 1988, combinado com o seu art. 18).

Ora, não obstante tudo isso, interpretamos essa lei complementar a que se refere o art. 156, item III, *in fine*, como se lhe fosse permitido excluir serviços tributados pelo Município; como se esses serviços, por força da Constituição, não fossem efetivamente serviços de qualquer natureza.

Mas, o que é mais grave em tudo isso, é que preexistentes à Constituição Federal de 1988 temos os chamados decretos-leis que dispuseram sobre essa matéria, referidos também pelo Prof. Bottallo: o Decreto Lei 406, de 1968, e o 864, de 1969.

Exageros

Agora, o que é incrível, é que, em momento algum, esses decretos leis pretenderam esgotar a competência tributária do município. Deram ao decreto-lei aquilo que eles não atribuiram a si próprios. Porque o que é que eles dizem? Veja-se o DL 406/68, art. 8º o imposto de competência dos Municípios sobre serviços de qualquer natureza tem por fato gerador a prestação, por empresa ou profissional, de serviços constantes da lista anexa. Mas ai não diz *só* os serviços constantes da lista anexa, *exclusivamente* esses serviços, *apenas* eles, etc. Ele não restringe o âmbito da competência, até porque não poderia fazê-lo, e nada obstante é através da interpretação que se considera exaustiva a lista, que por força da sua disciplina normativa, na realidade, não é, de forma nenhuma.

E é espantoso que isso tenha prevalecido, a ponto de a jurisprudência do Supremo ter pacificado o entendimento de que essa lista era taxativa. *Data venia*, essa é uma falsa questão, que só manifesta a penúria, a indigência da exegese constitucional no tocante a essa matéria, a da taxatividade ou exemplificatividade da lista.

A gente se esquece da exigência da *pertinência*, na medida em que se coloca um problema como esse da questão da taxatividade ou da exemplificatividade da lista. Um problema impertinente, simplesmente. Por quê? Porque nos termos do Decreto-lei n. 406, de 1968, está no seu preâmbulo: este veio para disciplinar conflitos de competência entre o Imposto sobre Serviço e o Imposto sobre Circulação de Mercadorias.

Ele não esgota toda a área de conflitos eventuais entre o ICM e outros impostos. Claríssimo, não é, Prof. Bottallo? Por exemplo, áreas de conflito entre o ISS e o IOF, ou o Imposto de Renda, como já foi referido aqui, nas discussões antecedentes. É evidente que o decreto não tem essa força em eficácia para esgotar a própria competência tributária do Município.

Lista sugestiva

Por outro lado, o decreto é exaustivo no tocante a conflitos de competência entre o ICM e o ISS.

Inexaustivo — ou, se se prefira: exemplificativo — no tocante aos outros conflitos de competência. Exemplificativo, digo, com restrições, porque acho isso extremamente impróprio. Mas faço uma concessão ao uso superficial e até trabalho com ele.

Por outro lado, há certas enunciações dentro da lista que são exaustivas e que só se poderiam utilizar como pressupostos para as regras de direito que estão no decreto-lei, com relação à área municipal, só naquele imposto. Mas há vezes em que ela fala, por exemplo, serviços "congêneres", outros serviços — aí ela é meramente (para usar essa linguagem e como concessão a ela) exemplificativa.

Quer dizer, essa questão da taxatividade ou da exemplificatividade da lista é um falso problema. E nada obstante atravessou toda a vigência da Constituição de 67, a Emenda n. 1, de 1969, e, lamentavelmente, continua a mesma disciplina em 88. Ai já não se tem nenhuma desculpa histórica, Prof. Bottallo, porque na realidade já tivemos o saber de experiências feito, quer dizer, já sabiamos que esse dispositivo ia continuar a dar problema na sua aplicação.

E continuamos neste Congresso, hoje, e talvez daqui a muitos anos, a discutir questões relacionadas com essa função da lei complementar, que a meu ver é simplesmente a que hoje está lá no art. 146 da Constituição Federal. É uma lei de normas gerais de direito tributário, que dispõe sobre conflitos de competência entre o ISS e outros integrantes da competência impositiva geral no quadro geral da Federação brasileira.

Essa é a colocação que tenho a fazer, até porque não tenho tempo mesmo para desdobrá-la, como convinha.

Limitações constitucionais

Agora, uma coisa que eu gostaria de falar aqui, antes de parar, é o seguinte: a questão das limitações constitucionais ao poder de tributar. Eu tenho uma posição muito pessoal com relação a isso (essas limitações, num país que tem de repartir competência tributária entre três esferas de governo) e fiel como eu sou às lições do meu mestre, nunca por demais pranteado e nunca por demais enaltecido, Aliomar Baleeiro, digo que não há solução tecnicamente possível, correta, indisputável, para repartir competência tributária entre três esferas autônomas de Governo.

A conseqüência disso é que a gente tem de andar panglossianamente no reino do melhor dos possíveis e não no mundo platônico das idéias absolutas.

A preocupação de conter o poder de tributar nos seu limites é tão grande, que a Constituição Federal, antes de discriminar a competência tributária no sentido positivo, ela o faz no sentido negativo. Topograficamente isso não é mero acaso, como não é por mero acaso que está lá, no art. 1º da Constituição Federal, que o Brasil é uma República Federativa.

Estão nos arts. 150 e 151 as limitações constitucionais ao poder de tributar, antes que se comece até a enunciar o que podem exigir os entes tributantes — a União, os Estados, o Distrito Federal e os Municípios (arts. 153 a 156). Então, há uma preocupação muito grande do texto constitucional com os limites que ele próprio impõe à tributação.

Mas vamos abandonar momentaneamente essa digressão. Nós nos desacostumamos a operar intelectualmente com a função eminentíssima dos princípios constitucionais.

E aí não conseguimos extrair deles todas as suas implicações, todas as suas virtualidades, tudo aquilo que eles têm de *impregnante* com relação ao ordenamento constitucional como um todo.

Se a gente passasse a vida inteira, como um monge recluso, a meditar sobre o que é que significa "federação", seguramente, não esgotaríamos o conteúdo todo, a significação (para usar a linguagem moderna da semiótica) semântica de um dispositivo como esse.

Imunidade

Mas daí a gente já pode extrair algumas lições bastante edificantes. Por exemplo: somos uma federação. O modelo federal brasileiro é semelhante ao modelo federal americano, onde buscou inspiração. Há contudo algumas diferenças, algumas peculiaridades nacionais. Por exemplo, nos Estados Unidos a questão da limitação constitucional do poder de tributar mais eminente, que é a imunidade tributária, é mera construção pretoriana. Não existe regra expressa no texto constitucional prescrevendo a imunidade tributária da União e dos Estados. A imunidade recíproca surgiu, como todos sabem, de construção jurisprudencial, quando Marshall lançou um célebre enunciado, referido, muito pertinentemente, pelo Professor Aires Barreto na sua excelente exposição, onde ele dizia: "o poder de tributar envolve o poder de destruir".

E isto é verdade, mas a isto já se contrapôs o juiz Holmes: o poder de tributar envolve o poder de conservar. Não envolve o poder de destruir, enquanto existir a Corte Suprema. Portanto, enquanto existir a Suprema Corte Constitucional norte-americana, o poder de tributar é passível do mais amplo controle constitucional, inclusive nos seus aspectos eventualmente confiscatórios.

Não tem nenhuma regra inscrita no Direito Americano, mas chegou-se a essa conclusão simplesmente porque quando se pretendeu tributar um banco, uma instrumentalidade (para usar linguagem do Direito Americano) da União, Marshall considerou que isso era incompatível com o sistema federal de governo. E com ele toda a Suprema Corte.

O que eu quero significar com estas restrições enormes, de ordem temporal e pessoal que eu tenho, é o seguinte: se não existira o art. 150 da Constituição Federal no tocante à imunidade tributária recíproca, por mera implicação do sistema federativo brasileiro, estaríamos aqui discutindo exatamente essa temática: a questão da imunidade, sem nenhuma regra posta de direito constitucional. Nenhuma regra expressa.

Agora, daí poderíamos trazer à meditação — e aqui eu vou introduzir a zona penumbrosa ou cinzenta dos conceitos vagos e indeterminados — uma questão que me parece muito interessante.

No Brasil a gente faz a coisa de forma muito diferente (a gente faz norma pormenorizada e não sintética precisamente porque há uma desconfiança "a priori" da sua efetividade prática): temos instituições constitucionais que são admiráveis, mas que são puramente "retóricas". Então, que ocorre? Tudo tem de ser escrito. Assim é com relaçào à imunidade tributária. Diz a Constituição Federal, exatamente no seu art. 150, item VI, que é vedado à União, aos Estados, ao Distrito Federal e aos Municípios, instituir impostos sobre o patrimônio, a renda ou serviços uns dos outros (alínea "a").

Vamos ficar só por aqui.

Interpretação sistemática

Ao dispor sobre a imunidade, o artigo constitucional 150, § 6º, veda à União, Estados, Distrito Federal e Municípios instituir impostos sobre (a) o patrimônio (b) rendas e (c) serviços uns dos outros. Imposto federal sobre o patrimônio é, p. ex., o imposto sobre a propriedade territorial rural (art. 153, VI) e, sobre a renda, é o imposto de renda e proventos de qualquer natureza (art. 153, III). Imposto estadual sobre serviços é o ICMS quando incida sobre prestações de serviços de transporte interestadual e intermunicipal e de comunicação (art. 155, II, "in fine"). Imposto municipal sobre serviços: o ISS (art. 156, III) e sobre o patrimônio: o imposto sobre a propriedade predial e territorial urbana (art. 156, I).

A minha questão é a seguinte: se o que informa o problema da imunização não é um dispositivo isolado da Constituição Federal; se tem razão o Prof. Cossio, ao dizer: quando aplico um dispositivo da Constituição, aplico a rigor não apenas esse dispositivo, mas o sistema jurídico-positivo todo — esse dispositivo (art. 150, VI) não esgota todo o rol possível de relacionamento imune à tributação pelos Municípios.

Não esgotaríamos todo o campo da imunidade apenas com este dispositivo. É uma aplicação indevida do argumento *a contrario sensu*, que tem delicadíssima aplicação lógica, pretender que só o art. 150 regula a questão da imunidade. Para clarificar um pouco o meu raciocínio — e olhem que estou pensando, dentro dessa zona penumbrosa; raciocínio um tanto incontinente e apenas colocando à meditação de todos — num regime altamente inflacionário como foi o nosso até agora (e ninguém sabe como será no futuro), se o Município faz uma inversão financeira necessária para preservação de um cronograma de pagamentos de obras públicas, de empreitada de obras públicas, ele o faz para preservar o seu patrimônio. Uma tributação incidente, como p. ex. o IOF, sobre uma hipótese dessas seria compatível com o sistema federativo do governo brasileiro? Para mim, a resposta teria de ser seguramente negativa. É incompatível com a federação o uso do tributo em tais hipóteses.

Mas esse é apenas um devaneio de imaginação antecipatória, de forma que não tenho a pretensão de absolutamente inovar coisa nenhuma, apenas levantar problemas a serem pensados e meditados à luz de uma maturação mais aprofundada. (Palmas)

Contribuição de melhoria

PROF. AIRES BARRETO — Depois das lições sempre preciosas do Prof. Souto Maior Borges, gostaria de aproveitar duas questões que me foram formuladas, relativamente à contribuição de melhoria, para falar ligeiramente, muito rapidamente, sobre essa subespécie tributária.

Uma das questões é: por que é que não se cobra contribuição de melhoria no Brasil?

Eu diria que por duas razões: quase metade das pessoas, notadamente nos executivos e legislativos, não conhece o tributo e então se escondem na simplicidade de dizer: é inexeqüível.

Existe uma outra parte (quase e metade) que não pretende vê-lo cobrado, porque, como dizia Baleeiro, lobo não come lobo. É dizer, aos grandes proprietários não interessa a instituição da contribuição de melhoria. E, por fim, há uma minoria, na qual me incluo, que defende a plena exeqüibilidade da contribuição de melhoria. Basta lembrarmos que se é possível cobrar o Imposto sobre Propriedade Predial e Territorial Urbana, que é muito mais difícil e mais complexo e que incide sobre um universo muito maior, por que não se pode fazê-lo em relação à contribuição de melhoria?

Os senhores sabem que a contribuição de melhoria é um tributo que incide sobre a valorização da propriedade causada por obra pública. Nada obstante diga o texto constitucional: "contribuição de melhoria decorrente de obras públicas".

Então, eu lhes lembro o seguinte: há quatro ou cinco décadas estiveram aqui estudiosos da cidade de Boston, tentando trazer para São Paulo, especificamente, um sistema de cobrança da contribuição de melhoria. Curiosamente, esse sistema, que eles designavam de plantas de valores, acabou sendo aproveitado e disseminado por esse São Paulo a dentro e por esse Brasil afora, como critério para apurar o valor venal, relativamente ao Imposto sobre Propriedade Territorial e Urbana.

Valores imobiliários

Se podem os Municípios, para não falar em Estados e União, avaliar os imóveis a cada exercício, por que não poderiam fazê-lo em relação a determinado núcleo, em que ocorreu valorização imobiliária causada por obras pública?

Se é possível conhecer o valor antes da obra, dado pelo valor venal, para fins de IPTU; se é possível elaborar um novo mapa de valores para vigorar para o exercício seguinte, como não é possível isolar um determinado grupo de imóveis que recebeu essa valorização e sobre eles exigir a contribuição de melhoria?

Se os critérios de apuração do valor estiverem contidos na lei, penso que não há como fugir da sua aplicação.

Tomo como parâmetro o seguinte: todos nós temos nos submetido, ao longo do tempo — e não conheço posicionamentos doutrinários no sentido de que esse critério envolveria alguma inconstitucionalidade — à exigência do denominado "lucro imobiliário" (com relação ao Imposto sobre a Renda).

E quais são os critérios utilizados?

São os seguintes: toma-se o valor de aquisição, aplica-se a correção monetária sobre esse valor originário, e coteja-se com o valor de venda. Houve diferença positiva? Então houve lucro imobiliário.

É claro que esse é um processo simplista, que contém alguns equívocos. O primeiro equívoco é tomar como parâmetro a correção, utilizando OTNs, BTNs, UFIRs etc., enfim, unidades de correção que nada têm a ver com a variação que ocorre no mercado imobiliário, ditado pela lei da oferta e da procura.

Não se utilizam os índices adequados, exatamente os índices do mercado imobiliário, que estão aí disponíveis. Mas tirante isso, pergunto: por que não seria possível dizer: eu vou considerar as possíveis alternativas de valorização imobiliária e apurar-lhes o valor; se houver excedente, cabe contribuição de melhoria. É preciso ter em conta que os imóveis se valorizam por várias razões. E é necessário enunciá-las a fim de que não se agreguem, para efeito de tributo, valorizações não causadas pela realização de obra pública.

Valorização

Os imóveis se valorizam pela realização de obras feitas pelo particular; valorizam-se, ainda, em razão do crescimento vegetativo da cidade. Com efeito, em um loteamento no qual exista uma única casa será um o valor dos terrenos avizinhados. Mas quando tivermos 50 casas, das quais 40 forem mansões, por exemplo, outro, maior, será o valor; toda a região avizinhada valorizar-se-á em razão desse crescimento vegetativo.

Os imóveis se valorizam também em decorrência de atos legislativos e de atos administrativos. Basta tomar em conta o seguinte: uma alteração da lei de zoneamento, que possibilite ao proprietário edificar três, quatro, cinco vezes a área de um terreno, que ontem só poderia receber edificação equivalente a uma vez essa mesma área, terá o seu valor duplicado, triplicado, quadruplicado, embora esse fenômeno não tenha sido determinado por nenhuma obra pública.

Os imóveis se valorizam por ato administrativo. A mudança de mãos-dedireção, a proibição ou não do tráfego de veículos por uma determinada via, são fenômenos capazes de provocar a valorização de imóveis. Exemplo clássico, aqui em São Paulo, é o da Rua Augusta. Não prosperaram as idéias de evitar a circulação de veículos pela rua Augusta ou de transformá-la em mão única. Os comerciantes locais sempre resistiram a essa idéia. Sempre afirmaram que, qualquer desses caminhos esvaziaria o comércio e desvalorizaria os imóveis dessa rua.

Enfim, há vários fenômenos que provocam valorização imobiliária. A obra pública é um deles. Basta isolar os outros fenômenos provocadores de valorização e ficar só com a eventual diferença positiva: esta será fruto da obra pública.

Se é possível ao Imposto sobre a Renda (eu estou me referindo a uma norma que não está mais em vigor, mas que existia até bem pouco, cerca de 88 ou 89) dizer que você poderia abater, em relação ao número de anos que o imóvel estivesse em seu poder, 5% para efeito do cálculo do lucro imobiliário, cinco por cento é um dado arbitrário, mas eu não quero crer que, por arbitrário, se previsto em lei e em função de dados estatísticos, se possa cogitar de inconstitucionalidade.

O crescimento vegetativo de uma cidade é apurável por um processo histórico. A mensuração da valorização das obras do particular é feita de modo objetivo. Então, por que não se pode exigir contribuição de melhoria a partir do seguinte: toma-se o valor venal do imóvel para efeito do IPTU do exercício anterior, corrige-se esse valor em função das obras eventualmente feitas pelo particular, em função de um percentual fixado em lei para o crescimento vegetativo da cidade, de outros percentuais relativamente às hipóteses (não muito comuns) de alteração de leis de zoneamento ou de atos administrativos que possam valorizar o imóvel e, se ainda assim, restar um valor positivo, além dessa correção, sobre esse valor, sobre esse delta, sobre esse plus, caberá contribuição de melhoria, porque essa diferença de valor terá tido como causa a obra pública. Não me parece que seja um processo difícil, complicado, impossível de ser concretizado.

A contribuição de melhoria é um tributo extremamente justo, talvez um dos mais justos já criados sobre a face da terra, porque ele se destina a reverter para a sociedade aquela valorização imobiliária, para a qual o proprietário do imóvel não deu causa.

Acho que isso responde às duas questões que nos foram formuladas.

Diante do pequeno tempo que nos resta, quero passar a palavra imediatamente para a Profa. Anna Emília Cordelli Alves, para responder às questões que lhe foram formuladas. (Palmas)

ISS

(*sem correção da autora*)

PROFª ANNA EMÍLIA CORDELLI ALVES — Gostaria de fazer algumas colocações a respeito de afirmações que foram feitas por meus colegas de Mesa, mas primeiramente vou responder a estas duas questões: uma questão de um advogado do Rio de Janeiro, um nosso colega congressista, Dr. Nelson Orlando Filho, que coloca o seguinte: com a nova redação do § 3º do art. 155 da Constituição Federal, a partir da Emenda Constitucional n. 3, de 1993, que assim diz: "a excessão dos impostos de que trata o inciso II, do "caput" deste artigo (que é o ICMS), e o art. 153, I (Imposto de Importação), e, II (Imposto de Exportação), nenhum outro tributo poderá incidir sobre operações relativas a energia elétrica, serviços de telecomunicações, derivados de petróleo, combustíveis e minerais do país".

A pergunta: "Estariam os serviços de transporte, estritamente municipal, de combustíveis, lubrificantes e de derivados de petróleo imunes ao ISS?"

Então, o que se coloca é o serviço de transporte estritamente municipal, configurando-se, pois, como fato gerador do ISS; transporte de combustíveis, lubrificantes e derivados de petróleo, se isso levaria à afirmação de que tal serviço de transporte estaria imune ao ISS.

Parece-me que não, porque na verdade o § 3º do art. 155 se refere, quando cuida das operações relativas à energia elétrica e serviços de telecomunicações e derivados de petróleo, a operações relativas a essas atividades, quando aqui estamos falando no serviço de transportes. Ainda que esse transporte seja de combustível e de lubrificante, ele não estaria contido nessa hipótese do § 3º, exatamente pela distinção que se deve fazer necessariamente entre realizar operações e prestar serviços.

Serviço gratuito

A segunda questão é de um advogado congressista de Uberlândia, Dr. Leopino Neto: "está sujeita ao ISS a prestação de serviço gratuito? Exemplo: emissão de cheques etc. O arbitramento da base de cálculo, neste caso, não configura aplicação confiscatória do tributo municipal?"

Primeiramente, a questão da prestação de serviço gratuito. Sabemos que necessariamente um dos requisitos do aspecto material da hipótese de incidência é a prestação de serviço, entendido serviço como a prestação de um bem, com a correspondente remuneração desse serviço. Quer dizer, está embutida na noção de serviço a sua remuneração, para que seja considerado. Portanto, serviço gratuito, evidentemente, não estaria.

Agora, parece-me que a emissão de talão de cheques não pode ser considerada como um serviço gratuito. Na verdade, o colega dá um exemplo de uma atividade bancária e essa discussão de serviços prestados por bancos, principalmente após o advento da Lei Complementar 56 e da nova Constituição, tem sido objeto de muita discussão para se definir, mais uma vez, qual é a abrangência, o campo de competência tributária do Município e da União. Na verdade, os bancos tentam sustentar que todas as suas atividades estariam abrangidas, eventualmente, por uma tributação federal e não municipal. Mas sabemos que na verdade existem determinados serviços prestados pelos bancos, que não podem ser afastados da competência municipal.

Com isso ficam respondidas essas duas questões.

Gostaria, agora, de fazer uma colocação ao primeiro item referido pelo Prof. Botallo, quando ele levanta o problema do conceito de preço de serviços do ISS, na verdade a definição da base de cálculo do ISS. Ele dá como exemplo as locadoras de mão-de-obra, que têm despesas indiretas como salários, sendo que os Municípios tendem a considerar como base de cálculo não só o preço do serviço, mas embutindo nesse preço de serviço, ao ver do Dr. Botallo, indevidamente, esses ônus, esses encargos.

Nesse sentido eu gostaria de colocar um outro exemplo, que também tem chamado a atenção, que é a questão da correção monetária dos valores do material aplicado.

Por exemplo, uma construtora, que na verdade adquira o seu material para construção em lotes econômicos, portanto, em data muito anterior à própria realização da obra. O que se tem discutido muito em Juízo é a possibilidade, numa cultura inflacionária que vínhamos tendo, da dedução do valor desse material (na verdade, o art. 9º permite a dedução de parcelas correspondentes ao fornecimento dos materiais), se esse valor seria o valor nominal, ou seja, o valor pelo qual a empresa o adquiriu algum tempo atrás. As empresas têm sustentado que não seria justa a dedução pelo valor nominal, na medida em que tínhamos uma inflação galopante, quando então esse valor não teria o menor sentido. Portanto, haveria necessidade (muito embora não haja previsão legal, o CTN não preveja, não haja lei municipal prevendo) da correção monetária desses valores, para que haja uma justiça fiscal.

Taxa

Essa é uma questão que eu gostaria de colocar.

Quanto ao que foi posto pela Professora Beth, relativo às taxas, é uma questão interessante: na verdade, não é todo e qualquer serviço público que é passível de tributação por via de taxa, mas apenas aquele serviço público específico e divisível.

Aí cumpre fazer uma distinção, que a Profa. Beth fez muito bem: todo serviço público tem um caráter geral, mas nem todo tem caráter específico e divisível. Portanto, o exemplo da iluminação pública e da iluminação domiciliar é típico. A iluminação pública é um serviço de caráter geral, mas não é específico e divisível. Ele não beneficia apenas os moradores de uma determinada rua. Ele beneficia toda a população que está transitando pela cidade. Ao contrário do serviço de iluminação domiciliar, que muito embora tenha caráter geral, permite o estabelecimento de unidades autônomas de utilização. Neste caso, estamos utilizando para o prédio vizinho, para cada um dos seus apartamentos, enfim, é possível a divisibilidade, a especificidade.

Gostaria de colocar um outro exemplo, que cai na mesma problemática colocada pela Profa. Beth, que é a taxa de remoção de lixo, que é cobrada pelos Municípios, em que se pergunta: será que o serviço de remoção de lixo é um serviço público específico e divisível? Ou será que ele é, a exemplo do serviço de iluminação pública, um serviço geral, que atende a todos e que não pode ser especificado?

Eu fico na segunda posição, achando que ele é um serviço público, sim, mas de caráter geral e que, portanto, não pode ser remunerado por taxas.

Essas as colocações que gostaria de fazer aos meus colegas, passando a ouvi-los. (Palmas)

PROF. AIRES BARRETO — Passo a palavra ao Prof. Eduardo Bottallo e quero pedir, por gentileza, aos componentes da Mesa, que sejam muito sintéticos, a fim de que possamos cumprir o horário.

PROF. EDUARDO DOMINGOS BOTTALLO — Eu vou seguir à risca a recomendação do Prof. Aires.

Fins lucrativos

Rapidamente abordo a questão da tributação das atividades desenvolvidas por entidades sem fins lucrativos. No trabalho publicado no vol. 63 da ***Revista de Direito Tributário***, está consignado que a inexistência de finalidade lucrativa é apenas um dos argumentos utilizados para justificar a tese ali sustentada. Mas, tão importante quanto esta inexistência é o fato de se levar em conta o escopo fundamental da entidade, ou seja, de saber-se se a promoção desses eventos, faz ou não parte daquilo que se poderia chamar de atividade-fim. Se não fizer, consistindo apenas em meio de levar à consecução dos objetivos institucionais da entidade, também por esse aspecto a não incidência, a meu ver, se configura.

Infelizmente, como o Prof. Souto Maior bem disse, a escassez do tempo nos condena à superficialidade e eu lamento não ter maior espaço aqui para poder aprofundar esse assunto.

Com respeito às perguntas que me cabe responder, destaco duas abordando a temática que a Profa. Anna Emília acaba de mencionar, a questão da base de cálculo do ISS.

Realmente, acredito que temos uma certa divergência, o que é compreensível, porque a Profa. Anna Emília é Procuradora Geral do Município de São Paulo e eu sou advogado de contribuinte, de modo que, a partir daí, já se coloca um certo antagonismo, obviamente, apenas acadêmico.

Na verdade, acho que a questão da base de cálculo, quer se trate do ISS, quer se trate de qualquer outro tributo, está presa à compreensão do princípio da capacidade contributiva, que é um princípio geral do nosso sistema tributário.

Temos aqui dois exemplos concretos de colegas que formularam perguntas: o caso da remuneração do trabalhador, cuja mão-de-obra é locada a alguém, e o das casas lotéricas, que recebem do apostador determinada quantia, mas repassam à Caixa Econômica parte do valor recebido, retendo apenas a comissão. Qual será a base de cálculo adequada? A meu ver, será aquela capaz de refletir a capacidade contributiva do prestador de serviço. Se a lotérica, ou a locadora de mão-de-obra, arrecadam determinadas importâncias, que apenas transitam pela sua contabilidade, mas não integram o seu patrimônio, isso, obviamente, não é revelador de capacidade contributiva e, conseqüentemente, não tem nenhum sentido que o prestador de serviços se veja levado a pagar tributo sobre tais parcelas, componentes excêntricos da sua atividade, que são.

Consórcio

Uma outra questão formulada por colega é a das administradoras de consórcio. Indaga ele se, estando submetidas às normas de fiscalização do Banco Central, a taxa de administração cobrada por estas empresas estaria fora do campo de incidência do ISS, a exemplo do que acontece com os bancos.

Essa é também, uma zona cinzenta como a Profa. Anna Emília já mencionou. Mas acho que o problema não é exatamente saber a quem estão subordinadas essas entidades, em termos de fiscalização, mas sim identificar a natureza dos serviços que elas prestam, ou seja, se a atividade desenvolvida por uma empresa de consórcio pode ou não configurar operação financeira.

Sem pensar muito, entendo que não. Parece-me que a administração de consórcios não é uma atividade financeira, e, conseqüentemente, continua sujeita à incidência do ISS, ainda que essas entidades possam estar agora submetidas à fiscalização do Banco Central.

Por último, uma pergunta muito interessante. Trata-se de uma escola que foi multada pelo Fisco Federal em 300%, pelo fato de não emitir nota de serviço na cobrança das mensalidades escolares. O colega pergunta se isso não seria invasão de área de competência do Município. Segundo a pergunta, a escola não emite nota porque controla a sua contabilidade por boletos bancários; cobra, através da rede bancária por meio de carnês e isso permite que ela organize a sua contabilidade para fins de Imposto de Renda.

Em primeiro lugar, acho que não há invasão de competência. A meu ver, a União tem legitimidade para fiscalizar a escola, porque, evidentemente, ela é contribuinte de tributos federais também. Indaga-se ainda se é legítima a notificação. É. É tão legítima, quanto a notificação de multa que o guarda nos dá quando paramos o carro num lugar que ele entende ser proíbido e nós entendemos que não. Quer dizer, é legítima, porque expressa o exercício de uma função unilateral da administração.

Agora, o problema é saber se a infração efetivamente ocorreu. A falta de emissão de nota fiscal só é punível quando dela decorre a sonegação de tributos. Ora, se o sistema de controle do caixa da escola faz com que ela cumpra regularmente as suas obrigações perante o Fisco Federal, então ela não cometeu nenhum ilícito que poderia justificar a aplicação da penalidade. Isso é matéria de defesa a ser desenvolvida nas devidas instâncias. É só, muito obrigado. (Palmas)

PROF. AIRES BARRETO — Tem a palavra a Profa. Elizabeth Nazar Carrazza.

Taxa

(*sem correção da autora*)

PROFA. ELIZABETH NAZAR CARRAZZA — A pergunta que me foi formulada é a seguinte: o imposto do poste seria cobrado pelas Prefeituras, tendo como sujeito passivo a Cia. Paulista de Força e Luz e não o consumidor, pessoa física. Essa é a idéia. Assim mesmo ele seria inconstitucional, se cobrado como taxa, por exemplo?

O sistema brasileiro, por força do disposto no próprio art. 145 da Constituição não prevê a cobrança de taxas pela utilização de bens públicos. O dispositivo é expresso, quando se refere às taxas: as taxas podem ser cobradas em razão do exercício do poder de polícia ou pela utilização, efetiva ou potencial, de serviços públicos específicos e divisíveis prestados ao contribuinte ou postos à sua disposição. Não me parece que seja possível a cobrança de uma taxa, aí, pela utilização daquele espaço público e nem imposto, porque não há uma atividade econômica não vinculada à atividade do Estado, não há um substrato econômico nesse tributo justificando a incidência tributária.

Parece-me que a questão é essa: não vejo como cobrar do contribuinte ou da CPFL , através da atividade tributária (podem existir outras formas, mas não tributária) algum tipo de tributo mesmo em razão do fornecimento de energia elétrica, no serviço de iluminação pública.

Era só isso o que tinha a dizer.

PROF. AIRES BARRETO — O Prof. Souto lembra, muito apropriadamente, que o "imposto do poste" é vulgarmente conhecido como "imposto do cachorro". (Risos)

Tem a palavra o Prof. Marçal Justen Filho.

PROF. MARÇAL JUSTEN FILHO — Eu tenho uma série grande de perguntas, as quais, em homenagem inclusive aos integrantes da próxima Mesa, será inviável responder integralmente Por isso, acabo selecionando algumas, que me parecem mais relevantes.

Desde logo observo ter recebido perguntas similares àquelas que foram dirigidas, tanto à Profa. Anna Emília, quanto ao Prof. Eduardo e que concordo integralmente com as respostas que foram por eles proferidas.

Tributo fixo

Há diversas perguntas no sentido de examinar os parágrafos do art. 9º do Decreto Lei 406, que têm a ver com a base de cálculo, quando se tratar de prestação de serviço sob forma de trabalho pessoal do próprio contribuinte, e aquela questão de materiais fornecidos pelo prestador de serviços etc.

Quanto ao § 1º, acho que o elenco de fundamentos de inconstitucionalidades desse dispositivo é enorme. Primeiro, por pretender excluir a possibilidade de a importância paga a título de remuneração no próprio trabalho ser considerada como base de cálculo. O legislador federal, nesse ponto, não optou por indicar qual a base de cálculo, até porque isso seria impossível. Ou seja, não há outra base de cálculo possível, na prestação de serviço, senão o preço do serviço. Por isso, quando eu disse pode tributar — "pode" entre aspas — a prestação do serviço, porém não pode usar o preço do serviço, terá de escolher (se conseguir) uma outra base de cálculo, obviamente o legislador federal inviabilizou a tributação desta prestação de serviços, pelo menos enquanto vocação constitucional. Vai-se tributar, por via de uma base de cálculo distinta, outra materialidade, ou seja, desnatura-se o Imposto sobre Prestação de Serviços. É inconstitucional por isso. Ademais, é inconstitucional porque estabelece uma diferenciação no tocante à tributação dos serviços. O preço do serviço é base imponível para algumas prestações de serviços e é vedada sua utilização para outros. Porém, não existe diferenciação real entre todas as situações. Por decorrência, haverá discriminação entre situações idênticas.

Ainda há previsão da tributação por valor fixo, uma contradição em termos, tão brilhantemente e há tanto tempo apontada pelo Prof. Paulo de Barros Carvalho, consistente na inviabilidade da cobrança de tributos por valor fixo.

Portanto, a minha opinião, antes da Constituição de 1988, já era da inconstitucionalidade do § 1º do art. 9º. Logo, acho que sequer foi recebido pela nova Constituição, porque já não vigorava na vigência da Constituição anterior.

Faço uma observação em alusão ao § 3º, porque muitos Municípios têm optado por uma solução que reduz a inconstitucionalidade, mas não a elimina, que é a de tributar, pelo valor do preço do serviço, as sociedade profissionais; e aplicaram o § 1º do art. 9º para os profissionais liberais que atuam em nome isolado. Essa é uma discriminação inviável, porque se era indeclinável considerar que as sociedades de profissionais liberais mereciam tratamento dessa ordem, também, seria inadequada a diferenciação entre sociedades e pessoas físicas. Por que seria inviável? Porque os profissionais que atuam nesse campo o fazem em nome próprio, com responsabilidade pessoal própria, e a existência da sociedade não envolve a prestação do serviço em "nome da sociedade". O advogado, o médico e os demais integrantes dessas sociedades prestam serviço pessoal, atual em nome próprio e recebem remuneração, tendo em vista essa sua situação.

Sociedade de profissionais

Portanto, a existência da sociedade em si não altera a condição da prestação do serviço.

Logo, é inconstitucional dizer que aquele que presta serviço vinculado a uma sociedade paga imposto sobre o preço do serviço e aquele que atua em nome próprio, isoladamente, não paga imposto ou paga imposto com alíquota zero ou está isento ou eventualmente paga num montante fixo.

A meu ver, portanto, ou se tratam todos os profissionais do mesmo modo ou não se introduz tributação alguma nesse campo.

É inviável pretender uma opção de preferência, ainda que corporativista — o que seria pior — e dizer: nós, advogados, fazemos as leis. Tributa-se todo mundo, menos o advogado. Ou seja, trazendo aquela idéia que já foi exposta com tanto brilhantismo por Eisenstein: é necessário pagar tributos. Todos estamos de acordo com isso. A discordância é: quem vai pagar? Os outros, claro.

Essa observação tem a ver com o primeiro parágrafo.

Quanto ao segundo parágrafo, não me parece que o dispositivo seja de uma isenção heterônoma, como alguns afirmam. Se fosse uma isenção heterônoma, haveria inconstitucionalidade na vigência da Constituição anterior, porque era pressuposto da Constituição, para isenção, a existência de um relevante interesse nacional que justificasse a intervenção do Estado. E neste caso não há nenhum relevante interesse nacional que pudesse justificar a criação da isenção.

Base

No § 2º pretendia-se disciplinar a questão da base de cálculo e prevenir competência tributária de Estados e de Municípios. Se é assim, podemos recepcionar o dispositivo ou não recepcioná-lo tendo em vista outros princípios. O que não é possível é simplesmente dizer que esta é uma isenção heterônoma porque não o é. Basta ler: ... o valor dos materiais fornecidos pelo pretador de serviços. Ora, isso tem a ver com uma tomada de posição relativamente à incidência do ICM, à cumulatividade do ICM, ao mecanismo que teria de ser adotado para ser abatido o valor pago anteriormente, independentemente de uma concepção específica a cerca de prestação de serviços e de sistemática de operação relativa à circulação de mercadorias.

E o valor da subempreitada já tributada pelo imposto é precisamente para evitar que houvesse aquela desnaturação — já apontada pelo Prof. Eduardo e pela Profa. Anna Emília — relativamente à questão não da não cumulatividade do ISS, mas da incidência tributária desse imposto, não duas, três, quatro vezes, mas uma única vez. Porque o que se tributa — como disse a Profa. Elizabeth Nazar Carrazza em estudo sobre o tema — não é o contrato da prestação de serviços, mas a prestação de serviço.

Portanto, se o subempreiteiro presta o serviço, foi efetivada a tributação. Se há dois, três ou quatro contratos, isso é irrelevante, porque para fins fiscais não há incidência sobre o contrato, mas sobre a prestação do serviço.

O raciocínio é brilhante, mas não é meu. Eu estou utilizando o raciocínio da Professora Elizabeth Nazar Carrazza.

Há inúmeras outras questões, mas não me parece que seja o caso de se prosseguir na sua análise, de público, ressalvando, portanto, o pedido de desculpas a quem as formulou e me colocando à disposição para respondê-las posteriormente, numa conversa pessoal. Obrigado. (Palmas)

PROF. AIRES BARRETO — Dado o adiantado da hora, vamos encerrar os trabalhos desta Mesa de Debates, convidando os senhores para, depois de um pequeno intervalo, participarem da segunda Mesa de Debates, cujo tema é: "Inovações no Sistema Tributário".

Muito obrigado a todos. (Palmas)

MESA DE DEBATES

INOVAÇÕES NO SISTEMA TRIBUTÁRIO

PROF. GERALDO ATALIBA — Esta Mesa é integrada pelo Ministro Carlos Velloso, do Supremo Tribunal Federal e professor de Direito Constitucional da UnB; pelo eminente Professor Américo Lacombe, juiz do Tribunal Regional Federal de São Paulo, do qual é Presidente, e professor da Faculdade de Direito da Faculdade Católica de São Paulo; Professor Fernando Albino de Oliveira, doutor em Direito pela Universidade de Nova Iorque, pela PUC e pela USP e professor em ambas as Universidades de São Paulo; integrada também pelo Professor Sacha Calmon Navarro Coêlho, que é professor titular de Direito Tributário da Universidade Federal de Minas Gerais; e também pelo Prof. Osiris de Azevedo Lopes Filho, professor de Direito Tributário da Faculdade de Direito da UnB e velhíssimo colaborador do IDEPE.

Vamos dar início aos nossos trabalhos.

Tem a palavra o ilustre Professor Fernando Albino de Oliveira.

PROF. FERNANDO ALBINO DE OLIVEIRA — Professor Geraldo Ataliba, Presidente, e demais componentes da Mesa. Com muito prazer, mais uma vez tenho a honra de participar de uma Mesa de Debates do Congresso de Direito Tributário, acontecimento anual, em que são revisitados, rediscutidos e reanalisados uma série de dispositivos de natureza constitucional tributária, o que tem contribuído sobremaneira para o desenvolvimento dessa ciência entre nós.

Lembro-me que no Congresso anterior, nessa mesma Mesa de Debates, estávamos, naquele exato momento, recebendo a notícia de que, no dia imediatamente anterior, o STF havia deliberado conceder liminar suspendendo o início de vigência do IPMF para aquele exercício. Havia a inovação do IPMF e havia ainda a revisão constitucional.

A Mesa de Debates do Congresso anterior, cingiu-se a esses dois aspectos: à decisão recém-prolatada pelo STF sobre o IPMF e a perspectiva de uma revisão constitucional, cuja amplitude era então discutida, se apenas ensejadora de modificação na forma de governo ou se possibilitando outras reformas, respeitadas as cláusulas pétreas.

Um ano depois, aqui estamos novamente para discutir, em mesa semelhante, as inovações no campo do Direito Tributária. A constatação, que pelo menos pessoalmente faço, é que essas inovações, no ano que passou, foram de ordem jurisprudencial e não de ordem legislativa.

São desafios, porque considero obstáculos, dificuldades, que certamente teremos de enfrentar no ano vindouro. Por isso é que se faz necessária a construção de conceitos doutrinários firmes, estáveis, substanciosos, para que enfrentemos os limites constitucionais do legislador, ao se pretender fazer as mudanças no sistema constitucional tributário.

Parece-me que são dois os desafios. Um deles, o desafio interno, ou seja, o Estado brasileiro, em que pese o recente plano de estabilização econômica, continua apresentando um crônico déficit público, que certamente procurará ser coberto através do aumento de receita.

De modo que é de se esperar que a resposta do Poder Legislativo a esse desafio seja no sentido de criar novos impostos ou de procurar estender impostos existentes como, por exemplo, a provisoriedade do IPMF.

Outro, o desafio externo, que a economia brasileira também vai enfrentar, de se globalizar, de se internacionalizar. A partir de primeiro de janeiro de 1995 começam a vigorar, na sua plenitude, as regras e princípios do Mercosul, e existem compromissos tributários do Estado brasileiro para com os demais Estados, que devem ser implementados ao longo desse tempo.

Capacidade contributiva

Parece-me que esta Mesa de Debates, assim, deva se centrar sobre os limites constitucionais que a ciência do Direito Tributário deve antepor a eventuais tentativas do Poder Legislativo de aumento de carga tributária e de introdução do nosso sistema dentro de um sistema global maior. É aí que eu gostaria de mencionar alguns aspectos que me parecem extremamente relevantes.

No que se reflete ao estatuto do contribuinte é absolutamente imprescindível que cheguemos a conceituar com clareza o que seja capacidade contributiva e como ela pode funcionar como um limite, como um efetivo controle do Poder Legislativo na tentativa de criação ou de aumento dos tributos existentes.

Sob o ponto de vista do desafio externo, parece-me que devemos enfrentar o problema da vigência da lei interna versus o tratado internacional. Os exemplos práticos nesse particular, começam desde já: um dos fortes fundamentos para a concessão, pelo Poder Judiciário, de liminares contra o art. 38 da MP que instituiu o Plano Real é exatamente o fato de que fundos estrangeiros poderiam ser prejudicados em função de não receberem a totalidade do rendimento previsto em contrato que fizeram com o Estado brasileiro, contrato este supostamente albergado, protegido, pelo ordenamento vigente.

Parece-me, assim, que a construção desses dois conceitos, de um lado a capacidade contributiva como critério de controle e, de outro lado, a discussão da lei interna "vis-à-vis" a lei externa são, talvez, dois aspectos que merecessem ser realçados numa discussão desta Mesa de Debates.

Gostaria, para começar os debates, procurar lançar algumas luzes sobre esses dois aspectos.

Isonomia

Assistimos, na abertura dos trabalhos deste Congresso, à magistral palestra do Professor Souto Maior Borges a respeito do princípio da isonomia tributária. A capacidade contributiva nada mais é, no campo do Direito Tributário, que o reflexo, a decorrência, a conseqüência, o espelho do princípio da isonomia tributária. E exatamente porque o princípio da isonomia tributária é um princípio difícil de ser estudado e delimitado também é de difícil conceituação o princípio da capacidade contributiva. A tentativa de objetivação deste conceito de natureza subjetiva é que gera esta dificuldade.

Parece-me, entanto, que se conseguirmos entender a capacidade contributiva não meramente como um princípio formal — tratar desigualmente aos desiguais na medida das suas desigualdades, na famosa frase de Rui Barbosa — mas se procurarmos a ele adicionar, além desse conteúdo formal, um conteúdo substancial, ele pode funcionar como uma forma de controle, uma maneira de garantir uma "racionalidade" tributária. Quem sabe, assim, estaríamos possibilitando ao contribuinte uma forma de controle do ordenamento estatal na criação ou aumento de tributo. Ou seja, o princípio da capacidade contributiva funcionará não meramente como um princípio de natureza formal, mas também como princípio de natureza substancial. Nesse sentido ele se aproxima muito de alguns aspectos discutidos na palestra do Prof. Aires Fernandino Barreto a respeito dos efeitos confiscatórios dos tributos.

Tratado internacional

O segundo aspecto, que me parece deva ser discutido, é o problema da vigência do tratado internacional, "vis-à-vis" o direito interno. No Direito norte-americano existe a famosa frase de que o tratado internacional é a lei maior, é a lei que subordina a lei interna. No nosso Direito, de tradição republicana e norte-americana, o tratado também constitui a "supreme law of the land", ou seja, o tratado tem perante a legislação interna uma postura de superioridade, a lei interna é hierarquicamente inferior ao tratado internacional.

Convém sempre lembrar que os tratados são negociados pelo Poder Executivo, mas são incorporados ao Direito interno pelo Poder Legislativo. A partir do momento em que os tratados internacionais são internalizados, eles suspendem a eficácia do Direito interno, sem necessariamente revogá-lo, porque são normas de hierarquia diferente. Portanto, não se trata da revogação da norma interna, mas se trata simplesmente da suspensão de eficácia da norma interna.

Esses aspectos são preocupantes e devem merecer a nossa atenção, exatamente porque a construção jurisprudencial do STF a respeito do nosso sistema constitucional tributário apenas começa.

Como dizia famoso jurista norte-americano, vivemos sob o jugo da Constituição, mas são os juízes que dizem o que é a Constituição.

Gostaria, ainda, para finalizar, de lembrar um voto do Ministro Carlos Velloso a respeito do PIS. Como se sabe, o STF julgou inconstitucionais dois decretos leis posteriores à Lei Complementar número 7/70, reestabelecendo, portanto, o PIS, tal como previsto naquela Lei Complementar. E o fez contra o voto do Ministro Carlos Velloso, que entendia ser o PIS um verdadeiro tributo e, em sendo assim, entendia poderem ser os dois decretos leis constitucionais.

Tributo

Travou-se, no STF, em memorável voto, uma discussão altamente científica, substanciosa, sob o ponto de vista doutrinário, sobre o conceito de tributo. E o Ministro Carlos Velloso pôde, em certos trechos do voto, discorrer de uma maneira didática e ao mesmo tempo extremamente contundente a respeito do conceito de contribuição, procurando mostrar, com base em velhos ensinamentos dos saudosos Rubens Gomes de Souza e Antônio Roberto Sampaio Dória que, de acordo com o art. 3º do CTN, tributo é toda obrigação legal coativa, que obriga alguém a retirar do seu patrimônio uma determinada importância para dá-la ao Fisco. Contrastando este conceito singelo com o conceito do PIS, procurou demonstrar que se tratava de um tributo, contrariamente à jurisprudência até hoje prevalescente no STF, e que não poderia haver contribuição que não fosse de natureza tributária. Ora, esse voto, por exemplo, é extremamente importante como demonstração de que a construção desses institutos, sob a égide da Constituição de 1988, está para ser feita. E sobretudo pela Suprema Corte, que irá dizer a noção exata do que seja tributo, do que sejam as contribuições previstas na Constituição e os seus limites de incidência, do que constitui a competência residual da União, porta através da qual se podem pretender criar novos tributo, do que seja a capacidade contributiva, o que nos referimos.

Finalizando esta breve intervenção, o que queria, enfim, dizer é que esta Mesa de Debates, de inovações sobre o sistema tributário, pode não ter muito o que dizer, com relação ao ano que passou, que não assistiu a grandes inovações legislativas, mas terá, certamente, muito o que dizer a respeito da construção jurisprudencial que há de ser feita sobre a Constituição de 1988 e terá, certamente, muito a dizer a respeito desses dois desafios, interno e externo, que o sistema constitucional tributário brasileiro certamente enfrentará no próximo ano e que, muito provavelmente, será objeto do IX Congresso de Direito Tributário.

Era o que tinha a dizer. (Palmas)

PROF. GERALDO ATALIBA — Muito obrigado, Professor Fernando Albino de Oliveira, pela sua, como sempre, claríssima e interessante participação.

Eficácia

(*sem correção do autor*)

PROF. OSIRIS LOPES FILHO —

Tenho uma posição um pouco divergente do formalismo jurídico kelseniano da maior parte dos componentes do IDEPE, porque às vezes eu vejo todas essas discussões como um torneio de sapiência jurídica, quando o grande problema do direito tributário brasileiro é que ele não emplaca na realidade. Em outros termos, entre o que diz a norma jurídica, muitas vezes com apoio em construções muito bem formuladas, o que ocorre na realidade, o que há é um hiato muito grande, que genericamente podemos chamar de evasão.

O problema fundamental do Direito Tributário brasileiro, do sistema tributário, é a sua falta de eficácia. Quem paga tributo no Brasil, hoje? É a classe trabalhadora. Rico não paga tributo no Brasil. Não estou fazendo uma afirmação porque esteja convicto disso, mas pelos estudos realizados: 70% da arrecadação do IR-pessoa física, historicamente, vem do trabalho assalariado, mais 20% do trabalho não assalariado (trabalho profissional liberal e autônomo) e 10% de outras formas de rendimento, basicamente de rendimento de capital.

Se se considerar que toda tributação indireta do IPI, do ICMS, do ISS é transferida do preço das mercadorias e dos serviços para o consumidor final, vamos ver que quem paga imposto neste país é quem trabalha. No IR, a classé média e no suporte da carga tributária, a população total.

Estudos feitos já de longa data, por exemplo, para justificar aqueles empréstimos compulsórios do início da década de 70 (dois empréstimos) sobre as mil pessoas de maior rendimento do país mostravam que a alíquota efetiva (e lembrem-se que os empréstimos compulsórios foram sobre rendimento não tributável) dessas mil maiores rendas do país era de menos de 1%. Como é que chegaram a essa alíquota efetiva? Somavam o rendimento tributado e o rendimento não tributado e dividiam pelo imposto que havia incidido sobre o rendimento tributado, o que dava um resultado de menos de 1%.

Estudo que a Secretaria da Receita Federal fez este ano com os dirigentes das maiores empresas deste país e seus principais acionistas ou sócios, envolvendo 36 mil pessoas, mostrou que 4 mil dessas pessoas estavam omissas na apresentação de declaração no exercício de 1993. Cerca de 7 mil tinham graves falhas na declaração. Então, de 36 mil, 11 mil estavam em situação muito vulnerável, sob o ponto de vista de um exame global dos dados, e não de um exame minucioso.

Mas o que é mais acintoso, mais dramático, e que mostra que o problema do sistema tributário nosso é de eficácia, é a primeira parte desses estudos, em que as pessoas ali elencadas (35), a de menor patrimônio tinha 92 milhões de dólares e a de maior tinha quase 800 milhões de dólares. Dessas pessoas, dentro desse intervalo de 92 a 800 milhões de dólares, há três que se declararam isentos (risos), outro pagou 200 dólares e outro pagou 500 dólares de IR no exercício de 93.

Portanto, de 35 pessoas, dos maiores patrimônios do país — patrimônios atualizados em UFIR, não mais por valores históricos — há 5 pessoas que não pagaram IR.

Então é uma injustiça fantástica!

O que ocorre no sistema é que ele é um sistema de baixa eficácia.

Administração tributária

Analisando um sistema tributário como o do Brasil, pode-se verificar duas coisas que garantem a eficácia do sistema: primeiro, uma boa consciência tributária da parte do cidadão brasileiro. Isso é impossível de existir, porque uma boa consciência tributária não é formada decisivamente pela captação do tributo. A boa consciência tributária — e isso é dito pelos financistas — é constituída pela forma como o Estado gasta o recurso. Se o Estado gasta o recurso de uma forma clientelista, concentradora de riquezas, com corrupção; se o Estado não realiza uma política de gastos adequada aos interesses da população e se a população não adere à política de gastos do Estado, jamais se terá uma boa consciência tributária do país.

O segundo instrumento para dar eficácia ao sistema é a existência de uma boa administração tributária. O Brasil não tem isso. Fui Secretário da Receita, e fui funcionário dela por muitos anos, e é ridícula a estrutura da Receita. Para terem uma idéia, no ano de 1993 a média de auditores em condição de operar — e não é para fiscalizar, mas para funcionar na máquina — foi de 4.500 e se se considerar que a Receita Federal toma conta das Alfândegas, não só de Portos e Aeroportos, mas de toda a faixa de fronteira e que a faixa de fronteira compreendida entre a Bolívia até a Guiana Francesa, no Amapá, hoje é uma faixa que se está dinamizando, que não é mais floresta, mas onde existe muita atividade econômica, vejam a impossibilidade de existir uma boa administração tributária e, portanto, de forçar o cumprimento da lei.

Seria idílico, uma concepção ingênua, imaginar que todo mundo paga espontaneamente o imposto. É preciso ter uma boa administração tributária. Eu sempre trabalhei no sentido de incutir uma tensão no evasor, utilizando o que é básico na teoria da administração tributária, que é o risco do evasor ser apanhado. Quando o risco tende a zero, todo mundo evade. Mas quando o risco começa a adquirir pontos positivos e começa a se elevar, o evasor vacila na sua evasão e começa a pagar, não corretamente, porém mais do que pagava anteriormente.

O que a administração tributária tem de fazer num país como o Brasil, é, realmente, levar tensão ao evasor. Ele tem de sentir-se incomodado, pois pode ser o próximo.

E alcançando dois pontos fundamentais que são: o patrimônio dele, quando ela atua, e a liberdade, quando ele pratica crimes contra a ordem tributária.

Conseguindo fazer isso, modifica-se.

Agora, para dar eficácia ao sistema, para combater a evasão e incorporar, realmente, ao mundo dos pagantes esses evasores, o que é necessário? Hoje estou convencido — tenho total convicção, não só em função dos problemas do Brasil, mas da América Latina — de que primeiramente é preciso ter vontade política do Governo. E vontade política do Governo, quer dizer, do Presidente da República, do Ministro da Fazenda e do Administrador Tributário; ou do Governador, do Prefeito e do seu secretário de finanças. Vontade política irrestrita, sem exceções. Esse o primeiro ponto.

Segundo ponto, mobilização da administração tributária, para que o servidor sinta que quando ele cumprir a lei tributária, ele não está caminhando para a guilhotina, não, mas sendo apoiado pela administração. Aí ele começa a se superar.

Um dos problemas dos dias atuais, ideológicos, é uma concepção que se chama neo-liberal, de tentativa de destruição do Estado brasileiro, que na minha opinião não é neo coisa nenhuma, mas palio-liberal, porque se construiu no Brasil uma teoria de que o Estado é fazedor de obras. O Estado não faz obra, coisa nenhuma. O Estado é prestador de serviços: serviço de segurança, de saúde, de educação. O Estado tem de prestar serviço. Para tanto, pode ter edificações, instrumentos, mas fundamentalmente ele tem de ser um prestador de serviços e esses serviços têm de ser de boa qualidade. Os empreiteiros é que conseguiram alterar essa concepção: Estado obrista, Estado que realiza obras faraônicas, e há sempre uma obra aí, quando o que a população quer é que os serviços essenciais lhe sejam prestados com boa qualidade.

Quer dizer, a concepção tem de mudar.

Se o Estado começa a depreciar o servidor público, que é quem materializa a ação do Estado, torna impossível a prestação do serviço público. Se o próprio servidor é desmotivado, é desvalorizado pelo Estado, não só em termos financeiros, mas como profissional, fica impossível ao Estado exercitar as suas funções adequadamente no interesse da população.

Evasão

O terceiro ponto para um bom combate à evasão é a legitimação do combate à evasão pela população. Hoje eu não tenho a menor dúvida disso. O povo, na sua noção de cidadania, que começou pela afirmação dos direitos democráticos, que evoluiu para a garantia dos presos, das mães solteiras, dos garotos de rua (na minha opinião a pior denominação que já ouvi, porque não são garotos de rua, são garotos do Brasil, eis que a própria denominação já alija a cidadania desses meninos pobres, porque se eles são garotos de rua, se eles se formam na rua e não aprendem as regras do jogo na escola, vão ser marginais. Vamos ter de pagar mais à nossa polícia, aumentar o Estado policial, porque eles vão ser criminosos).

Quer dizer, o conceito de cidadania está hoje chegando na área tributária, que é decisiva para a sustentação do Estado. Quer dizer, eu senti como Secretário da Receita, e estou sentindo hoje como conferencista pelo país, que a população está adquirindo, do ponto de vista da cidadania, uma compreensão melhor do sistema e quer que todos paguem imposto.

Tem gente no Brasil, absolutamente ignorante, que não sei se entende de Direito, se entende de finanças, de economia, que diz o seguinte: como tradicionalmente a carga tributária no Brasil representa 25% do PNB e como as estatísticas oficiais dizem que para cada dois Reais devidos como tributo um é arrecadado e o outro é evadido, o carga tributária no Brasil não é de 25%, mas 50%, portanto, equivalente à dos países nórdicos (Suécia, Noruega etc).

Nunca vi maior ignorância que essa afirmação, porque a carga tributária é conceito efetivo. Ele corresponde à soma, no Brasil, da tributação federal, da estadual, da municipal e da seguridade social. Soma-se tudo isso e compara-se com o PNB e aí se tem a relação. Não quer dizer que seja um bom método, de comparação de um país com outro, mas a carga tributária efetiva tem de considerar uma outra coisa, que é o retorno que o Estado dá em termos de prestação de serviços.

O Brasil, com a carga de 25%, em função da carga tributária, seria uma carga tributária média. Já o Japão e os Estados Unidos estão em torno de 38 a 42, como os países nórdicos, e teriam uma carga tributária elevada, usando esse sistema de aferição.

Se entrarmos criticamente nesse campo e examinarmos o que o Estado sueco oferece à população, vamos chegar à conclusão de que a carga tributária dele é aparentemente elevada, porque o Estado fornece tantos bens e serviços à população, que o sujeito fica tão angustiado por ver que todas as coisas que ele deseja lhe são oferecidas, que ele se suicida. (Risos) Não morre de fome, não, mas por estar enfastiado com a vida.

O que ocorre no Brasil não é que temos uma carga tributária multiplicada por dois, mas é que quando uma pessoa paga tributo, ela está pagando tributo por si mesma e por uma outra pessoa, que se evade.

Daí que o combate à evasão não é função meramente estatal. É de todo contribuinte. Todo contribuinte correto. Hoje, a maior parte da população é de contribuinte correto, porque são trabalhadores assalariados, que têm descontado na fonte a sua incidência do IR. É correto, nem tanto por convicção, mas por força dos procedimentos estabelecidos pelo ordenamento jurídico.

O combate à evasão e uma melhor distribuição da carga tributária é tarefa de toda população, principalmente da população que sustenta o Estado, hoje, a população trabalhadora deste país. Essa consciência tem de ser adquirida para o cidadão do país se incorporar ao Estado. O Estado não é inimigo do cidadão. O Estado é instrumento para tornar possível a convivência social moderna e estabelecer padrão de bem-estar geral para toda a população. Quer dizer, temos de nos integrar ao Estado e não colocá-lo como condenado a inexistir, numa aproximação. Os marxistas históricos diziam que o Estado desapareceria pela sua inutilidade, quando chegasse o paraíso terrestre. Os neo-liberais também querem fazer desaparecer o Estado brasileiro para que eles possam dominar a sociedade brasileira. Muito obrigado. (Palmas)

PROF. GERALDO ATALIBA — Muito obrigado, Prof. Osiris.

Uma observação: ele começou dizendo que é contrário ao formalismo que predomina no IDEPE. No entanto, ele deu uma belíssima aula de Direito Constitucional. Por isso, foi excelentemente formalista e por isso teve a resposta do nosso Plenário.

Vamos ouvir agora por 10 minutos o Prof. Sacha Calmon Navarro Coelho, titular de Direito Tributário da Universidade de Direito de Minas Gerais.

PROF. SACHA CALMON NAVARRO COELHO — Atento à observação do meu mestre Geraldo Ataliba, cabe-me secundar a Osiris, que numa bela fala apologética nos demonstra a necessidade de reformar as consciências para implantarmos a virtude tributária. Entro a tratar do tema "Inovações Tributárias", lembrando que o tema é vago, a vincar que o Direito, como técnica de disciplinação de comportamentos sociais, é uma técnica que utiliza palavras vagas, ôcas, polissêmicas, ambíguas e que impõe a quem quer seja que queira tratar do Direito, esta observação preliminar: cuidado com as palavras. De fato, inovações nos deixam um tanto quanto atônitos. Serão inovações legislativas, jurisprudenciais, factuais, inovações que deveriam ser ou que já foram feitas?

Dentro deste tema livre me sinto à vontade para vagar e divagar.

ICMS

Gostaria, em primeiro lugar, de chamar a atenção da consciência jurídica aqui presente para uma inovação que se deu silenciosamente, subrepticiamente, "à la diable", contra a Constituição e com o beneplácito acomodatício de todos nós. Trata-se do ICMS, hoje um imposto completamente divorciado do princípio da legalidade.

Todos sabemos que o princípio da legalidade, como dizia Pontes de Miranda, é o povo tributando-se a si próprio, porque retirou do Executivo para colocar nas mãos das Casas Legislativas o poder de tributar. Contém exceções. A Constituição libera do princípio da legalidade o Imposto de Importação, o Imposto de Exportação, o IOF e o Imposto sobre Operações Financeiras. Não, porém, o ICMS.

O Executivo, por beneplácito da Constituição e do constituinte, pode majorar ou diminuir as aliquotas desses impostos, sem prévia licença legislativa; também os empréstimos extraordinários em caso de guerra ou de calamidade pública escapam à rigidez do princípio da legalidade, pela dramaticidade dos motivos que sugerem a sua instituição ou que balisam a ação legislativa da sua instituição.

Outras exceções inexistem no texto constitucional. Todavia, no art. 34 do ADCT da Constituição de 88, § 8º, há permissão para o legislador estadual, mediante convênio, disciplinar a estrutura básica do ICMS, à falta de uma lei complementar, que deveria ser editada no prazo de 60 dias, a contar da promulgação da Constituição.

Foi prudente o constituinte na previsão da omissão legislativa, que aliás é um fenômeno mundial. Se não fosse, não haveria, em qualquer país do mundo civilizado (e existem em todos eles), os antídotos jurídicos contra a omissão legislativa. Basta dizer que em todos esses países, como no nosso, temos ação de inconstitucionalidade por omissão.

Só o fato da existência desse instituto jurídico processual é suficiente para provar que a omissão legislativa é um fenômeno universal. Não é um fenômeno típico do subdesenvolvimento econômico, político e cultural do Brasil, como é provavelmente típico do Brasil esse injusto sistema tributário baseado em impostos indiretos e em impostos diretos, como bem vincou há pouco o meu amigo, que admiro sobremaneira, Prof. Osiris.

Convênios

Pois bem, com base nessa omissão legislativa e nessa licença constitucional que se deu por convênio aos Estados para disciplinarem provisoriamente a estrutura do ICMS, dá-se que de uma outorga provisória, ela tornou-se um exercício permanente de competência, porque os Estados-membros, através dos seus secretários de fazenda ou de finanças, com base nesse art. 34, § 8º, não só disciplinaram temporariamente o ICMS, como a todo momento inovam (no sentido da palavra modificar) a ordem jurídico-tributária desse imposto, sem audiência do Legislativo.

Quer dizer que o Congresso Nacional foi alijado da formulação das regras básicas desse imposto e, o que é pior, os atos tirados em convênios são atos administrativos, não são atos legislativos. No entanto eles transitam daí para os regulamentos do ICMS, de tal maneira que o ICMS tornou-se, inteiramente, um imposto não sujeito ao princípio da legalidade. Quem decide, quem inova a ordem jurídica, são funcionários do Poder Executivo, que não foram eleitos pelo povo para fazê-lo. E as regras tiradas de convênio se trasladam para os regulamentos do ICMS, alijando, mais uma vez, o Poder Legislativo (estadual).

A menção que eu queria fazer é que nunca se submetem ao Poder Legislativo as decisões tirada dos convênios. Por isso, merece o Estado do Rio Grande do Sul os nossos encômios. É o único Estado cujo legislativo homologa os convênios.

Ora, essa é uma inovação péssima na ordem jurídica, porque transforma o ICMS num imposto livre da legalidade, quando a Constituição não prevê a sua exclusão; é uma inovação de ordem factual à qual todos nos acomodamos, não denunciando, e é por isso que estou denunciando, este absurdo de ver um imposto que afeta a vida de todos nós, porque de fato somos os contribuintes do ICMS, somos consumidores finais. Para honrar mais esta Mesa, quero dizer que ela não é formalista mas realista, e por isso estou fazendo esta denúncia para que a consciência jurídica nacional se rebele contra essa prática nefanda e nefasta do ICMS ser um imposto, hoje, em termos práticos, totalmente manejado, manipulado, pelo Executivo, sem interferência ou licença do Poder Legislativo.

Essa a primeira inovação que os fatos e a história colocaram perante a consciência jurídica nacional.

A segunda se refere a uma inovação muito desapercebida, inclusive por juízes eméritos, ocorrida na área da competência municipal, aliás, já referida em várias ocasiões pelo Professor José Souto Maior Borges.

Esta Casa, este Instituto, o IDEPE, esta escola jurídica à qual todos pertencemos, valoriza o Município.

ISS

O ISS, na Carta outorgada de 67 e reformada em 69, era um imposto, vamos dizer assim, atribuído ao Município, mas de forma residual, porque lá se dizia que competia ao Município instituir imposto sobre serviços, excluídos aqueles que fossem da competência federal e estadual. Por exemplo, a União até hoje tributa, com o adicional de renovação ao frete da marinha mercante, os serviços de transporte marítimo e fluvial, transporte feito por navios. Era um serviço que era tributado pela União. Era um adicional do imposto sobre transporte, na época federal.

Todavia, com a Constituição de 88, a dicção constitucional mudou radicalmente: lá está dito, de maneira aplastante, definitiva, categórica, que cabe ao Município tributar os serviços de qualquer natureza, exceto os serviços de transporte não estritamente municipal e o serviço de comunicação. Quer dizer, o constituinte atribuiu ao Município todos os serviços, exceto dois por ele mesmo nominados expressamente. A exceção de um Ministro, que é Carlos Mário da Silva Velloso, o STF tem entendido, desde sempre, que a lista é taxativa. Pois bem, não é mais. Ela terá de ser, doravante, exemplificativa. Porque se a Constituição deferiu aos Municípios todos os serviços, exceto dois, se a lista não contiver todos os serviços ela está diminuindo, vulnerando, uma competência municipal, que foi diretamente outorgada pela Constituição. A Lei Complementar terá o poder de diminuir uma outorga constitucional, com dignidade outorgada pelo constituinte. Basta que a lista seja incompleta, para que haja exclusão de serviços não pensados pelo Poder Constituinte originário.

Lista de serviços

Primeira observação: a lista não pode ser mais taxativa, ''numerus clausus'', tem de ser exemplificativa: números abertos.

Vamos pensar sobre isso. É extremamente significativo pensar no reforço que a Constituição atual trouxe à competência municipal, inovando a ordem jurídica constitucional, uma inovação que não foi ainda bem absorvida pelo pensamento jurídico nacional.

A terceira observação que eu queria fazer, na esteira do Professor Osiris, é exatamente essa: vivemos num país injusto, pela maligna repartição de rendas entre seus cidadãos, como também num país extremamente injusto no que diz respeito ao sistema tributário.

Quero aqui, de público, tachar de mentirosa a afirmação por mil vezes repetida — e me parece que um dos corifeus dessa repetição é o Professor Yves Gandra da Silva Martins — de que o Brasil tem 58 impostos. É uma mentira deslavada, não só do ponto de vista dos livros jurídicos, como também do ponto de vista factual. O que há no Brasil é que, segundo estudos mandados fazer (e a Faculdade de Direito de Minas Gerais tem, a partir do próximo ano, sob a batuta da Professora Misabel Derzi, uma cadeira de Direito Tributário Comparado, a única no Brasil), os impostos indiretos, cobrados diretamente dos assalariados e dos consumidores de bens e serviços, significa setenta ou quase setenta por cento das receitas da União, Estados e Municípios, ao passo que os impostos diretos carreiam 30% para os cofres públicos.

Ora, na Europa dá-se exatamente o inverso, numa sociedade que é mais homogênea do ponto de vista da acomodação das classes sociais: 30% apenas são impostos indiretos e 70% são impostos diretos sobre a renda e o patrimônio. Todos nós temos, nesta escola de direito, amor ao direito e à norma jurídica e temos como objeto dos nossos estudos a norma jurídica. Então, é necessário que essa norma jurídica esteja a serviço da justiça, da igualdade, dos grandes princípios que defendemos, dentre eles o da capacidade contributiva.

É necessário que vencida a eleição, diga-se, pelo Professor Fernando Henrique Cardoso, logo e logo se faça uma reforma da Constituição e uma reforma tributária, para tributar adequadamente a quem tem capacidade contributiva, liberando o povo brasileiro desta injusta carga tributária no sistema atual estatuída.

Obediente aos 10 minutos — e gostaria de falar um pouco mais — cesso aqui as minhas palavras. Muito obrigado. (Palmas)

PROF. GERALDO ATALIBA — Muito obrigado, Prof. Sacha Calmon.

Quero fazer um registro de justiça, muito importante: corretamente, com todo o meu apoio, o Professor Sacha condena essa usurpação, que vai ser até objeto de perguntas e de respostas, depois, consentida dos Secretários de Fazenda, que se transformaram numa assembléia legislativa nova, que não está na Constituição. Reúnem-se os secretário de fazenda e fazem lei. Isso é um absurdo. Todos estamos consentindo nisso, mas isso não deixa de ser errado. Mas isso mostra que secretário de fazenda tem de ser jurista e não economista. E eu quero, dizer que há um secretário de fazenda no Brasil, hoje, que é jurista e que defende exatamente a tese do Professor Sacha Calmon e que não aceita a postura do Confaz, dessa assembléia de secretários de fazenda. É um secretário de fazenda que se comporta como jurista e que coloca a Constituição acima de tudo. Ele é membro do IDEPE, participante da Mesa, e hoje está presente no auditório, que é o ilustre Dr. Heron Arzua, Secretário da Fazenda do Paraná.

Tem a palavra o juiz Américo Lacombe.

PROF. AMÉRICO LACOMBE — Senhor Ministro Carlos Velloso, Professor Geraldo Ataliba, demais membros da Mesa, minhas senhoras e meus senhores:

Eu anotei, enquanto os professores que me antecederam falaram, alguns tópicos das suas respectivas exposições. Não anotei ou anotei pouquíssimo da exposição do Professor Sacha Calmon, porque ele basicamente falou em impostos estaduais, em impostos municipais, que, evidentemente, não chegarão jamais ao meu exame, porquanto sendo juiz de Tribunal Federal não terei oportunidade de apreciar impostos estaduais e municipais, nem essa questão da usurpação da competência das Assembléias Legislativas pelos secretários de fazenda.

Do que disse o Professor Fernando Albino eu anotei a questão dos desafios. Esses desafios que teremos de enfrentar após a posse do novo Presidente da República e do novo Congresso dizem respeito às emendas constitucionais e quero frisar bem a palavra: emendas constitucionais, porquanto a revisão está morta e enterrada. (Palmas)

O Congresso Nacional renunciou ao seu poder, à sua competência de fazer a revisão. No momento em que ele encerrou a revisão constitucional, que não fez porque não teve vontade política de fazer, essa é a verdade, renunciou ao poder de emendar a Constituição pelo "quorum" privilegiado. O que o Congresso deveria ter feito, se quisesse, era não ter começado a revisão constitucional em ano eleitoral, porque o art. 3º do Ato das Disposições Transitórias diz que após cinco anos haverá revisão, mas não disse que era logo após, nem quando essa revisão poderia ser iniciada e ele não precisava iniciar. O Congresso poderia ter deixado o início para a próxima Legislatura e aí, sim, iniciava o procedimento de revisão constitucional. Não o fez. Renunciou. Encerrou a revisão constitucional. Não pode agora querer fazer inovações, fazer emendas à Constituição por um "quorum" privilegiado que a Constituição não mais lhe permite. Só pode haver mudanças na Constituição e mudanças no sistema tributário por emendas constitucionais, com o "quorum" de 3/5. Quem tiver apoio de 3/5 do Congresso fará as emendas. Quem não tiver, não fará, porque com o "quorum" de maioria absoluta todas elas serão inconstitucionais. Qualquer inovação será inconstitucional.

Cláusulas pétreas

Outra questão deve ser encarada como um desafio, e um desafio muito sério, é a questão das cláusulas pétreas. Temos no Brasil inúmeras cláusulas pétreas. Uma é a independência dos Poderes. Outra, todas as garantias individuais, que não são só aquelas que estão no art. 5º da Constituição. Se o STF suspendeu, no ano passado, a cobrança do IPMF, que foi aprovado por emenda constitucional, porque ele não respeitou o princípio de anterioridade, significa simplesmente que o STF considerou que o princípio da anterioridade é um direito e uma garantia individual, apesar de não estar no art. 5º. Portanto, o Supremo já entendeu que o art. 5º não esgota todos os direitos e garantias individuais.

Imposto único

Outra questão: essa panacéia que muitos falam — o imposto único, como se ele fosse a solução de todos os problemas nacionais. Ele não é. E nem pode haver no Brasil imposto único. Eles se esquecem que na melhor das hipóteses para eles, pior para mim, temos de ter pelo menos três impostos únicos, porque existe o princípio federativo, que é cláusula pétrea. Teríamos de ter um imposto único municipal, um imposto único estadual e um imposto único federal.

Esta questão do imposto único é absolutamente inconstitucional, no meu modo de ver — e aí estou falando não como juiz, mas como professor e aí posso falar tudo. Como juiz, isso poderia depois vir ao meu exame. Mas me parece absolutamente inconstitucional querer se implantar no Brasil um imposto único federal, dando à União a obrigação de repartir a sua arrecadação pelos demais entes políticos — Estados e Municípios. Isso, absolutamente, não vai funcionar.

Outra questão — isso foi debatido até ontem, quando o Professor Alcides Jorge Costa salientou isso, aqui — é querer estabelecer imposto único porque ele é simples, o que é outra bobagem, porque não há imposto simples. Ele pode começar simples, depois ele começa a se complicar. Não porque queira, porque o legislador tenha vontade de complicar o imposto, mas é que a mudança das realidades vai mostrando que aquele imposto, simples, quando começou, se torna injusto.

Vamos ver o IPMF, por exemplo. Esse é um imposto simples, mas se num momento ele se tornasse imposto único começaríamos a perceber que ele é um imposto injusto, porque cobra a mesma alíquota de quem tem e de quem não tem dinheiro. As alíquotas começariam a ser diferenciadas, progressivas; começar-se-iam a criar isenções para determinados casos e ele começaria a ser complicado. Portanto, todo imposto é complexo, difícil. Por isso, não vamos aqui acatar essa panacéia que é o imposto único. Além de inconstitucional.

Futuro do estado

Outra questão existe, onde eu entraria, talvez, em confronto com o Professor Osiris em alguns aspectos, porque ele teme um pouco o fim do Estado brasileiro e eu também. Mas o fim do Estado é inevitável. Lembro-me, há alguns anos, que eu ouvia aulas do Professor Ataliba Nogueira, pai do Professor Geraldo Ataliba, que dizia que já via nos horizontes o desaparecimento do Estado, o fim do Estado. O Estado já entrou no hospital. Ainda não entrou na UTI, mas já está internado no seu quarto e vai, seguramente, no próximo século, entrar na UTI e vai desaparecer. Vemos hoje a superação dos Estados por organismos internacionais. Vemos entidades não governamentais participando de assembléias internacionais. Isso tudo revela o que? A fraqueza do Estado. Ele já está doente. Também as empresas, as máfias do narcotráfico — como me está lembrando aqui o Professor Geraldo Ataliba — as entidades não governamentais, tem enorme poder hoje. Não estou aqui fazendo um juízo de valor. Estou constatando um fato. Isso existe. O Estado vai desaparecer.

Agora, o Estado não deve desaparecer, como certos grupos estão tentando fazer desaparecer o Estado brasileiro. Esse já é outro problema e nesse ponto eu estou de acordo com o Professor Osiris.

Temos de sustentar o Estado brasileiro de todas as formas.

Disse o Professor Osiris que a grande inovação que se precisa no sistema tributário é dar eficácia à norma tributária. Eu completo: só poderá haver eficácia da norma tributária com um Judiciário equipado e forte para fazer valer tal eficácia.

Há alguns anos, quando o Professor Osiris ainda era Secretário da Receita Federal, ele veio a São Paulo e fomos visitar o Forum das Execuções Fiscais. Parece que ele ficou bem impressionado com o que viu aqui em São Paulo. Hoje está até melhor. As Varas das Execuções fiscais funcionam plenamente, penhorando bens. São 90 oficiais de Justiça na rua fazendo penhora de bens e os processos andando — há muitos embargos, evidentemente — juízes julgando e até alguns depositários infiéis indo para a cadeia, se não apresentam bens no momento adequado.

Essa é uma das formas de se combater a evasão, como ele mesmo falou, porque no momento em que começa a haver repressão à evasão, aquele contribuinte começa a pagar.

Quanto aos gastos do Estado, são muitos e precisamos por isso ter uma boa administração tributária. Aí também estou de acordo com o Professor Osiris. Mas aí é preciso haver vontade política. E quando há vontade política, as coisas funcionam.

Eu já até tive oportunidade de escrever para um jornal, cujo nome nem me lembro mais, a respeito de uma conferência que o Ministro Carlos Mário Velloso fez na Hebraica, comparando a Justiça a uma tia velha: sofre de reumatismo, sofre de uma série de coisas, anda com bengala, mas vai andando, continua caminhando, os movimentos são lentos etc., mas pode funcionar e chegamos à conclusão de que com uma boa recauchutagem a Justiça pode funcionar muito bem. Quando eu me despedi do Ministro Velloso, naquela ocasião, eu disse: "fique sabendo que nós, aqui em São Paulo, estamos cuidando da tia velha". Ele respondeu que sabia disso.

Pretendo em pouco tempo ver essa tia velha transformada em professora de aeróbica. (Risos) (Palmas)

PROF. GERALDO ATALIBA — Muito obrigado, Professor Américo Lacombe.

Vamos ouvir agora a voz do ilustre juiz do Supremo Tribunal Federal, Ministro Carlos Mário Velloso, mas que aqui vem, sobretudo, como professor de Direito Constitucional. Portanto, não vai falar com as limitações de juiz, mas com a universalidade de pensamento e liberdade que caracterizam o verdadeiro jurista e professor.

(*sem correção do autor*)

PROF. CARLOS MÁRIO VELLOSO — Professor Geraldo Ataliba, nosso Presidente; Senhores Professores Fernando Albino, Osiris de Azevedo Lopes Filho; eminente Professor e Presidente do TRF, Américo Lacombe e meu dileto colega e amigo, conterrâneo, Professor Sacha Calmon Navarro Coelho. Conterrâneo porque o Sacha nasceu na Bahia e hoje é um autêntico baianeiro, meio baiano e meio mineiro. (Risos)

Meus senhores, minhas senhoras, Srs. advogados, magistrados, meus colegas: não vou falar com as limitações do cargo de juiz, mas prometo que ficarei fiel ao limite temporal, por dez minutos.

Os Professores Albino e Américo Lacombe ressaltaram a importância do pronunciamento jurisdicional, a importância da decisão judicial. Na verdade, vivemos, a partir de 1988 — os juízes e o Poder Judiciário brasileiro — grandes momentos. Há pouco dizia até a Constituição de 88 e eu vou conceder um pouco mais: até um pouco antes de 88, o Judiciário brasileiro — e partir de uma certa data já nos anos 60 — se limitava a dirimir conflitos entre particulares. Abria mão do seu poder político, poder político que ele é e sempre foi a partir da Constituição de 1891, com a breve interrupção da Carta política de 1937. Portanto, o Judiciário ficava numa posição muito cômoda, dirimindo conflitos entre particulares, até conflitos pequenos, porque para os grandes conflitos as grandes empresas não procuravam o Judiciário e resolviam de outra forma as suas questões. Hoje , a partir principalmente de 88, o Poder Judiciário interfere na política. Política, no sentido exato do termo, no sentido grego do termo. De modo que pelo Poder Judiciário estão passando os grandes temas de Direito Tributário, de Direito Constitucional Tributário, de Direito Administrativo, e ele vem tentando dar respostas a esses verdadeiros desafios.

O Professor Américo Lacombe lembrou que numa palestra que fiz em São Paulo comparei — aliás, a comparação não é propriamente minha, ela decorre de uma grande pesquisa que se fez a respeito da Justiça brasileira e o resultado dessa pesquisa pôde, na verdade, ser assim caricaturado: a Justiça brasileira pode ser comparada a uma velha trôpega, evidentemente, cega e comumente surda aos reclamos da sociedade. Mas — e aí é que está a importância — uma velha profundamente decente. Tem, portanto, aquilo que é fundamental num Juiz, num Tribunal, que é a decência, a integridade. Ela é decente.

De sorte que tem razão o eminente Presidente Lacombe, quando afirma: basta uma recauchutagem para ela se transformar não digo numa professora de aeróbica, mas, quem sabe, numa senhora que pode despertar muitas paixões na sociedade brasileira. (Risos)

Mas por isso mesmo o Professor Albino chega a dizer, repetindo uma frase de um notável Juíz da Suprema Corte Norte-Americana: "Temos uma Constituição, porém a Constituição é aquilo que os juízes dizem que é" (Charles Hughes).

Ação de constitucionalidade

Portanto, eu vou tentar ficar na minha palestra em temas atuais, atualíssimos, postos perante o Poder Judiciário e resolvidos pelo Poder Judiciário.

Vou começar, por exemplo, mencionando algo — e está aqui o Professor Marcelo Figueiredo, que é o grande contestador da Ação Declaratória de Constitucionalidade — colocando esse tema, que é atualíssimo: a Ação Declaratória de Constitucionalidade, da competência do STF, que deve ter por objeto ato normativo federal.

Essa ação foi recebida realmente com muita reserva pelos advogados brasileiros.

O STF declarou-a constitucional. Declarou a Ação Declaratória de Constitucionalidade, instituída por uma emenda constitucional, declarou-a constitucional.

Na verdade os temas postos (e eu vou, a vôo de pássaro, mencioná-los) as leis se presumem constitucionais. De modo que uma ação, para declarar a constitucionalidade da lei, pode parecer algo até despropositado, dada a ilegitimidade constitucional, que se resolve mediante a ação direta de inconstitucionalidade.

Esse é um tema muito caro ao Professor Osiris Lopes Filho, que é a realidade, a realidade que está subjacente aos aspectos jurídicos. A grande realidade é que há casos em que é possível visualizar uma controvérsia séria a respeito da constitucionalidade de uma lei.

No caso, por exemplo, dos 147% dos aposentados, foi fácil verificar que havia uma controvérsia séria. Enquanto, por exemplo, no Ceará, o Juiz Federal mandava prender o superintendente da Previdência Social, do INSS, o juiz, talvez, de Goiás, decidia pela inconstitucionalidade do preceito.

A existência de um mecanismo que dê solução imediata a uma controvérsia séria, nacional, a respeito de um tema constitucional, é absolutamente necessária.

Nesse sentido esta ação será um reforço esplêndido ao controle de constitucionalidade, principalmente se atentarmos para a eficácia "erga omnis" e o efeito vinculativo da decisão. É claro que uma declaração de constitucionalidade de uma lei pode, com o tempo, tendo em vista a alteração daquilo que chamamos de constituição substancial e até da moldura normativa existente, isto pode ocasionar, portanto, uma inconstitucionalidade de uma norma, que num determinado momento foi dada como constitucional.

De modo que uma coisa julgada a respeito da constitucionalidade de uma norma pode criar problema. Porém, o STF, nesse julgamento, deixou claro que não se pode encarar a coisa julgada nesses termos, nessa ação, nesse tema de Direito Constitucional, como é a coisa julgada que nos veio do Direito Romano e que tantos serviços prestou em termos de Direito privado.

É possível, no entanto. A Corte Suprema norte-americana costuma variar nas suas decisões. Isto é absolutamente correto, dado que há uma constituição substancial e uma constituição formal, e a constituição formal há de estar ajustada à constituição substancial.

Contraditório

O mais importante, me parece, o mais melindroso, é o problema do contraditório. Na verdade penso que a ação declaratória de constitucionalidade, sem o contraditório, é inconstitucional. Mas isso é muito fácil de resolver: basta que se publique um edital para que se habilitem os interessados, impugnando a constitucionalidade. Ou, na pior das hipóteses, que se defira aos legitimados para ação direta de constitucionalidade a faculdade de impugnar e contestar a ação declaratória.

Nesta ação declaratória decidiu-se, pela primeira vez, o problema da contribuição denominada Cofins. O STF deu pela constitucionalidade do Cofins. Há vários temas que eu poderia mencionar, mas o tempo, evidentemente, não vai permitir.

O STF decidiu a respeito da inconstitucionalidade de emenda constitucional. Pela primeira vez na história do STF republicano, isto é, pela primeira vez na História do Judiciário brasileiro, porque antes da República o Judiciário não podia declarar a inconstitucionalidade de nada. Aí é que o Poder Judiciário brasileiro não passava de mero dirimidor de controvérsias entre particulares e não tinha nenhuma função política, nenhum poder político.

Anterioridade

Pois bem, declarou, por exemplo, a inconstitucionalidade da Emenda n. 3, no ponto em que ela, instituindo o IPMF, dispensou, excepcionou o princípio da anterioridade. O STF fez uma construção muito interessante. É cláusula pétrea — essa metáfora interessante é bem brasileira : cláusula pétrea. Eu prefiro falar em limitação material ao Poder Constituinte, limitações materiais à reforma constitucional.

Há uma cláusula pétrea (vamos ficar com a metáfora bem brasileira) que estabelece que não será objeto de deliberação a proposta tendente a abolir, diminuir, de certa forma, direitos e garantias individuais. Direitos e garantias individuais são aqueles postos no art. 5º da Constituição Federal? Evidentemente que não. Eles se espraiam na Constituição, se espalham na Constituição e no capítulo do Sistema Constitucional Tributário há direitos e garantias individuais, e um deles é a anterioridade.

O STF entendeu, portanto, que quando a emenda excepcionou, afastou o princípio da anterioridade, ofendeu cláusula pétrea e seria inconstitucional. Suspendeu a emenda, e no mês de dezembro de 93 declarou a inconstitucionalidade da emenda, no ponto. Como declarou a inconstitucionalidade da emenda na parte em que ela excepcionava da imunidade recíproca os entes que compõem o pacto federativo. Neste ponto, apoiou-se em belíssima lição do nosso mestre Professor Geraldo Ataliba, quando ensina que há imunidades que são ontológicas, porque dizem respeito ao cerne do pacto federativo.

Realmente, a imunidade recíproca diz muito de perto ao pacto federativo, à Federação e uma das cláusulas pétreas é esta: não será objeto de emenda a proposta tendente a abolir a Federação.

Em 1819, no famoso MacCoulley vs Maryland, Marshall proferiu frase que ficou famosa: no poder de tributar está o poder de destruir. Portanto, não é possível que haja tributação entre entes políticos que compõem o Estado federal. Frase que ficou famosa e que teve resposta neste Século. Holmes respondeu a MacCoulley: no poder de tributar não está o poder de destruir, enquanto existir esta Corte Suprema. Desta frase eu lembrei no julgamento, quando o STF reconheceu que esta imunidade diz respeito ao cerne do pacto federativo, reconheceu que ela é, como chama Geraldo Ataliba, ontológica, e declarou a inconstitucionalidade da emenda, no ponto em que ela excepcionava a imunidade.

Finsocial e PIS

O Finsocial foi decidido pelo STF e em síntese o que o Supremo decidiu foi que a cobrança se fará com base na legislação anterior às Constituição de 88 e até a Lei Complementar n. 70, que institui o Cofins, isto é, o novíssimo Finsocial.

O PIS, o Professor Fernando Albino trouxe o tema ao debate. Na verdade, sempre sustentei o caráter tributário das contribuições, na esteira de lições de Geraldo Ataliba, de Sacha Calmon Navarro Coelho, na esteira de lições de Fernando Albino e de muitos outros professores de Direito Constitucional Tributário, na esteira de lições de Lacombe. Sempre sustentei.

Sustentando o caráter tributário do PIS, mesmo anteriormente à Constituição de 1988, e não obstante a norma posta na Emenda Constitucional n. 8, de 1977, que fez uma transposição geográfica, e que Sacha Calmon Navarro Coêlho ofereceu uma crítica contundente a um certo jurista que afirmou que aquela mudança tirou o caráter tributário do PIS — não obstante tudo isso, sempre sustentei esse caráter tributário. E com base na jurisprudência do STF entendi que seria possível a alteração da base de cálculo, mediante Decreto-lei.

Mas o STF, que entendia que o Pis não era tributo, principalmente a partir da Emenda Constitucional n. 8, de 1977, fiel à sua jurisprudência, declarou a inconstitucionalidade dos decretos leis, dado que se aquelas contribuições não tinham caráter tributário, não constituiam ingresso obrigatório, compulsório, tão pouco ingresso que pudesse ser classificado como ingresso financeiro, então, não tinha o Presidente da República competência para editar decreto-lei a respeito do tema.

Contribuição social sobre lucro

Declarou-se a inconstitucionalidade desses decretos leis, de modo que a base de cálculo instituída por esses decretos-leis caiu por terra.

A Contribuição Social, sobre o lucro das pessoas jurídicas, o STF decidiu por sua constitucionalidade, dispensou a lei complementar, como dispensa para todas essas contribuições inscritas no art. 195 da Constituição; a lei complementar se exige para aquela chamada outra contribuição, para a instituição daquelas outras fontes postas, se não me engano, no § 6º do art. 195 da Constituição; reafirmou a inocorrência do princípio da anterioridade na sua feição clássica para as contribuições, reafirmando também para a cobrança a ineficácia da norma naqueles 90 dias seguintes à sua instituição.

Eu tenho outras questões para colocar, mas devo ser obediente ao tempo e peço até desculpas porque já ultrapassei o tempo, por ter deixado de olhar o relógio.

Agradeço aos organizadores deste Congresso a oportunidade que me concederam de mais uma vez conviver com os juristas paulistas e, no caso, como me dizia o Professor Geraldo Ataliba, com juristas do Brasil inteiro. Isto para um professor de Direito Constitucional Tributário e para um juiz da Suprema Corte é muito significativo e me faz muito feliz. Muito obrigado. (Palmas)

PROF. GERALDO ATALIBA — Há perguntas, sobre questões que estão em debate judicial, dirigidas a juizes que não podem respondê-las, mas que não ficarão sem resposta, porque eu não tenho nenhum impedimento para assumir a função deles e dizer nesta mesa; uma, dirigida ao Ministro Velloso, eu respondo: diz o Supremo que o PIS não é tributo.

PIS

Quero deixar claro da leitura que fiz, e isto o Ministro pode fazer, que é censurar-me, se eu não fui fiel na leitura dos votos no caso do PIS, no Supremo, notei um especial cuidado de todos os Ministros para dizerem: "no período", "desde a sua criação", "até a Constituição de 88", o PIS não é tributo. Tese que cientificamente é erradíssima. Mas foi isso que foi dito. Todos circunscreveram o seu pronunciamento a esse período: até 88. Quer dizer, a barbaridade morre em 88. Nenhum Ministro disse que depois de 88 o PIS não é tributo. Pelo contrário, eu entendo que ficou claríssimo que o Supremo deixou para si mesmo a porta aberta para afirmar a verdade científica inquestionável, na linha dos votos constantes do Ministro Velloso, derrotado, vencido nesse caso, de que o PIS é tributo, portanto, está sujeito ao regime tributário, quer dizer, todos os princípios, todas as normas que se aplicam a tributos, aplicam-se ao PIS após 1988.

Essa é a resposta única que vejo, científica e prudente, no sentido de curvar-se à decisão do Supremo Tribunal Federal, que aí me venceu, como venceu ao Ministro Velloso, mas não nos convenceu.

Quero só assinalar que alguns votos disseram — e é o caso do Ministro Pertence, que merece meu imenso respeito, mas vai merecer um reparo também —: "voto assim para, em nome da segurança jurídica, ser coerente com a jurisprudência do Supremo". Em outras palavras, ele disse o seguinte — eu assim interpreto —: "o Supremo estava dizendo bobagem, eu assumi a minha função (eu, Pertence) no Supremo, depois dele já ter cansado de dizer uma besteira enorme, mas em homenagem à segurança jurídica, vou votar coerentemente com a jurisprudência do Supremo", o que também não o impede de dizer — e aliás o voto dele foi claríssimo — que a partir de 88 em diante seu voto já não será esse.

Portanto, PIS é tributo.

Quero fazer este comentário, que é importantíssimo, e não para o Ministro Velloso, porque ele é professor de Direito Constitucional e nós conhecemos o seu pensamento. Essa "coerência com a jurisprudência" do Supremo — que é um valor realmente importante, a segurança jurídica é básica, fundamental, o maior valor que existe — precisa ser invocada com muito cuidado. Sabemos que houve um longo período, um noturno e prolongado período, em que o Supremo Tribunal Federal teve alguns integrantes designados pelos militares para servirem aos militares e fizeram uma jurisprudência toda ela curvada ao Poder e não curvada à Constituição e aos direitos dos cidadãos. Coerência com essa jurisprudência é um absurdo, hoje, quando estamos resgatados nas nossas cidadanias e estão restaurados os valores constitucionais, com a Constituição de 88.

Coerência jurisprudencial

Então, toda vez que o Supremo falar em coerência com a sua jurisprudência, toda vez que um Ministro invocar esse valor, a segurança jurídica, que impõe a coerência, é preciso que saibamos em cada caso dizer: neste caso, sim, coerência com a jurisprudência que vinha de 46 a 64, até o golpe de Estado; coerência com afirmação de princípios constitucionais clássicos. Jamais coerência para manter os atos institucionais, atos complementares e outras barbaridades da ditadura militar, porque isto seria afirmar como absoluto esse valor de coerência: continuam os valores do golpe e não reconhecemos os valores da restauração constitucional de 1988.

Outra pergunta foi dirigida ao juiz Américo Lacombe: sendo inconstitucionais as emendas que tendam a abolir os direitos individuais, entende inconstitucional a Emenda n. 3, que prevê a figura da substituição tributária para frente?

Na verdade, essa Emenda Constitucional n. 3 tem barbaridades. Uma escandalosa, que o Supremo diz estar correta, que é a que diz que pode haver ação de constitucionalidade. Estou vencido, mas jamais me convencerei disso. (Risos)

Substituição

Ao se estabelecer o que está designado pelo indagante "substituição tributária para frente", essa Emenda Constitucional veio admitir que nasce a obrigação tributária, sem ter acontecido o fato imponível ou antes de ter acontecido o fato imponível e até na possibilidade de dele não vir a acontecer.

Isto é uma barbaridade tão grande que o irmão de Ricardo Coração-de-Leão — todos conhecemos Ricardo Coração-de-Leão, aquele rei amado pelo povo inglês que foi lutar nas Cruzadas e nunca mais voltou ou porque morreu ou sei-lá o que aconteceu, mas que teve a coroa assumida pelo seu irmão João, chamado João Sem-Terra, que foi o signatário da Magna Carta, que alguns pensam que foi um gesto generoso de um rei que abriu mão do seu poder em benefício dos direitos do povo. É preciso saber que a Magna Carta foi assinada com o palácio real invadido pelos nobres, com espada na mão, dizendo: "ou assina isso ou está destituído".

Portanto, os direitos que a Magna Carta consagra são a conquista, a primeira conquista da cidadania, embora ainda restrita e que depois se espalha, e que hoje é uma conquista do povo.

Já no tempo de Ricardo Coração-de-Leão, portanto, antes da Magna Carta, já soava absolutamente ridículo e repugnante haver um tributo exigível antes de que aconteça o nascimento da obrigação tributária. Esta a barbaridade que está na Emenda.

O Professor Américo Lacombe disse: eu não posso responder a isso, porque a qualquer instante isso me cai nas mãos, como juiz. O Ministro Velloso também não pode aqui responder a isso, porque também a qualquer instante isso vai para o STF. Mas nós outros, não juízes, aqui presentes, podemos dizer em voz alta: isto aqui é uma barbaridade. A não ser que o Dr. Osiris queira defender a barbaridade. (Risos)

Vou pedir, em nome do Auditório e do programa que temos de cumprir, de às 13h45min aqui nos reunirmos para os trabalhos finais, a cada membro da Mesa que responda telegraficamente a duas perguntas, depois volta mais duas, mais duas, ao estilo chinês, do pingue-pongue.

Professor Osiris, por favor.

(*sem correção do autor*)

PROF. OSIRIS AZEVEDO LOPES FILHO — Eu não vou me inspirar no seu exemplo telegráfico, não. (Risos)

IPMF

A pergunta aqui feita pelo Sr. José Antônio quer saber se o IPMF será transformado em imposto permanente.

Eu acho que deve ser cumprida a Emenda Constitucional n. 3. Ele deve ser enterrado no dia 31 de dezembro, sem ressurreição. Ainda considero que vai haver uma tentativa de se fazer uma reforma constitucional, principalmente se houver um candidato eleito em primeiro turno, aproveitando a fraqueza desse Congresso, no qual se imagina que haja uma renovação de 60% dos seus componentes.

O IPMF, ainda neste ano, deverá proporcionar uma arrecadação de 4 bilhões e 500 milhões de reais. Então, será uma perda significativa para o ano que vem. A minha tese é que esse imposto é um imposto muito perverso, é cumulativo e com uma alíquota de 0,25% , no caso das montadoras de automóveis, pode chegar a 3 ou 4% sobre o preço final.

Nós temos um excesso de tributos cumulativos, como PIS, Cofins e o próprio IPMF, que distorcem muito a estrutura de preços e prejudica o esforço de exportação do pais. Então, é melhor que ele morra, ainda que eu reconheça que num Congresso combalido como o atual e com a nova Presidência da República, ele fica muito sensível a fazer uma reforma constitucional às pressas para arranjar emprego para os que não foram reeleitos. (Risos)

A outra pergunta quer saber o que eu acho do IPMF.

Imposto único

Ainda que eu houvesse ouvido a designação, outro dia eu fiquei até com inveja, porque li um artigo tão choroso do Marcos Cintra, reclamando contra uma coisa maravilhosa: o poder de síntese do deputado José Serra, que perguntado sobre o IPMF fez uma síntese franciscana: é uma imbelicidade. (Risos)

Quem fala em imposto único está querendo dizer, na realidade, nenhum imposto. Estamos na contra-mão da história: 200 anos depois, vêm falar no imposto único. Ora, um dos critérios para se fazer reforma tributária, é o da suficiência de recursos. Foi feita uma simulação das várias propostas de emenda levadas ao ano de 92, porque havia dados para isso. Em 1992 foram arrecadados 118 bilhões pelas pessoas de direito público, internas.

Aplicando-se ao possível imposto único uma alíquota de 1% no ingresso de recursos no banco e de 1% na saída, portanto, uma incidência de 2%, a arrecadação decorrente seria de 37 bilhões de dólares, portanto, cerca de 1/3 do que havia sido arrecadado em 1991. Logo, não atende a isso.

A contra-mão da história é a seguinte: em todos os sistemas modernos, na medida em que surge, como uma forma de riqueza, um fluxo econômico ou financeiro significativo, uma nova atividade, aí se estabelece uma incidência. Então, o que é mais justo, numa sociedade moderna e diversificada como a nossa, é essas demonstrações de capacidade contributiva terem um imposto, para que seja o mais diversificado possível.

Às vezes eu fico perplexo com essa idéia de simplicidade. Quem fala em simplicidade, geralmente são os grandes industriais, os contribuintes que se beneficiam da complexidade, porque se não forem previstas as isenções, os incentivos tributários, os tributos seriam muito mais simples do que são hoje. Mas exatamente para possibilitar a discriminação de situações, a separação, é que se torna complexo o sistema.

Mas o que mais me espanta é que exatamente os beneficiários dessa complexidade é que ficam falando sempre na simplificação do sistema. Só isso.

PROF. GERALDO ATALIBA — Professor Fernando Albino.

Tratados

PROF. FERNANDO ALBINO — Como colaboração ao adiantado da hora, procurarei responder a duas questões em uma só, já que basicamente versam sobre o mesmo tema. Trata-se de contrastar a competência tributária de Estados e Municípios com os tratados internacionais. Numa das perguntas se indaga se o princípio federativo não estaria sendo atingido pelo fato de haver tratado internacional que acabe por isentar ou reduzir tributo estadual ou municipal, que no fundo é uma formulação mais genérica da pergunta mais específica, que é a outra, indagando sobre a adequação de julgado do Tribunal de Justiça de Pernambuco, que, interpretando o art. 151, inciso III, da Constituição, teria decidido pela inaplicabilidade da cláusula de reciprocidade inscrita no tratado do Gatt, frente ao ICM. O art. 151, inciso III, para aqueles que não o têm de memória, diz que é vedado à União instituir isenções de tributos da competência dos Estados, do Distrito Federal e dos Municípios.

Creio que aqui existe a necessidade de se fazer uma distinção entre a União Federal e o Estado nacional. Quando o Presidente da República, usando da competência prevista no art. 84, inciso III da Constituição, negocia um tratado internacional, ele não está representando a União Federal, mas está representando o Estado nacional brasileiro.

Ou seja, há que se distinguir a União Federal do Estado nacional. Feita tal distinção e nem se pode dizer que o Presidente da República tenha, por força deste dispositivo já mencionado (art. 84, inciso III) a possibilidade de vincular, com sua manifestação de vontade em nome do Estado nacional, Estados-membros e Municípios. Não só porque todas as negociações que o Presidente da República, usando dessa competência, faz devem ser ratificadas pelo Congresso Nacional, mas também por Estados-Membros e Municípios pertencerem de forma indissolúvel ao Estado Nacional a que fizemos menção.

Quando o Congresso Nacional resolve, em caráter definitivo, a respeito de um tratado internacional, ele está representando União, Estados-membros e Municípios, isto é, o Estado brasileiro. Sobretudo num sistema bi-cameral, como é brasileiro, em que cabe à Câmara dos Deputados a representação proporcional, ainda que com as distorções vigentes na Constituição atual, e cabe ao Senado Federal a representação dos Estados-Membros, de forma paritária.

Portanto, no momento em que um tratado internacional é negociado pelo Presidente da República e aprovado pelo Congresso Nacional, ele se acaba transformando numa norma hierárquica superior às regras de direito interno, inclusive às regras, no campo tributário, editadas por Estados e Municípios no exercício de sua competência tributária.

Portanto, a resposta deve ser no sentido de que os tratados internacionais a rigor não isentam tributos estaduais e municipais, mas, apenas suspendem a eficácia da competência tributária de Estados e Municípios, em função de um acordo em que o Estado nacional brasileiro se despiu das suas prerrogativas de soberania para, em igualdade de condições, negociar com outros Estados igualmente soberanos.

Era isso, Sr. Presidente.

PROF. GERALDO ATALIBA — Obrigado. Ministro Velloso, por favor.

PIS

(*sem correção do autor*)

PROF. CARLOS VELLOSO — Tenho duas perguntas relacionadas ao PIS, que eu reduzi a uma. Em síntese, aqueles que perguntam — são dois advogados do Mato Grosso: José Guilherme e Francisco — querem saber o seguinte: o Supremo Tribunal Federal declarou a inconstitucionalidade dos Dec. Leis 2.445 e 2.449, que derrogaram a Lei Complementar n. 7, quanto às alíquotas, base de cálculo, recolhimento etc. etc. Como o nosso Direito não acolheu o efeito repristinatório, parece lícito concluir que o PIS carece de nova regulamentação para continuar a ser exigido. É certa a conclusão?

Parece-me que não é correta a conclusão, dado que é da teoria geral do Direito Constitucional que a norma declarada inconstitucional é como se ela não tivesse existido. Então, não há que se falar aqui em repristinação das normas anteriores àquela que as alterava e que foi declarada inconstitucional. Não tem esse efeito revogatório a norma declarada inconstitucional, dado que o ato inconstitucional nasce morto.

De modo que não me parece correta a conclusão.

Aspecto temporal

Quer saber o Dr. David Antônio Prado qual o mês de competência base a ser considerado para cálculo do PIS, de acordo com a Lei Complementar 7/70, se é o sexto mês anterior ao do faturamento ou o mês anterior à legislação posterior aos Dec. Leis 2.445 e 2.449.

Bem, com a declaração de inconstitucionalidade desses dois decretos-leis, parece-me que o correto é considerar o faturamento ocorrido seis meses anteriores ao cálculo que vai ser pago. Exemplo, calcula-se hoje o que se vai pagar em outubro. Então, vamos apanhar o faturamento ocorrido seis meses anteriores a esta data.

Finalmente, o Dr. Márcio, advogado de São Paulo, diz: ''É sabido que o Supremo já decidiu em plenário que não se reconhece correção monetária em ação declaratória, invocando o princípio da segurança jurídica; V. Exa., embora contrário a esse entendimento, curvou-se àquela decisão ao julgar, em março de 92, caso idêntico. Gostaria de saber se esse entendimento continua sendo mantido pelo Supremo e quais as chances de vir a ser alterado, face à evolução doutrinária e jurisprudencial a respeito''.

Em primeiro lugar, espero que não seja preciso falar em correção monetária, porque temos aí um plano econômico, tirante qualquer conotação política, que é um plano que existe aí e que sustenta a inocorrência de inflação. Portanto, o que esperamos é que não se venha mais a falar em correção monetária.

Porém, quero dizer o seguinte: na verdade, curvei-me a esse entendimento. Mas devem ser observadas as circunstâncias: é que estávamos julgando processos que constituíam resíduos de algo que não existe mais, que eram aqueles créditos de ICM. Não seria conveniente se alterar uma jurisprudência, quando a questão não mais existia, eram apenas resíduos. Nesse ponto, o voto do Ministro Pertence, no caso do PIS, ele dizia (tudo indicava que ele ia considerar o PIS sempre tributo, mas não): não vou alterar essa jurisprudência, porque já não existe mais o problema. Entendi assim o voto do eminente Ministro Pertence. Quer dizer, a partir de 88, o PIS é tributo. Então, não vou alterar jurisprudência anterior à Constituição de 88, porque o problema acabou.

Neste caso foi a mesma coisa. Não se pode dizer que a jurisprudência, nessa nova composição do STF será a mesma para casos futuros a respeito da correção monetária em ação declaratória.

Respondo assim à essa segunda indagação.

PROF. GERALDO ATALIBA — Professor Américo Lacombe, por favor.

PROF. AMÉRICO LACOMBE — A primeira pergunta, da Dra. Raquel Villa Real: "O senhor não acha que um dos grandes problemas que dificultam o próprio andamento efetivo do Poder Judiciário e mesmo com relação ao sucesso da administração fiscal é a existência de prazos dilatados que os representantes da administração pública fazendária têm para se pronunciarem nos processos, estendendo absurdamente os relatos desses processos?"

Prazos da fazenda

Realmente, os prazos dilatados da Fazenda acabam prejudicando a própria Fazenda. Isso do ponto de vista puramente administrativo.

A segunda pergunta eu não posso responder, mas posso dar uma informação: "A remessa oficial ex-officio tem condições de ser mantida dentro do regime democrático de acesso ao Poder Judiciário?"

Essa questão vai ao exame do Tribunal dentro em breve. Portanto, eu não posso dizer o que é que eu acho. Aguarde o meu voto, que sendo matéria constitucional, eu, como Presidente, ainda tenho direito a voto. Então, vou votar.

A segunda pergunta: "Pode o Congresso Nacional, através de emenda constitucional, acabar com tributo municipal? Isso não fere a cláusula pétrea do federalismo?"

Como é tributo municipal, respondo: fere.

PROF. GERALDO ATALIBA — Prof. Sacha Calmon, por favor.

Lista de serviços

PROF. SACHA CALMON NAVARRO COELHO — É uma pergunta, que pretensamente poria em cheque-mate uma afirmação minha: "Admitindo-se que a lista de serviços, Lei Complementar n. 56, não é taxativa, sendo, portanto, da competência dos Municípios a instituição do ISS, como se deve interpretar o art. 155, § 2º, inciso IX, letra b?" Esse inciso diz o seguinte: "cabe ao Estado-membro o ICMS, quando mercadorias forem fornecidas com serviços não compreendidos na competência tributária dos Municípios".

Não se pode fazer uma interpretação da Constituição isoladamente. A Constituição não é um texto, mas um contexto. Ora, como na competência dos Municípios dois serviços estão excluídos: transportes de natureza não estritamente municipal e comunicações, só posso entender essa norma quando houver serviços de transporte de natureza não estritamente municipal, incluindo o fornecimento de mercadorias, como seria o caso, talvez, em trens e aviões, refeições a bordo. Não sendo da competência municipal, caberia o ICMS, que abrange também os serviços de transportes de natureza não estritamente municipal.

Agora, na verdade, uma Constituição não é um texto baixado pelo Espírito Santo. A Constituição, tanto quanto as leis, são sujeitas a ambigüidades, a dispositivos aparentemente antitéticos. A Constituição é rebarbativa, porque ela nasce de conflitos de interesses, de tal maneira que ela passa a ser depurada dos seus excessos e aparentes contratições pelo labor dos juristas do quilate, por exemplo, dos aqui presentes, dentre eles o Professor Geraldo Ataliba, que é um perito em interpretação constitucional.

Isenções Heterônomas

Exemplo: a União não pode conceder isenção heterônoma, ou seja, isenção de tributo de alheia competência. No entanto, a própria Constituição traz exceções a essa regra: quando se tratar de serviços ou mercadorias remetidas ao Exterior, além da imunidade já prevista, a União pode, mediante lei complementar, isentar tributo estadual e municipal. Há que compatibilizar a regra proibitiva: a União não pode, com a regra que dá a permissão para, naqueles casos específicos, conceder a isenção heterônoma, tal qual nesse caso. Se a atribuição dos Municípios é para tributar todos os serviços menos dois, quando qualquer desses dois implicar o fornecimento de mercadoria cai, no caso dos serviços de transporte, sob a égide do ICMS.

Reuni as duas questões seguintes, onde os dois perguntantes defendem o Estado-membro, dizendo que o Legislativo é omisso e que os Estados não podem ficar sujeitos à omissão e que os convênios não devem ser submetidos à Assembléia Legislativa, porque se ela se omitir nada acontece em termos impositivos, de arrecadação, e há crítica somente ao Poder Executivo.

Convênios

Mas o problema não é esse. O problema é que os Estados-membros não querem fazer a lei complementar, porque a lei complementar estruturante do ICMS vai pôr cobro ao arbítrio, ao alvedrio do legislador estadual, que está cometendo absurdos. Por exemplo, em Minas Gerais os produtos siderúrgicos, aços finos, de alta tecnologia, e todos os aços produzidos em Minas, são considerados produtos semi-elaborados, por um querer arbitrário dos Estados-membros, que só querem receitas, una convênio e regulamentos.

O lobby dos Estados foi poderosíssimo na Constituição.

Vejam agora o Mercosul. Todos os impostos sobre circulação dão crédito ou isenção na aquisição de máquinas para modernização da indústria. O Brasil não permite isso. Quando há imunidade aqui não se dá crédito. Isso é um absurdo! Estamos exportando impostos! Esses convênios são uma teratologia jurídica. Um absurdo! Acabe-se com o Confaz. ''Delenda Confaz''. (Risos) Ele tem de se submeter à legalidade, mesmo. O ICMS não pode ser um imposto manejado pelo Poder Executivo, nem através de convênio, nem através do Executivo estadual.

Sinto muito. Eu acho que o Estado-membro é merecedor de todo respeito. As finanças estaduais têm de ser cuidadas, mas não contra a Constituição, não contra os grandes princípios que estruturam o poder de tributar e o limitam, ''data venia''.

PROF. GERALDO ATALIBA — Agradecendo à Mesa e aos presentes, eu os convoco para as 13h45min reiniciarmos os trabalhos da tarde. (Palmas)

SESSÃO SOLENE DE ENCERRAMENTO

PROFª MISABEL DERZI — Senhoras e Senhores, esta maravilhosa conferência do Prof. Humberto Medrano nos lembra um texto produzido por Göethe e reproduzido por Karl Marx em sua obra "O Capital". Trata-se de um diálogo entre o professor e o aluno. O professor se vira para a criança e pergunta: "Meu filho, esses presentes você não os ganhou de si mesmo. De onde vieram?" A criança responde: "De meu pai. Ele me deu esses presentes". "Muito bem. E seu pai, por sua vez, de onde recebeu, de onde obteve esses presentes?" E a criança responde: "De meu avô". E finalmente o professor pergunta: "O seu avô, de onde obteve esses presentes?" E a criança responde: "Ele os tirou".

Esse texto foi retomado na primeira metade deste Século por um jurista alemão, que comentou o constitucionalismo, à luz da Constituição de Weimar: Karl Schmidt. Karl Schmidt, reestudando esse texto, estudou o "nomos" e alguns verbos no contexto da Língua Alemã e disse o seguinte: "Atrás realmente de todo direito de propriedade existia um tomar prévio". Na verdade, a produção e o desenvolvimento dependem, fundamentalmente, de três verbos: o verbo tomar, que significa "noellem", tirar. Aquilo que se toma tem de ser dividido. Aí nós passamos ao verbo repartir ou distribuir. E, finalmente, depois que fazemos as repartições é que nós vamos tirar proveito, criar utilizado, produzir e desenvolver.

A partir desse contexto de linguagem, Karl Schmidt analisou o constitucionalismo de sua época e entendeu que as suas conclusões eram universais e que havia uma oposição insolúvel entre o Estado de direito e o Estado social. O Estado social, diz ele, é exatamente aquele que quer repartir, quer dividir, quer eliminar a pobreza e a injustiça. É o Estado contrário ao "status quo". Mas, diz ele, o Estado de direito, ao contrário, é o Estado conservador, é o Estado da segurança jurídica e do direito de propriedade.

Portanto, estamos num impasse.

Ernst Forsthoff, ainda na primeira metade deste Século, insistiu em uma cisão profunda entre Estado de direito e Estado social. Ele disse o seguinte: o Estado de direito existe em todas as constituições, independentemente do ambiente econômico, social, geográfico. Ele está por nós profundamente estudado e desenvolvido, tecnicamente, tanto que defendeu, a partir do Estado de direito, a partir de uma estrutura comum, uma constituição praticamente universal, com legalidade, irretroatividade e segurança jurídica.

Porém, disse ele, nenhum povo sobrevive apenas com isso. É preciso saber o que meter na lei. O Estado social, não obstante, não é constitucional. Ele não está na constituição. Não foi recepcionado pela constituição.

Ora, a Constituição Brasileira de 1988 não está em harmonia com essa visão do constitucionalismo, nem do Século passado, nem da primeira metade deste Século. A Constituição Brasileira está em harmonia com a visão constitucional das constituições de pós-guerra. A Constituição Brasileira de 1988 faz o que hoje os constitucionalistas alemães entendem que a constituição alemã significa, ou seja, o Estado social foi tomado pela constituição, Estado social no sentido de democracia, de igualdade, da construção de uma sociedade mais justa e mais solidária. Esses objetivos econômicos e sociais foram normatizados na Constituição, se converteram em um normativismo constitucional, porém só podem ser alcançados, só podem ser atingidos por meio do Estado de direito.

Então, o nosso Estado democrático de direito é a síntese perfeita de uma visão de constitucionalismo concreta, efetiva, não de um constitucionalismo oco e formal do Estado de direito liberal, mas de um constitucionalismo concreto, efetivo e que deve ser plenamente realizável.

Temos uma Constituição que é, e que tem de ser tomada por nós como vontade, vontade de constituição.

Bem, este VIII Congresso Brasileiro de Direito Tributário se caracterizou exatamente e cristaliza exatamente uma crescente vontade de constituição. Ele foi tocado e foi promovido graças às mãos fortes, dinâmicas e competentes da Professora Rosoléa Miranda Folgosi, auxiliada pela secretária do IDEPE, Rita de Cássia. Este Congresso não se teria realizado também sem a atuação firme do Professor Aires Barreto, que esteve à frente de sua Comissão Organizadora; e nem tão pouco teria sido possível sem a presença competente e ágil do Professor Estevão Horvath, que comandou a Comissão de Trabalhos e Teses.

Pois bem, este VIII Congresso foi um congresso imbuído da vontade de constituição. Se os senhores lerem, ouvirem de novo os debates, vão observar que o enfoque é sempre constitucional, vão observar que todos os temas, não importam as paixões, não importam os conflitos de interpretação, todos os temas desenvolvidos neste Congresso o foram por meio da visão constitucional.

Alguns homens, neste país, sempre lutaram por isso: Aliomar Baleeiro, Cleber Giardino, Rubens Gomes de Sousa, Sampaio Dória, homens que lutaram por não prender-se o Direito Tributário em nossa terra aos regulamentos, circulares, avisos e decretos do Executivo. Homens que lutaram durante muito tempo por este ideal. À frente desses homens, e comemorando esses homens, na expressão magistral do Professor Soto Maior Borges, não podemos deixar de mencionar Geraldo Ataliba. Todos nós sabemos que há anos o Professor Geraldo Ataliba se recusa a discutir o Direito Tributário nos decretos do Executivo e nos atos ordenatórios do Poder Executivo.

O Professor Geraldo Ataliba, se se recordar, se conferir os debates deste nosso encontro, se reler as conclusões de todas as teses aqui apresentadas e trabalhos discutidos, verá que todos foram feitos, foram produzidos no nível adequado (não no nível menor), demonstrando a vontade de constituição. O Professor Geraldo Ataliba pode-se sentir, com isto, um homem realizado, um homem que colhe agora os frutos do seu trabalho de uma longa data.

Este VIII Congresso Brasileiro de Direito Tributário teve elevadíssimos pontos nas suas Mesas de Debates e especialmente nas conferências magistrais do Professor Souto Maior Borges, do Professor Roque Carrazza, do Professor Aires Barreto e do Professor Humberto Medrano. VIII Congresso que vai-se encerrando, trazendo, portanto, profundas contribuições para a nossa Constituição.

Caro Professor e Ministro Carlos Velloso, de fato não se pode distribuir, nem produzir, sem tirar. É impossível. Karl Schmidt dizia, no início do Século, que só Deus consegue dar sem tirar. Ninguém o faz. Só Deus consegue criar o mundo do nada. O Estado, primeiro tem de ter um produto social, depositar um produto social e redistribuir. E a partir daí tocar o desenvolvimento nacional.

Como se tira um Estado de direito? Sabemos que há técnicas de se tirar. Uma das técnicas mais utilizadas se faz por meio dos impostos, dos tributos e com isso se forma a renda a ser distribuída, os produtos a serem produzidos.

Mas também tiramos por meio de empréstimos internacionais e nacionais. Também tiramos por meio de privatizações, que redistribuem.

Essas regras do tirar, do distribuir e do produzir não são nacionais, elas são internacionais. Certamente a pobreza brasileira e de outros povos da América Latina custeiam o bem-estar social dos povos dos países desenvolvidos. E para isso, com extrema visão científica, nos alertou o Professor Humberto Medrano.

Caro Professor e Ministro Carlos Mário, temos confiança absoluta no Supremo Tribunal Federal.

O Professor Humberto Medrano lembrava as causas das dificuldades do tirar, no mundo inteiro, das dificuldades, da eficácia e da efetividade do Direito Tributário.

São vários os nossos problemas. Um deles, devemos acrescentar, é a impunidade. Pagar tributos não é algo que façamos com extrema gentileza, especialmente quando sabemos que a evasão ilícita não será punida. O Supremo Tribunal Federal, em relação à corrupção, em relação aos recursos públicos utilizados como se fossem recursos particulares, interfere não só nas regras do tirar do Estado de direito, como nas regras do distribuir e do redistribuir.

Ainda recentemente o Superior Tribunal Eleitoral, como todos sabemos, cassou a candidatura à reeleição de um senador da República, que injustamente, ilicitamente, se preparava para a sua reeleição, utilizando-se de meios públicos, como um privilégio pessoal. Portanto, temos o início de um basta, e este basta, é claro, vai-se multiplicar por todo o país.

O Supremo Tribunal Federal interfere continuamente (ele é cúpula de um dos Poderes) nas regras do tirar, de quem tirar, quanto tirar e como tirar, dentro do Estado de direito, e nas regras do distribuir e redistribuir, por meio do orçamento público, por meio dos gastos públicos, da moralidade nos gastos públicos e da ética na administração pública.

Quando se avizinha um novo governo, quando já se avizinha um novo mandato presidencial, candidatos que ainda sequer estão eleitos, que ainda sequer tomaram posse, que sequer juraram ainda obedecer à nossa Constituição, já anunciam uma ampla reforma constitucional, abalando e trazendo insegurança à nossa vontade de constituição. Nós apenas pedimos a alguém que torne reais os designios constitucionais, que prometa simplesmente concretizar a Constituição de 1988. (Muito bem!)

Senhor Ministro, temos certeza absoluta de que se vierem ou se tentarem colocar aqui os retrocessos lembrados pelo Professor Humberto Medrano, como o imposto sobre ativos brutos ou líquidos, uma dedução global e idêntica para pessoas físicas ou jurídicas, independentemente da diferente capacidade econômica de cada um, com profunda lesão à Constituição de 1988, que estabelece que a tributação deve ser justa, pessoal e na renda sempre progressiva — uma Constituição que é a própria isonomia, como diz o Professor Souto Maior Borges, não é uma Constituição que leva à isonomia, que pede, que solicita igualdade, a Constituição de 1988 é a igualdade, é a isonomia — temos certeza absoluta que o nosso Supremo Tribunal Federal saberá repelir quaisquer alterações impostas não importa por quem, pelo FMI ou por outros interessados em tirar de outros povos para distribuir e redistribuir e produzir de outra forma; temos certeza de que o STF saberá defender, mais do que nunca, a Constituição Federal de 1988.

Com isto encerramos este VIII Congresso Brasileiro de Direito Tributário. (Palmas)

IX CONGRESSO BRASILEIRO DE DIREITO TRIBUTÁRIO

QUESTÕES PARA DEBATE

TEMAS GERAIS

— O princípio da isonomia aplica-se às pessoas públicas?
— Substituição "para a frente" é constitucional?
— Não recolher imposto inconstitucional é crime?
— A prática de "dumping" configura crime?
— Quais os limites do sigilo fiscal?
— Agente público está sujeito à prisão civil, pela não devolução de empréstimos compulsórios, ou prisão é só para os contribuintes?
— Serviço de mensagem à distância deve pagar ISS ou ICMS?

TRIBUTOS FEDERAIS

— Pode o contribuinte creditar-se de IPI na importação de bens de capital?
— Contribuição de intervenção no domínio econômico pode ser substituída por IPI?
— Podem as corporações profissionais exigir contribuição, mediante resolução ou ato interno seu?
— O ICMS integra a base de cálculo do IPI?

TRIBUTOS ESTADUAIS

— Em que casos não cabe crédito de ICMS?
— Pode a lei vedar créditos de ICMS?
— Importação para uso próprio está sujeita ao ICMS?
— Igualdade e IPVA. Tabelas com o preço, sem considerar o estado do veículo?
— Tratado pode exonerar tributo estadual

TRIBUTOS MUNICIPAIS

— Incide ISS sobre "franchising", "factoring", "merchandising"?
— Em que momento ocorre o fato imponível do ISS?
— Propriedade, posse e IPTU (Ex.: proprietário de imóvel invadido sujeita-se a esse imposto? E sob servidão administrativa?)

QUESTÕES

GERALDO ATALIBA

1. IPVA e veículo furtado — 2. IPTU e imóvel invadido — 3. Substituição "para a frente" — 4. Créditos de IPI e ICMS — 5. Contribuição é tributo.

1. IPVA e veículo furtado

Proprietário de veículo furtado não é devedor do IPVA, pelo período em que o veículo não esteve em sua posse. É exato que o imposto é sobre a propriedade de veículos. Entretanto, o fenômeno econômico é que é tributado; ele é um pressuposto do direito de propriedade. É seu objeto.

Desaparecido o objeto, o direito de propriedade fica sem substância. Isso pode acontecer por incêndio, outro tipo de sinistro (com perda total) e pelo furto ou roubo.

Se a propriedade (o veículo) não pode ser usada, fica esvaziada, sem conteúdo. Daí o não nascer obrigação tributária com base nela.

Essa situação é diferente do não uso por outras razões situadas no plano da esfera da vontade do proprietário. Nestes casos, o IPVA é sempre devido.

2. IPTU de imóvel invadido

O imposto é sobre a propriedade e é da competência do Município. Se o Município puder ser, em ação judicial, responsabilizado pela invasão, o proprietário poderá eximir-se do imposto. É que será do Município a culpa pelo esvaziamento da propriedade.

Se, entretanto, a invasão impede o uso do imóvel, pelo proprietário, sem culpa do Município, o direito básico persiste. Os terceiros é que serão responsáveis. O Município não pode sofrer conseqüência de fato a que não deu causa.

A questão proposta exige solução de uma questão aparentemente só acadêmica, mas muito prática e decisiva. A Constituição define como hipótese de incidência a propriedade. O CTN diz que é também o domínio útil e a posse (art. 32).

Se se entende, absurdamente (é a tese predominante) que a lei complementar pode alterar a Constituição, então, em qualquer hipótese o proprietário deve pagar o IPTU.

Se, como recomenda a boa hermenêutica, se entender que enfiteuta e possuidor são substitutos, então o desapossado, nos casos de culpa do Município, pode eximir-se do imposto, exigindo que o Município tribute os posseiros, enquanto persistir a posse ilegal.

Se, porém, o proprietário não exerce seu direito observando sua função social (v. acórdão recente do TJSP, des. José Osório, RTDP, vol. 8), e atua como mero especulador, deve arcar com o imposto, mesmo com seu imóvel invadido.

Enquanto o imóvel estiver no seu patrimônio, deverá pagar IPTU. Eventuais direitos de reintegração e de excluir as turbações de sua propriedade são resolvidos na esfera própria, que nada tem a ver com a tributária.

Destarte, em todos os casos em que o Município não der causa ao esvaziamento da propriedade (tornando inócuo seu conteúdo econômico) o IPTU será devido, cabendo ao proprietário a defesa de seus direitos.

3. Substituição "para a frente"

3.1 Fato futuro e tributação — art. 150, § 7º, CF 88, redação da emenda constitucional 3/93

A chamada substituição "para a frente", de que cuida a emenda constitucional 3/93 (que introduziu um § 7º ao art. 150 da Constituição) é, na verdade, tributação de fato futuro.

O STF ainda não examinou a matéria. Deverá, entretanto, declarar inconstitucional esse preceito da emenda.

A emenda constitucional 3/93 veio acrescentar um parágrafo ao art. 150 do texto Constitucional: "§ 7 — A lei poderá atribuir a sujeito passivo de obrigação tributária a condição de responsável pelo pagamento de imposto ou contribuição, cujo fato gerador deva ocorrer posteriormente, assegurada a imediata e preferencial restituição da quantia paga, caso não se realize o fato gerador presumido".

O preceito autoriza a lei a fazer nascer obrigação de fatos ainda não acontecidos.

Autoriza, portanto, a lei a estabelecer presunção de acontecimentos de fatos futuros, atribuindo a tal presunção (e não aos fatos, até porque não aconteceram e podem não acontecer) a virtude jurídica de fazer nascer obrigações tributárias.

Ora, se, de modo geral, as leis civis, comerciais, administrativas podem prudentemente estabelecer presunções e ficções, a Constituição veda que isso seja feito em matéria penal e tributária (*nullum crimen, nullum tributum sine lege).* Isto integra o art. 5º e está protegido pelo § 4º do art. 60.

Além do mais, o § 1º do art. 145 — mero desdobramento do art. 5º, I, e por isso expletivo — refere-se a "capacidade econômica", como critério de tratamento igual dos contribuintes. Ora, essa "capacidade econômica", atribuível a cada contribuinte, em cada caso, revela-se e realiza-se pela exigência de que todo fato tributável tenha conteúdo econômico mensurável.

Ora, esse conteúdo há de ser real, efetivo, comprovado, concreto. Não pode ser presumido. Não pode resultar de ficção, do mesmo modo que não se pode punir alguém por crime não cometido. Não se tributa por fato provável, plausível, possível. Só por fato ocorrido, consumado.

A capacidade econômica (art. 145, § 1º) — corolário da igualdade — é a "pedra de toque" do sistema constitucional tributário. Não pode ser violada, por ser necessária implicação do preceito do art. 5º, *caput* e seu inciso I, matéria protegida até contra emendas constitucionais pelo mandamento categórico do § 4º do art. 60 da Constituição.

O preceito — lido ligeiramente, à primeira vista — parece prever a possibilidade de imposto sem base, ou com base a ser presumida pelo legislador.

Ora, isso repugna ao princípio da igualdade da tributação como exposto pela doutrina e acolhido pela jurisprudência. Sendo a base de cálculo dos tributos decisão privativamente legislativa (Paulo Barros Carvalho *Curso de Direito Tributário*, 5ª ed., 1991, pp. 223 e ss.) deve ser precisa e incisiva: qualificar a perspectiva dimensível do fato tributado, o que postula inexoravelmente que o fato deve ter conteúdo econômico.

Admitir ficções em matéria de fatos imponíveis é transformar a Constituição, seus princípios, normas e critérios em inutilidade. Pior do que ferir a Constituição é ignorá-la.

Vale a pena recordar rapidamente as lições clássicas da melhor doutrina, estabelecendo as conseqüências jurídicas dos princípios da igualdade (art. 5º, I, CF 88) e capacidade econômica (art. 145, § 1º) no âmbito específico dos impostos.

3.2 Conteúdo do fato posto na hipótese de incidência dos impostos

Ensina Ferreiro Lapatza, professor de Barcelona: "O fato imponível há de revelar geralmente certa *capacidade econômica* (*Curso de derecho financiero espanhol, 7ª ed., 1971, p. 443*).

E reitera: "...o sistema tributário — enquanto o tributo continua sendo basicamente fonte de ingresso — deve responder fundamentalmente ao princípio da *capacidade contributiva*" (p. 451).

Estas lições correspondem aos ensinamentos de um clássico do nosso direito tributário, que a todos ensinou os rudimentos categoriais da matéria. Escreveu Amilcar Falcão, sobre o "fato gerador": "Uma peculiaridade, entretanto, possui esse fato juridicamente relevante para o Direito Tributário: constituir um critério, um índice ou um *indício para a aferição da capacidade econômica* ou contributiva dos sujeitos aos quais se atribui. Por outras palavras, em sua essência, substância ou consistência, *é o fato gerador um fato econômico*, ao qual o Direito empresta relevo jurídico" (*Fato Gerador da Obrigação Tributária*, 4ª ed., Ed. RT, 1977, p. 64).

E reiterou: "Quis-se assinalar, porém, que o aspecto do fato gerador que o legislador tributário considera para qualificá-lo é a sua *idoneidade* ou aptidão para servir de ponto de referência, de metro, de indicação por que se afira a *capacidade contributiva* ou econômica do sujeito passivo da obrigação tributária" (*op. cit.*, p. 66).

E esclareceu: "Encontrou a técnica jurídica, para superar tais impossibilidades ou inconvenientes, a via de elegerem-se *fatos ou circunstâncias aptos a denunciar a existência de capacidade econômica*" (*op. cit.*, p. 67).

E insistiu: "Na alusão, pois, a atos, fatos ou circunstâncias para a definição do fato gerador, tem a lei tributária em vista surpreender os *indícios de capacidade contributiva* que, assim, sob a forma jurídica considerada, se denuncia" (*op. cit.*, p. 69).

Impõe-se concluir pela impossibilidade de o Judiciário abonar exigência de tributo com base em fato destituído de conteúdo econômico ou fato com conteúdo a ser determinado no futuro.

Aplica-se a lição de E. Moschetti, sublinhando a necessidade de presença efetiva de manifestação de capacidade contributiva, em cada fato imponível: "Um incremento que seja *puramente nominal* não manifesta capacidade contributiva, pois que, com tal palavra, deve-se entender uma aptidão econômica *efetiva* e não simplesmente aparente" (*Il principio della Capacità Contributiva*, Pádua, 1973, p. 375).

Esse autorizado mestre italiano aplicou o princípio, mostrando a impossibilidade de sua consideração substrata: "E porque a expressão 'capacidade contributiva' comporta e exprime referência à força econômica global, consideremos quais sejam os *fatos-índices dessa força econômica* e, correspondentemente, os impostos que se dirigem a onerá-los" (p. 382).

Ora, o "fato-índice" há de ser fato real, efetivo e não aparente, possível, presumido, suposto.

3.3 Fato jurídico tributário e capacidade econômica

O princípio da capacidade contributiva está no § 1º do art. 145 da Constituição. É reforçado pelo preceito do art. 150, II, que supõe conteúdos econômicos dos fatos imponíveis, sob pena de impossibilidade de comparações que tornem aplicável o preceito. Ora, igualdade em matéria tributária supõe comparabilidade entre fatos imponíveis. Cotejo econômico. Por isso todos os bons autores sublinham que a isonomia é que exige conteúdo econômico para os fatos tributáveis.

Ora, essa igualdade específica no campo tributário é mero desdobramento da igualdade geral do art. 5º, *caput* e inciso I. Isso torna — nos termos do parágrafo 4º do art. 60 da Constituição — imodificável e irredutível o § 1º do art. 145, com a conseqüência de fazer inconstitucional esse preceito da emenda 3/93.

Assinale-se que o STF, quando examinou o caso do IPMF, tratando dessa emenda, nada disse sobre esse preceito do § 7º acrescentado. A questão, portanto, ainda está aberta.

Dada a colocação constitucinal do princípio, ficam amarradas as mãos até mesmo do poder constituinte derivado de reforma. Este não pode modificar conceitos constitucionais, irredutíveis. Sublinha Alberto Xavier: "Este (o legislador) encontra-se limitado na sua faculdade de seleção, pela exigência de que a situação da vida a integrar na previsão da norma seja *reveladora de capacidade contributiva*, isto é, de capacidade econômica, de riqueza cuja expressão, sob qualquer forma, se pretende submeter a tributo" (*Manual de Direito Fiscal*, Lisboa, 196, p. 108).

Quer dizer: fato futuro não pode ser fato imponível, porque é mera expectativa, mas não fato econômico, porque nem mesmo fato é.

No seu magnífico livro *Ordenamiento Tributario Español* (1977, 3ª ed.), o professor Matias Cortes Domingues assevera — ao expor a teoria da hipótese de incidência (p. 273 e ss.) — que o *fundamento do fato imponível é a capacidade econômica*, no que secunda lições magistrais de Sainz de Bujanda.

Também na Espanha, a ditadura quis criar imposto sobre ficções, com base na concepção autoritária de que "o legislador tudo pode". Censurou-o Matias Cortes: "Em primeiro lugar, todas as teorias que sustentavam, de uma maneira ou de outra, que o legislador era onipotente, na eleição dos fatos imponíveis, tiveram que ser superadas (este pensamento foi um dos obstáculos mais graves para o desenvolvimento da tese sustentada pelo professor Sainz de Bujanda, que aceitamos). Efetivamente, a total e absoluta *discricionariedade do legislador, para converter em fato imponível qualquer fato ou situação que estime oportuno — sem subordinação a nenhum princípio material, que limitasse sua capacidade tipificadora* — constituiu obstáculo para o avanço da doutrina até tempo muito recente.

Em segundo lugar, foi necessário *renunciar à tese afirmativa de que o princípio da capacidade contributiva ou da capacidade econômica eram princípios meta-jurídicos* e, portanto, *estranhos* ao direito" (pp. 273 e 274).

No Brasil — como no mundo civilizado, hoje — já não se pode mais sustentar a heresia de que o preceito do art. 145, § 1º é meramente retórico. Não!

O princípio da capacidade econômica ou contributiva, como informador dos impostos, é norma imperativa, plenamente eficaz, obrigatória e insuperável. Dada sua natureza constitucional, implica tornar nula (e, pois, inaplicável) toda lei que, descrevendo hipótese de incidência, não refira fatos com conteúdo econômico efetivo, real, comprovado e substancialmente consistente. E, como desdobramento do art. 5º, I, da Constituição, não pode ser reduzido, nem amesquinhado nem por emenda constitucional (art. 60, IV).

3.4 Conteúdo econômico real do fato tributável

É repugnante à Constituição tributar mera expectativa, sem conteúdo econômico. Diz Emilio Giardina: "Sobretudo na acepção usual e na tradição doutrinária, capacidade contributiva significa *possibilidade econômica de pagar* o tributo, ou seja, a posse de uma *riqueza*, em medida suficiente a fazer frente à exigência fiscal" (*Le Basi Teoriche del Principio della Capacità Contributiva*, Milão, 1961, p. 434).

Ora, que posse, de qual "riqueza" se revela antes do fato? Que fato é esse que não "aparece"? Que não é mais que uma possibilidade?

Daí a relevância das lições de Emilio Giardina, conceituado doutrinador italiano — advertindo contra a *confusão* entre capacidade jurídica, para ser sujeito passivo, e a aptidão econômica, para responder por um tributo — ao, subseqüentemente, sublinhar:

"Na sua acepção usual, a *capacidade contributiva* designa a idoneidade a concorrer aos encargos públicos e não já a mera aptidão (que é de todos, mesmo de quem não tenha recursos financeiros) a ser sujeito passivo de um tributo" (p. 435).

Os princípios constitucionais da igualdade (art. 5º, I) e capacidade econômica (art. 145, § 1º) vedam o arbítrio, condenam a iniquidade. Ora:

"... onerando situações de fato que *não exprimem capacidade econômica*, desenvolve-se uma tributação totalmente arbitrária e irracional, à qual, em substância, permanece estranha uma verdadeira avaliação da aptidão dos sujeitos passivos. O tributo corresponderia a um verdadeiro e próprio *confisco*, estando, por isso, em nítida contradição com o preceituado pelo art. 53 da Constituição" (E. Giardina, *op. cit.*, p. 439) (Note-se que o art. 53 da Constituição italiana equivale ao nosso § 1º do art. 145).

Recorde-se que Baleeiro, em seu clássico *Limitações* ..., demonstrou abundantemente — com plena acolhida da jurisprudência do Supremo Tribunal Federal — a integral aplicação da doutrina, elaborada à luz do art. 53 da Constituição italiana, ao direito constitucional brasileiro (*ob. cit.*, p. 333 e ss.).

São magistrais as lições de E. Giardina, salientando que, no plano da legislação, as exigências capitais do princípio traduzem-se na *necessidade* jurídica de que o aspecto material da hipótese de incidência do imposto seja de *real* conteúdo econômico. Escreve esse autor: "Definitivamente, o princípio constitucional segundo o qual a força econômica deve constituir o conteúdo fundamental da capacidade contributiva — implica que *só aqueles fatos* da vida social, *que sejam indícios de capacidade econômica*, possam ser assumidos pelas leis tributárias singulares como *pressupostos do nascimento de obrigações tributárias*" (p. 439).

Ora, que indício há no fato — em si mesmo considerado — de ser possível, ou mesmo provável, um fato que não aconteceu?

3.5 Fato tributável e seu conteúdo

A substancial identidade entre o direito italiano e o brasileiro permite invocar o exímio Franco Gaffuri:

"No que concerne aos *limites* que o legislador — em virtude do princípio da *capacidade contributiva* — encontra na escolha das bases imponíveis, dir-se-á que a garantia ínsita na Constituição, aqui ilustrada, produz a *impossibilidade* de se adotar, como *pressuposto* dos tributos, riqueza cuja gravação ou oneração seria seguramente prejudicial à manutenção da economia privada" (*L'attitudine alla Contribuzione*, Milão, 1969, p. 151).

É rigorosamente o caso em exame: ser possível um fato não revela capacidade contributiva de ninguém. Tributá-lo é "confiscar" (E. Giardina); tributá-lo é violar o § 1º do art. 145 da Constituição de 1988.

Hipótese de incidência, para Alfredo Becker, é "um fato-signo presuntivo de renda ou capital" (*Teoria Geral do Direito Tributário*, SP, p. 453). Por isso, escreveu:

"... o legislador ordinário está juridicamente obrigado por esta regra constitucional, e sua obrigação consiste no seguinte: ele deverá *escolher*, para a composição criadora do tributo, *exclusivamente* fatos que sejam *signos presuntivos de renda* ou de capital. A desobediência, pelo legislador ordinário, a esta regra constitucional, tem como *conseqüência* a *inconstitucionalidade da lei*" (p. 454).

E, mais adiante:

"Na escolha dos fatos-signo presuntivos de renda ou capital, o *legislador* ordinário está *juridicamente obrigado a escolher fatos que sejam presuntivos de uma espécie de renda* ou de capital acima do mínimo indispensável; por ex.: automóvel, aparelhos elétricos, fumo, bebida (exclusive água pura) etc." (p. 455).

Quer isto dizer que o legislador não pode — o obstáculo é constitucional — pôr, na materialidade da hipótese de incidência de nenhum imposto, um *fato sem conteúdo econômico*, que é exatamente o fato não acontecido. Para expressar isso, a doutrina tem usado exemplos caricatos, que, entretanto, bem expressam o vigor de convicção generalizada a respeito.

Dino Jarach fala da inconstitucionalidade do imposto sobre nariz grande. Moschetti, do imposto sobre quem tem cabelos loiros. Giardina menciona o imposto sobre barba etc. A partir de figurações chocantes, querem mostrar a flagrante injuridicidade de fatos imponíveis que nada dizem sobre a capacidade econômica do sujeito. E que, por isso mesmo, não podem ser erigidos em hipótese de incidência.

3.6 Incrementos nominais e aparência de conteúdo

No Brasil — onde o princípio da isonomia é básico — como na Itália, na França, na Alemanha, na Espanha etc., o legislador não pode criar tributos sem base econômica. A lição universal da doutrina fulmina essa postura como inconstitucional. Gera arbítrio, engendra desigualdades e torna aleatória a tributação. Daí reputar-se francamente inconstitucional a lei tributária que onere situação economicamente insignificante ou vazia. Não titubeiam os autores, nacionais ou estrangeiros, em afirmar tal inconstitucionalidade.

O exemplo clássico é a tributação — censurada pela doutrina — de manifestações inflacionárias, vazias de conteúdo. Tão vazia como o fato não acontecido.

Quer Emilio Giardina significar — pioneiro mestre que desbravou a matéria (*Le Basi Teoriche del Principio della Capacità Contributiva*, Milão, 1961) — que a desvalorização monetária, se muda a forma de medida dos fatos econômicos, não muda sua consistência substancial. Daí que sua *expressão nominal* não implique revelação da capacidade contributiva.

Com sólida base em ampla doutrina, E. Giardina escreve a respeito do sistema de tributação dos incrementos de valor do capital prevalecente no mundo:

"Aplicando este sistema, surge o problema se a tributação deve ser condicionada à realização de *ganho* de capital. A solução positiva é sufragada com vários argumentos".

Mas adverte:

"Podendo os incrementos de valor ser somente *nominais*, se se aplica a imposto independentemente da realização do ganho, corre-se o risco de onerar uma capacidade contributiva *ilusória*, destinada a desaparecer no curso do tempo" (p. 337).

É exatamente o que ocorre com o fato futuro. É fato, em si, tão vazio economicamente quanto a correção monetária, ou a oneração de certos aparentes ganhos de capital.

É patente o repúdio constitucional — onde vigore o princípio da isonomia — à tributação de *manifestação fictícia* de capacidade contributiva. Demonstra E. Giardina a inconstitucionalidade de ganhos aparentes, traduzidos em "expressões meramente nominais" (p. 338), como é o caso do imposto sobre mera movimentação, simples fatos escriturais, sem conteúdo próprio.

Adverte, a propósito, Moschetti: "No conceito de capacidade contributiva deve ser ainda valorizada a referência a uma aptidão *efetiva* e não *meramente fictícia*, na determinação tanto do pressuposto, como do método de lançamento e do sistema de recolhimento" (p. 338).

Moschetti, um clássico do tema, reitera: "O conceito de capacidade contributiva refere-se necessariamente a uma aptidão *efetiva* e, portanto, existente *em concreto, certa e atual*; por isso, o princípio da capacidade contributiva requer que sejam ponderadas manifestações econômicas *reais* e não *meramente fictícias*" (p. 262).

Está dizendo, em outras palavras, que mero lançamento escritural, sem corresponder a real expressão de riqueza não pode ser tributado. Aliás, nossa doutrina sublinha que o legislador "... tem presente que, de uma ocorrência insuscetível de avaliação patrimonial, jamais conseguirá extrair cifras monetárias que traduzam, de alguma forma, um valor em dinheiro" (Paulo Barros Carvalho, *Curso de Direito Tributário*, SP, 1985, pp. 207 e 208).

Após exemplificar, Barros Carvalho salienta: "A circunstância indica que o legislador levou em consideração a *capacidade contributiva* manifestada pelas pessoas que deram ensejo à ocorrência do mundo físico exterior. É a *capacidade contributiva absoluta ou objetiva*, que se consubstancia na singela participação das pessoas em fatos que denotem sinais de riqueza" (p. 208).

"... por outro lado, tornar efetivo o princípio da *capacidade contributiva relativa ou subjetiva* quer expressar a repartição do impacto tributário, de tal modo que os participantes do acontecimento contribuam de acordo com o tamanho econômico do evento" (p. 208).

Ora, qual é o "tamanho econômico" real de fato inexistente? "A simples contingência de um êxito do mundo físico *não* ter qualquer *atributo apto para quantificá-lo* já diz de sua imprestabilidade para fins impositivos, visto que o *cânone da igualdade* é um imperativo constitucional, que ficará tolhido à míngua da possibilidade de seleção de um dado capaz de avaliá-lo na sua intensidade" (Barros Carvalho, p. 209).

Assim, o postulado universalmente consagrado da capacidade contributiva é, no Brasil, erigido em exigência básica e fundamental, a que não pode fugir o legislador. Portanto, tributo com hipótese de incidência destituída de qualidades objetivamente mensuráveis — quer dizer substância econômica — é, no Brasil, inconstitucional. Se a lei põe no cerne da hipótese de incidência fatos como ter nariz grande (Jarach), ter barba comprida (Moschetti), ter pele escura (A. Becker) ou trocar um título de crédito por seu exato valor, essa lei será inconstitucional, porque todos esses fatos são destituídos de conteúdo econômico (Barros Carvalho), não são fatos-signo presuntivos de capacidade econômica (A. Becker), não revelam riqueza (E. Giardina). *A fortiori* incidem nessa censura os fatos não acontecidos, porque futuros.

3.7 Conclusão

O princípio da capacidade contributiva (art. 145, § 1º.) é aplicação do princípio geral da igualdade (art. 5º., *caput*, e I) à esfera tributária (Roque Carrazza). Mesmo que não estivesse explícito, seria obrigatório, como necessária implicação da igualdade (Aliomar Baleeiro). Ora, a Constituição, ao cuidar de suas emendas, proibe abolir (total ou parcilamente) os direitos individuais (art. 60, § 4º., IV), arrolados no art. 5º., do qual é desdobramento o art. 145, § 1º..

Portanto, é claramente inconstitucional a emenda 3/93, na parte em que prevê imposto cuja hipótese de incidência tem por cerne fato inexistente, ainda por, eventualmente, ocorrer, e, por isso, destituído de conteúdo financeiro.

Estamos com a professora doutora e magistrada juíza Diva Malerbi (M.S. 133.928, TRF 3ª. Região) em que não se compadece com a Constitução rígida que adotamos, admitir revogação implícita de princípios constitucionais, ablação, "por implicação" ou inferência, de preceitos nucleares. Não o toleram a técnica da Constitução e — com maior razão — a segurança jurídica.

4. Créditos de IPI e ICMS

Não-cumulatividade econômica é noção totalmente diferente de não-cumulatividade jurídica. Demonstrou cabalmente o ilustre Cleber Giardino que são conceitos radicalmente diversos, exatamente porque "situados em universos que nem sequer se comunicam" (*RDT* 29/110).

A simples "cláusula da *não-cumulatividade*" — expressamente inserida, como princípio, no texto constitucional — por si mesma, não tem substância intrínseca precisa. A expressão "será não-cumulativo" — constante do inc. II do § 3º. do art. 153 da Constituição — em si considerada, é imprecisa, vaga e sem significação definida.

"Se há diversos métodos ou processos mediante os quais é possível engendrar uma situação de *não-cumulatividade* econômica, para a exegese jurídica o seu conhecimento, mais do que despiciendo, é perturbador" (Cleber Giardino, *RDT* 29/112).

Por inspiração de Ulhoa Canto e Rubens Gomes de Sousa, o nosso constituinte já optou franca e deliberadamente por um determinado procedimento realizador da não-cumulatividade ("...compensando-se ..."), não relegando a nenhum legislador infraconstitucional possibilidade de dispor de modo diverso.

Art. 153, § 3º., II (o IPI) — "será não cumulativo, compensando-se o que for devido em cada operação com o montante cobrado nas anteriores".

A afirmação constitucional "compensando-se", na verdade, introduz um processo de abatimento, um mecanismo de dedução, de compensação. Não se trata de mera recomendação, ou de simples sugestão alvitrada pelo legislador constituinte — que a lei pudesse ou não acatar. Na verdade, a Constitução não têm esse cunho sugestivo. O método do abatimento é *diretriz constitucional imperativa*; é forma inexorável pela qual se chega a um IPI "não-cumulativo", no sentido que a Constituição brasileira a essa expressão emprestou.

A "compensação" é, nitidamente, categoria jurídica de hierarquia constitucional: porque criada pela Constituição. Mais que isso: é direito constitucional reservado ao contribuinte do IPI; direito público subjetivo de nível constitucional, oponível à União pelo contribuinte desse imposto federal. O próprio Texto Constitucional que outorgou à União o poder de exigir o IPI, deu ao contribuinte o direito de abatimento (v. Cleber Giardino, *RDT* 29/110). Daí anotar

Xavier de Albuquerque: "... a técnica jurídico-tributária ferrou o imposto com a marca da não-cumulatividade, *que se erige*, em nosso Direito, *à dignidade constitucional*" (*RDT* 59, p. 57).

"A não cumulatividade é regra constitucional em relação ao IPI... e, assim, *não pode ser limitada pelo legislador* e muito menos pelo regulamento" (Aliomar Baleeiro, *Direito Tributário Brasileiro*, Ed. Forense, 10ª ed., revista e atualizada por Flávio Bauer Novelli).

O objeto da relação jurídica de compensação é o comportamento (passivo) do fisco consistente em "suportar" (sujeitar-se a) os efeitos do exercício do direito titulado pelo contribuinte.

Reflexamente, é também objeto da relação — tema central deste estudo — o comportamento ativo do contribuinte de proceder à dedução, liquidando — pela forma juridicamente qualificada da *compensação* — a sua obrigação tributária de IPI. Dessa forma, o "direito subjetivo de compensação" traduz-se num concreto "direito de abater". Nesse contexto, surge o assim chamado "crédito de IPI", designação simplificada que se vulgarizou para definir o objeto dessa relação jurídica (v. Cleber Giardino, *RDT* 23/118, Xavier de Albuquerque, *RDT* 59/58).

Foi o que ensinou Baleeiro:

"Depois da Emenda n. 18/1965, *tornou-se constitucionalmente obrigatória*, tanto para esse tributo (IPI) quanto para o ICM, extinguindo-se a anterior, cumulativa, ou 'à cascades', pela qual o imposto indireto e real se tornava ainda mais regressivo e odioso para as classes de menor capacidade econômica. De cada operação a tributar, abate-se idêntico imposto já pago nas operações ou incidências anteriores" (*op. cit.*, p. 208).

Esse direito — outorgado pelo próprio Texto Magno, em termos irrestritos e amplos, sem condições (que não a existência de operações anteriores) — é exercido pelo contribuinte, sem possibilidade de limitação, restrição ou oposição da lei ou qualquer ato do fisco.

4.1.1 Introdução, por lei, da não cumulatividade, no Brasil (1958)

A não cumulatividade foi introduzida no Brasil, em 1958, na lei do imposto sobre consumo (lei 3.520, de 30.12.58). A inspiração foi puramente francesa (a *taxe sur la valeur ajoutée*), que, aliás, na mesma época serviu de modelo para os estudos que conduziram à adoção do IVA pela Comunidade Econômica Européia.

A lei 3.520/58 — que os economistas gostam de frisar como primeira atitude legislativa contra o efeito "cascata" do imposto de consumo (hoje IPI) — veio dispor, no seu "art. 5º — Quando num mesmo estabelecimento produtor se fabricarem artigos sujeitos ao imposto de consumo que, sem saírem deste estabelecimento, forem utilizados na fabricação ou no acondicionamento de outros tributados, *o imposto incide somente no produto final*, facultada ao fabricante a *dedução dos impostos pagos sobre as matérias primas que concorrem para a sua produção*".

Já aí aparece a "dedução", como o modo de, sem reduzir a base de cálculo — que continuou sendo o *valor da operação* (negócio jurídico) tendo por objeto o produto — diminuir o pagamento *em dinheiro* do imposto. É exatamente a técnica que foi constitucionalizada em 1965 (E.C. 18) e que persiste até hoje.

Já nessa lei (1958) se dispôe: "2º — Os fabricantes pagarão o imposto com base nas vendas de mercadorias tributadas, apuradas quinzenalmente, *deduzido*, no mesmo *período*, o *valor do imposto relativo às matérias primas* e outros produtos adquiridos a fabricantes ou importadores ou importados diretamente, *para emprego na fabricação* e *acondicionamento* de artigos ou produtos tributados".

4.1.1 A lei não dá crédito — A lei não pode tirar, suprimir, reduzir, excluir crédito

Quando se converteu (1965) o antigo imposto de consumo em IPI, (*a*) mudou-se o nome e (*b*) constitucionalizou-se o mecanismo de compensação de créditos e débitos. Nisso se traduziu — quanto a esse imposto — a famosa "reforma tributária" de 1965.

O ICM — introduzido pela emenda constitucional 18/65 à Constituição de 1946 — *já surge não cumulativo*, por imitação do nosso imposto de consumo e inspiração do IVA do Mercado Comum Europeu.

Na Constitução de 1946, não se cogitava de não-cumulatividade. Do imposto de consumo cuidavam os preceitos do art. 15, II e seu § 1º. *Só em 1965* — com a Emenda Constitucional n. 18 — aparece o princípio no plano constitucional, aplicado ao IPI e ao ICM.

Persistir, após 1965, atribuindo à lei o poder de dar ou tirar crédito é ignorar que, desde a emenda 18/65, a matéria é constitucional. Já não tem mais cabimento atribuir à lei o que a própria Constituição assumiu, tornando constitucional o princípio. A matéria foi constitucionalizada. Não está na discrição do legislador infra-constitucional.

A literatura que perde tempo tratando da questão em termos de "*a lei dá, a lei tira*", está baseada em pré-conceitos (portanto conceitos não científicos). Pior, conceitos superados pela evolução normativa. Opera, essa literatura, sobre o que não é mais, como se ainda fosse.

É que — e isso parece inquestionável — enquanto o "direito de creditar-se" era de origem e base meramente legal (antes de 1965) a lei podia dar, negar ou reduzir o crédito, segundo a discrição do legislador. A matéria estava à sua (do legislador) disposição.

E o tratamento doutrinário que se dava ao imposto de consumo, antes da Emenda 18/65, continuou inadvertidamente sendo dispensado ao IPI depois disso, e foi extrapolado para o ICM de modo imponderado e sumário. Não é negligenciável, também, a influência da literatura européia sobre o IVA — como o denunciou argutamente Cleber Giardino (*RDT* 17/77) — para cá trazida por contabilistas precipitados e economistas afoitos, com o beneplácito de pseudo-juristas de carregação.

4.2 Nascimento do débito e do crédito de IPI

O crédito de IPI nasce de operações anteriores, oneradas pelo mesmo imposto. Disso decorre que o fato que faz nascer um (o crédito) é o mesmo que faz nascer outro (o débito). Sacha Calmon diz, agudamente: "são duas faces da mesma moeda" (*Comentários à Constitução de 1988*, p. 229). O *crédito* é direito que se integra ao patrimônio do contribuinte que recebe o produto. O débito surge a cargo do contribuinte que (negociando com aquele) vende-lhe o produto.

A lei 4.502/64 preenche essa função de modo razoável. Em estudo doutrinário — que fizemos, para fins acadêmicos, há mais de duas décadas (*Revista dos Tribunais*, vol. 469, p. 49 e ss.) — formulamos proposição descritiva, a título de definir doutrinariamente (com total apego ao direito positivo) a hipótese de incidência do IPI, nos seguintes termos (já à vista da figura completa, tal como saída das mãos do legislador; portanto, considerando os inafastáveis dados constitucionais e os acrescidos — corretamente — pelo legislador): é h.i. do IPI o fato de produtor realizar operação jurídica (negócio) com produto industrializado, transferindo a outrem poderes jurídicos de disposição sobre o mesmo. Nasce a obrigação (aspecto temporal) no *momento* em que o produto sai do estabelecimento do produtor.

A *saída* não é materialidade da hipótese de incidência. É, meramente, seu aspecto temporal. A saída é o momento, qualificado pela lei, em que se reputa consumado o processo concreto que redunda na obtenção (produção) do produto, que é tributado *como* (e enquanto) objeto de uma operação jurídica (negócio).

E o insigne Rubens Gomes de Sousa, ao tratar ulteriormente do mesmo tema, disse: "Daí a identidade do IPI também com o ICM, igualmente reconhecida pela comissão" (v. *RDP* 22/297, última linha e 298).

Essa "identidade" — que a meditação, vigorosamente fecundada pela prática de cinco lustros (até 1988), confirmou e aprofundou — levou à consolidação da não-cumulatividade como inerente aos dois impostos e à afirmação de regras essenciais comuns, como técnicas de sua viabilização.

Daí o mesmo regime, com o mesmo sentido e conteúdo (embora não o mesmo alcance) para ambos. Daí, principalmente, a conveniência do estudo paralelo de ambos, como neste trabalho.

São características (e conseqüências) da "identidade" — salientada por Rubens Gomes de Sousa e Ulhoa Canto — que a Constitução imprimiu ao IPI e ao ICMS:

— toda *operação* concreta é fato imponível (faz nascer a obrigação tributária);

— toda operação faz nascer, portanto, o direito do fisco ao tributo e o direito do contribuinte à compensação com o *montante* correspondente às operações anteriores.

Esse autor — na linha das lições de Cleber Giardino — mostra que não há distinções entre as operações, em razão de seus específicos objetos. *Todas as operações tributáveis geram crédito*, seja qual for seu (da operação) objeto (desde que do gênero produto industrializado).

Logo, a aquisição de matérias primas, embalagens, insumos ou bens de capital ou outros integrados no ativo — à semelhança de qualquer outra aquisição mediante operação tributável — gera crédito, irrecusavelmente.

Compreendido o encadeamento da evolução legislativa, fica fácil identificar-se a raiz e explicação (jamais justificação) dos preconceitos que marcam certas posturas legislativas e jurisprudenciais negadoras dos créditos de IPI, contra o texto claro da Constituição. (v. C. Giardino, *RDT* 17/77).

E, daí, fica mais fácil verificar que *o crédito é dado pelo próprio Texto Constitucional* e que nenhuma lei pode reduzi-lo, condicioná-lo ou excluí-lo, em nenhuma hipótese (salvo, só para o ICMS, a exceção do § 2º, II, do art. 155 da própria Constituição, que mantém a proibição de a lei reduzir a esfera jurídica do contribuinte, abrindo somente a possibilidade de ampliá-la — tema objeto de outro tópico deste estudo).

Em suma, *o crédito de IPI é dado pela Constituição*. É errado — e leva a trágicos equívocos — supor que ele decorra de outorga da lei. Por isso, exclusão ou redução de crédito jamais poderá emergir de norma legislativa (mesmo complementar).

A Constituição dá; só a Constituição poderia tirar créditos. É inválida e nula toda disposição infraconstitucional que retire, reduza, condicione ou exclua crédito de IPI.

Resulta absolutamente inquestionável que: a) *a compensação* (e, pois, o direito de crédito) *é constitucional e, portanto, não pode ser alterada pela lei*, em detrimento de seu beneficiário, o contribuinte; e b) *não há caso de operação não geradora de crédito* de IPI.

Os únicos casos em que a Constituição exclui o crédito de ICMS ou nega-lhe efeitos são esses. Aí é dito, em princípio, que a não incidência (o que compreende a isenção):

(a) "não implicará *crédito* para compensação ... nas operações ... seguintes", (b) "acarretará a anulação do *crédito* relativo às operações anteriores".

Não é, entretanto, absoluto o conteúdo do preceito. Prevê que a lei (complementar ou ordinária) pode dispor em contrário. E o inciso XII, "f", do § 2º do art. 155 da própria Constituição prevê que a lei complementar pode "prever casos de manutenção de crédito". Na verdade, as exigências impostergáveis da não cumulatividade impõem essas normas.

Onde o constituinte disse (implicitamente) que a lei "poderá" dar crédito (art. 155, § 2º, II) em casos de não incidência, Sacha Calmon lê — em adequada exegese — "deverá". Ensina: "Por isso mesmo o legislador complementar está na obrigação de agir para editar "a determinação legal em contrário" prevista no art. 155, § 2º, II, utilizando-se da prerrogativa inserta no mesmo art. 155, XII, alínea "f", único modo de afastar o óbice constitucional fixado no art. 155, § 2º, II, alínea "b" (*op. cit.*, p. 231) (a numeração dos incisos é anterior à Emenda Constitucional 3/93).

E prosseguiu Tércio S. Ferraz: "Ora, o estabelecimento constitucional da não-cumulatividade significa a obrigatoriedade (operador deôntico) de um ato (compensar o que for devido em cada operação com o montante cobrado nas anteriores) enquanto nas alíneas "a" e "b" referidas há obrigatoriedade de não compensar ou anular (omissão). Trata-se, como se vê, de uma antinomia própria em razão de uma contrariedade (os conteúdos, de um lado, um ato, de outro, a sua omissão, são uma negação interna do outro). A contrariedade implica que as duas normas nunca podem ser aplicadas simultaneamente. Já a contrariedade implica que, *em face de certas condições*, a *aplicação simultânea* é impossível, *sendo possível em face de outras*. Isto nos conduz à primeira classificação. Não se trata, a nosso ver de uma antinomia total-total, visto que as normas em tela são contrárias, mas *não contraditórias*" (p. 17/18).

Arrematando: "O critério da *especialidade* implica que estas regras só devam valer para aqueles *casos excepcionais* que não provoquem uma quebra no telos protegido pelo princípio da não-cumulatividade. A Teoria Geral do Direito, sabiamente, reconhe que, para solucionar-se uma antinomia, deve-se pressupor uma *harmonia* no sentido de que o conjunto das normas tem uma inspiração comum, ou seja, está penetrado do mesmo espírito que se manifesta pela *concordância das soluções* (cf. Charles Huberlant, "Antinomies et Recours aux Principes Géneraux", in "Les antinomies en Droit", org. por Perelman, Bruxelas, 1964, p. 233)" (p. 18).

E concluindo: "... então as *exceções* contidas nas alíneas "a" e "b" do inc. II do § 2º do art. 155 *só cabem* para aquelas situações em que o crédito de um imposto que não incidiu em operação anterior *conduzisse a um efeito oposto ao da acumulação*..." (p. 20).

Sacha Calmon, com outros argumentos, endossa integralmente a lição de Tércio Ferraz — embora não a conhecesse, quando escreveu estas linhas: "... a anulação ou estorno dos créditos anteriores à operação imune ou isenta, é uma violência atentatória ao princípio da não-cumulatividade. Não faz sentido determinar o estorno (anulação) de créditos fiscais de operações anteriores, perfeitos e acabados, e pela simples razão de que o nosso ICMS está estruturado pelo sistema imposto contra imposto e não pelo sistema mercadoria contra mercadoria'' (*op. cit.*, p. 229).

Se o constituinte tratou de modo categórico a matéria, não pode o intérprete entender que formulou mera sugestão. Se foi taxativo (explicitou dois casos, só relativamente ao ICMS) *não se pode entender que autorizou o legislador a ampliar esses casos, nem estendê-los ao IPI*. Especialmente, quando é claro e patente que o § 2º, II, do art. 155, é exceção ao princípio amplo, geral e dominante, exatamente *informador* desses tributos (e delineador básico de seu perfil constitucional), integrante de sua regra-matriz, na opinião de Paulo de Barros Carvalho e Sacha Calmon.

Da consideração do preceito do § 2º, II, do art. 155, em conjugação com o inciso II do *caput* (redação da Emenda Constitucional 3/93) e com o art. 153, § 3º, II, decorre, portanto:

a) o crédito é conseqüência inexorável e automática de todas as operações tributáveis, pelo IPI e pelo ICMS;

b) a lei (complementar ou ordinária) só o que pode (e deve) é *atribuir* crédito, nos casos excepcionados, quando isso seja necessário a garantir a não cumulatividade (Tércio);

c) a lei não pode vedar ou reduzir crédito em nenhuma hipótese;

d) a norma que institui o crédito é a própria Constituição: *nenhuma lei* pode dispor em sentido contrário;

e) a interpretação dessa exceção há de ser restritiva e não pode conduzir (Tércio) a converter o ICMS em ''cumulativo''; com maior razão quanto ao IPI, que nem exceções conhece;

f) *logo*, toda aquisição decorrente de operação tributada (*inclusive a de bens de capital*) por ICMS e/ou IPI é geradora de crédito de ICMS e de IPI, respectivamente.

4.3 Conclusão

À vista do exposto, conclui-se:

a) a não cumulatividade do IPI e do ICMS traduz-se em direito de compensação (abatimento);

b) a Constituição não prevê exceções a esse direito, quanto ao IPI; e só uma exceção quanto ao ICMS;

c) nenhuma lei pode condicionar, reduzir ou eliminar o direito de ''creditar-se'' pelo IPI ou ICMS relativo a operações anteriores;

d) a formulação constitucional é ampla e irrestrita: toda operação tributável gera crédito;

e) logo, o industrial (e/ou o comerciante) pode creditar-se pelo IPI (ou ICMS) relativo a todas as aquisições de peças, partes, insumos, matérias primas, ferramentas e bens de produção (bens de capital) integrados no ativo fixo.

5. Contribuição é tributo (PIS submete-se a regime tributário)

Contribuição é tributo. Esse tema já é pacífico entre nós. Na doutrina italiana e espanhola é tema que não enseja mais discussão; nos sistemas que não procedem a essa classificação, seu cunho tributário é igualmente inquestionável.

No passado, tivemos discussão meramente jurisprudencial. Antes da Constituição de 1988 houve certa jurisprudência que tergiversou a respeito do assunto. Não perderemos tempo em rememorar esses episódios. Basta registrar que entre os mais respeitados e conceituados de nossos doutrinadores, jamais houve hesitação quanto a essa questão: contribuição é tributo. As perplexidades do passado foram superadas com a Constituição de 1988.

Sendo contribuição espécie de tributo, o preceito em estudo abrange tambem essa categoria tributária. Não pode o intérprete distinguir onde a norma não distingue.

Deveras, texto e contexto da nova Constituição Federal sepultam, definitivamente, a discussão acerca da natureza jurídico-tributária das contribuições. Seja qual for a opinião que sobre elas tenha ou venha a ter o intérprete do texto constitucional (legislador, juiz, doutrinador) não há mais dúvida sobre a aplicabilidade do regime jurídico tributário às contribuições que se pretendam amparadas na Constituição Federal.

Ora, na medida em que a indagação sobre a natureza jurídica dos institutos normativos tem a finalidade única de desvendar qual é o regime jurídico que o sistema normativo lhes dispensa (Celso Antonio), fica superada (ou inutilizada) a perquirição da natureza das contribuições, dado que a própria Constituição Federal foi taxativa a respeito, mandando aplicar-se-lhes o regramento jurídico tributário (art. 149, CF).

É neste sentido o teor do art 149, topicamente inserido na CF, no Título IV (*Da Tributação* e do Orçamento), Capítulo I (*Do Sistema Tributário* Nacional), Seção I (Dos Princípios Gerais), fazendo remissão expressa ao art. 150 que, por sua vez, encontra-se inserido na Seção II (do mesmo Capítulo I) sob o título "Das Limitações ao Poder de *Tributar*". E o mandamento do § 6º do art. 195 — para arrematar — confirma e reafirma a aplicabilidade do regime tributário às contribuições.

O PIS, exatamente como as contribuições sociais instituídas pelas leis 7.689/88 e 7.738/89, encontra fundamento no art. 195, I, da CF, na inteligência do STF (v. RE 150.755-PE, julgado aos 18.11.93). Em seu voto (de relator para o acórdão) o Min. Sepúlveda Pertence (nisso acompanhado por 8 outros votos), sustentou: "a subordinação do tributo demonstra tratar-se de contribuição e não de imposto da competência residual".

Quanto à COFINS, explicitamente, igual foi o pronunciamento do STF no julgamento da ADC-1/93

Fica explícito, desses pronunciamentos, abonados pelo Plenário do Supremo que:

a) contribuição é tributo;

b) já não é necessário mais deter-se o Tribunal na discussão disso, tão pacífica é a tese, *após 1988*.

Deveras, o próprio § 6º do referido art. 195 afasta qualquer dúvida à respeito, ao estatuir que não se lhes aplica o disposto no art. 150, III, "b". Ora, além de fazer a remissão tópica ao art. 150 (inserido, como visto, na seção que trata das limitações ao *poder de tributar*), o faz para o fim exclusivo de excepcionar parcela específica do regime *tributário*, substituindo a genérica anterioridade em relação ao exercício financeiro de edição da norma, por anterioridade limitada ao prazo de 90 dias.

Não resta, portanto, dúvida sobre a aplicabilidade do regime constitucional tributário às contribuições sociais, observado o disposto no § 6º do art. 195 da CF. Supera-se, destarte, cabalmente, a discussão sobre a natureza tributária das contribuições, que tão cansativa celeuma causou no passado.

São tributos e como tal devem ser tratadas; no julgamento do RE 148.754-RJ, o STF. aplica a tese, especificamente, ao PIS.

TAXA DE POLÍCIA — DESCARACTERIZAÇÃO POR VIOLAÇÃO DO PRINCÍPIO DA LEGALIDADE E PELA INADEQUAÇÃO DE SUA BASE IMPONÍVEL: UM CASO CONCRETO

EDUARDO BOTTALLO
Professor Assistente do Departamento de Filosofia e Teoria Geral do Direito
da Faculdade de Direito da Universidade de São Paulo

1. A colocação do problema — 2. Violação do Princípio da Estrita Legalide da Tributação — 3. Impropriedade da base imponível — 4. Conclusões.

1. A colocação do problema

1.1 Atos administrativos emanados do Ministério da Agricultura, do Abastecimento e da Reforma Agrária condicionam a internalização de produtos vegetais, subprodutos e resíduos de valor econômico originários do exterior à prova de atendimento dos parâmetros de qualidade determinados pelos padrões estabelecidos.

Para atender tal exigência, os produtos mencionados, por ocasião do respectivo desembaraço aduaneiro, devem estar acobertados pelo "certificado de classificação" instituído pelos artigos 1º., 2º. e 5º. da lei 6.305, de 15 de dezembro de 1975, regulamentada pelo decreto 32.110, de 14 de agosto de 1978 e complementada, em termos que, adiante, serão melhor explicitados, pelo decreto-lei 1.899, de 21 de dezembro de 1981.

Este "certificado de classificação", a seu turno, decorre de exame dos produtos importados feito pelo critério de "amostragem" nos termos dos artigos 6º. a 9º. do já mencionado decreto 32.110/78.

1.2 O decreto-lei 1.899/81 instituiu "taxas relativas a atividades agropecuárias do Ministério da Agricultura".

Na parte que agora importa destacar, este diploma condicionou a expedição do "certificado de classificação" ao pagamento da denominada taxa de classificação de produtos vegetais, cujo valor foi originalmente estipulado em duas ORTN por tonelada ou fração em caso de classificação e em quatro ORTN por tonelada ou fração em caso de reclassificação (decreto-lei citado, artigo 2º., inciso III, alíneas "a" e "b").

O mesmo decreto-lei, em seu artigo 3º., declarou ser fato gerador das taxas ali contempladas ou a prestação de serviços que possam dar causa à sua cobrança ou o exercício regular do poder de polícia por parte do Ministério da Agricultura.

Neste contexto, a taxa de classificação de produtos vegetais tem, induvidosamente, a natureza de "taxa de polícia", como, aliás, foi reconhecido pelo Egrégio Supremo Tribunal Federal (Acórdão unânime da 2ª. Turma no Agravo Regimental 113.645-5-PR, Relator Ministro Carlos Velloso).

O sujeito passivo da taxa é a pessoa física ou jurídica, tida, na dicção do artigo 4º., como "paciente do poder de polícia, cada vez que seja este efetivamente exercido".

Finalmente releva destacar o artigo 8º do decreto-lei em exame segundo o qual "Os Ministros da Fazenda, da Agricultura e Chefe da Secretaria de Planejamento da Presidência da República poderão expedir, em portaria conjunta, as instruções necessárias à execução deste decreto lei, bem como reduzir até 0 (zero) o valor das taxas ou restabelecê-lo no todo ou em parte.

"Parágrafo único. O Ministério da Fazenda baixará normas relativas à arrecadação e fiscalização das taxas, inclusive quanto aos prazos de recolhimento."

Com pretenso amparo no preceito retro transcrito, diversos atos de hierarquia inferior foram editados, fixando a base de cobrança da taxa em consideração.

Assim, temos:

a) Portaria Interministerial 498, de 26 de junho de 1992, cujo anexo I fixou sua cobrança em quantidades de UFIR por tonelada ou fração dos produtos vegetais ali indicados;

b) Portaria Interministerial 606, de 25 de novembro de 1993, que "alterou" — entenda-se, majorou — os valores constantes do anexo I da portaria interministerial 498/92, com vigência até 31.12.93.

A partir de 1º de julho de 1994 esta taxa vem sendo cobrada com base em tabela que toma como base o valor da UFIR fixado para aquela data.

1.3 Pelos fundamentos que serão expostos, temos por ilegal e inconstitucional a cobrança da taxa de classificação de produtos vegetais nos termos descritos.

Com efeito, a exação é inconstitucional por desatender o princípio da estrita legalidade da tributação (CF art. 150, I) e também por adotar base imponível inadequada, posto que própria de impostos (CF art 145, § 2º).

Pelos mesmos fundamentos, esta taxa contraria os artigos 97, IV, e 77, parágrafo único, do Código Tributário Nacional.

Vejamos, então, como se justificam estas assertivas.

2. *Violação do princípio da estrita legalidade da tributação*

2.1 Dispõe o artigo 150, I, da Constituição: "Art. 150 — Sem prejuízo de outras garantias asseguradas ao contribuinte, é vedado à União, aos Estados, ao Distrito Federal e aos Municípios:

I — exigir ou aumentar tributo sem lei que o estabeleça".

A propósito deste princípio constitucional, escrevemos em outro contexto:

"O processo de instituição de tributos consiste na descrição legislativa de seus aspectos essenciais e indissociáveis: a) do aspecto pessoal, "que determina os sujeitos da obrigação tributária"; b) o aspecto temporal, pelo qual são estabelecidas "as circunstâncias de tempo, importantes para a configuração dos fatos imponíveis"; c) o aspecto espacial, que consiste na indicação das "circunstâncias de lugar", relevantes para caracterização da obrigação de que se cuida; e d) o aspecto material, que corresponde à "própria descrição dos aspectos substanciais do fato ou conjunto de fatos" que servem de suporte à hipótese de incidência, *inclusive aqueles atinentes à determinação da base imponível e alíquotas*. (cf. Geraldo Ataliba, "Hipótese de Incidência Tributária", 5ª ed., Malheiros Editores, S. Paulo/1994).

Nenhum deles pode ficar à margem da lei sob pena de não se ter tributo constitucionalmente criado.

De conseqüência, encontra aqui confortável campo de aplicação a regra segundo a qual, no direito brasileiro, os atos administrativos (decretos, instruções, portarias, etc.) nenhuma inovação podem introduzir à conformação da obrigação tributária. Tais atos agem em um plano estritamente infra-legal, sem qualquer vocação originária na ordem jurídica; jamais penetram dentro do campo dos elementos essenciais do tributo... (*Limitações do Poder de Tributar*''; *RDT* 48/51-52)

Daí porque, em total harmonia com o preceito constitucional sob exame, prescreve o artigo 97, IV, do Código Tributário Nacional: ''Somente a lei pode estabelecer: IV — a fixação da alíquota do tributo e de sua base de cálculo.''

Ora, diante destes induvidosos comandos, resta evidente que os atos infra-legais (portarias 498/92, 606/93 e ''tabela'' datada de 1º de julho de 1994) que fixaram a base imponível da taxa de classificação de produtos vegetais são manifestamente inconstitucionais, além de ferirem o preceito retro transcrito do Código Tributário Nacional.

Note-se, a propósito, que estes atos não se limitaram a converter para outro indicador (a UFIR) os valores originalmente fixados em ORTN pelo artigo 2º do decreto-lei 1.899/91.

Ao contrário, houve manifesta majoração desta base, o que se revela claramente pelo confronto entre os valores do anexo I da portaria 498/92 e aqueles estabelecidos para o mesmo anexo pela portaria 606/93: as quantidades de UFIR, para classificação de cada produto ali enumerado, foram praticamente duplicadas, sem qualquer amparo em lei.

2.2 Nem se alegue que o artigo 8º do decreto-lei 1.899/81, sob cuja invocação tais portarias e tabela foram editadas, poderia, de algum modo, convalidar os comandos destas.

E isto se dá em razão de dois relevantes fundamentos.

O primeiro deles é que, em matéria fiscal, não se admite delegação de competências, a não ser nos casos expressamente autorizados pela Constituição (art 153, § 1º) que não se aplicam à espécie.

O segundo deles é que tal artigo 8º — cujo inteiro teor foi acima transcrito — faculta às autoridades ali mencionadas ''Reduzir até 0 (zero) o valor das taxas ou Restabelecê-lo no todo ou em parte.'' (literal)

Reduzir, restabelecer e não majorar, quando é certo que as portarias e tabela inquinadas nem reduziram nem restabeleceram os valores da taxa, mas sim buscaram, indevidamente, majorá-los.

Portanto a inconstitucionalidade e ilegalidade destes instrumentos é manifesta, o que, por necessária conseqüência, torna inconstitucionais e ilegais os atos de cobrança de taxa neles fundados.

3. *Impropriedade da base imponível adotada para cobrança de taxa*

3.1 Não se esgotam nas razões até aqui desenvolvidas os argumentos oponíveis a esta cobrança, pois a exação em pauta se ressente de outra grave inconstitucionalidade e ilegalidade consistente na impropriedade da base imponível adotada para sua cobrança.

Com efeito e como decorre do artigo 2º do decreto-lei 1.899/81 e também das tabelas anexas aos atos administrativos já enumerados, a taxa em consideração é cobrada pelo resultado da multiplicação de determinado número de unidades de valor (a princípio a ORTN e atualmente a UFIR) pela quantidade (volume) de produtos vegetais importados (tonelada ou fração).

Vale dizer, à classificação de uma tonelada destes produtos corresponde o pagamento de 1 "X" UFIR; à classificação de cem toneladas deste mesmo produto corresponde o pagamento de 100 "X" UFIR.

Isto sem qualquer consideração para o fato de que, tanto em um como em outro caso, a classificação é feita pelo processo de amostragem, nos termos dos artigos 6º a 9º do decreto 82.110/78.

Ora, a adoção do volume de produtos importados como elemento dimensionador da base imponível da taxa equivale à sua manifesta descaracterização.

Como bem salienta o Professor Geraldo Ataliba, "as taxas de polícia cabem para cobrir os custos administrativos com o exercício do poder de polícia diretamente referido a certas pessoas que o provocam, ou o exigem, em razão de sua atividade", ou seja, elas devem expressar uma "dimensão qualquer da própria atividade do Estado" (*Hipótese de Incidência Tributária*, 5ª Ed., Malheiros, pp. 133 e 139).

À luz desses precisos ensinamentos resta evidente que a quantidade (tonelagem) de produtos vegetais importados nada tem a ver com a atividade do Estado consistente em sua classificação, sobretudo se atentarmos para a já mencionada circunstância *dessa classificação dar-se por amostragem e, assim, com total abstração do elemento quantitativo*.

O artigo 77 § único do Código Tributário Nacional, de longa data assentou que "A taxa não pode ter base de cálculo ou fato gerador idênticos ao que correspondam a imposto, nem ser calculada em função do capital das empresas".

A Constituição de 1988 tornou ainda mais ampla esta vedação ao prescrever no § 2º do artigo 145 que "As taxas não poderão ter base de cálculo própria de imposto".

A ampliação retro assinalada está em que, na dicção do texto constitucional em vigor, não só as taxas não poderão utilizar a mesma base de cálculo dos impostos já existentes mas também, para fixação desta base, não poderão ser levados em conta quaisquer dos chamados índices de tributação típicos dos impostos como o indivíduo, o patrimônio, a renda, a despesa, a quantidade ou qualidade dos produtos.

São também do consagrado Mestre Geraldo Ataliba estas pertinentes observações a propósito da vedação ora sob análise:

"A base de cálculo dos tributos deve ser estreitamente correlacionada com o elemento material da hipótese de incidência.

"Nos impostos, será uma ordem de grandeza ínsita na coisa ou atividade tributada, ou inerente ao sujeito passivo. *Nos tributos vinculados, pelo contrário, há de ser uma ordem de grandeza ínsita à atividade pública que precisamente os justifica*.

Isto está na própria essência do caráter dos tributos. É decorrência inexorável da própria classificação dos tributos. É elemento, aliás, que dá critério para o "discrimen" entre as atividades tributadas.

...

"O que se desejou (com a vedação) foi evitar que esse decisivo elemento da hipótese de incidência fosse erigido em critério de taxas e de impostos concomitantemente, ocasionando confusões.

"Ora, se as hipóteses de incidência dos tributos não vinculados e vinculados são diametralmente opostas — e se a base de cálculo é elemento essencial daquela — não há este perigo, sempre que o legislador obedeça aos cânones científicos, técnicos e constitucionais, ao criar os tributos.

"Não deixa de ser salutar, entretanto, a vedação constitucional, embora peque por parcialidade, já que deixa de lado inúmeros outros aspectos que mereceriam igual cuidado e idêntica cautela" ("Considerações em torno da Teoria Jurídica da Taxa", in *RDP*, vol. 9, p. 49 — grifos do Autor — a expressão entre parênteses não consta do original).

Em harmonia com esses ensinamentos, Aliomar Baleeiro, na sua condição de respeitado especialista em Direito Tributário e Ministro do Supremo Tribunal Federal, assinala o trabalho daquela Corte em expurgar do sistema inúmeras falsas taxas, descaracterizadas exatamente pela impropriedade de sua base imponível, explicando que o abuso deste expediente inspirou fosse expressa a sua vedação tanto no CTN como na Constituição (cf. *Direito Tributário Brasileiro*. Forense, 9ª Ed., 1977, pp. 303/304).

3.2 A mera quantidade de produtos vegetais importados, repita-se, não mede a atividade expressiva do poder de polícia do Estado que se traduz na classificação destes para efeitos de internalização.

Ao contrário, este dado (volume) corresponde a elemento próprio para determinação da base de cálculo de impostos, na medida em que se mostra relevante para fins de quantificação daqueles que incidem, por exemplo, sobre operações de comércio exterior (imposto de importação, IPI e ICMS).

Portanto, a indevida consideração deste fator para determinação do montante da taxa de classificação a cargo de importadores de produtos vegetais torna sua cobrança insustentável à luz dos artigos 145, § 2º, da Constituição Federal e 77, parágrafo único, do Código Tributário Nacional.

4. Conclusões

4.1 De toda a exposição feita pode-se assentar, em síntese, que:

a) a denominada taxa de classificação de produtos vegetais não tem sua base imponível fixada em lei, mas sim em atos administrativos infra-legais, o que afronta o princípio da estrita legalidade da tributação (CF art. 150, I) e o da reserva da lei (CTN, art. 97, IV);

b) como se não bastasse, esta base imponível é de manifesta inadequação em face dos artigos 145, § 2º, da Constituição e 77, parágrafo único, do CTN, posto que, impropriamente, leva em conta, para efeitos de quantificação do montante do tributo, elemento típico de imposto (o volume de produtos vegetais importados) que, como tal, não mede a atividade expressiva do poder de polícia do Estado capaz de justificar sua cobrança.

ICMS
Natureza jurídica dos convênios de Estados-Membros
Inconstitucionalidade continuada

SACHA CALMON
Professor Titular de Direito Tributário da Faculdade de Direito
da Universidade Federal de Minas Gerais

O discurso andará à volta do artigo 34, § 8º do Ato das Disposições Constitucionais Transitórias, cujos teores são estes:

"Se, no prazo de sessenta dias contados da promulgação da Constituição, não for editada a lei complementar necessária à instituição do imposto de que trata o art. 155, I, "b", os Estados e o Distrito Federal, mediante convênio celebrado nos termos da Lei Complementar n. 24, de 7 de janeiro de 1975, fixarão normas para regular provisoriamente a matéria."

Diga-se para logo que o constituinte exigiu, ao instituir o ICMS, que uma lei complementar nova o estruturasse em linhas gerais e fixou prazo para a sua edição. Na hipótese de omissão legislativa — o que de fato materializou-se e persiste até a presente data — houve por bem indicar o processo convenial para que os Estados-Membros da federação pudessem regrar temporariamente, até e enquanto não editada a lei complementar já referida — a *estrutura básica do ICMS*.

Ocorre que após o Convênio-Matriz do ICMS, a atividade legiferante dos Estados, pela via dos convênios, deveria cingir-se às matérias previstas no art. 155, XII, "g", da Constituição Federal (eis que sob reserva desse singular instrumento legislativo). O artigo referido ostenta a seguinte redação:

"Art. 155. Compete aos Estados e ao Distrito Federal instituir:

....

XII — cabe à lei complementar:

....

g) regular a forma como, mediante deliberação dos Estados e do Distrito Federal, insenções, incentivos e benefícios fiscais serão concedidos e revogados.

.... "

Tal não ocorreu. Aproveitando da brecha do art. 34, § 8º, do ADCT e sob o beneplácito acomodatício do Judiciário, salvo honrosas exceções, os Estados-Membros transformaram as reuniões do CONFAZ em sessões legislativas espúrias. Por intermédio dos convênios legislam sobre o ICMS, contra os princípios da legalidade e da anterioridade, vulnerando o artigo, 150, I e III, "b" da Constituição. Ora, o ICMS não está entre as exceções aos princípios da legalidade/anterioridade permitidas na Constituição (artigos 153, § 1º, 148, II e 195, § 6º). Por outro lado, os convênios não são submetidos aos exame das assembléias legislativas dos Estados, salvo o caso do Rio Grande do Sul, ao que sei. De conseguinte, o ICMS, hoje, é um imposto sem lei, visceralmente inconstitucional.

A denúncia dessa situação não pode deixar de ser feita e obriga, noutra empreitada, a que se façam anotações sobre a natureza jurídica desses convênios relativos ao ICMS.

O mecanismo dos convênios

Convênio é acordo, ajuste, combinação, e promana de reunião de estados-membros. A esta comparecem *representantes* de cada estado, indicados pelo chefe do executivo das unidades federadas. Não é, assim, o representante do povo do estado que se faz presente na assembléia, mas o preposto do executivo, via de regra um secretário de estado, usualmente o da *fazenda* ou das *finanças*. Nestas assembléias, são gestados os convênios, ou melhor, as "propostas" de convênios. Em verdade o conteúdo dos convênios só passa a valer depois que as assembléias legislativas — casas onde se faz representar o povo dos estados — *ratificam os convênios prefirmados nas assembléias*.

Com efeito, não poderia um mero preposto do chefe do executivo estadual exercer *competência tributária impositiva ou exonerativa*. Esta é do ente político, não é do executivo nem do seu chefe, muito menos do preposto, destituível *ad nutum*.

O princípio da legalidade da tributação e da exoneração, abarca por inteiro a disciplina do tributo e dos elementos estruturais. Sendo a isenção, a fixação das bases de cálculo e das alíquotas, a não-cumulatividade, a remissão, a concessão de créditos fiscais e sua manutenção, *matérias sob reserva de lei*, como admitir que um mero secretário de governo, agente do poder executivo, capaz só de *praticar atos administrativos, possa pôr e tirar, restabelecer, graduar, reduzir ou aumentar a tributação*?

Caso isto fosse possível, derrogado estaria o princípio da legalidade da tributação e vulnerado o arquiprincípio da separação dos poderes pressupostos da República e do Estado de Direito (Ataliba, com a verve que o caracteriza, lembrou certa feita, que um secretário, se casado, que não pode sequer dispor dos bens da sociedade conjugal, sem outorga uxória, não poderia dispor dos bens da sociedade civil estadual sem permissão legislativa).

Não, o secretário de estado, e seus assessores, tecnocratas, são meros funcionários subalternos, posto que especializados. A primeira rodada dos convênios — em assembléia de estados — é com eles que se realiza. Juridicamente, o principal vem depois, com a ratificação do que eles combinaram. A juridicidade sobrevém quando a decisão tomada em convênio é aprovada pelas assembléias legislativas estaduais, pressuposto indeclinável de eficácia. A CF/88 outorgou aos convênios, no corpo permanente, tão somente as exonerações tributárias.

A assembléia de estados-membros não detém nenhuma parcela de competência tributária. Não é ente autônomo a ombrear ou a dividir faixas de competência com a União (competência exonerativa heterônoma) e com o estado-membro (competência exonerativa autonômica). Ao contrário, é mera fórmula de exercício de competência tributária. Através dos convênios tirados em assembléias de estados, estes exercem uma competência que lhes é própria e derivada da Carta. Os convênios resultam de fórmula plural de exercício de competência tributária pelos Estados, porém preparatória.

É errôneo supor que os "convênios" surrupiaram aos estados parcelas de competência. Os estados não a perderam. Simplesmente o seu exercício se faz *colegiadamente*. O produto desse exercício colegiado da competência exonerativa é justamente o *convênio*. A competência para exonerar é dos estados reunidos em assembléia e não da assembléia dos estados.

Como agir nas assembléias e as fórmulas que devem ser seguidas para o exercício plural da competência exonerativa dos estados, já se incluem no campo das *normas técnicas*. A CF/88 ao remeter aos convênios certas matérias fez *norma técnica*. O próprio da *norma téc-*

nica é dizer como devem ser as ações relevantes para o direito. O fato de a norma técnica ser instrumental, meramente instrumental, não significa desimportância. Muito freqüentemente a inobservância de *norma técnica implica a ineficácia do direito* que o ato visa a alcançar. É o caso das normas que estatuem o que deve ser feito para celebrar um casamento nuncupativo ou selar um testamento. Caso sejam desobedecidas as preceituações, o ato não ganha eficácia; não provoca efeitos jurídicos. A norma técnica é harmônica com a *ordem jurídica*. Dela deflui como, de resto, todas as *normas*, por isso que *brotam todas do contexto jurídico* e não tão-somente dos textos legislativos.

No concernente ao tema — o mecanismo dos convênios — a Lei Complementar 24, contém uma descrição legal de norma técnica absolutamente inválida. É o seguinte: "Dentro do prazo de quinze (15) dias contados da publicação dos convênios no Diário Oficial da União, e independentemente de qualquer outra comunicação, o *Poder Executivo* de cada Unidade da Federação publicará *Decreto* ratificando ou não os convênios celebrados, considerando-se ratificação tácita dos convênios a falta de manifestação no prazo assinalado neste artigo".

Esta fórmula e qualquer outra desconforme com a Constituição serão inválidas. O convênio só pode valer se ratificado pelo Legislativo Estadual.

Ora, é rematada sandice admitir possa um mesmo poder praticar um ato e depois, ele próprio, homologá-lo...

Isso de ratificar ato na entrosagem da teoria da tripartição dos poderes significa técnica de harmonização. Definido que um poder tem a função de *criar o direito* (instrumento de disciplinação de condutas), outro, a de aplicá-lo *ex officio*, a homologação, na espécie, só faria senso se declinada ao legislativo. (A propósito da natureza e especialidade dos atos funcionais do estado — atos legislativos, administrativos e juridicionais — de ver as magistrais e insuperáveis lições de Seabra Fagundes, *Do Controle dos Atos Administrativos pelo Poder Judiciário*, Forense, Rio, 1957, pp. 15 a 27).

É que os convênios de início são atos formalmente administrativos e materialmente legislativos. Sob o ponto de vista formal são atos administrativos porque dimanam de órgão administrativo colegiado (assembléia de funcionários representantes do poder executivo dos estados). Sob o ponto de vista material, são atos legislativos porque têm conteúdo de preceituação genérica e normativa (não há aplicação de norma a caso concreto). Como o princípio da legalidade *para pôr e tirar o tributo exige lei em sentido formal* — proveniente de órgão legislativo — a previsão de *ratificação pelo poder legislativo dos estados*, teria precisamente esta finalidade: conferir aos convênios força de *lei*.

A reserva de convênios para a concessão e revogação de isenção e demais fórmulas exonerativas não significa que as exonerações, em tema de ICMS, *pertençam* com exclusividade ao *poder executivo dos estados*. A reserva de lei, ou se se prefere, o princípio da legalidade, permanece no que tange às exonerações tributárias. O convênio, seu processo, começa nas assembléias de estados federados mas termina nas casas legislativas onde recebem ratificação e conteúdo de lei.

A propósito, leciona Geraldo Ataliba: "À semelhança dos tratados internacionais que se convertem em direito interno pela ratificação do Congresso, os convênios — sinônimo absoluto de *tratado*, segundo o acatado internacionalista Marotta Rangel — só podem preencher as exigências do princípio da legalidade se *ratificados pelo Poder Legislativo Estadual*. Isto é, aliás, imediata decorrência do princípio da relação de administração — magistralmente exposto por Cirne Lima — que não consente que o executivo possa deliberar não realizar receita tributária, imperativamente criada por lei''.

A seu turno, Antônio Berliri, a propósito de tema análogo, segundo relata Souto Maior Borges, nega aos convênios, em matéria tributária, a natureza de fonte de direito porque eles só adquirem relevância jurídica por ''efeito da lei que os aprova''.

Ademais, nesta parte que trata do mecanismo dos convênios, a Lei Complementar 24 é texto de complementação da Constituição e, pois, deve acatar submissão ao princípio constitucional que integra, sem dilargá-lo ou amiudá-lo. Ora, exige o contexto da Carta que os convênios sejam *celebrados* pelos estados — por seus chefes do executivo ou delegados dos mesmos — e depois ''ratificados'' (pelos legislativos estaduais, obviamente).

Por isso, Ataliba lança a assertiva de que ''o Estado se representa pelo Executivo mas delibera mediante harmônica atuação deste com o Legislativo''.

E, arremata: ''Nem tem propósito que um auxiliar do Governador, o Secretário de Fazenda, celebre um negócio e o Governador o ratifique. Não foi isso o que quis dizer a Carta''.

Ante o exposto, na medida em que a lei complementar atribui ao próprio *poder executivo* a incumbência de ratificar as decisões tomadas por seus agentes nas assembléias de estados, com isto está fraudando a Carta, traindo o seu espírito e negando — o que é pior — os princípios da legalidade e da separação dos poderes, pilares da *ordem jurídica vigente*.

Convém rememorar, a esta altura, o que foi exposto neste trabalho sobre a complementação das *regras da Constituição* e sobre a natureza e função da lei complementar na técnica brasileira.

Na oportunidade ficou assente que a lei complementar não poderia alterar o *ditado constitucional*, porque isso equivaleria a reconhecer ao legislador pós-constitucional poder de emenda permanente e contínuo. (O poder de reformar a *Carta*, inovando-a).

Atribuir ao executivo o poder de ratificar os convênios celebrados nas assembléias de estados, indubitavelmente, fere a Constituição pois *muda* o sentido do preceito complementando (emenda não permitida à Carta). O constituinte jamais pensou em conferir aos executivos estaduais o poder de ratificar (que de resto implica o poder de rejeitar). E jamais pensou por duas razões: a) por força do princípio da separação dos poderes e; b) em razão do princípio da legalidade.

O primeiro consagra para a república e a federação a tripartição do estado em três poderes e o segundo submete à lei, em sentido formal e material, o poder de pôr e tirar a tributação. Estes princípios são supra-ordenados. São *arquiprincípios*, tanto que sequer podem ser objeto de emenda. Por isso, estes princípios definem e imantam toda a organização constitucional do estado brasileiro. Nesses termos deve ser entendida, à luz de tais princípios retores, a necessidade de o *poder legislativo do estado* ratificar o convênio celebrado pelo executivo. O constituinte não pode ser incoerente. O direito não admite comandos antitéticos. Nenhum dispositivo constitucional pode ser interpretado isoladamente (a lição é tão avelhantada que sequer deveria ser repisada).

A *norma técnica* que condiciona o mecanismo dos convênios, dessarte, há que ser descrita em atenção ao *arcabouço constitucional* como um todo e não apenas em função da estrita literalidade da fórmula legislativa.

Neste ponto, a Lei Complementar 24 é manifestamente inconstitucional. A ratificação mencionada deve ser entendida como sendo do legislativo.

Que os juízes e juristas meditem sobre este assunto, se nos afigura fundamental.

MERCOSUL E TRIBUTOS ESTADUAIS, MUNICIPAIS E DISTRITAIS*

ROQUE ANTONIO CARRAZZA
Professor Titular da Cadeira de Direito Tributário da Faculdade de Direito
da Pontifícia Universidade Católica de São Paulo

1. Colocação do problema

Com a retomada do desenvolvimento, o Brasil tem-se animado a intensificar suas relações internacionais, especialmente com outros países da América Latina. Depois de intensos esforços diplomáticos eis aí, como realidade palpável, o *Tratado de Assunção*, de 26 de março de 1991, mais conhecido como *Tratado do MERCOSUL* (*Mercado Comum do Sul*), integrando comercialmente, por ora, a Argentina, o Paraguai, o Uruguai e o Brasil, mas com reais possibilidades deste grupo vir a ser ampliado, com a adesão do Chile, da Bolívia e do Peru. É mais do que provável que, muito em breve, todos os países latino-americanos venham a fazer parte desta Comunidade Internacional.[1]

O entusiasmo que cerca esta verdadeira quebra de barreiras alfandegárias, que, sem dúvida, trará progresso para nosso tão negligenciado Hemisfério Sul, tem dificultado, pelo menos em nosso País, a visualização de outras barreiras, estas de natureza jurídica. Dito de outro modo, há uma espécie de consenso que, sendo para o bem do País, tudo o que gira em torno do *MERCOSUL* é juridicamente incensurável. É contra tal mentalidade filisteísta e pragmática, responsável por tantos males nacionais,[2] que nos permitiremos tecer algumas considerações, neste artigo.

Mais especificamente, pretendemos averiguar se todos os dispositivos do *Tratado do MERCOSUL* passam pelo teste da constitucionalidade, máxime os que acarretam isenções de tributos brasileiros estaduais, municipais e distritais.

Para introduzirmos o assunto, vamos, num primeiro momento, levar a cabo uma análise jurídica dos tratados internacionais.

2. Tratados internacionais

2.1 Noção geral

Os tratados internacionais ocupam posição de particular relevo, nos dias atuais, em que se nota a internacionalização do mundo.

* Trabalho redigido em feveiro de 1995.

1. O Tratado de Assunção permite que outros países da *ALADI* (*Associação Latino-Americana de Integração*) venham a integrar o *Mercado Comum do Sul*. Fixa, porém, um prazo de 5 (cinco) anos de vigência, para o possível ingresso (cf. art. 20).

2. Vale lembrar, a propósito, o malfadado *Plano Collor*, com seu inconstitucional *bloqueio de cruzados* que, num primeiro momento, contou com a conivência dos Poderes Legislativo e Judiciário, merecendo, até, o aplauso de uma parcela do mundo jurídico nacional, sob o questionável argumento de que *se era para o bem do Brasil* (*sic*), não tinha grande importância violar, desta vez, os direitos e garantias assegurados pela Carta Magna.

De fato, a coexistência pacífica de uma pluralidade de Estados soberanos, enseja o freqüente surgimento de tratados internacionais, disciplinando os limites em que poderão atuar, sem que surjam, entre os vários países, atritos ou situações de injustiça.

Também o Brasil, como Estado livre e soberano que é, pode perfeitamente firmar tratados internacionais.[3] O assunto ganhou maior relevância com a promulgação da Lei Suprema de 1988, que, em seu art. 5º, § 2º, coloca, no rol dos direitos e garantias, os decorrentes dos tratados internacionais em que o Brasil seja parte.

Mas, em que consiste o tratado internacional?

O tratado internacional, na conceituação clássica de Lafayette Rodrigues Pereira, é o "consentimento recíproco de duas ou mais nações para constituir, regular, modificar, alterar ou extinguir um vínculo de Direito".[4] Mais conciso, Clóvis Bevilaqua considera-o "um ato jurídico, em que dois ou mais Estados concordam sobre a criação, modificação ou extinção de um direito".[5]

É por meio dos tratados internacionais, que duas ou mais pessoas de direito público internacional (Estados soberanos, organizações internacionais, Santa Sé etc.), manifestam formalmente suas vontades, com o fito de produzir efeitos jurídicos, bem assim impor conduta única para o atendimento de pontos de interesse comum. Os tratados internacionais podem, pois, ser *bilaterais* ou *multilaterais* (*coletivos*), conforme envolvam duas ou mais partes contratantes.

A *Convenção de Viena sobre Direito dos Tratados*, de 1969, didaticamente prescreve, em seu art. 2º, I, "a", que o tratado "significa um acordo internacional celebrado entre Estados em forma escrita e regido pelo direito internacional, que conste, ou de um instrumento único ou de dois ou mais instrumentos conexos, qualquer que seja sua denominação específica".

O tratado veicula a chamada *norma jurídica internacional*, que dá respaldo técnico às relações entre as partes signatárias. Desnecessário enfatizar que os tratados internacionais devem, sempre, ser celebrados por escrito.[6]

Não é nossa intenção aprofundar este assunto, que diz muito mais de perto com o Direito Internacional Público, do que com o Direito Tributário. Mesmo assim, algumas idéias centrais precisam ser explicitadas.

A principal delas é a que gira em torno da *forma* como os tratados internacionais se integram à legislação dos Estados.

Aqui ingressamos no terreno extremamente árido dos possíveis conflitos entre as normas de direito interno e os tratados internacionais.

Na tentativa de dar resposta satisfatória a esta intrincada questão, duas

3. Os tratados internacionais também são conhecidos como acordos, protocolos, pactos, declarações, convenções, pactos, ajustes, concordatas, convênios etc. A denominação mais corrente, no entanto, é tratados internacionais. É a que adotaremos, ao longo deste capítulo, embora não desconheçamos que autores (*v.g.*, Clóvis Bevilaqua) reservem o termo tratado para os atos jurídicos mais importantes, destinados a ter longa duração (tratado de paz, tratado de limites, tratado de comércio, tratado de navegação), utilizando, para os demais, de natureza não política, a palavra convenção (convenção consular, convenção postal, convenção sanitária etc.).

4. *Princípios de Direito Internacional*, vol. I, Ed. Jacintho Ribeiro dos Santos, Rio, 1902, p. 267.

5. *Direito Público Internacional*, t. II, Ed. Livraria Francisco Alves, Rio, 1911, p. 45.

6. É o que, aliás, consta do art. 2º, I, "a", da *Convenção Sobre o Direito dos Tratados Entre Estados e Organizações Internacionais*, firmada em 1986, também em Viena.

teorias foram construídas: a *monista* e a *dualista*.[7]

Pela *teoria monista*, o tratado internacional, assim que firmado, entra a fazer parte do ordenamento jurídico do Estado contratante. Divergem seus adeptos acerca da questão da supremacia. Uns, como Kelsen, entendem que o tratado internacional predomina sobre o direito interno, já que o Direito Internacional sobrepaira o Direito Constitucional, dando-lhe *fundamento de validade*. Outros, como Wenzel, sustentam o contrário, porque partem do pressuposto de que é a Constituição do Estado signatário que dá validade à execução do tratado internacional.

Já, segundo a *teoria dualista*, as normas internas e as internacionais convivem em harmonia, não podendo conflitar, já que têm campos de incidência perfeitamente diferençados. Justamente por isso, os tratados internacionais não podem irradiar efeitos na ordem jurídica interna, enquanto a ela não forem formalmente incorporados, por meio de alguma espécie legislativa (lei, decreto legislativo, regulamento etc.).

Afonso Arinos de Melo Franco, argutamente observa que, para os dualistas, o tratado internacional não cria, propriamente, o Direito Interno, mas este só surge ''quando o Estado legisla em conseqüência, adotando o tratado, o que constitui um ato específico e decisivo da sua vontade, diferente daquele que o levou a celebrar o tratado, no campo internacional''.[8]

É esta a teoria que o direito constitucional brasileiro encampou. De fato, as normas contidas em tratados internacionais não se tornam eficazes, na ordem jurídica interna, por força de uma cláusula geral de recepção automática. Pelo contrário, para que valham e atuem, no âmbito interno, ou seja, para que irradiem efeitos *in foro domestico*, é mister venham ratificados pelo Congresso Nacional, por meio de uma lei em sentido material (lei sem sanção e sem veto), que há nome *decreto legislativo*.[9]

O decreto legislativo, previsto genericamente no art. 59, VI, da CF, tem a função de regular matérias de competência exclusiva do Congresso Nacional (art. 49), que produzam efeitos externos a ele.[10] Para aprovação, exige *quorum* simples, presente a maioria absoluta dos congressistas (art. 47, da CF).

7. O *voluntarismo*, que faz repousar o Direito Internacional no consentimento dos Estados, leva ao *dualismo*, que apregoa serem totalmente distintas a ordem jurídica nacional e a internacional. Já, a *concepção objetivista*, que coloca a origem do ordenamento jurídico fora da vontade humana, conduz ao *monismo*, pelo qual as duas ordens jurídicas derivam uma da outra, formando um todo unitário. Para maiores esclarecimentos acerca deste importante assunto, vide, de Charles Rosseau, *Droit International Public Aprofondi*, Dalloz, Paris, 1958, p. 3 e ss.

8. *Curso de Direito Constitucional Brasileiro*, vol. I, Rio, Forense, 2ª ed., 1968, p. 170.

9. Discordamos da maioria da doutrina, quando sustenta que os tratados internacionais incorporam-se ao *direito interno* brasileiro, por meio do decreto baixado pelo Presidente da República, após virem aprovados pelo Congresso Nacional, por meio de decreto legislativo. Este decreto, de antiga tradição (já que era editado desde a época do 1º Império), apenas divulga oficialmente, vale dizer, dá publicidade, ao tratado. Não é ele, porém, mas o decreto legislativo, que incorpora o tratado internacional, ao nosso *direito interno*.

10. Vide, a propósito, José Afonso da Silva, *Curso de Direito Constitucional Positivo*, Malheiros Editores, 9ª ed., São Paulo, p. 452. Vide, ainda, Pontes de Miranda, *Comentários à Constituição de 1967, com a Emenda de 1969*, Tomo III, 2ª ed., Ed. RT, p. 142, 1970). Os Regimentos Internos da Câmara dos Deputados (Resolução n. 17, de 22 de setembro de 1989) e do Senado Federal (Resolução n. 18/89, com as alterações decorrentes das Resoluções 51, 58 e 63, de 1989 e 1, 9, 17 e 52, de 1990), minudenciam o assunto. Este último, aliás, trata, especificamente, dos decretos legislativos referentes a atos internacionais (arts. 376 e 172, II, *c*). Vale ressaltar que, após aprovado, o decreto legislativo deve ser publicado pelo presidente do Senado Federal (e, não, pelo Presidente da República).

2.2 Os tratados internacionais, no Brasil

Tem competência para firmar tratados internacionais a *República Federativa do Brasil* (art. 5º, § 2º, da CF), por intermédio da União (art. 21, I, da CF), esta representada pelo Presidente da República (art. 84, VIII, da CF), na qualidade de Chefe de Estado.

Os tratados internacionais assim firmados, devem, repetimos, passar pelo referendo (aprovação) do Congresso Nacional, para serem incorporados ao *direito interno* do País (art. 49, I, da CF).[11] É preciso, em suma, que o Estado brasileiro manifeste sua vontade de inovar a ordem jurídica, por meio do tratado internacional. Ora, o Estado brasileiro manifesta esta vontade por meio da conjugação de vontades de dois de seus Poderes: o Executivo (que firma o Tratado) e o Legislativo (que o ratifica). O Estado brasileiro não é apenas o Executivo. O Estado brasileiro se representa, no concerto das Nações, pelo Executivo, mas delibera mediante harmônica atuação deste com o Legislativo.

Sustentar o contrário é o mesmo que reconhecer que cabe ao Direito Internacional Público solucionar problemas de exegese constitucional. De fato, se o tratado internacional, assim que firmado, revogasse o *direito interno*, o controle de sua constitucionalidade sairia da esfera do Congresso.

Ademais, como enfatiza José Francisco Rezek, "no estágio presente das relações internacionais, é inconcebível que uma norma jurídica se imponha ao Estado soberano, à sua revelia".[12]

É interessante notar que o Brasil só pode firmar e aprovar tratados internacionais que guardem sintonia com o art. 4º e seu §, da CF:

"Art. 4º. A República Federativa do Brasil rege-se nas suas relações internacionais pelos seguintes princípios:

"I — independência nacional;

"II — prevalência dos direitos humanos;

"III — autodeterminação dos povos;

"IV — não-intervenção;

"V — igualdade entre os Estados;

"VI — defesa da paz;

"VII — solução pacífica dos conflitos;

"VIII — repúdio ao terrorismo e ao racismo;

"IX — cooperação entre os povos para o progresso da humanidade;

"X — concessão de asilo político.

"Parágrafo único. A República Federativa do Brasil buscará a integração econômica, política, social e cultural dos povos da América Latina, visando à formação de uma comunidade latino-americana".

Portanto, tratados internacionais que, *v.g.*, venham a reconhecer a desigualdade entre Estados, não poderão ser resgatados da inconstitucionalidade, nem mesmo pelo mecanismo da ratificação do Congresso Nacional. Qualquer pessoa interessada será parte legítima para suscitar o pronunciamento de nossa Suprema Corte que, decerto, fulminará o tratado que não se coadunar com o predito artigo.

Além disso, o tratado internacional não poderá ser validamente ratificado se

11. O decreto que tradicionalmente o Presidente da República expede, após tal aprovação, não é, a nosso ver, necessário, além de não poder obrigar a terceiros estranhos ao Poder Executivo. Quando muito, podemos aceitar, com Grandino Rodas (*A Publicidade dos Tratados Internacionais), Ed. RT, p. 203), que este decreto promulga o decreto legislativo, isto é, atesta oficialmente que a ordem jurídica interna foi, em decorrência dele, alterada.*

12. *Direito Internacional Público*, Ed. Saraiva, São Paulo, 4ª ed., 1994, p. 83.

fizer tábua rasa dos direitos e garantias individuais e sociais ou das competências dos Estados, dos Municípios ou do Distrito Federal.

É vedado, ainda, ao tratado, derrogar norma constitucional.

Realmente, é inadmissível a prevalência de tratado internacional contra o texto expresso da Constituição ou, o que é mais grave, contra os princípios que ela incorpora.

Como natural conseqüência, será inconstitucional o decreto legislativo que ratificar tratado internacional que afronte a Carta Magna.

Se, porém, compatível com a Constituição, o tratado internacional, uma vez ratificado,[13] passa a fazer parte de nosso sistema normativo. Melhor explicitando, o decreto legislativo que o ratifica está em posição de igualdade aos demais atos normativos federais, de nível legal (leis complementares, leis ordinárias, leis delegadas, medidas provisórias e resoluções).

2.3 Os tratados internacionais tributários, no Brasil

Os tratados internacionais — convém frisarmos — podem versar quaisquer matérias, nada impedindo, pois, cuidem de assuntos tributários.

É bom termos presente, porém, que a fonte primária do Direito Tributário não é o tratado internacinal, mas o decreto legislativo do Congresso Nacional que o ratifica. O tratado é, apenas, o *pressuposto*, necessário e suficiente, para que o decreto legislativo inove, em caráter inaugural, a ordem jurídica interna.

Percebemos, pois, que é inconstitucional o art. 98, do Código Tributário Nacional, quando prescreve que "os tratados e as convenções internacionais revogam ou modificam a legislação tributária interna, e serão observados pela que lhes sobrevenha".

Particularmente inaceitável, ao lume de nossa Constituição, a idéia de que os tratados "revogam ou modificam a legislação tributária interna, e serão observados pela que lhes sobrevenha".

É certo que os decretos legislativos que ratificam os tratados internacionais incorporam-se ao *direito interno brasileiro*. Não é menos certo, porém, que, quando isto acontece, alojam-se no mesmo patamar hierárquico das leis *lato sensu* (leis complementares, leis ordinárias, leis delegadas, medidas provisórias e resoluções), podendo, deste modo, ser revogados ou modificados "pela legislação interna... que lhes sobrevenha".

Inexiste, pois, supremacia jurídica dos decretos legislativos que ratificam tratados internacionais (tributários ou não-tributários) sobre as leis federais, estaduais, municipais ou distritais.

Posto isto, vamos agora averiguar se os tratados internacionais podem, ou não, interferir na tributação estadual, municipal e distrital. Esta, já adiantamos, é uma questão pouco versada pelos doutrinadores.

3. A tributação estadual, municipal e distrital e os tratados internacionais

É muito comum a União celebrar tratados internacionais sobre matérias tributárias. A maioria deles tem por objeto o imposto sobre a renda. Mais especificamente, visam a eliminação ou atenuação da dupla tributação da renda

13. Não devemos confundir esta ratificação com a comunicação oficial que o Presidente da República faz aos demais países signatários do tratado, de que o Brasil acaba de incorporá-lo ao direito interno. Nossa observação pertine, porque, de acordo com a já mencionada *Convenção de Viena*, tal comunicação oficial também recebe o nome de *ratificação*. Trata-se, porém, de ato jurídico de natureza em tudo e por tudo diversa do realizado pelo Congresso Nacional, por meio de decreto legislativo.

auferida por pessoas físicas ou jurídicas. Digamos, em exemplário armado ao propósito, que uma empresa remeta seus lucros para o exterior. Em princípio, ela terá que pagar imposto sobre a renda no Brasil (onde a renda foi produzida) e imposto sobre a renda no País de destino (para onde a renda está sendo enviada). Não há, aí, nenhuma injuricidade. De fato, tratando-se de países independentes e soberanos, cada um fará cumprir sua própria legislação tributária, sem se preocupar com a do outro. Todavia, para que esta dupla tributação não inviabilize negócios, é muito comum que os dois países firmem entre si um tratado internacional, estipulando que o imposto sobre a renda será devido apenas no Brasil ou apenas no País de destino ou, ainda, parte em cada um destes países etc. Da parte do Brasil, assim que o tratado for ratificado, ela passará a fazer parte de nosso direito interno, produzindo normalmente seus efeitos jurídicos. Até aí, nada que censurar, sob o ângulo jurídico. Sendo o imposto sobre a renda um tributo de competência federal, o Congresso Nacional pode perfeitamente referendar tratados internacionais que digam respeito a este tributo.

Ocorre, porém, que alguns tratados internacionais alcançam tributos de competência estadual, municipal ou distrital.

Pois bem, o problema que se nos coloca é justamente este: pode a República Federativa do Brasil, por meio de tratado internacional, dispor sobre tributos estaduais, municipais ou distritais? Entendemos que *não*.

Com efeito, diferentemente das Cartas norte-americana, mexicana e argentina (só para citarmos alguns exemplos), a Carta brasileira não prescreve a supremacia dos tratados internacionais sobre as leis estaduais, municipais ou distritais. E, em face dos princípios federativo, da autonomia municipal e da autonomia distrital, nem esta supremacia pode ser inferida. A nosso juízo, pois, o tratado internacional *não pode* obrigar os Estados, os Municípios e o Distrito Federal a abrirem mão, total ou parcialmente, de suas competências tributárias. Ainda que o Congresso Nacional ratifique tal tratado, a impossibilidade jurídica permanece. Por quê? Porque falece competência ao Congresso Nacional para dispor sobre tributos estaduais, municipais ou distritais. O que o Congresso Nacional não pode fazer por meio de lei (ordinária ou complementar), também não pode fazer por meio de decreto legislativo.

Temos por incontroverso que ao Congresso Nacional é vedado, ainda que por intermédio de decretos legislativos que ratifiquem tratados internacionais, usurpar competências tributárias que a Lei das Leis outorgou aos Estados, aos Municípios ou ao Distrito Federal.

Aprofundemos, um pouco, este raciocínio.

Sabemos que apenas a União goza de personalidade internacional, que lhe permite comparecer, diretamente, ante o foro do *Direito das Gentes*, e, de conseqüência, manter relações diplomáticas com os Estados estrangeiros (*ius legationis*), declarar a guerra (*ius belli*) ou celebrar a paz, e, especificamente, firmar tratados internacionais. Apesar desta competência exclusiva, ela, porém, não pode assumir encargos tributários em nome dos Estados-membros, dos Municípios e do Distrito Federal, que, por uma peculiaridade de nosso sistema constitucional, desfrutam de *autonomia* nas relações internas.

Em suma, a União não pode, *nem mesmo por meio de tratados internacionais*, obrigar os Estados, os Municípios e o Distrito Federal[14] a observarem isenções de tributos locais, ainda que assu-

14. Em matéria tributária, o Distrito Federal ocupa posição peculiar. Deveras, ele possui, por assim dizer, competência tributária dobrada. Melhor elucidando, ele, em seu território, pode criar

mam a forma de não-incidências, incentivos, parcelamentos de débitos, créditos fictos etc. Falta-lhe titulação jurídica para isso. Só eles próprios é que poderão estabelecer, por meio de lei local (ou, no caso do *ICMS*, por meio de convênios celebrados e ratificados pelos Estados e pelo Distrito Federal)[15], estes benefícios fiscais.

Tal impossibilidade só pode ser contornada em relação ao *ICMS* e ao *ISS* (não em relação aos demais tributos estaduais, municipais ou distritais).

Realmente, a União, uma ver firmado e ratificado o tratado que concede isenções de *ICMS* ou de *ISS*, poderá usar dos permissivos contidos nos arts. 155, § 2º, XII, *e*, e 156, § 3º, II, ambos da CF.[16] Esmiuçando a idéia, a União, após a celebração do tratado, poderá, por meio de lei complementar, conceder isenções de *ICMS* ou de *ISS* — conforme o caso — fazendo, assim, com que ele produza *pro foro interno*.

Melhor esclarecendo, a União, por meio de lei complementar, pode conceder isenções de *ICMS*, sobre as exportações, para o exterior, de serviços de transporte interestadual e intermunicipal e de comunicação, e de mercadorias que *não forem* produtos industrializados (as operações que destinem ao exterior produtos industrializados são imunes à tributação por meio de ICMS, *ex vi* do art. 155, § 2º, X, *a*, da CF).

Do mesmo modo, a União, por meio de lei complementar, pode isentar de *ISS*, as "exportações de serviços para o exterior", isto é, as exportações de serviços de qualquer natureza, não compreendidos no art. 155, II, da CF.

Todavia, em relação aos demais tributos estaduais, municipais e distritais, só a própria pessoa política interessada é que, querendo, poderá dar eficácia ao tratado. De que modo? Adequando a legislação local ao que foi pactuado pela República Federativa do Brasil.

Assentadas estas premissas, vamos finalmente analisar as repercussões do *Tratado do MERCOSUL* sobre os tributos estaduais, municipais ou distritais.

4. O Tratado do Mercosul e os tributos locais

A República Federativa do Brasil firmou, em 26 de março de 1991, com

— como efetivamente criou — os tributos de competência dos Estados (cf. art. 155, *caput*, da CF) e os de competência dos Municípios (cf. art. 147, *in fine*, da CF). Podemos, pois, dizer, que a competência tributária distrital é o somatório das competências tributárias estaduais e municipais.

15. Os Estados e o Distrito Federal devem conceder (ou revogar) isenções, em matéria de *ICMS*, por meio de decreto legislativo, que ratifica *convênio* (deliberação) entre eles firmado. Só após aprovados legislativamente, os convênios que concedem isenções de *ICMS* passam a ter eficácia. Tal aprovação deve ser feita por meio de decreto legislativo.

Portanto, para que isenções de *ICMS* surjam validamente, é preciso que os Estados e o Distrito Federal celebrem entre si *convênios* que, ao depois, para se transformarem em direito interno de cada uma destas pessoas políticas, deverão ser por elas ratificados. O instrumento idôneo da ratificação, longe de ser o decreto do Governador (como a maioria apregoa, em função do inconstitucional art. 4º, da Lei Complementar 24/75), é o decreto legislativo (estadual ou distrital, conforme o caso).

16. "CF — art. 155. (...) § 2º (...) XII — cabe à lei complementar: (...) *e*) excluir da incidência do imposto, nas exportações para o exterior, serviços e outros produtos além dos mencionados no inciso X, *a*".

"Art. 156. (...) § 3º. Cabe à lei complementar: (...) II — excluir da incidência do imposto previsto no inciso III exportações de serviços para o exterior".

Estes são os únicos casos em que nosso ordenamento jurídico admite *isenções heterônomas*, isto é, isenções concedidas por pessoa diversa daquela que tem competência constitucional para instituir o tributo.

Como sabemos, as isenções são, de regra, *autonômicas*, conforme se infere da só leitura do art. 151, III, da Carta Magna ("é vedado à União instituir isenções de tributos da competência dos Estados, do Distrito Federal ou dos Municípios").

a República Argentina, a República do Paraguai e a República Oriental do Uruguai, o *Tratado de Assunção* (ou *Tratado do MERCOSUL*), para a constituição de um mercado comum entre estes países. O Tratado foi aprovado pelo Congresso Nacional (por meio do Decreto Legislativo n. 197, de 25 de setembro de 1991), teve sua *Carta de Ratificação* depositada, pelo Brasil, em 30 de outubro de 1991 e entrou em vigor em 29 de novembro de 1991.

Indo ao ponto que ora mais de perto nos interessa, pelo *Tratado do MERCOSUL* o Brasil comprometeu-se, com a Argentina, o Paraguai e o Uruguai a, dentre outras coisas, retirar as barreiras alfandegárias entre estes países, bem assim a não cobrar impostos, taxas e "outros gravames internos", dos produtos originários de um *Estado Parte*, quando o mesmo tratamento for aplicado ao produto nacional.[17]

Mais especificamente, este tratado internacional, em seu art. 5º., *a*, prevê reduções tarifárias progressivas rumo à tarifa zero, alcançada aos 31 de dezembro de 1994. Ou, literalmente:

"Art. 5º. Durante o período de transição, os principais instrumentos para a constituição do Mercado Comum são:

"*a*) Um Programa de Liberação Comercial, que consistirá em reduções tarifárias progressivas, lineares e automáticas, acompanhadas da eliminação de restrições não tarifárias ou medidas de efeito equivalente, assim como de outras restrições ao comércio entre os Estados Partes, para chegar a 31 de dezembro de 1994 com tarifa zero, sem barreiras não tarifárias sobre a totalidade do universo tarifário;".

A teor deste dispositivo, portanto, a importação de produtos argentinos, uruguaios e paraguaios, não poderá mais sofrer imposições tarifárias. Obviamente, com estas isenções, ficou sobremodo facilitado o intercâmbio comercial entre os países signatários do Tratado em exame.

Pois bem, em relação aos tributos federais, as isenções são inegáveis. Elas, porém, não se estendem, a nosso ver, aos tributos estaduais, municipais e distritais. Noutro dizer, as isenções e incentivos fiscais previstos no *Tratado do MERCOSUL* não vinculam os Estados, os Municípios e o Distrito Federal.

De fato, por mais louváveis e elevados que sejam os objetivos do *Tratado do MERCOSUL*, ele, apesar do decreto legislativo que o ratificou, não pode — em função das normas constitucionais brasileiras, máxime das que consagram os princípios federativo, da autonomia municipal e da autonomia distrital — interferir na legislação tributária dos Estados, dos Municípios e do Distrito Federal.

Assim, segundo estamos convencidos, o predito Tratado, enquanto cuida de reduções tarifárias, abarca, apenas os tributos de competência da União, não alcançando os de competência municipal, estadual ou distrital.

No mesmo sentido, o art. 7º., sempre do *Tratado do MERCOSUL*:

"Art. 7º. Em matéria de impostos, taxas e outros gravames internos, os produtos originários do território de um Estado Parte gozarão, nos outros Estados Partes, do mesmo tratamento que se aplique ao produto nacional".

17. Disposições análogas contém o *Tratado de Itaipu* (aprovado pelo Decreto Legislativo n. 23, de 30 de maio de 1973), pelo qual a República Federativa do Brasil acordou, com a República do Paraguai, não exigir impostos, taxas e empréstimos compulsórios, de qualquer natureza, sobre os materiais, equipamentos e serviços adquiridos pela *Itaipu Binacional* (empresa criada por este Acordo Internacional, destinada ao aproveitamento hidrelétrico dos recursos hídricos do Rio Paraná). Este tratado — inconstitucionalmente, segundo nos parece — impede, pois, também, a tributação por via de *ICMS* e de *ISS* sobre, respectivamente, operações jurídicas com mercadorias e prestações de serviços de qualquer natureza, para a *Itaipu Binacional*.

Ao estabelecer, para os produtos originários dos países signatários, o mesmo tratamento tributário dispensado aos produtos nacionais, o Tratado só têm eficácia em relação aos *impostos, taxas e outros gravames* federais. Nunca aos estaduais, municipais ou distritais.

Em suma, apesar de tais isenções serem consideradas instrumentos essenciais à consolidação do *Mercado Comum do Sul*, as normas que as veiculam não podem sobrepor-se ao texto expresso de nossa Constituição Federal. Muito menos aos princípios federativo, da autonomia municipal e da autonomia distrital que ela consagra.

Evidentemente, se os Estados, os Municípios e o Distrito Federal quiserem aderir ao sistema de isenções do *Tratado do MERCOSUL* poderão fazê-lo. Mas, sempre, por meio dos instrumentos jurídicos adequados (leis ordinárias locais ou, no caso do *ICMS*, convênios ratificados pelas respectivas Casas Legislativas).

5. Conclusões

À vista do exposto, podemos sumular as seguintes conclusões:

I — Os tratados internacionais ocupam posição de particular relevo, nos dias atuais, em que se nota a internacionalização do mundo. No Brasil, podem, em tese, versar quaisquer matérias, nada impedindo, pois, cuidem de questões tributárias.

II — Tem competência para firmar tratados internacionais a *República Federativa do Brasil* (art. 5º, § 2º, da CF), por intermédio da União (art. 21, I, da CF), esta representada pelo Presidente da República (art. 84, VIII, da CF), na qualidade de Chefe de Estado.

III — Os tratados internacionais só se tornam eficazes, na ordem jurídica interna, após ratificados pelo Congresso Nacional, por meio de uma lei em sentido material (lei sem sanção e sem veto), que há nome *decreto legislativo.*

IV — Inadmissível a prevalência de tratados internacionais contra o texto expresso da Constituição Federal ou os princípios que ela incorpora. Assim, é inconstitucional o decreto legislativo que ratificar tratado internacional que afronte, de algum modo, a Carta Magna.

V — Ao Congresso Nacional é vedado — ainda que por meio de decretos legislativos ratificadores de tratados internacionais — usurpar competências tributárias que a Lei das Leis outorgou aos Estados, aos Municípios ou ao Distrito Federal. Falta-lhe, pois, titulação, jurídica para impor-lhes isenções, não-incidências, incentivos, parcelamentos de débitos fiscais etc.

VI — Esta impossibilidade jurídica só pode ser contornada em relação ao *ICMS* e ao *ISS* (não em relação aos demais tributos estaduais, municipais ou distritais), por força do disposto nos arts. 155, § 2º, XII *e*, e 156, § 3º, II, da CF. Noutras palavras, a União, após a celebração do tratado, poderá, por meio de lei complementar, conceder isenções de *ICMS* ou de *ISS* — conforme o caso —, fazendo, assim, com que ele produza eficácia *pro foro interno.*

VII — Em relação aos demais tributos estaduais, municipais e distritais, só a própria pessoa política interessada é que, querendo, poderá dar eficácia ao tratado, adequando a legislação local ao que foi pactuado pela República Federativa do Brasil.

VIII — As isenções tributárias e os incentivos fiscais previstos no *Tratado do Mercosul* não vinculam os Estados, os Municípios e o Distrito Federal. De fato, ele, apesar do decreto legislativo que o ratificou e nada obstante os louváveis e elevados objetivos que persegue, *não pode* — em função das normas constitucionais brasileiras, máxime as que consagram os princípios federativo, da autonomia municipal e da autonomia distrital — interferir na legislação tributária destas pessoas políticas.

IX — Se os Estados, os Municípios e o Distrito Federal quiserem aderir ao sistema de isenções e incentivos do *Tratado do Mercosul* poderão fazê-lo. Mas só por meio dos instrumentos jurídicos adequados (leis ordinárias locais ou, no caso do *ICMS*, convênios ratificados pelas respectivas Casas Legislativas).

LIMITAÇÕES TEMPORAIS DA MEDIDA PROVISÓRIA: A ANTERIORIDADE TRIBUTÁRIA

JOSÉ SOUTO MAIOR BORGES
Professor da Universidade Federal de Pernambuco

I — Introdução ao problema

1.1 Segundo a notícia na *Folha de São Paulo* de 14.1.95, o Diretor-Geral da Imprensa Nacional informou que o Diário Oficial da União de 31.12 — com a íntegra da medida provisória 812, de 30.12.94, aumentando o imposto de rendas das empresas — teria circulado normalmente naquela última data.

1.2 Pelo princípio constitucional da anterioridade, lei que institui e/ou aumenta tributo, somente pode ser aplicada no exercício seguinte. E medida provisória?

1.3 O problema central consiste em esclarecer se atende às exigências da anterioridade a publicação da MP 812, ao apagar das luzes do último dia de 1994. Essa questão reveste-se de gravidade não só porque afeta o estatuto constitucional do contribuinte, mas também porque está assumindo o caráter de prática destorcida, embora convalidada pela sua eficácia: a inclusão no rol dos fatos — inclusive judicialmente — consumados.

1.4 Deveras: já existe precedente *semelhante* (não igual porque é de *lei*, não MP, que se trata): o da Lei 8.383, de 30.12.91, publicada a 31.12.91 e que alterou a legislação do IR. A Imprensa Nacional teria informado que o *DOU* ficou pronto às 20hs:45m do dia 31.12.91 e um exemplar (*sic*) teria sido vendido naquele horário... Mas o *DOU* somente teria sido entregue aos Correios no dia 2.1.92.

Informa ainda aquele jornal que, para os técnicos da Receita Federal, o pequeno número de exemplares à venda na sede da Imprensa Nacional em Brasília já seriam suficientes para caracterizar a lei (*sic*), i.é., a MP 812, como publicada no ano passado (1994).

1.5 O problema envolve questões de fato não elucidadas e que portanto demandam apuração, relativas à oferta ao público do texto da MP a 31.12, mas distribuição do *DOU* somente a partir de 2.1.95. E à falta de esclarecimento, essas questões permanecem em aberto. Sendo este, no entanto, um estudo teórico-prático pode ele perfeitamente prescindir dessa elucidação. E dá-la, para efeito de exposição, como pressuposta, porque não se trata de ato de aplicação de MP ou de lei dela resultante. Proceder-se-á como, diante de um caso concreto, o jurista romano: o caso será simples ponto-de-partida para a exposição subseqüente. Sem nenhuma preocupação com a sua efetividade concreta. Como se ele fôra um protótipo da realidade.

Irrelevante a conversão — ou não — da MP em lei. Concede-se ainda, apenas para efeito de não desviar a argumentação do seu leito natural — a anterioridade — possa a MP regular matéria tributária, o que de modo algum está resolvido. Contra essa possibilidade se insurgem respeitáveis opositores, sobretudo a Prof.ª Misabel Derzi e o Prof. Paulo de Barros Carvalho.

1.6 Percebe-se, de imediato, que o problema está ligado à vedação da alegação de desconhecimento como escusa para o descumprimento de lei: "Ninguém se escusa de cumprir a lei, alegando que a não conhece" (Lei de Introdução ao C.Civil, art. 3º). Essa presunção *iuris et de iure* (absoluta) repousa na publicidade da lei como um requisito de eficácia da própria proibição. Seria uma iniqüidade a vedação da escusa fundada no desconhecimento de lei *não publicada*. Como cumprir o que se desconhece? Salvo uma coincidência fortuita e involuntária entre previsão legal "secreta" e conduta normada, seria impossível. Eclode então a questão decisiva: está a anterioridade respeitada, na sua letra e espírito, quando se edita MP a 31.12 de um exercício financeiro para vigência no exercício imediatamente subseqüente?

II — Regência constitucional da anterioridade tributária: breves noções

2.1 O princípio da anterioridade da lei tributária, manifestação, no campo tributário, do princípio da *segurança jurídica*, está inscrito na CF, art. 150, *in verbis*: "Sem prejuízo de outras garantias asseguradas ao contribuinte, é vedado à União, aos Estados, ao Distrito Federal e aos Municípios: (*omissis*) III — cobrar tributos: (*omissis*) b) no mesmo exercício financeiro em que haja sido publicada a lei que os instituiu ou aumentou".

2.2 São situações diversas, posto análogas, configuradas em hipóteses-limite, as decorrentes de "lei" ou "MP" publicadas a 31.12 do exercício financeiro, para cobrança no exercício seguinte. Porque de qualquer sorte a lei terá sido formalmente publicada, melhor dito: o seu texto terá sido impresso e editado antes do exercício subseqüente. A MP não é porém lei: tem apenas e provisoriamente "força de lei". A análise deste estudo limita-se à MP, mas aplica-se também à legalidade editada antes, geralmente a 30.12, e publicada a 31.12. de um determinado exercício. *Formalmente* — só formalmente — as exigências do art. 150, III, *b*, estariam obedecidas se, e somente quando, de lei se tratasse. Questão diversa é saber se *substancialmente* o estarão, porque é manifesta a impossibilidade de ciência pública da lei pela seródia inserção dela no *DOU* de 31.12. É risível supor que os contribuintes, no fim do ano, interromperão os festejos e comemorações próprios da época e aguardarão para abrir o *champagne* depois de uma tensa e masoquista pesquisa do *DOU* de 31.12 ... Estranho modo de cumprir a CF, que se manifesta pela frustração dos objetivos do art. 150, III, *b*: evitar-se os efeitos nefastos provocados pela vigência imediata da lei tributária, o tumulto na vida de pessoas físicas e jurídicas.

A título de honra e como reforço, transcrevo a lição ponderada de Alberto Xavier, no seu estudo sobre a retroatividade do IR:

"A todo o ano o contribuinte sofre uma tributação de surpresa, tornando os efeitos fiscais da sua atividade pessoal ou empresarial simplesmente imprevisível. Majorações de alíquotas, novos regimes tributários, supressão de benefícios vêm sucedendo através de leis publicadas nos últimos dias do ano. E insiste-se em afirmar que não há verdadeira retroatividade em tais procedimentos, em nome de uma *ficção jurídica* — a de que o fato gerador do imposto de renda não existia à data da publicação das leis — ficção essa que... não tem suporte no direito positivo e é repelida pela coerência interna do sistema constitucional" (*Direito tributário e empresarial*, Forense, Rio, 1982, p. 75).

2.3 A garantia da publicidade que lastreia a regra da inescusabilidade do conhecimento da lei não é contudo simplesmente *formal*. Garantia satisfeita na hipótese teratológica de ser a lei "publicada", melhor dito: apenas impressa no último dia do exercício financeiro. Publicidade é, também, num desdobramento do ato de impressão — *conhecimento público*! Sem o que aliás perderia sentido a anterioridade. A relação entre publicação formal e conhecimento público substancial é portanto uma relação de meio para fim. Sem conhecimento público, nenhuma eficácia na publicação. Publicação associada à cobrança imediata, inobstante a impossibilidade de conhecimento efetivo da lei, é nada mais nada menos que *desvio de função*.

O art. 150, III, *b*, exige seja a lei "publicada" e não apenas impressa *in casu* no *DOU* a 31.12. Por isso, até a obediência formal a este dispositivo por lei publidaca nesse dia para vigorar a 1º de janeiro é a rigor apenas aparente. Publicação formal sem publicidade substancial não basta para os fins do art. 150, III, *b*.

2.4 O problema se exacerba quando o que vigorou a 31.12 — como no caso em estudo — não foi uma lei, mas simples MP. A CF, art. 150, III, *b*, não faz referência à anterioridade da vigência da MP, senão e exclusivamente à da *lei*. Essa é uma ressalva de decisiva importância hermenêutica.

2.5 De notar porém que a CF não proibe a instituição ou majoração do tributo até 31.12 ou em qualquer outra data do exercício financeiro. Isso soa como uma trivialidade. Mas trivialidade de esclarecimento necessário. Porque a proibição recai exclusivamente sobre a *cobrança* do tributo no mesmo exercício financeiro da publicação da lei tributária material.

2.6 A situação que emerge com a publicação da lei a 31.12 é tão teratológica que já se imaginou, embora com parcimônia de imaginação criadora, alterar o exercício financeiro, fazendo-o não mais coincidir com o ano civil. Assim, o exercício financeiro terminaria, p. ex., a 31.7. Desnecessária contudo essa alteração, porque ela só substituiria a problemática do termo final hoje vigente, a 31.12., pela do exercício financeiro incoincidente com o calendário civil, p. ex., 31.7. Mas os problemas emergentes seriam precisamente os mesmos.

2.7 Não cabe então ao intérprete (isso não é função sua) fixar aprioristicamente outra data canônica, seja ela qual for, como termo final, constitucionalmente autorizado, para a publicação da lei. O que decisivamente importa sindicar é se a publicação (formal) da lei associou-se à sua publicidade (substancial). Quando menos à possibilidade do conhecimento geral. Se ocorrer impossibilidade de ciência efetiva, mesmo que a *letra* do art. 150, III, *b*, tivesse sido observada, o seu *espírito* terá sido manifestamente violentado! E se assim o é com relação à lei, com maiores razões e mais evidentes motivos (argumento *a fortiori*) assim o será com referência à MP. Pois a lei resultante da MP somente estará em vigor, em tais circunstâncias, *após* o término do execício financeiro. E só a lei se aplica ao art. 150, III, *b*, da CF.

III — Regência constitucional da MP: estruturação do art. 150, III, "b", da CF

3.1 A legalidade, umbelicalmente ligada à isonomia, caracteriza o mais eminente dos princípios constitucionais (CF, art. 5º, *caput*, I e II). De sorte que a vinculação, no art. 150, III, *b*, da *lei* à publicidade, como requisito de eficácia, não passa de uma especificação, no âmbito do tributo, da legalidade geral. Manifestação do subprincípio da legalidade tributária, no tocante á sua *eficácia*. Não é de *cobrança* que o art. 150, III, *b*, trata? A cobrança do tributo é um outro nome da sua eficácia. Um modo, dentre outros, de produzir a lei tributária os seus efeitos próprios.

3.2 Pressuponha-se a eminência normativa dos princípios constitucionais e sua interpenetração vinculante para todos os dispositivos da CF que direta ou indiretamente, exclusiva ou eventualmente, versem sobre tributos, como a MP 812/94, editada com fundamento no seu art. 62: "Em caso de urgência o Presidente da República poderá editar medidas provisórias, com força de lei, devendo submetê-las de imediato ao Congresso Nacional que, estando em recesso, será convocado extraordinariamente para se reunir no prazo de cinco dias.

"Parágrafo único. As medidas provisórias perderão eficácia, desde a edição, se não forem convertidas em lei no prazo de trinta dias, a partir da sua publicação, devendo o Congresso nacional disciplinar as relações jurídicas delas emergentes".

3.3 A MP é formal e materialmente ato normativo diverso da lei. Formal ou, o que é o mesmo, procedimentalmente, porque a sua tramitação é diversa da aplicável à legalidade. Materialmente por vários motivos dos quais o mais importante é que ela só provisoriamente tem "força de lei". Essa expressão metafórica claramente evidencia que a MP é algo diverso da lei. Se ela fosse idêntica não necessitaria viesse a metafórica "força de lei" equipará-la em eficácia à legalidade — embora com as limitações do regime constitucional próprio da MP. Similitude não revela igualdade mas diversidade. O âmbito temporal de vigência — o modo de ser provisório da medida — já lhe retira qualquer possibilidade de identificação absoluta com a *lei*. Só tem ela força (provisória) de lei precisamente porque é diversa da legalidade.

3.4 Essa interpretação do art. 62 não representa nenhuma violência ao regime constitucional da MP. Porque ela é uma exceção à legalidade, princípio de abrangência "universal" na CF; universo de aplicação que encontra fulcro na própria tripartição do poder (CF, art. 2º): os limites da legalidade decorrem exclusivamente das competências do executivo e do judiciário. Não pode a lei corresponder a atos individuais e de efeitos imediatos (atos administrativos e sentenciais). Desse ato decorreria uma usurpação da competência constitucional do executivo e do judiciário, pela manipulação da forma imprópria de lei.

Mas a função precípua da norma excepcional é "bloquear" a extensão do princípio. Daí impor-se a sua exegese estrita.

3.5 A publicação da MP a 31.12 de modo algum preenche as exigências da anterioridade, porque, a partir da sua submissão ao Congresso Nacional, abrir-se-ão as seguintes hipóteses: a) aprovação sem emendas no prazo de trinta dias; b) aprovação com emendas, no mesmo prazo; c) rejeição expressa em votação bicameral; d) rejeição "tácita", pela não conversão em lei pelo Congresso, no prazo constitucional.

Se a MP for *ipsis litteris*, i.é, sem emendas, aprovada pelo Congresso, a anterioridade, que exige *lei*, estará desobedecida, porque editada a 31.12 terá sido, ainda assim, simples MP. Se for aprovada com emendas, a MP também, com maiores razões, não atenderá à anterioridade. As emendas, em maior ou menor extensão, serão — todas elas — introduzidas e publicadas *após* 31.12, ou seja, no exercício seguinte. E não poderão ser formalmente destacadas no texto da MP, afinal convertida em lei, para só considerar-se como vigente a 31.12 o seu conteúdo não decorrente de emenda. Na hipótese de rejeição expressa ou "tácita" (decurso do prazo de apreciação) não se coloca sequer o problema de vigência da MP.

3.6 Não será fácil conciliar a afirmação do art. 62, parágrafo único, *ab initio*, de que as medidas provisórias não aprovadas perderão a sua eficácia desde a sua edição, i.é, até mesmo antes da sua publicação, com a ressalva terminal desse dispositivo: "devendo o Congresso Nacional disciplinar as relações dela emergentes". Se a MP perde a *eficácia ab initio* como será possível nela persistirem *relações jurídicas*? Eficácia é o modo de produção dos efeitos próprios das relações jurídicas... Extravagante conúbio do ser e do não ser. Norma sem eficácia alguma pode ser havida como *inexistente*. Kelsen já o advertira.

A norma do art. 62, parágrafo único, *ab initio* pode ser descrita como *proibitiva*: veda-se a atribuição de eficácia à MP rejeitada pelo Congresso Nacional; a da sua parte terminal, *autorizativa*: autoriza-se o Congresso Nacional a disciplinar relações jurídicas emergentes da MP... retroeficazmente rejeitada (!). Se esse entendimento prevalecer, serão validas essas duas normas sem que no entanto possam ser *simultaneamente* cumpridas. Precisamente porque seriam elas contraditórias entre si.

3.7 Tanto procedem essas ponderações que se reconhece a impossibilidade fáctica do desfazimento de efeitos já consumados da MP rejeitada, tudo se resolvendo então na composição dos danos porventura verificados. Exemplo feliz: alguém privado de liberdade em decorrência de MP posteriormente rejeitada (v. Paulo de Barros Carvalho, *in RDP* 97/39).

3.8 Certo é que a MP publicada a 31.12, não poderia produzir efeitos já em 1º de janeiro do ano seguinte. Porque, mesmo na hipótese de sua aprovação pelo Congresso, a Lei de Conversão só vigoraria após aquela data. A eficácia da lei de conversão no entanto, por expressa determinação constitucional (art. 150, III, *b*) ficaria protraída para o exercício subseqüente. É o quanto basta para descaracterizar o requisito da *urgência*, pressuposto para a edição de qualquer MP. E para inquinar a cobrança imediata, com base nessa lei de conversão, de inconstitucionalidade vitanda.

3.9 Golpe de misericórdia portanto na pretensão fazendária: se a MP não pode, em face desse regime procedimental, entrar em vigor de imediato, perde substancialmente qualquer correspondência com a *urgência* que, junto à relevância, é um dos pilares em que assenta a respectiva competência presidencial.

3.10 Assentados esses pressupostos constitucionais, resta a indagação: qual será o termo final para a publicação da MP com submissão à urgência e anterioridade? Caracterizá-la é problema de fato. Por isso mesmo esse termo final não pode ser *a priori* e maniqueisticamente prefixado pela doutrina. Porque — consideração de decisiva importância — não é tanto o dia da publicação que constitucionalmente importa, mas o ser dada à MP à publicidade no exercício anterior ao da cobrança. A CF não fala em 31.12 como data-limite ou outro termo final vinculado a dia do exercício. Nesse ponto a norma é sábia: vincula a eficácia da medida à sua publicidade, i.é, a um fato que não foi — até porque não poderia sê-lo — temporalmente pré-fixado pelo legislador constituinte.

3.11 O dever ser publicada a lei num exercício para vigorar no exercício seguinte é um requisito de *eficácia*. Mas sendo a MP publicada a 31.12, não pode, tributo nela instituído, ser cobrado desde 1º de janeiro do exercício subseqüente, porque não teria havido até aí a conversão da MP em lei. Em conclusão: mesmo que a MP fosse efetivamente ofertada ao público, até 31.12, ainda assim essa publicação seria *irrelevante* para os efeitos do art. 150, III, *b*.

O regime constitucional da legalidade, postula seja ela efetivamente ofertada ao público antes do exercício financeiro subseqüente. Essa oferta é caracterizada pela distribuição da lei (i.é, pelo fato de ter sido ela dada a conhecimento geral no exercício da sua publicação).

Vê-se pois que a publicação da MP, para efeitos constitucionais, não está vinculada apenas à sua impressão no *DOU*, nem sequer à efetiva distribuição dos exemplares que a contêm, se a hipótese é de aplicação do art. 150, III, *b*, da CF. E sem a aplicação imediata da MP, nenhuma urgência. Conceda-se no entanto que assim não seja.

3.12 Tanto uma lei quanto uma MP poderão ser, em hipótese-limite, publicadas e conhecidas em Brasília a 31.12, pela sua publicação e leitura, embora só por um mínimo de interessados. Em tal hipótese a MP ou lei não poderão contudo ser conhecidas nos mais longínquos rincões do país, em Municípios desprovidos de meios de comunicação eficientes e onde são transportados valores, correspondência postal e documentos até em canoas e outros meios primitivos de transporte fluvial.

3.13 Donde concluir-se que seria vão o intuito de prefixação de uma data canônica para a publicação da lei ou MP. O intérprete e aplicador do art. 150, III, *b*, se depara com uma conclusão algo surpreendente: embora seja impossível prefixar, i.é, determinar *a priori* a data final de publicação do ato, é perfeitamente viável determinar-se *a posteriori* as circunstâncias de fato em que tanto a lei, quanto a MP não poderiam ter sido efetivamente divulgadas.

3.14 Mas, a correlação entre lei e MP não é *simétrica*, porque a MP, sobre ser editada e publicada e até divulgada, necessita ainda de sua aprovação no exercício antecedente ao da sua vigência, ou seja, necessita de conversão tempestiva em lei. Em si mesma, a MP nunca poderá então funcionar como parâmetro para a aplicação do art. 150, III, *b*. Este a vincula enquanto preexclui implicitamente seja tomada a sua publicação até 31.12 como pressuposto de sua própria aplicabilidade a partir de 1º de janeiro. Dado que a MP está umbelicalmente vinculada ao pressuposto da *urgência* e este não pode ser atendido com a publicação de MP "tributária" a 31.12.

3.15 O art. 150, III, *b*, é regra instituinte de *reserva absoluta de lei*.

Deveras: é impossível operar a presunção de inescusabilidade do cumprimento da lei pelo seu desconhecimento sem um suporte objetivo mínimo de aplicabilidade: a publicidade efetiva do ato legislativo nas condições instituídas pela CF. Numa palavra: pela publicação da *lei*, i.é, a sua oferta a conhecimento geral, antes do exercício de sua cobrança.

IV — Cobrança: retroatividade do imposto de renda

4.1 Há muita discussão cerebrina sobre a hipótese-de-incidência ("fato gerador") do IR. Discute-se, com inconciliáveis argumentos e o maniqueísmo tradicional, se ela se perfaz a 31.12 ou a 1º de janeiro do ano seguinte... Não considero contudo possa ser objeto de uma discussão jurídica fecunda a circunstância evidentíssima de que, mesmo a MP, mas sobretudo a lei de conversão terão na hipótese efeito retroativo inconstitucional: cobrança de tributo com relação a fato gerador ocorrido antes da vigência da lei que o houver instituído ou aumentado (CF, art. 150, III, *a*). Ou será que o vedado à lei é permitido à MP? Como se não existisse o art. 5º, XXXVI da CF. Como se a MP fosse o princípio e a legalidade a exceção... Afora hipótese excepcionalíssima, quase desprezível, a do rendimento auferido a 31.12 (e a lei é feita para o que normalmente acontece), a totalidade dos rendimentos dos contribuintes — pessoas físicas ou jurídicas — fôra percebida *antes* da vigência da lei publicada a 31.12. É o quanto basta para atribuir à lei ou MP, na hipótese, efeito retroativo.

4.2 E, para convalidar a pretensão fiscal, não poderá alegar-se sequer o argumento de que a hipótese de incidência do IR somente se perfaz a 31.12 ou 1º de janeiro. Nisso resulta um formalismo desatento à realidade das circunstâncias que envolvem as normas constitucionais, sobretudo os fins por elas visados. Todavia o contribuinte não jogou dados na formulação da hipótese de incidência do IR...

4.3 Para os efeitos do art. 150, III, *b*, não está a hipótese de incidência do IR adstrita ao termo final do exercício, mas se aperfeiçoa pela percepção de cada rendimento ou provento individualmente considerado. Veja-se bem: na linguagem-objeto, a do CTN, art. 43, o IR tem como fato gerador a aquisição de disponibilidade econômica ou jurídica de renda, assim entendido o produto do capital, do trabalho ou da combinação de ambos (item I) e de proventos de qualquer natureza, assim entendidos os acréscimos patrimoniais não correspondentes a renda (item II). Quer-se dizer então: o âmbito temporal de validade do IR não está, quer pela CF, quer pelo CTN, vinculado à exaustão do exercício. Nem ao fechamento do balanço, fato contábil, e que por isso mesmo não produz renda, mas simplesmente a constata.

4.4 Há uma grande confusão na doutrina entre a hipótese de incidência do IR e o período de apuração desse imposto. Na CF, art. 153, III, não há nenhuma indicação de ordem temporal relativa ao IR. Essa matéria recai portanto no campo da indeterminação constitucional.

O art. 150, III, *a*, da CF, ao vedar à União cobrar tributos — e pois o IR — em relação a fatos geradores ocorridos antes do início da vigência da lei que os houver instituído ou aumentado, é regra de proibição da retroatividade fiscal. Pois bem: essa regra somente poderá ter eficácia efetiva, e não apenas aparente, quando não se vincula a sua aplicação exclusivamente a um período — arbitrariamente fixado pela doutrina — compreendido entre 1º e 31.12.

A violação da segurança jurídica consiste, na hipótese dessa vinculação arbitrária, numa verdadeira subversão dos fins visados pelo dispositivo. Converte obliquamente o art. 150, III, *a*, numa limitação constitucional que só estabelece barreiras temporais à retroatividade da lei tributária em nível desprezível. Porque esta poderia incidir sobre tudo o que tivesse ocorrido entre 1º de janeiro e 31.12, se tivesse sido instituída até a última data no ano-base do IR. E este poderia ser cobrado no exercício da declaração. É evidente o artificialismo dessa solução.

4.5 Alberto Xavier demonstrou que a relação jurídica do IR se constitui no momento da percepção de cada rendimento auferido no ano-base:

"Que a relação jurídica do imposto de renda se constitui logo no momento em que o contribuinte auferiu o primeiro rendimento num dado ano-base resulta bem claro quer da sua sujeição imediata a retenções na fonte, simples antecipações, quer do fato de ser devido imposto se, por qualquer razão, encerrou as suas atividades antes do término do ano-base" (Alberto Xavier, *op. cit.*, p. 74).

A tolerância doutrinária para com a retroatividade inaparente somente foi possível em decorrência da confusão instaurada entre hipótese de incidência do IR e período de apuração do débito desse imposto.

É ainda Alberto Xavier quem identificou essa confusão:

"No dia 31 de dezembro do ano-base (ou 1º de janeiro do exercício) não se produz o fato gerador, mas apenas se procede a determinação do seu quantitativo. Por estas razões julgamos necessário distinguir, para efeito de fixação do âmbito de validade das normas tributárias, as normas que respeitem à *definição da hipótese de incidência* das normas que respeitem à *determinação quantita-*

tiva da base de cálculo'' (Alberto Xavier, *op. cit.*, *ibid*, destaques dele).

Tanto isso é verdade que não está a incidência do IR — mas apenas a sua apuração — vinculada ao término do ano-calendário (fim do exercício financeiro), nem mesmo ao exercício social das empresas. As normas respectivas dizem respeito tão somente à época de quantificação do débito do IR.

4.6 Conclusão necessária: a publicação da lei a 31.12 implicará efeito retroativo se exigido o tributo com relação a todos os ''fatos geradores'' do IR acontecidos ao longo do mesmo exercício. Só escapam a esse efeito rendimentos de 31.12! Outro estranho modo de cumprir a CF, solapando os alicerces constitucionais: violação claríssima do regime constitucional temporal da legalidade tributária.

V — Regência constitucional da MP: função do art. 150, III, ''b'' da CF

5.1 Procedimentalmente a MP não passa de um aspecto particular da iniciativa de leis pelo Presidente da República: a genérica, disciplinada no art. 61 da CF; a *específica*, para a MP, pelo seu art. 60. Iniciativa da lei e MP são, assim visualizadas, o passo inicial do *processo legislativo*. Não o seu passo *terminal*. Escancaradamente manifesto que a publicação de MP a 31.12 não atende às exigências da anterioridade. Admitir o contrário seria atribuir à mera iniciativa das leis ou, mais claramente, à deflagração do processo legislativo, um efeito que só é imputável à sua conclusão: publicação do ato de sanção ou promulgação da lei. Esse efeito da publicação é o de atuar como marco temporal para a incidência do art. 150, III, *b*. Mas para tanto só a lei é levada em conta: não a simples iniciativa presidencial do processo legislativo.

5.2 Diversamente do que geralmente se supõe, a anterioridade não tem como escopo evitar lei de instituição ou majoração do tributo venha a surpreender os contribuintes. O elemento surpresa, enquanto estado psicológico, ''foro interno'', não é o alvo da anterioridade. O que o art. 150, III, *b*, interdita são os efeitos nocivos da surpresa e objetivamente sindicáveis: a desorganização dos negócios, o tumulto empresarial e a desarticulação das instituições tributárias pela desmoralização do princípio fundamental da segurança jurídica (*supra*, 2.2, *in fine*).

5.3 E, consideração de decisiva importância para a *lógica do razoável*, advogada por Recaséns Siches: a teleologia do dispositivo, o fim visado pela norma, *prima* sobre as consideraçes meramente procedimentais. De nada adianta tivesse sido o procedimento de tramitação normativa obedecido (a letra do dispositivo) se a sua finalidade foi distorcida pela manipulação mesma da sua literalidade. Se a finalidade da norma não é alcançada, posto aparentemente obedecida a sua formulação literal, frustra-se o desígnio constitucional como um todo.

5.4 Na hipótese, a letra do art. 150, III, *b*, não está obedecida senão na aparência. Publicidade não é apenas publicação no *DOU*. É mais que isso: é distribuição generalizada dos exemplares onde foi inserta a MP, num prazo *razoável*, ou seja, em que se possa presumir, se não o conhecimento geral do fato, ao menos a sua possibilidade. Do contrário estará violentada a isonomia constitucional: a igualdade de todos os contribuintes diante da norma tributária. E, publicada no *DOU* de 31.12.94, foi MP e não lei. Por isso sequer a literalidade do art. 150, III, *b*, será obedecida na edição, com fundamento nele, de MP a 31.12, para vigência no exercício imediato.

5.5 E não se venha a contrapor arbitrariamente o argumento da catástrofe institucional: *salus populi suprema lex*. Não haverá salvação pública, nem sadia política tributária, nem instituição constitucional sólida onde se pretenda consolidá-las trincando os princípios e as instituições constitucionais. Em definitivo: é inaceitável a consideração de que os problemas financeiros do país somente possam ser solucionados com desconsideração dos vigentes textos constitucionais. Seria a quintessência do amesquinhamento da imaginação criadora.

Finalmente observo que a lei tributária publicada a 31.12 nada tem, só por isso, de inconstitucional. Mas a sua cobrança no exercício subseqüente — essa sim, a sua aplicação imediata — será desenganadamente inconstitucional. Noutras palavras: não se deve confundir lei inconstitucional com aplicação inconstitucional da lei constitucional.

MODELOS JURÍDICOS DA TRIBUTAÇÃO BRASILEIRA

Wagner Balera
Doutor em Direito, Professor na Universidade Católica de São Paulo

1. Introdução

Cuidando das formas de produção de normas jurídicas, para conformá-las à ordem normativa em seu todo considerada, pode o jurista indagar sobre os sujeitos que as produzem; sobre os sujeitos que as recebem, para cumpri-las e fazê-las cumprir; a respeito da carga de compulsoriedade normativa que recai sobre cada qual; sobre o lícito ou ilícito que, pelo teor da norma, resulta permitido ou proibido; enfim, tão vasto é o campo de investigação jurídica quanto o teor das questões postas em debate neste IX Congresso.

Selecionaremos certas questões propostas ao debate dos participantes refletindo especialmente, nas respostas, sobre a intimidade do processo de produção do direito. Também é esse o enfoque que dita a ordem em que serão contestadas, neste texto, as questões submetidas aos nossos cuidados.

2. O tratado internacional como modelo jurídico

Devemos cogitar, inicialmente, sobre a seguinte questão: "Tratado internacional, em matéria tributária, pode exonerar tributos estaduais?". Para tanto, somos levados a refletir sobre os modelos jurídicos.

No magistério do Professor Emérito Miguel Reale é, o modelo jurídico, o processo de produção das normas jurídicas. Diante da multiplicidade dos focos normativos, característica da experiência jurídica hodierna, o notável Mestre anteviu o modo plural pelo qual haveria de se expressar a dinâmica do ordenamento jurídico.[1]

Força reconhecer, nesse sentido, que o fenômeno da globalização do universo econômico, de que tanto se tem falado em nossos dias, já está atingindo, de modo inexorável, o mundo do Direito. Exerce, nesse novo contexto — que acaba redefinindo a noção mesma de soberania — papel insubstituível no quadro das relações jurídicas que se formam no mundo, a figura normativa do tratado internacional, notadamente aquele que versa sobre matéria tributária.

No quadro geral do ordenamento jurídico, do qual resulta certa classificação elementar dos modelos normativos, o lugar dos tratados já não é mais o mesmo.

De notar, aliás, que as fontes da nossa disciplina se acham revestidas de certas qualidades específicas.

Eis a primorosa ensinança de Berliri: "O Direito Tributário possui uma riqueza de fontes muito particular uma vez que às que comumente se admitem para os demais ramos do direito se acrescentam outras tantas que decorrem de certa elaboração construtiva proveniente do tratamento das questões tributárias pela Administração".[2]

1. Miguel Reale, *O Direito como Experiência*, São Paulo, Saraiva, 1968, p. 168.

2. Antonio Berliri, *Princípios de Derecho Tributário*, Madrid, Ed. Derecho Financiero, 1964, vol. 1, trad. Vicente-Arche Domingo, p. 49.

É bem o caso dos tratados.

Na estrutura escalonada da ordem jurídica, a que com tanta insistência se refere Kelsen, a norma fundamental define o lugar de todos os modelos normativos.

A norma fundamental vigente, a Constituição de 1988, definiu o lugar específico que deve ser ocupado pelos tratados. E, na classificação dos modelos que se encontra expressa no Código Tributário Nacional, segundo a autorizada opinião de Aliomar Baleeiro, os tratados devem ser considerados como fontes principais do Direito Tributário.[3]

É útil aos propósitos deste estudo recordar, também, que o Código Tributário considera os tratados como parcela integrante da chamada "legislação tributária". De feito, assim é esta definida pelo Código:

"Art. 96. A expressão "legislação tributária" compreende as leis, os tratados e as convenções internacionais, os decretos e as normas complementares que versem, no todo ou em parte sobre tributos e relações jurídicas a eles pertinentes".

Temos por incontroverso, pois, que os tratados internacionais em matéria tributária são modelos normativos que o sistema aceita e que os mesmos formam parte da legislação fiscal brasileira.

De conformidade, ainda, com o quadro normativo instaurado pela Constituição Federal de 1988, em seu art. 59, já sabemos que os tratados, fontes principais do direito tributário brasileiro, são veiculados no território nacional por intermédio dos decretos legislativos.

Deveras, na feliz definição de Pontes de Miranda,[4] decretos legislativos são "as leis a que a Constituição não exige a remessa ao Presidente da República para sanção".

O Poder Legisaltivo, conformando-se aos ditames da Norma Fundamental, utiliza o modelo normativo nacional do decreto legislativo para conferir aprovação a modelo normativo do Direito das Gentes que é o tratado ou a convenção.

A Constituição, de conformidade com o estatuído no art. 49, I, outorga competência exclusiva ao Congresso para resolver definitivamente sobre tratados, acordos ou atos internacionais. Acrescenta, referido preceito, que a competência em questão será exercida sempre que tais atos acarretem encargos ou compromissos ao patrimônio nacional.

É necessário refletir, a esta altura, sobre a peculiar distribuição das competências em nosso ordenamento normativo, já que papel singular foi reservado, entendemos, aos atos e avenças internacionais, como modelos normativos do Direito Tributário brasileiro.

Na distribuição de competências tributárias, não é apenas a União quem pode elaborar modelos jurídicos.

Também Estados, Distrito Federal e Municípios se acham investidos, pela Constituição, de competência tributária e podem produzir os modelos normativos nacionais que valem, como é óbvio, nos limites dos respectivos territórios.

Ocorre que a Constituição reconhece a existência como que do ordenamento jurídico supra-estatal, integrado por aquelas normas insculpidas em tratados internacionais celebrados pela República Federativa do Brasil.

Tanto é assim que o § 2º do art. 5º, da Lei Maior, assim se expressa:

"Art. 5º.................................

"§ 2º. Os direitos e garantias expressos nesta Constituição não excluem outros decorrentes do regime e dos prin-

3. Aliomar Baleeiro, *Direito Tributário Brasileiro*, Rio, Forense, 5ª ed., 1973, p. 357.

4. Pontes de Miranda, *Comentários à Constituição de 1967, com a Emenda n. 1*, de 1969, Ed. RT, São Paulo, 1ª ed., p. 138.

cípios por ela adotados, ou dos tratados internacionais em que a República Federativa do Brasil seja parte''.

O preceptivo guarda coerência com as disposições da Carta das Nações Unidas quando prevê que, com a concordância das partes, a Corte Internacional de Justiça pode atuar como intérprete judiciária dos tratados.

Sem embargo, a cada ordem jurídica particular cumpre definir a posição formal em que se situam tais normas, de Direito Internacional, no quadro dos modelos jurídicos.

Pelo arcabouço jurídico brasileiro, receberam atribuição para a produção desse modelo normativo tanto o Poder Executivo como o Poder Legislativo. Destarte, os tratados e demais atos internacionais são celebrados pelo Presidente da República, ou por delegado seu (art. 84, VIII) e, depois, referendados pelo Congresso Nacional.

Aliás, como registra Aristides Severo Athaide, a participação conjunta dos dois Poderes do Estado, no particular, é orientação geral das constituições das repúblicas centro e sul-americanas.[5]

Logo, somente quando aprovado esse modelo normativo pelo Congresso Nacional é que o mesmo ingressa no ordenamento jurídico brasileiro.

O processo legislativo mediante o qual o Poder Legisaltivo referenda o tratado é complexo.

Primeiramente, o ato de celebração, levado a efeito pelo Presidente da República ou por quem lhe faça as vezes, desencadeia o *iter* procedimental para a produção da norma. Constituindo parte essencial da gênese do modelo de regra de que se cuida, o ato de celebração não pode ser ignorado pelo estudioso do direito. É que, a nulidade desse ato, do ponto de vista do direito interno — por não ter sido observado qualquer dos requisitos exigíveis para a espécie no momento de geração da avença — terá que merecer considerada pelo Parlamento.

Ademais, quem confere qualidade jurídica ao tratado é o Congresso Nacional. Também lhe cabe ubicar a avença no quadro normativo brasileiro. Assim, quando aprecia o ato, o Parlamento analisa a forma e o conteúdo da tratativa e, com o referendo, consente com os termos da avença, nos limites da competência normativa que lhe é outorgada pela Lei das Leis.

É fora de dúvida, para nós, que o tratado só integra o quadro das fontes do direito tributário a partir de sua ratificação pelo Congresso através do decreto legislativo. No particular, aliás, ficamos com a posição de Giannini.[6]

Questão interessante, que está a merecer a atenção da doutrina, é a da exoneração de tributos estaduais por intermédio de tratados.

Esclarecendo, desde logo, que qualquer matéria pode ser objeto de avença entre os Estados soberanos, salvo se a Constituição tenha estabelecido restrições, entendemos que não existe restrição ao tratado em tema de exoneração de tributos.

Deveras, o Brasil é uma República Federativa constituída como união indissolúvel pelos Estados, Municípios e pelo Distrito Federal (art. 1º, da Constituição).

Como Estado soberano, o Brasil senta-se à mesa de negociações com as demais nações representado pela União. É que *para o direito das gentes*, leciona Ataliba, ''ou seja, para efeitos de direi-

5. Aristides Severo Athaide, *O Papel do Parlamento em Matéria de Ratificação de Tratados*, *in RDP* n. 13/178.

6. A. Donato Giannini, *Istituzioni di Diritto Tributario*, Milano, Giuffrè, 7ª ed., 1956, p. 19.

to internacional — há um só Estado..." o Estado Federal, isto é, a União. Esta, quando comparada com as unidades federadas, "sobre todos se põe eminente".[7]

Pode o Estado Federal, pela posição eminente que lhe é conferida pela Constituição e pelo Direito Internacional, dispor, por intermédio de tratados, a respeito de matéria tributária que, nos estritos limites do direito interno, seja cometida à competência das demais pessoas políticas.

E nem se pode dizer que, assim agindo, o Estado Federal estaria invadindo competência alheia. Ao reverso, está atuando em nome dos integrantes do pacto federativo, por ser o único porta-voz da vontade política dos integrantes de tal pacto interno no ambiente internacional.

Plenamente ajustada ao § 2º, do art. 5º, da Constituição Federal, a norma geral de Direito Tributário assim foi estampada no Código Tributário:

"Art. 98. Os tratados e as convenções internacionais revogam ou modificam a legislação tributária interna e serão observados pela que lhes sobrevenha".

Comentando esse dispositivo, Francisco Rezek esclarece que o mesmo acaba reconhecendo a regra do primado do direito internacional sobre o direito interno, desde que observado o rito introdutório da regra, pelo referendo parlamentar, no âmbito do nosso direito.[8]

Também interpretando o preceito transcrito acima, Wilson de Souza Brasil acrescenta: "O mandamento se dirige aos três poderes tributantes, União, Estado Federado e Município, sendo desnecessário qualquer procedimento legislativo das unidades federadas e das municipalidades para incorporar o tratado aos seus sistemas tributários".[9]

É verdade, alguém poderia argumentar, que, em matéria de exoneração de tributos estaduais, para fins de exportação, deve o assunto ser objeto de lei complementar, *ex vi* do disposto no art. 155, § 2º, XII, da Constituição.

Mas, não admitimos como válido o argumento já que a lei complementar em questão de nenhum modo pode violar o modelo normativo dos tratados e a respectiva posição na hierarquia das fontes do direito tributário brasileiro.

Dito por outras palavras, a lei complementar, se e quando vier a ser editada, não pode revogar o conteúdo material do art. 98 do CTN, porque este preceptivo se ajusta, perfeitamente, aos termos do art. 5º, § 2º, da Constituição.

Aliás, dando redação mais precisa ao mesmo versículo normativo, o Projeto de Código Tributário Nacional apresentado ao Parlamento pelo então Senador Fernando Henrique Cardoso, e que, segundo consta, será retomado pelo governo tão logo se inicie a discussão sobre a reforma fiscal e tributária, assim disciplinou a matéria:

"Art. 73. Os tratados e as convenções internacionais, aprovados pelo Congresso Nacional, ressalvadas as disposições constitucionais, prevalecem sobre a legislação tributária interna e serão observados pela que lhes sobrevenha".

Força concluir, por conseguinte, que o tratado internacional pode, sim, exonerar tributos estaduais.

7. Geraldo Ataliba, "Leis Nacionais e Leis Federais no Regime Constitucional Brasileiro", *in Estudos Jurídicos em Homenagem a Vicente Rao*, São Paulo, *Res. Tributária*, 1976, pp. 139 e 150.

8. J. Francisco Rezek, "Tratado e Legislação Interna em Matéria Tributária", publicado na *Resenha* n. 22 da ABDF. Também Baleeiro pensa do mesmo modo, no "Direito...", cit. p. 364.

9. Wilson de Souza Brasil, *in Revista Forense* n. 308, p.35. No mesmo sentido, José Carlos Faleiro, "A Supremacia dos Acordos Internacionais sobre a legislação interna", *in Comentários ao CTN*, São Paulo, Bushatsky, 1977, vol. 3, p. 71.

3. A lei como modelo jurídico

O mais expressivo dos modelos jurídicos, no terreno fiscal, é a lei ordinária. Veículo utilizado para a criação, a majoração, extensão e extinção dos tributos, a lei ordinária, em tema tributário, confere o colorido específico ao fundamental princípio da tributação: a legalidade.

De feito, a legalidade é a tradução formal do ideal republicano, segundo o qual os donos da *res* pública só podem ficar sujeitos à tributação com a qual expressamente consentirem, por meio dos seus representantes no Parlamento.

Cumpre, pois, considerar a legalidade tributária, tal como se encontra estampada no art. 5º, II, combinado com o sitema jurídico sob reserva absoluta de lei formal.[10]

Atento ao procedimento formal de elaboração do modelo normativo cumpre ao estudioso verificar se todos os componentes necessários à configuração do tributo foram corretamente definidos na hipótese normativa que deve conter recolher os dados da experiência (Reale) para definir o comportamento que se exige do sujeito passivo da tributação.

Na família de modelos normativos que interessam ao estudo da tributação ocupa lugar destacado nova figura instituída pela Constituição de outubro de 1988. Trata-se da lei de diretrizes orçamentárias, de que cuida o art. 165 e seu § 2º da Superlei.

Temos nela a verdadeira lei sobre leis de orçamento, a quem compete delimitar as linhas mestras de futuras alterações da legislação tributária. Modelo que serve qual espécie de roteiro para o contribuinte tomar ciência antecipada dos rumos que serão imprimidos à tributação no exercício subseqüente, a LDO agora reforça a garantia da legalidade e colabora na construção do ambiente de segurança jurídica que o Estado de Direito quer garantir.

A segurança jurídica exige que seja conferida às leis o atributo elementar da obrigatoriedade. Por força desse atributo, com felicidade explicado por Lucio Bittencourt, a lei deve ser cumprida e se presume válida até que seja declarada inoperante pelo Poder compentente.[11]

O desconhecimento dessa regra do jogo elementar faz com que certa doutrina subverta a via normal da interpretação jurídica e tome por inconstitucional, *a priori*, qualquer norma quando, bem ao contrário, ensina Maximiliano, o exegeta deve caminhar pela senda que conduz à consideração da validade do diploma até que, de modo insofismável, se verifique que o mesmo não se sustenta perante a ordem normativa.

Cumpre verificar se, com o passar do tempo, essa técnica de ataque sistemático à legislação não acabará por fazer derruir a confiabilidade do povo nas instituições. Cada qual se verá, então, livremente autorizado a descumprir as normas. Estaremos, então, de volta à lei das selvas.

A verdade é que, o ordenamento jurídico prevê que a dúvida fundada sobre a constitucionalidade de qualquer modelo jurídico deve ser apreciada pela via apropriada.

Em nosso direito, o vasto instrumental de controle de constitucionalidade se compõe, como é sabido, de duas vertentes bem definidas.

Por meio do controle difuso, qualquer juiz pode declarar a inconstitucionalidade de um imposto.

10. Wagner Balera, *O Princípio da Legalidade no Direito Tributário*, in Caderno de Pesquisas Tributárias, volume 6, Co-edição CEEU/Resenha Tributária, São Paulo, 1981, p. 411.

11. C.A. Lúcio Bittencourt, *O Controle Jurisdicional da Constitucionalidade das Leis*, Forense, Rio, 1968, p. 96.

De outra parte, por meio do controle concentrado, o Poder competente pode confirmar o modelo jurídico ou denegar sua conformidade com o ordenamento normativo. Na primeira hipótese, o preceito permanece integrado ao sistema enquanto que, na segunda, é dele retirado.

Mas a questão se resolve de maneira mais simples no que concerne ao enfoque penal da controvérsia fiscal.

Deveras, na esfera criminal existe modelo normativo que justifica a conduta do contribuinte, retirando-lhe o componente de anti-juridicidade que configuraria o delito.

Quem repele injusta agressão ao próprio patrimônio, recusando o pagamento de tributo que seu razoável ponto de vista, amparado em abalizadas opiniões de especialistas, considera inconstitucional, estará agindo em legítima defesa.

O Código Penal estabelece que só há legítima defesa quando o agente repele agressão iminente (art. 21).

Destarte, se já foi notificado, o sujeito passivo da relação tributária não pode deixar de recolher o tributo, ainda quando repute inconstitucional a exigência. Deve, nesse caso, valer-se dos instrumentos processuais adequados para livrar-se da obrigação tributária.

Porém, quem registra na sua contabilidade o tributo de que se cuida e não efetua o recolhimento, se serve de meios necessários, age com moderação e não quer outra coisa que defender seu patrimônio contra a injusta agressão fiscal. Aliás, não deixa de ser uma verdadeira violência a cobrança de um tributo cujo modelo jurídico não esteja conforme com o modelo normativo maior que é a Constituição.

Advirta-se, a propósito, que não consideramos necessário que o contribuinte acione o mecanismo processual para aduzir, preventivamente, as razões pelas quais deixou de recolher o tributo. Para que evite a persecução penal basta que apresente, no momento da defesa em processo fiscal, o razoável ponto de vista em que se baseou para identificar a inconstitucionalidade da norma tributária.[12]

A Lei das Leis surge, no Estado de Direito, como o modelo jurídico de maior expressão.

É nela, na Lei Magna, que se encontram estabelecidas as linhas mestras do sistema tributário nacional.

4. *Os modelos tributários*

A Constituição brasileira instituiu, já na abertura do Título VI, o sistema tributário. O sistema foi arquitetado de modo tão articulado que, cada um dos elementos componentes, cumpre certa função fiscal específica. O grupo de elementos que podem ser identificados como modelos, no sistema, é integrado, segundo entendemos por três espécies tributárias: os impostos, as taxas e as contribuições.

A modificação no conteúdo de qualquer dos elementos acarreta, por força da articulação em sistema, mudanças em todos os demais elementos componentes da estrutura fiscal.

A definição dos modelos tributários, mais comumente denominados espécies de tributos, bem como a descrição das respectivas hipóteses de incidência e bases de cálculo, é tarefa da lei complementar, como determina o art. 146, III, *a*, da Constituição de 1988.

Se o ordenamento fiscal é um sistema — aqui afirmamos ser essa a sua

12. Veja-se, em complemento, e a propósito da legítima defesa, a magnífica exposição de Basileu Garcia nas *Instituições de Direito Penal*, Max Limonad, São Paulo, vol. I, pp. 300-317.

configuração constitucional, por definição — integrado por três modelos tributários, é possível delimitar os contornos jurídicos de cada modelo.

Na original e pioneira formulação teórica que realiza sobre o assunto, Geraldo Ataliba ensina que o dado distintivo elementar entre os modelos tributários há de ser encontrado na consistência da hipótese de incidência. Por ali se verifica que a materialidade da hipótese ou consiste numa atividade estatal ou não. Neste último caso, o fato que dá origem à tributação é alheio (é indiferente) a qualquer atuação do Estado.[13]

Cada modelo tributário se subordina a certo regime jurídico.

Detenhamo-nos nas contribuições.

O traço distintivo entre contribuição e imposto, encontrável na respectiva hipótese de incidência, reside na vinculação da primeira a uma atuação estatal e na ausência de tal vinculação no fato que dá origem ao segundo.[14]

Observa Geraldo Ataliba que, no regime das contribuições existe um vínculo entre a atuação estatal financiada pelo tributo e sua base de cálculo. Só onde está presente esse liame se pode falar em verdadeira contribuição.

Existirá, necessariamente, relação íntima — embora indireta e mediata — entre a receita da contribuição especial e a atividade econômica que o Poder Público deve desenvolver com os recursos auferidos.

Assim sendo, se a lei instituir, por desejar que se organize setor econômico que não possa ser desenvolvido com eficiência no regime de competição e de livre iniciativa, o tributo especial de que se cuida, deve o modelo jurídico explicitar o modo pelo qual o produto da arrecadação estará afetado à finalidade específica que permite e justifica, nos termos da Constituição, a intervenção.

Do mesmo modo, se motivos de segurança social[15] autorizarem a criação do tributo interventivo, cumprirá ao modelo jurídico definir o fundo para o qual serão vertidos os recursos arrecadados e o programa estatal que, em benefício da comunidade, desenvolverá o projeto.

Muito embora o dispositivo constitucional vigente — art. 149 — seja extremamente lacônico, o exposto se deduz da exegese histórica que, no § 9º do art. 157 da Carta de 1967, determinava que o tributo-meio (contribuição) seria instituído para o fim (custeio) dos serviços e encargos a serem criados na forma estabelecida em lei.

Como ressalta à evidência, a lei retirará do Estado qualquer poder de disposição sobre a receita auferida com essa espécie de tributo, especial e exclusivamente criado para que a intervenção se concretize.

Creditadas à conta do órgão da economia dirigida, criado para intervir em campo onde a livre iniciativa não se concretizou, ou à conta do fundo que irá fomentar o desenvolvimento econômico, as contribuições desse tipo são mero instrumento de política econômica que, enquanto tais, só podem beneficiar determinados setores.

Deixando de lado a cogitação política sobre o esgotamento da fase histó-

13. Geraldo Ataliba, *Hipótese de Incidência Tributária*, Malheiros Editores, 5ª ed., São Paulo, 1993, p. 115

14. Geraldo Ataliba, *op. cit.*, p. 113.

15. A expressão "segurança social" é utilizada, aqui, de propósito, para significar "seguridade social". Como se sabe, a terminologia "segurança social" segue sendo empregada tanto pelo direito positivo português — para significar o sistema de proteção que abrange a saúde, a previdência e a assistência — quanto por certa doutrina que considera o termo seguridade carregado de espanholismo. De todo modo, não se pode confundir segurança nacional com segurança social, como evidenciamos no nosso *O Direito dos Pobres*, São Paulo, Paulinas, 1982.

rica do intervencionismo estatal na economia, assunto tão caro às várias correntes do liberalismo, desconsiderando, ainda, a degradação da abrangência do conceito de segurança nacional, determinada pelo fim da chamada guerra fria, tudo a revestir de conteúdo meramente cerebrino a discussão suscitada pelo tema, é certo que no contexto da Constituição de 1988 ficou bem claro que imposto e contribuição não são tributos da mesma espécie.

A clara disciplina estabelecida pela Lei das Leis não decorre da simples leitura do art. 149, que confere caráter instrumental às contribuições nele enumeradas. Modelando as demais contribuições, cognominadas sociais, e que se destinam ao financiamento da seguridade social, o art. 195 exprime e comunica o regime jurídico especial a que se submetem essas modalidades de tributos.

Convencido por essa formulação constitucional do tema, ponderei alhures que é errado definir a contribuição como sendo o tributo que possui características ora de imposto ora de taxa, sendo ainda mais errado afirmar que a contribuição é um *mix* entre imposto e taxa.

Aliás, quando redigiu o anteprojeto do atual Código, o notável Gomes de Sousa averbou, acertadamente, que:

"Art. 95. São contribuições os tributos que não sejam especificamente impostos ou taxas".

Mereceu maior atenção da doutrina o exame das contribuições que se acham vinculadas ao custeio dos programas sociais, como a de seguridade.

Outrossim, como o CTN cuida apenas das contribuições de melhoria (art. 5º), deixando de lado, *ex vi* do disposto no art. 217, as demais, os estudos que certa doutrina enceta a respeito acabam por concluir, equivocadamente, que somente essa espécie de contribuição existe em nosso país.

Há quem confunda contribuição com imposto, esquecendo-se do dado elementar: a Norma Fundamental estabelece regimes jurídicos distintos para cada qual.

Como existe a diretriz constitucional da vinculação, cumpre dizer que, onde não se identifica aquela, e só ali, a espécie tributária não pode ser a de contribuição. Nesse caso, consoante o já citado magistério de Ataliba, estaremos diante do fenômeno jurídico do imposto.

Já dissemos, em outro estudo, que só existirão verdadeiras contribuições se, ao elaborar o modelo normativo, o legislador atentar para a finalidade constitucionalmente definida como sendo a própria desse tipo de exação.[16]

É vedado à lei deixar de vincular o produto da arrecadação da contribuição à atividade estatal que, por natureza e regime, configure intervenção na economia.

Se a lei viesse a suprimir a vinculação, determinada de modo absoluto pela Superlei, estaria criando certo tributo que, ao menos enquanto contribuição, seria inconstitucional.

Restaria, então, verificar se o tributo em questão não foi engendrado apenas com o nome de contribuição, apesar de ser um simples imposto. O nome, como o preceito didático do art. 4º, I, do Código Tributário esclarece, não pode mudar a natureza das coisas.

Se o tributo já tivesse fato gerador ou base de cálculo definido na Constituição e fosse estabelecido por lei editada pela pessoa política competente, estaríamos diante de simples adicional, impropriamente cognominado contribuição.

Importa observar, ademais, que se o tributo não tivesse fato gerador ou base

16. Wagner Balera, "Contribuições destinadas ao custeio da Seguridade Social, *RDT* 49, p. 110.

de cálculo definido na Lei Maior, ainda assim poderia ser instituído.

Considerada a magnitude dos problemas sociais do país, comprendendo as naturais insuficiências dos recursos cujas fontes já foram identificadas, o constituinte cuida de um campo futuro de incidência de impostos e de contribuições. É o que se deduz da análise conjunta dos artigos 154, I e 195, § 4º., da Constituição.

No exercício da chamada competência residual, a União pode buscar recursos que garantam os dispêndios a realizar em novos programas a serem desenvolvidos pelo Estado.

Porém, o modelo jurídico deveria, necessariamente, estruturar-se em lei complementar. Além dessa definição quanto à forma adequada para a modelagem normativa, o conteúdo da norma deveria se limitar à observância dos requisitos estabelecidos pelo art. 154, I, da Constituição.

Leis complementares observam processo legislativo distinto daquele pelo qual tramitarão as leis comuns. Só são aprovadas pela maioria absoluta dos votos dos membros de cada casa do Congresso (art. 69, da CF). A iniciativa da lei, em matéria tributária, é privativa do Presidente da República.

A primeira limitação material proíbe a criação, na faixa da competência residual, de tributos cujos fatos geradores ou bases de cálculo sejam idênticos aos de tributos já discriminados na Lei Magna. Paulo de Barros Carvalho denomina ''princípio da tipologia tributária'' o que define os diversos tributárias. O tipo é estruturado pela integração lógica da hipótese de incidência com a base imponível.[17] O legislador deve ser original, engendrando fatos e bases novos, distintos daqueles que se aparentem com os de tributos já existentes no interior do sistema normativo.

A segunda limitação, quanto ao conteúdo do tributo, também expressa no art. 154, I, veda que a cumulatividade seja adotada como técnica para a cobrança da exação.

Justifica-se a proibição. É sabido que, os tributos cumulativos, possuem caráter regressivo. Tal efeito danoso ao conjunto da economia não pode ser provocado pela instituição de contribuições de intervenção econômica. Isso equivaleria à formação de verdadeiro círculo vicioso: certo setor da atividade econômica se veria estimulado à custa do comprometimento da economia em seu todo considerada.

Se bem refletirmos sobre o tributo instituído, no sistema da Constituição de 1967, pelo Decreto-Lei n. 308, de 28 de fevereiro de 1967, veremos que o mesmo se ajustava à figura jurídica da contribuição de intervenção econômica.

De feito, com o escopo de intervir na economia nacional, a União criava, por meio daquele diploma legal, um tributo destinado a fomentar o setor sucroalcooleiro.

O órgão incumbido de gerir o tributo seria a hoje extinta autarquia Instituto do Açúcar e do Álcool e as receitas seriam vertidas a certos fundos especiais.

A contribuição especial destinava-se, então, a custear os serviços e os encargos do IAA e, os contribuintes, em referibilidade com o tributo, atuavam no setor objetivado pelo intervencionismo estatal.

Ocorre que o Decreto-Lei n. 1.952, de 15 de julho de 1982, determinou que seria destinado, em parte, para a pessoa política que instituiu o tributo e, em outra parte, para o Banco Central do Brasil, os recursos arrecadados com a contribuição especial em questão. É o que dispunham, respectivamente, os artigos 4º. e 5º. do citado diploma legal.

17. Paulo de Barros Carvalho, *Curso de Direito Tributário*, São Paulo, Saraiva, 1985, p. 80.

É curial que perdia a transferência que se exige para a cobrança das contribuições especiais a afetação dos respectivos recursos ao orçamento da União ou aos cofres do Banco Central do Brasil. Desaparecia, então, o elemento com o qual se poderia estabelecer a distinção entre a contribuição social e os demais tributos cobrados pela União. E, na vinculação da receita repousava a mais importante, senão a única, garantia de que os recursos seriam aplicados nos fins que justificaram e legitimaram a criação do tributo.

O destino dos recursos arrecadados com fundamento em contribuições já está, temos sustentado, definido pela Constituição Federal, não sendo matéria que pode ser alterada ao talante do legislador. Os recursos devem, necessariamente, permanecer segregados, apartados, das demais receitas fiscais.

O *modus operandi* da intervenção econômica, para justificar a cobrança do tributo, exige que o Poder Público gerencie o dinheiro arrecadado através de programa específico.

Claro que, no Estado intervencionista, toda a atividade estatal é norteada pela planificação econômica. Mas, aí, não é possível distinguir funções de intervenção de funções de governo.

O Estado brasileiro, segundo a definição da Constituição de 1967, só em caráter excepcional poderia intervir na economia, nos termos e nos limites definidos pelo art. 157, § 9º da Lei das Leis.

Penso, porém, que para exprimir melhor o desígnio constitucional podemos situar a *summa divisio* entre o papel que é de ser exercido pelo próprio Estado e aquele que é reservado a um dos seus subsistemas — o de proteção social — no plano do financiamento.

Ali onde o Estado é autorizado a intervir, de modo supletivo, no mundo econômico, ele pode utilizar recursos provenientes de contribuições especiais. Lá onde impera a livre competição, os recursos do orçamento fiscal não podem ser destinados a provocar a economia.

Bem ao reverso, onde o esquema de custeio envolve, legalmente, exações especiais destinadas aos planos previdenciários — além de verbas provenientes da receita fiscal — e onde um orçamento próprio (o caixa do sistema), distinto do orçamento fiscal, está previsto na Lei Suprema.

Ao estabelecer modelo autárquico (autônomo) de gestão da contribuição interventiva, conferindo ao ente especialmente criado — Instituto do Açúcar e do Álcool — as tarefas inerentes à gestão do programa de intervenção elaborado para o setor sucro-alcooleiro, o legislador dava cumprimento ao preceptivo constitucional.

Quando retirou do IAA a capacidade tributária ativa para a cobrança das contribuições, transferindo-a para o Tesouro e para o Banco Central, o legislador descaracterizou a natureza especial de que se revertia o tributo.

Desapareceu, depois, a própria autarquia, extinta por reforma administrativa federal.

De todo modo, sem mecanismo de gestão financeira autônoma, apartada da gestão fiscal do Estado, não existe mais a contribuição especial para intervenção na economia criada pelo Decreto-Lei n. 308/67.[18]

O legislador não pode criar norma desarticulada do conjunto do sistema no qual a mesma regra se insere.

Na espécie tributária denominada contribuição o destino dos recursos é da-

18. Nossa posição não coincide com o entendimento predominante da jurisprudência. Conforme acórdão unânime da 1ª Turma do Superior Tribunal de Justiça, no Recurso Especial n. 23.750-0, publicado no *DJU* de 5.9.94, p. 23.037, relator o Ministro Demócrito Reinaldo, aquela alta corte de justiça considera o tributo compatível com a Constituição de 1988.

do essencial para o estabelecimento do regime jurídico do tributo. Como magistra Geraldo Ataliba, nessa espécie tributária "a destinação já está constitucionalmente encampada. Ela é, aliás, a própria razão de ser da instituição do tributo."[19]

Sem que, no arcabouço institucional da União, se estruture específico órgão gestor para proceder à administração tributária da contribuição, desaparece o instrumento estatal de intervenção.

A União não está qualificada, constitucionalmente, para agir, de ordinário, na economia nacional, pois esta se baseia em dois princípios: a valorização do trabalho humano e a livre iniciativa (art. 170, *caput*, da Norma Fundamental). Assim terá de ser, necessariamente, de caráter supletivo toda e qualquer política de intervenção.

Aliás, doutores de tomo, como Miguel Reale, entendem que, no sistema da Constituição de 1988, qualquer intervenção estatal no domínio econômico é inadmissível.[20]

Intentou a autoridade governamental, ao editar o Decreto-Lei n. 1.712, de 1979, modificar a hipótese de incidência da contribuição interventiva, conferindo, em seu art. 1.º, nova redação ao art. 1º do Decreto-lei n. 308/67 que assim ficou grafado:

"Art. 1º. O recolhimento das contribuições previstas no art. 3º do Dec.-lei 308, de 28.2.67, será efetuado até o último dia útil do mês subseqüente àquele em que se verificar a saída do açúcar e do álcool da unidade produtora ou de seus depósitos de segunda saída, observado, no que couber, o disposto no art. 1º e seus parágrafos do Decreto-lei 56, de 18.11.66".

Como argutamente observou Eros Grau, a alteração introduzida pelo transcrito Decreto-lei acabou por transformar a antiga contribuição de intervenção no domínio econômico em imposto sobre produtos industrializados.[21]

Podem coalescer, no ambiente da Lei Magna de 1988, imposto e contribuição com idêntica hipótese de incidência. Também podem existir, simultaneamente, duas contribuições especiais que tenham iguais regras matrizes de incidência. Aliás, essa técnica foi adotada, pelo constituinte, quando fez conviverem, no mesmo sistema tributário, o imposto de renda e a contribuição sobre o lucro e, também, as duas contribuições sociais sobre o faturamento (previstas, respectivamente, no art. 195, I e no art. 239, da Carta Magna em vigor). Esse verdadeiro *bis in idem* foi prestigiado pela Constitução.[22]

Porém, o sistema da Constituição de 1988 não admite que o Imposto sobre Produtos Industrializados possa substituir uma contribução especial. É que a competência tributária para a instituição do modelo jurídico de que se cuida, foi colocada sob a reserva constitucional específica dos tributos vinculados. *Ergo*, só ingressa na ordem jurídica, como contribuição especial, o tributo vinculado a determinada atuação estatal que, no caso, consiste no estabelecimento de modalidade de intervenção no domínio econômico.

19. Geraldo Ataliba, *Hipótese de Incidência Tributária*, p. 93 e ss.

20. Em sentido contrário se coloca Raimundo Gomes de Barros, "Intervenção no Domínio Econômico e a Constituição de 1988", *in Repertório IOB de Jurisprudência* 11/92, pp. 210-212.

21. Eros Roberto Grau, "IAA — Contribuição de Intervenção no Domínio Econômico", *in RDT* 53, p. 155.

22. Nosso livro *A Seguridade Social na Constituição de 1988*, São Paulo, RT, 1989, apontava os inconvenientes da sistemática adotada pelo constituinte, notadamente as dificuldades que se punham no terreno da administração tributária. O legislador logrou livrar-se dos inconvenientes burocráticos atribuindo a sujeição ativa dos quatro tributos à União. A solução, como se evidencia por este texto, é manifestamente inconstitucional.

O legislador poderia prefixar que certa parcela do IPI fosse destinada a fins específicos, fins para os quais já tivesse sido engendrada, pela Constituição, uma contribuição.

Assim ocorreu, por exemplo, com a Lei n. 6.950, de 4 de novembro de 1981, que considerou como fonte da receita previdenciária parcela do IPI incidente sobre bens supérfluos. No caso, considerada como parte devida pela União para a Previdência Social, não tinha perante si a vedação da vinculação do produto da arrecadação e nem ficava sob reserva de lei complementar, nos termos da Lei Magna anterior.

É o caso agora de perguntar: o IPI pode substituir contribuição de intervenção no domínio econômico?

Hoje, por ser proibida a vinculação da receita de impostos a órgão, fundo ou despesa — exceto, é claro, as estipuladas taxativamente — pela Constituição Federal, conforme a letra do art. 167, IV, entendemos que o imposto sobre produtos industrializados não pode ser utilizado em substituição a quaisquer das contribuições especiais catalogadas no bojo da Lei das Leis. A estruturação tripartite dos modelos tributários restaria comprometida com a formalização por um tributo do arquétipo fiscal de outro.

5. *Conteúdo operacional do modelo jurídico*

Com a instituição do modelo normativo, notadamente do modelo tributário, o legislador regula o comportamento humano que irá atuar a norma.

Tendo em vista que é o comportamento do homem o motor do sistema normativo, o conhecimento dos comportamentos, pela comunidade, é que dará "sentido e efetividade de sentido", como diz Reale, ao sistema em seu todo considerado.[23]

A aplicação da lei deve ser conhecida e comunicada a todos e, todos, temos o direito de saber o que se passa nas relações entre o Estado e os contribuintes.

É dentro desse contexto que refletimos a respeito da privacidade e do sigilo de dados em matéria fiscal.

Há, como ressalta à evidência, um certo campo objetivo de incidência para as matérias que são objeto de sigilo. Mesmo dentro dos limites do privado que cada um há de ter diante dos demais, certos assuntos adquirem conotações públicas.

O campo objetivo de incidência é identificado, no mundo fenomênico, por meio do procedimento de lançamento.

A operacionalização do modelo jurídico, embora se verifique em brevíssimo lapso de tempo, em decorrência do fenômeno da incidência, pode ter suas etapas identificadas, no plano lógico. Cabe ao Fisco apreciar, objetivamente, as etapas do negócio privado que produziram o patrimônio e a renda dos contribuintes e atuar em conseqüência.

Deve ser estabelecido modelo normativo de operação que habilite a autoridade administrativa a apurar mesmo aquilo que não entremostrem, de imediato, os documentos apresentados pelo obrigado, nos formulários e declarações que apresenta.

Tudo, porém, deve ser realizado em conformidade com as garantias que o Estatuto do Contribuinte confere ao cidadão.

É, por conseguinte, debaixo do art. 5º, da Lei Maior, sob estrita observância da legalidade (inciso II), inviolabilidade da vida privada (inciso X), inafastabilidade do controlo jurisdicional (in-

23. Reale, Miguel. *Direito como Experiência*, Saraiva, São Paulo.

ciso XXXV) e do devido processo legal (inciso LIV), que se pode dar a divulgação dos dados sobre as relações fiscais entre o Estado e os particulares.

Quais as circunstâncias em que se pode dar a quebra do sigilo que protege dados colhidos pela administração fiscal?

Pensamos que uma certa graduação deve ser observada, nos estritos limites da legalidade.

A premissa maior é a do bem coletivo. Somente se pode romper o sigilo quando os aspectos fáticos da relação tributária afetam, ou podem afetar, o interesse social.

Pode ser necessário, sim, que se informe o nome dos contribuintes que devem tributos a todas as pessoas públicas com as quais o mesmo se relacione.

A igualdade de direitos e obrigações imposta pelo modelo jurídico exige que todos, sem exceção, suportem igual carga tributária.

É evidente que quem não está cumprindo regularmente suas obrigações pode oferecer melhor preço numa concorrência com o contribuinte correto. Se a contratação envolve pessoa de direito público, devem os demais ter acesso aos dados que não pertencem ao Fisco (o administrador não é dono!) mas a todos.

Como não poderia deixar de ser, as garantias contra a indevida quebra de sigilo de dados são exigentes.

De feito, a Constituição impõe graves penalidades a quem quer que quebre o sigilo dos dados, revelando relações fiscais a quem não tenha qualquer interesse em sabê-lo.

Só mediante procedimento estritamente vinculado é possível a obtenção dos dados disponíveis nas repartições fiscais. Os dados seguem pertencendo ao administrado e estão, no interesse público, sob proteção da autoridade pública.

Em lapidar escrito, Tércio Sampaio Ferraz Junior salienta que "Como faculdade, a manutenção do sigilo não está a serviço apenas da liberdade *individual* "de negação" da comunicação. Serve também à sociedade e ao Estado.[24]

Temos que ponderar as circunstâncias em que se opera a divulgação, pelos meios de comunicação social, de listas de devedores do Fisco.

Do mesmo modo, entendemos que a apuração de responsabilidades, se as há, dependerá sempre do exame do caso concreto.

Vezes há em que a autoridade pública, com grande espalhafato, ameaça divulgar o nome dos maiores devedores.

Trata-se, evidentemente, de indevido e ilícito instrumento de pressão exercida a fim de que a contribuinte regularize sua vida fiscal.

Se a lista de devedores aparece logo em seguida, torna-se imprescindível a instauração de inquérito contra a autoridade, que responderá nos termos da lei.

Por vezes, o fluxo de informações se estabelece por certo tipo de investigação jornalística especializada, que tem os olhos sempre abertos para certos fatos que ocorrem nos domínios da atividade do Estado, e que se propõe a divulgar dados a todos acessíveis nas repartições fiscais. Desde que os dados sejam corretamente divulgados; que não se apresentem parcialmente, só para prejudicar alguns; não nos parece que se deva responsabilizar nem o funcionário público, que é guardião dos dados, e nem quem quer que seja. A liberdade de imprensa é, afinal, garantida pela Constituição.

24. Tércio Sampaio Ferraz Junior, "Sigilo de dados: o direito à privacidade e os limites à função fiscalizadora do Estado", *in Revista dos Tribunais* — Cadernos de Direito Tributário e Finanças Públicas, n. 1, p. 144.

6. *Por um modelo normativo que prestigie a igualdade*

Em um dos mais empolgantes momentos vividos por nós, estudiosos do Direito Tributário, ouvimos Souto Maior Borges encantar a todos com a ode que pronunciou sobre a isonomia.

Recente escrito daquele jurista resume suas idéias com estas palavras:

"Não é a igualdade simples, aritmética, que os textos constitucionais visam a preservar. É, antes, uma proporcionalidade, um *analogon* entre bens e pessoas. A suprema iniqüidade é tratar igualmente os desiguais. Os impostos não devem ser uniforme e linearmente iguais, mas proporcionais segundo a necessidade de atenuar ou — tanto quanto possível — erradicar as desigualdades sociais".[25]

O fundamento de validade constitucional de qualquer modelo jurídico depende da fiel observância da diretriz fundamental da isonomia que impede discriminações entre quem se encontre em idêntica situação econômica e social.

Ademais, a Lei das Leis determina que, por influxo da isonomia, se dará a redução das desigualdades (art. 3º, III).

Toda e qualquer repartição dos encargos fiscais deve ter em vista esse objetivo.

Quando vislumbra as riquezas existentes na sociedade, o legislador deve albergar, no modelo tributário, preceituário que, concretamente, imponha maiores encargos a quem tenha expressiva capacidade econômica a fim de que nenhum encargo fiscal recaia diretamente sobre os mais pobres.[26]

Esta concepção da isonomia se desvela, a cada passo, na Constituição e ilumina tanto a consideração sobre a capacidade econômica do contribuinte relativamente aos impostos (art. 145, § 1º), como a enfática proibição insculpida no inciso II do art. 150, da Magna Carta, assim formulada:

"Art. 150. Sem prejuízo de outras garantias asseguradas aos contribuintes, é vedado à União, aos Estados, ao Distrito Federal e aos Municípios: (...)

"II — instituir tratamento desigual entre contribuintes que se encontrem em situação equivalente, proibida qualquer distinção em razão de ocupação profissional ou função por eles exercida, independentemente da denominação jurídica dos rendimentos, títulos ou direitos;".

Pelo que respeita, designadamente, às pessoas públicas, entendemos que não é de igual teor o papel que lhes cabe na vida social, quando comparadas com as pessoas privadas.

Por exigências da isonomia, as pessoas públicas não podem receber igual carga tributária que as pessoas privadas.

Mas é na Constituição que iremos encontrar o tratamento diferenciado em relação a elas.

É a Constituição que discrimina, em favor da isonomia, ao estabelecer a imunidade tributária recíproca, nos termos do mesmo artigo 150, inciso VI, extensível, como não poderia deixar de ser, às autarquias e fundações públicas.

No entanto, no mesmo preceptivo constitucional, fica ressalvado que não é o caso de se conferir imunidade fiscal a qualquer pessoa pública quando esta não exerce o múnus específico para o qual foi instituída.

De feito, como boa expressão da isonomia, sempre que o Estado, ou quem lhe faça as vezes, se põe em paralelo com

25. Souto Maior Borges, "Princípio da Segurança Jurídica na Criação e Aplicação do Tributo", *in RDT* 63, p. 209.

26. Discutimos a temática da capacidade contributiva no *Caderno de Pesquisas Tributárias* n. 14, Co-edição Centro de Estudos de Extensão Universitária e Ed. Resenha Tributária, São Paulo, 1989, pp. 234 a 275.

os particulares e se mete em atividades econômicas, deve ser tratado como um igual, do ponto de vista tributário.

Bem andou o Deputado Luiz Carlos Hauly quando apresentou projeto de emenda constitucional instituindo a falência de entidades públicas que operam negócios privados. Despidas da dignidade estatal, investem na seara alheia, desequilibram, em prejuízo da isonomia, a atividade econômica e não podem se escudar em tratamento diferenciado que, neste caso, seria verdadeira e inconstitucional discriminação.

ISS
NÃO INCIDÊNCIA SOBRE FRANQUIA

AIRES F. BARRETO

Professor de Direito Tributário e Diretor Científico do IDEPE

I — Radicação constitucional do tema — II — A competência tributária dos Municípios para instituir ISS — III — Conceito constitucional de serviço — IV — Cessão de direitos não é serviço — V — Franquia não é serviço — VI — Conclusão.

I — Radicação constitucional do tema

A matéria é rigorosamente constitucional. Para resolvê-la é preciso saber, antes de tudo — em face das normas constitucionais que discriminam as competências tributárias — qual a entidade político-constitucional competente para tributar os fatos emergentes do contrato de franquia.

É unânime nossa mais autorizada doutrina ao afirmar ser a própria Constituição que atribui e reparte competências tributárias. Nenhum estudioso da Constituição jamais extraiu conclusão diversa. É a Carta Magna que "discrimina" as competências tributárias, ao outorgá-las às pessoas políticas; no seu texto estão indicados, rigorosa e exaustivamente, os critérios para identificação das respectivas esferas da competência tributária atribuídas a cada uma das pessoas políticas (dentre outros, cf. Amílcar Falcão, *Sistema Tributário Brasileiro*, 1ª ed., p. 38; A. R. Sampaio Dória, *Discriminação de Rendas*, 1972, p. 14; A. Baleeiro, *Direito Tributário Brasileiro*, 10ª ed., 1981, p. 67; Roque Carrazza, *Princípios Constitucionais Tributários e Competência Tributária*, 1986, p. 149).

É candente o mestre Geraldo Ataliba ao afirmar que se equivocam, ou enleiam-se em perplexidades insolúveis, todos os que — no plano da aplicação — se distanciam do texto constitucional. Esta matéria está entre as que a Constituição regula de forma rígida e esgotante, de modo a não deixar ao legislador infraconstitucional nenhuma possibilidade de, sobre ela, dispor.

É inteiramente descabida, pois, a busca de critérios ou parâmetros definidores das competências tributárias em normas que não sejam da própria Constituição. É lapidar a lição de Roque Carrazza, a esse respeito:

"Sublinhamos, a propósito, que a *competência tributária*, no Brasil, é um tema *exclusivamente constitucional*. O assunto foi *esgotado pelo constituinte*. Em vão, pois, buscaremos, nas normas infraconstitucionais (v.g., nas contidas nas leis complementares), diretrizes a seguir, sobre a criação, *in abstracto*, de tributos" (*Princípios Constitucionais Tributários e Competência Tributária*, RT, SP, 1986, p. 149).

A solução do tema proposto — bem como de qualquer semelhante (concernente à competência tributária) — só pode estar na própria Constituição. Geraldo Ataliba, com a proficiência de sempre, ensina que "fugir ao desafio trabalhoso a exigente de interpretar a Constituição — para acomodadamente já apoiar-se na legislação infraconstitucional, seja complementar, seja ordinária — é anticientífico. Não é postura jurídica, por importar desconsideração ao sistema tributário, estruturado de forma minuciosa e esgotante pela Constituição. Os que assim procedem incidem no erro de pressupor que a Constituição é flexível, ou (o que, juridicamente, é o mesmo) entenderem-na nivelada à lei ordinária ou complementar". Por isso, qualquer estudo sobre questões da espécie da aqui versada exige que, antes (lógica e cronologicamente) sejam desvendados o conteúdo, sentido e alcance dos preceitos constitucionais. E, só depois de cumprida essa tarefa, é que se pode examinar a norma infraconstitucional.

Equivoca-se quem enfrenta questão constitucional (disciplinada no Texto Magno), apoiando-se na legislação infraconstitucional. É descabida inversão o argumentar "com normas de direito comum, para estabelecer limitações a princípios fundamentais" ... "Em lugar de se argumentar da lei ordinária para a norma fundamental" ... "o que cumpre é argumentar dos princípios estabelecidos na declaração de direitos para os preceitos da lei ordinária, para *subordinar estes últimos aos primeiros*" (Leitão de Abreu, *RDP* 39/200).

Dado que nenhuma lei pode alterar a Constituição, a primeira aproximação (e mesmo a exaustão) dos temas nela disciplinados independe da legislação. Esta observação é de capital importância, a fim de que não se enleie o intérprete em questiúnculas menores, distanciadas das exigências constitucionais, baralhando e prejudicando, com isso, a possibilidade de compreensão do tema constitucional posto em debate.

Em suma, se a matéria é constitucional, só pela norma constitucional se resolve (como rigorosa e incansavelmente preleciona Geraldo Ataliba). E toda norma infraconstitucional ou é conforme com a Lei Magna, ou deve ser a ela conformada. Se isto não for possível, deve ser desprezada.

No Brasil, a potestade jurídica para instituir tributos é conferida pela Constituição da República às entidades político-constitucionais (União, Estados, Distrito Federal e Municípios). É dizer, a Constituição outorga-lhes competência legislativa para instituírem tributos. É, assim, diretamente da Constituição que estas pessoas políticas recebem competências tributárias.

O plexo de normas constitucionais outorgativas de competências tributárias forma um sistema que se peculiariza pela (a) minúcia e exaustividade no traçado do âmbito dessa outorga, (b) privatividade e (c) rigidez das competências tributárias outorgadas a cada qual.

Assim estruturado, os mais notáveis efeitos jurídicos que esse sistema constitucional de outorga e discriminação das competências tributárias produz — conforme código cediço na doutrina e na jurisprudência — são:

a) o âmbito de todas e de cada uma das competências tributárias titularizadas pelas pessoas políticas é precisa e esgotantemente balizado pela Constituição, de tal modo que o seu exercício está rigorosa e completamente circunscrito pelas suas normas;

b) toda competência tributária está prevista na Constituição da República, explícita e discriminadamente conferida, de modo privativo, a uma determinada pessoa política; isto é, a competência é atribuída a uma delas de modo exclusivo (e, pois, excludente das demais);

c) a "discriminação de competências" é rígida, isto é, não pode ser modificada por nenhuma norma infraconstitucional.

II — A competência tributária dos Municípios para instituir imposto sobre serviços

A Constituição atribuiu aos Municípios competência para instituir imposto sobre "serviços de qualquer natureza, não compreendidos no art. 155, II" (art. 156, III, na redação dada pelo art. 1º da Emenda Constitucional n. 3, de 17.3.93).

Assim — nos termos do sistema constitucional de outorga e discriminação de competências tributárias — os Municípios só podem criar imposto sobre *fatos abrangidos pelo conceito de serviço* que a Constituição empregou para outorgar-lhes e demarcar-lhes a competência tributária (art. 156, III).

Ora, se é inquestionável que o sistema constitucional de outorga das competências tributárias é exaustivo e rígido e as competências são atribuídas, explicitamente, de modo privativo, a cada uma das pessoas políticas — tem-se, como conseqüência, que qualquer fato que não configure serviço não pode ser tributado pelo Município.

De se notar que todos os fatos sobre os quais é possível instituir imposto estão previstos, expressamente, de forma explícita ou implícita, na Constituição, para discriminar as competências tributárias outorgadas às pessoas políticas. Sobre os fatos nela não explicitamente previstos, a própria Constituição atribuiu à União, de modo expresso, competências para instituir impostos (desde que não se confundam com os mencionados nos seus artigos 155 e 156, atribuídos à competência tributária dos Estados e dos Municípios, respectivamente). É a chamada "competência residual", pela qual todo e qualquer fato que não aqueles expressa e explicitamente colocados sob a competência das outras pessoas políticas (Estados e Municípios) inclui-se na competência da União.

Disso resulta que todo e qualquer fato que, exorbitando o conceito de serviço empregados pelo artigo 156, III, da Constituição Federal, for colocado sob a incidência de imposto municipal importará exigência inconstitucional de tributo *por invasão de competência alheia* (Amílcar Falcão, *Sistema Tributário Brasileiro*, p. 52).

III — Conceito constitucional de serviço

Dado que a Constituição Federal atribuiu aos Municípios competência para instituir imposto "sobre serviços de qualquer natureza, não compreendidos na competência tributária da União ou dos Estados" é de elementar evidência que circunscreveu esse *âmbito de competência aos fatos incluídos no conceito de "serviço"*.

E esse conceito, empregado pela Constituição Federal, para discriminar (identificar, demarcar) essa determinada esfera de competência é um *conceito do direito privado*.

Assim, é indispensável — para reconhecer-se a precisa configuração dessa competência — verificar o que, segundo o direito privado, se compreende no conceito de serviço.

É, pois, no interior dos lindes desse conceito — no direito privado — que se enclausura a esfera da competência dos Municípios para a tributação dos *serviços de qualquer natureza*, dado que foi por ele que a Constituição Federal, de modo expresso, a discriminou, identificou e demarcou.

Se a competência tributária é outorgada diretamente pela Constituição Federal — que a discrimina de forma exaustiva, minudente e rígida, atribuindo a cada uma das pessoas políticas faixas privativas de competência — é imperioso concluir-se que os conceitos jurídicos utilizados pelo Texto Magno para definir essas faixas de competência tributária não podem ser alterados pelo legislador infraconstitucional, complementar ou ordinário.

Deveras, se assim não fosse, a exaustividade, a rigidez e a privatividade das diversas esferas de competências — que caracterizam o nosso sistema constitucional tributário — restariam derruídas, na medida em que o legislador infraconstitucional, pela mera alteração da definição, conteúdo ou alcance dos conceitos de direito privado empregados pela CF (para identificar e demarcar as competências tributárias), poderia alterar a discriminação constitucional de competências tributárias (Geraldo Ataliba).

Exatamente porque a rigidez e a exaustividade são características particulares e notáveis do nosso sistema constitucional tributário foi que o CTN estabeleceu, em *precepto didáctico* (como o qualificaria Sains de Bujanda) de notável alcance (art. 110), ser defeso (vedado, proibido) à lei tributária, "alterar a definição, o conteúdo e o alcance de institutos, conceitos e formas de direito privado, utilizados, expressa e implicitamente, pela Constituição Federal" ... "para definir ou limitar competências tributárias".

Baleeiro, analisando esse dispositivo, diz:

"Para maior clareza da regra interpretativa, o CTN declara que a inalterabilidade das definições, conteúdo e alcance dos institutos, conceitos e forma do Direito Privado, é estabelecida para resguardá-los no que interessa à competência tributária. O texto acotovela o pleonasmo para dizer as "definições" e limites dessa competência, quando estatuídos à luz do Direito privado, serão as deste, nem mais nem menos" (*Direito Tributário Brasileiro*, Forense, 10ª ed., Rio de Janeiro, 1981, p. 445).

A "regra interpretativa" do art. 110, do CTN, todavia, não é a fonte jurídica inicial dessa vedação: ela tão-só veicula, de forma expressa, uma implicação necessária e inafastável do próprio sistema constitucional, que, por sua autoridade, exige ser prestigiado.

Deveras, como ensina Paulo de Barros Carvalho:

"O imperativo não vem, diretamente, do preceito exarado no art. 110. É uma imposição lógica da hierarquia de nosso sistema jurídico. O empenho do constituinte cairia em solo estéril se a lei infraconstitucional pudesse ampliar, modificar ou restringir os conceitos utilizados naqueles diplomas para desenhar as faixas de competências oferecidas às pessoas políticas. A rígida discriminação de campos materiais para o exercício da atividade legislativa dos entes tributantes, tendo estatura constitucional, por si só já determina essa inalterabilidade. Em todo caso, não deixa de ser oportuna a lembrança que o art. 110 aviva" (*Curso de Direito Tributário*, Saraiva, 2ª ed., São Paulo, p. 62).

Aliás, ainda antes da edição do CTN, a escorreita diretriz interpretativa que o seu art. 110 expressa, já constituía tese da nossa Suprema Corte, consoante nos dá conta o eminente Ministro Moreira Alves:

"Essa tese, que Amílcar Falcão" ... "lembrava ser a do Supremo Tribunal Federal que, com base nela, declarara a inconstitucionalidade da extensão do imposto de transmissão *inter vivos* às cessões de promessa de venda de imóveis, hoje não é mais tese doutrinária ou jurisprudencial, mas imposta por texto expresso de lei, o art. 110 do CTN" ("Usucapião e Imposto de Transmissão de Bens Imóveis", *in RDT* 17/18-40/41).

Com efeito, outra não é a opinião do nosso Poder Judiciário, ilustrada pelo teor do seguinte trecho do acórdão — bem a propósito do tema deste estudo — proferido pelo E. 1º TACiv-SP, nos autos da apelação n. 303.513-SP:

"Tranqüilo é o entendimento de que serviço é instituto de direito privado, neste sentido mencionado, expressamente pela Constituição. Logo, a absorção pela lei tributária dessa entidade não pode sofrer alteração, seja para limitar, seja para definir competências tributárias".

Em suma, tendo a Constituição atribuído aos Municípios a competência para tributar "serviços", tem-se que:

a) os Municípios — e somente eles — podem tributar fatos abrangidos pelo conceito de "serviço" (excetuados aqueles expressa e explicitamente atribuídos à competência tributária dos Estados, *ex vi* do art. 155, II, da Constituição, quais sejam os serviços de transporte interestadual e intermunicipal e de comunicações); inversamente:

b) não podem os Municípios tributar fatos que não possam ser qualificados como "serviço", segundo as elaborações do direito privado.

Não se encontrará, na doutrina, nenhuma dissenção quanto à noção, substancial e elementar, de que serviço traduz, sempre, uma obrigação de fazer (cf., dentre outros, Agostinho Sartin, *RDT* 19/20, p. 48 e ss.; Célio de Freitas Batalha, *RDT* 19/20, p. 114 e ss.; Yoshiaki Ichihara, *RDT* 19/20, p. 91 e ss., Antônio José da Costa, *RDT* 19/20, p. 177, Marçal Justen Filho, *O Imposto sobre Serviços na Constituição*, Ed. RT, São Paulo, 1980, p. 77 e ss.).

Serviço, ensina Pontes de Miranda, é "qualquer prestação de fazer", pois que "servir é prestar atividade a outrem"; é prestar qualquer atividade que se possa considerar "locação de serviços", envolvendo seu conceito apenas a *locatio operarum* e a *locatio operis*". (cf. *Tratado de Direito Privado*, t. XLVII, p. 3). "Trata-se" — sublinha esse mestre — "de dívida de fazer, que o locador assume. O serviço é sua prestação" (ob. cit., p. 4).

O ISS, portanto, só alcança — e só pode alcançar — a obrigação de fazer, aquela cuja prestação é o próprio serviço do locador, sua atividade de servir. É, enfim, o esforço humano, físico ou intelectual, que desenvolve.

Assim, considerando (a) o que seja serviço, no direito privado (obrigação de fazer) e (b) os princípios consagrados pela Constituição Federal, quanto à tributação, tem-se que *o conceito constitucional de serviço é*: *prestação de esforço humano a terceiros, com conteúdo econômico, em caráter negocial, sob regime de direito privado, tendente à obtenção de um bem material ou imaterial*.

Dito de outra forma: o conceito constitucional de serviço tributável somente abrange:

a) as obrigações de fazer — e nenhuma outra;

b) os serviços submetidos ao regime de direito privado — não incluindo, portanto, o serviço público (porque este, além de sujeito ao regime de direito público, é imune a imposto, conforme o art. 150, VI, "a", da Constituição);

c) que revelem conteúdo econômico, realizados em caráter negocial — o que afasta, desde logo, aqueles prestados a si mesmo, ou em regime falimiar ou desinteressadamente (afetivo, caritativo, etc.);

d) prestados sem relação de emprego — como definida pela legislação própria — excluído, pois, o trabalho efetuado em regime de subordinação (funcional ou empregatício) por não estar *in commercio*.

Delimitado, em linhas gerais, o conceito de serviço passível de ser tributado pelo imposto de competência municipal, pode-se ver com clareza o aspecto fulcral do tema objeto deste parecer: o serviço como prestação específica e caracterizadora de algumas obrigações de fazer (locação de serviços), extremando-a da cessão de direitos.

Sendo incontrastável que o conceito de serviço no Direito Privado significa a prestação de obrigação de fazer, mais especificamente daquela que corresponde ao negócio jurídico de locação de serviços, é incontestável, também, que a lei tributária infraconstitucional não pode abranger o que a Constituição excluiu;

não pode ampliar o conceito constitucional para incluir o que nele (conceito) não se contém. A competência dos Municípios é para instituir imposto sobre serviços. Sobre *quaisquer* serviços; mas, ao mesmo tempo, *só e exclusivamente* sobre *serviços*. Sobre nenhum outro fato. A Constituição foi clara, categórica, incisiva e explícita.

A advertência de Baleeiro é, a propósito, oportuna: "A lei complementar supre a Constituição, mas não a substitui. Se esta instituiu um tributo, elegendo para fato gerador dele um contrato, ato ou negócio jurídico, o legislador não pode restringir, por via complementar, o campo de alcance de tal ato ou negócio, nem dilatá-lo a outras situações. A menção constitucional fixa rígidos limites. Atos de transmissão de propriedade imóvel, p. ex. são os do direito privado, todos eles. Nenhum outro senão eles.

"As tentações mais freqüentes, a julgar pela experiência no regime das Constituições anteriores, provirão dos legisladores estaduais e municipais para alargamento das respectivas competências" (ob. cit., p. 444).

Da consideração do quadro de competências tributárias, fixado pelo Texto Constitucional, vê-se que o constituinte destacou os serviços, para entregá-los (com as exceções já vistas) à competência tributária dos Municípios (art. 156, III), reservando à União qualquer tipo de cessão de direitos (como imposto residual, na forma do art. 154, I).

Muitos são os casos em que se pretende exigir imposto sobre serviços sobre atividades que não o são, a pretexto de que tais atividades foram "listadas" por lei complementar (nos dias atuais essa lei é a de n. 56/87).

Os que assim pensam cometem o equívoco de admitir que a competência outorgada pela Constituição pode ser modificada (ampliada ou reduzida) pela lei complementar. Esquecem-se que, entre nós, a Constituição é rígida, só modificável por via de emenda.

A expressão "definidos em lei complementar" *não* autoriza conceituar como serviço o que serviço não é. Admitir que o possa equivale a supor que, a qualquer momento a lei complementar diga que é serviço a operação mercantil, que é serviço a industrialização, a operação financeira, a venda civil, a cessão de direitos. Em outras palavras, que a lei complementar possa, a seu talante, modificar a Constituição; que a limitação posta pela Constituição à competência municipal para só tributar atividades, configuradoras de serviço, não tem a menor relevância; que pode ser desobedecida pela lei complementar.

A lei complementar tem que se cingir a definir ou a listar atividades que, indubitavelmente, configurem serviço.

Será inconstitucional toda e qualquer legislação que pretenda ampliar o conceito de serviço constitucionalmente posto, para atingir quaisquer outros fatos (iluminados pelos contratos respectivos).

Entre os fatos que não podem ser atingidos está a cessão de direitos. Não pode a lei, complementar ou ordinária, prever a tributação, por via de ISS, de qualquer cessão de direitos, uma vez que a Constituição outorgou aos Municípios a tributação de serviços, de modo explícito e inalargável, atribuindo a competência residual à União (art. 154, I).

Não pode a lei complementar definir como serviço o que serviço não é, nem a pretexto de atender à cláusula final do art. 156, III. É que, se a Constituição é rígida, não pode ser modificada pela lei complementar. Esta não pode "definir" como serviço o que serviço não é. A lei complementar "completa" a Constituição; não a modifica.

J. Marshall já lecionava, há mais de 150 anos, que "não há como se contestar o dilema: ou a Constituição anula qualquer lei que a contraria, ou o Legislativo, pode alterar a Constituição por lei ordinária" (*RDP* 17/17). E a nossa Suprema Corte, desde o início da República, tem consagrado, decididamente, essa firme postura de defesa da prevalência da Constituição sobre toda e qualquer norma infraconstitucional, que nela deve encontrar — pena de expulsão do sistema normativo — seu fundamento de validade.

Daí ser noção elementar que também as leis complementares — normas da ordenação inaugurada pela Constituição — estão igualmente sujeitas a contraste de constitucionalidade; são elas suscetíveis de "controle de constitucionalidade" pelos mesmos métodos e segundo critérios idênticos aos aplicáveis a toda e qualquer lei (cf., dentre outros, Aliomar Baleeiro, Manoel Gonçalves Ferreira Filho, José Afonso da Silva, José Souto Maior Borges).

Na verdade, "a lei complementar não pode contradizer a Constituição. Não é outra forma de emenda constitucional" ... "Daí decorre que pode incidir em inconstitucionalidade e ser, por isso, inválida" (M. Gonçalves Ferreira Filho, *Do Processo Legislativo*, p. 210). Não se registra nenhuma dissenção doutrinária ou jurisprudencial a esse respeito. Não há nenhuma opinião contrária; pelo contrário, é unânime a afirmação no sentido de que a Constituição é rígida e a previsão, no seu corpo, de leis complementares não implica admissão da possibilidade de alteração constitucional por norma de lei complementar. A propósito, é eloqüente o magistério de Baleeiro:

"Do mesmo modo, a lei complementar não pode ir além do que já está dito, expressa ou implicitamente, na Constituição. Esta será violada por lei complementar que regule diversamente o que ela regulou. É caso de inconstitucionalidade da lei complementar. Completa, mas *não* corrige nem inova" (*Direito Tributário Brasileiro*, 11ª ed., p. 60).

Em conseqüência, ao "definir" os serviços tributáveis, a lei complementar não pode transformar em serviço o que serviço não é. Não pode alterar o Texto Magno, retirando competência de uma entidade político-constitucional, para dar à outra. O mestre pernambucano Souto Borges, versando este tema, dá-nos lições lapidares: "se for definido por lei complementar, para efeito de tributação municipal, serviço compreendido na competência tributária da União — o que é improvável, mas teoricamente possível — ou dos Estados, nem por isso poderão os Municípios tributá-los. Ambas as leis seriam, em tal hipótese, inconstitucionais. Se a União abre mão da competência federal, viola a regra segundo a qual o não exercício da competência tributária não a defere a pessoa diversa do seu titular (Código Tributário Nacional, art. 8º); se invade o campo estadual, usurpa competência tributária alheia" (*Lei Complementar Tributária*, p. 196).

Mais evidente é a inconstitucionalidade se o que se "define" não é serviço, mas outro fato-tipo. Não pode a lei complementar, a pretexto de "definir" serviço, modificar o campo das competências constitucionalmente fixado. Este é rígido, como rígida é a Constituição.

Sob tais razões é que o entendimento, de que simples cessão de direitos — por não estar compreendida no conceito de serviço — não se submete ao ISS, é respaldado pelo Poder Judiciário. Deveras, no mesmo acórdão antes mencionado, o E. 1º Tribunal de Alçada Civil de São Paulo já assentou: "o que não é serviço não pode ser tributado pelo Município, como se serviço o fora, sob pena de invasão de competência tributária alheia" ... "serviço é instituto de direito privado, neste sentido mencionado expressamente pela Constituição. Logo, "a absorção pela lei tributária dessa entidade não pode sofrer alteração, seja para limitar, seja para definir competências tributárias" (apelação 303.513, de São Paulo).

Apesar dessa evidência, casos têm havido em que a lei complementar refere atividades não configuradoras de serviço. Dentre eles, basta referir o item que "põe sob a incidência de ISS" a locação de bens móveis, que serviço não é.

Felizmente, no caso da simples cessão de direitos, que caracteriza a atividade de franquia, a tanto não chegou a lei complementar.

Tão flagrante se revela a distância entre franquia e prestação de serviços que, nem mesmo os mais empedernidos e ferrenhos fiscalistas, elaboradores da nova lista de serviços, ousaram nela incluir essa modalidade de cessão de direitos. Tiveram presente que arrolar como "serviço" a franquia importaria ostensiva inconstitucionalidade.

Em conclusão: não podem os Municípios invadir a área de competência da União para tributar a cessão de direitos, como v.g., a representada pela franquia. Só pode fazê-lo a União, caso delibere exercitar sua competência residual (art. 154, I, da Constituição Federal).

IV — Cessão de direitos não é serviço

Cessão de direitos é negócio jurídico que, diante da nossa ordem jurídica, não configura, "prestação de serviços" e, por isso não se subsume no conceito de serviço tributável por via do ISS.

As normas do direito privado, que disciplinam a compostura e a natureza dos negócios jurídicos em geral e da cessão de direitos em particular, impedem conclusão no sentido de que esse específico negócio jurídico integre a categoria de "prestação de serviços".

Isso, aliás, já está assentado pelos nossos Tribunais, que têm decidido no sentido de que o ISS não recai sobre a cessão de direitos de obra intelectual (cf. dentre outros, RE 86.815-1, *RTJ* 89/976 e RE 95.251-9, *Colet. Jurispr. do STF sobre Tributos Municipais*, Ed. MF, Secret. Econ. e Finanças, Brasília, 1974, p. 17). No mesmo sentido, entre outras, as Apelações de ns. 228.137, 229.275, *JTAC-SP* 47/20, 217.765, 217.459 e 254.444, do Egrégio Tribunal de Alçada Civil de São Paulo.

V — Franquia não é serviço

Franquia é o contrato pelo qual uma pessoa, mediante certas condições, cede à outra o direito de comercializar produtos ou marcas de que é titular. Trata-se de contrato que tem por essência uma cessão de direitos.

Waldírio Bulgarelli deixa patente ser a franquia uma espécie de cessão de direitos ao averbar que "franchising" é "... a operação pela qual um comerciante, titular de uma marca comum, *cede seu uso*, num setor geográfico definido, a outro comerciante (*Contratos Mercantis*, 6ª ed., Ed. Atlas, São Paulo, 1991, p. 500). Grifamos.

O saudoso Orlando Gomes corrobora esse entendimento, ao conceituar franquia como sendo "a operação pela qual um empresário *concede a outro o direito de usar* a marca de produto seu com assistência técnica para a sua comercialização, recebendo, em troca, determinada remuneração" (Orlando Gomes, *Contratos*, 7ª ed., Ed. Forense, 1977, pp. 571-2). Grifamos.

O fim da franquia é possibilitar que terceiros explorem um produto ou marca. A maioria dos contratos limita-se a esse tipo de objeto. Outras, porém, podem abranger, também, a assistência técnica do franqueador.

Nos contratos em que o franqueador dá assistência técnica essa tarefa é mera atividade-meio e não atividade-fim. É dizer, é requisito, insumo, condição, da atividade-fim: franquia. Não se pode confundir assistência técnica, enquanto atividade-meio, com assistência técnica como atividade-fim. O imposto sobre serviços só pode alcançar atividades-fim, jamais atividades-meio.

Nesses contratos, a assistência técnica está para a franquia como a datilografia está para o trabalho do advogado. Assim como o advogado não é prestador dos serviços de datilografia (mas dela carece para o seu mister) o franqueador não é prestador de serviços de assistência técnica (embora alguns contratos dela necessitem).

O contrato de franquia pode ou não envolver uma assistência técnica. Mesmo quando abrange a assistência técnica não se há falar em prestação de serviços, uma vez que se trata de mera atividade-meio viabilizadora do fim visado: a cessão de direitos designada franquia.

VI — Conclusão

Em resumo, o ''franchising'' não se subsume ao conceito de serviço. Muito menos ao conceito de serviços tributáveis pelo ISS. Por conseguinte, não têm os Municípios competência para criar imposto sobre o exercício dessa atividade.

IPI — IMPOSSIBILIDADE JURÍDICA DE SE UTILIZAR O IMPOSTO SOBRE PRODUTOS INDUSTRIALIZADOS EM TRIBUTAÇÃO DIFERENCIADA DO AÇÚCAR PARA PRODUTORES DO SUL E DO NORDESTE

MISABEL DE ABREU MACHADO DERZI
Professora dos Cursos de Graduação e Pós-Graduação da Faculdade de Direito da Universidade Federal de Minas Gerais

Tradicionalmente, pelo princípio da seletividade, a produção do açúcar cristal, entre nós, não esteve sujeita ao imposto sobre produtos industrializados.

Entretanto, a Lei 8.393/91, que extinguiu a contribuição de custeio da intervenção da União no setor açucareiro (art. 1º, inc. I), assim como os subsídios de equalização dos custos de produção do açúcar e da cana de açúcar, "enquanto persistir a política de preço nacional unificado de açúcar de cana" (art. 2º, parágrafo único), submeteu a saída do açúcar de cana a uma alíquota máxima de 18% em todo o território nacional, abrindo duas exceções:

• isenção total do IPI para a produção industrial do açúcar ocorrida nas áreas de atuação da Sudene (Superintendência do Desenvolvimento do Nordeste) e da Sudam (Superintendência do Desenvolvimento da Amazônia);

• autorização, concedida ao Poder Executivo, para reduzir em até 50% (cinqüenta por cento) a alíquota do IPI, incidente sobre a produção do açúcar de cana, ocorrida nos Estados do Rio de Janeiro e do Espírito Santo.

Com base nessa licença legal, o Dec. 420/92 impôs a tributação máxima de 18% para as regiões Sul e Sudeste, a reduzida, de 9%, para os Estados do Rio de Janeiro e Espírito Santo, e a isenção, para a produção industrial, realizada nas áreas da Sudene e da Sudam.

Esse tratamento diferenciado do açúcar reaviva, entre nós, uma discussão mais profunda sobre os limites constitucionais da extrafiscalidade. A Constituição de 1988, em diversos dispositivos, admite a extrafiscalidade, a saber: na instituição de contribuições para custeio da intervenção do Estado no domínio econômico (art. 149); na imunidade dos produtos exportados (art. 153, § 3º, III); na tributação que estimula a função social da propriedade no ITR (art. 153, § 4º) e no IPTU (art. 156, § 1º); na exceção, expressamente aberta no art. 151, para a concessão de incentivos fiscais destinados a promover o equilíbrio do desenvolvimento sócio-econômico entre as diferentes regiões do País; na seletividade obrigatória a que se sujeita o IPI (art. 153, § 3º); etc.

1. Os princípios constitucionais e seu balanceamento na extrafiscalidade

Na atualidade é consenso entre doutrinadores e farta jurisprudência que a extrafiscalidade não está submetida a um regime de exceção (salvo as hipóteses admitidas no próprio Texto Magno), mas rege-se pela generalidade dos princípios constitucionais do sistema.

Em regra, os tribunais constitucionais não respondem objetiva e diretamente à questão sobre *o que* uma Constituição contém. Também não fazem uma opção clara por uma técnica ou método de interpretação. Assim acontece no Tribunal Constitucional norte-americano, no alemão e no brasileiro.

Na Alemanha, o Tribunal não adota nenhum método de interpretação determinado; ao contrário, costuma fundamentar suas decisões se socorrendo da combinação de técnicas diferentes e pontos de vista distintos. Entretanto, apesar disso, o BVerfG já reconheceu expressamente as seguintes regras de interpretação e aplicação da Constitução, como anotam Richter e Schuppert:

"— Atŕas da fórmula do "querer objetivado do legislador", impõe-se a chamada teoria objetiva, que é a vontade do legislador *expressa* na Constitução, não prevalecendo a "vontade real"; o BVerfG recusa expressamente a teoria subjetiva.

"— A interpretação da "vontade objetivada" dirige-se segundo:

"a) a *palavra* (interpretação literal ou gramatical);

"b) o *contexto* no qual a norma se insere (na Constituição ou no direito, ou seja, *pela interpretação sistemática*);

"c) o *fim* (interpretação teleológica), sendo que esses três pontos se completam uns aos outros" (Cf. *Casebook Verfassungsrecht*. V. C. H. Beck, München, 1987, p. 9).

Pode-se observar por uma criteriosa análise da jurisprudência, feita acima por Richter e Schuppert, que, pelo menos três modos de análise e técnicas, estão definitivamente afastados da interpretação constitucional na Alemanha:

a) a redução da compreensão à literalidade da palavra;

b) a fixação de um determinado sentido único, extraído da intenção e subjetividade anímica dos autores da Constitução;

c) a interpretação de cada parte sem a sua integração sistemática ao todo-contextual e à finalidade.

Para o Tribunal alemão, a Constitução tem uma unidade interna e o sentido de cada uma das partes é ligado de cada uma às demais. A unidade é dada por meio de pincípios básicos e decisões fundamentadas a que estão subordinados os dispositivos isolados.

Além disso, embora o mesmo Tribunal alemão não se tenha manifestado de forma genérica sobre a *concretização* apregoada por Hesse e Stein, todavia nas suas decisões encontram-se elementos da chamada *concretização*, como se percebe em exemplos de casos, anotados por Richter-Schuppert (Cf. op. cit. p. 10).

Também a Suprema Corte dos EEUU não se fixou em nenhum modo de análise, técnica ou método isoladamente. Ora adota o estruturalismo sistemático, buscando a unidade de sentido, por meio de princípios fundamentais, ora o método analítico do razoável, partindo da premissa de que a Constituição não é um "pacto suicida". Busca, ainda, às vezes se utilizar da interpretação teleológica seja para *reforçar a democracia no sentido de separação de poderes, a fim de retrair a criatividade do Poder Judiciário* (como o fez o juiz Félix Frankfurter, ao invocar a presunção de constitucionalidade em favor do legislador) seja como *reforçar a democracia representativa dos processos políticos abertos* (como o consentiu o juiz Harlan Stone, no caso dos produtos Carolene, de 1938). O juiz Stone recomendou que se deve desconsiderar a presunção de constitucionalidade naqueles casos em que "a legislação restringe o processo político... e deve ser submetida a julgamento judicial mais rigoroso... do que a maioria dos outros tipos de legislação" (Cf. Murphy, Fleming e Harris, *American Cons-*

titucional Interpretation. N. York, The Foundation Press, Inc., 1986, p. 298).

E, mesmo nos países da *common law*, em que o *stare decisis* é a característica que mais os distingue dos demais, essa técnica avança caso a caso, vagarosamente, servindo para construir um princípio ou regra, ou, ao contrário, para explodir e repelir regras em vez de leis integrais.

"Os juízes americanos, historicamente, assentaram autoridade mudando a si mesmos; mas, às vezes, sem regular contra eles mesmos, eles usaram o *stare decisis* para mudar a lei, assim como para preservar o *status quo*. É uma boa forma para a Corte restringir ou estender o raciocínio por detrás de regras antigas". (...) "O mais importante é que a filosofia do *stare decisis* do expansionismo garante que o juiz valide a continuidade com velhas razões, mesmo quando formula novas regras, e mostra o sentido de comunicar fidelidade à tradição mesmo quando se adapta a tradição" (Cf. Murphy, Fleming e Harris, op. cit. pp. 307-309).

Também já registramos que a visão concretista de Constitução não se opõe radicalmente à interpretação tradicional, dela contendo alguns elementos comuns. Apenas trata de dar efetividade aos preceitos da Carta, através de criatividade estruturadora e sistemática, ou por meio de um certo balanceamento controlado de valores e de interesses.

Hoje, o constitucionalismo vê a Constituição como um sistema de normas que aspira a uma unidade de sentido e de compreensão, unidade essa que somente pode ser dada por meio de princípios, continuamente revistos, recompreendidos e reexpressos pelos intérpretes e aplicadores do Texto Magno. Ou seja a análise estruturadora sistêmica é necessariamente aberta, visto que, não raramente, normas e princípios estão em tensão e aparentam conflito. Chamamos tais conflitos e tensões de "aparentes", porque a compreensão profunda da Constituição é sempre buscada, sempre *descoberta*, de forma contínua.

Esclarece Gomes Canotilho:

"O fato de a Constituição constituir um sistema aberto de princípios insinua já que podem existir *fenômenos de tensão* entre os vários princípios constitucionais ou entre os restantes princípios constitucionais gerais e especiais. Considerar a Constiuição como uma ordem ou sistema de ordenação totalmente fechado e harmonizante significaria esquecer, desde logo, que ela é, muitas vezes, o resultado de um *compromisso* entre vários atores sociais, transportadores de idéias, aspirações e interesses substancialmente diferenciados e até antagônicos ou contraditórios. O *consenso fundamental* quanto a princípios e normas positivo-constitucionalmente plasmados não pode apagar, como é óbvio, o pluralismo e antagonismo de idéias subjacentes ao pacto fundador" (Cf. *Direito Constitucional*, Coimbra, Almedina, 1991, p. 196).

Portanto, a própria noção de interpretação sempre norteada pela vontade *objetivada* do Constituinte (jamais a subjetiva), e comprendida dentro de um *sistema* normativo em que os *princípios e os fins* norteiam o sentido — como já reconheceu publicamente o Tribunal Constitucional da Alemanha — *leva* ao concretismo, a uma força normativa da Constituição (erradicadas as normas simplesmente programáticas) e a um sopesamento contínuo de princípios e valores, ou *balanceamento* de que nos fala Dworkin. Entre nós dá notícia da tensão entre princípios e valores e do seu necessário sopesamento, sem radicalismos do "tudo ou nada", Eros R. Grau (V. *A Ordem econômica na Constituição de 1988*. S. Paulo, 1990).

Entretanto, como a Constituição é um pacto, um compromisso que funde valores e interesses antagônicos, muitas vezes é necessário balancear princípios, conceitos, na busca da melhor solução (v. Ronald Dworkin. *Taking Rights Seriously*. Cambridge, Mass. Harvard University Press, 1977; *I diritti presi sul serio*, trad. Federico Oriana, Società ed. Il Mulino, Bologna, 1982).

O balanceamento pode se dar para:

a) atribuir sentido na interpretação de um conceito aberto, na escolha da melhor alternativa, dentre várias possíveis;

b) resolver conflitos aparentes entre distintas partes da Constituição, quando, aliás, o balanceamento envolverá, sem dúvida, uma visão sistemática do Direito e de sua estrutura.

Os juízes e os tribunais, mesmo que não o digam, mesmo que não distingam entre as várias espécies de balanceamento, sopesam continuamente normas, valores, princípios, em busca da melhor solução, do sentido excelente.

Existem, entretanto, várias objeções contra o balanceamento, como argutamente observam Murphy, Fleming e Harris, a saber:

1) ele mascara como o juiz realmente interpreta, pois em geral os julgadores não explicam a escala com a qual eles realmente pesam os princípios e os valores em conflito, nem o peso relativo de cada um;

2) ele envolve profundamente o juiz em escolhas políticas, exigindo dele a difícil tarefa de escolher a melhor alternativa, do ponto de vista jurídico;

3) ele se presta a erros e usos equivocados encobertos, na medida em que, de um lado, se põe a vantagem marginal de um interesse contra o custo total de um outro. Por ex., entre excluir provas obtidas ilegalmente e o custo dessa perda para a sociedade, somente se pode balancear *a total vantagem da aplicação da regra excludente* — detendo-se a má conduta policial — contra *o custo total social de perder evidências probatórias* (v. op. cit. p. 311) .

De fato, quando se coloca na balança, de um lado, v.g., a violação, na arrecadação tributária, de um interesse particular, de um direito ou garantia individual de certo contribuinte X e, de outro lado, o interesse superior da coletividade nos recursos dela advindos, a preferência já está antecipadamente demonstrada pela simples escolha desproporcional dos princípios e valores em jogo. Somente se poderia balancear, nesse caso, o peso dos interesses arrecadatórios para a sociedade contra o peso do custo social total da violação de um direito e garantia individual, do desrespeito de um princípio constitucional (de todos os cidadãos, como contribuintes potenciais).

Assim, ao se falar em balanceamento e sopesamento de princípios, denominação que já encontra adeptos em nossa Corte Constitucional, é preciso cercar-se o intérprete de atenção para não substituir a sua vontade pela vontade constitucional. Esse alerta tem a sua razão de ser pelas peculiaridades inerentes à Constituição brasileira em vigor, a qual, sendo recente e logicamente mais pensada, muitas vezes, não alinha princípios em "aparente conflito" mas, claramente, consagra um princípio fundamental e já dita o *contraprincípio*, ou *exceção*, sem deixar margem à criação hermenêutica ou quase isso. Vale dizer, não estamos diante de contradições "aparentes" a serem solucionadas, mas sim diante de princípios e suas exceções expressas. Apenas se o caso se encaixa à perfeição na exceção é que teremos o afastamento, ou a atenuação do princípio. Veremos que o caso em tela, ou seja, a regra da impossibilidade de se utilizar o IPI para tributação diferenciada em produto essencial, está amarrado a grandes princípios — dentre outros — e a seus *contrapricípios já postos na Constituição*. Realçamos, especialmente, que a *igualdade* é o grande princípio que se apresenta na espécie, desdobrando-se:

• no princípio federal da unidade político-econômica do território nacional e no contraprincípio expresso dos incentivos regionais;

• no princípio da pessoalidade e sua atenuação, por meio da seletividade.

2. *Unidade político-econômica do território nacional*

A Constituição, de plano, em seu art. 1º, declara indissolúvel a união dos Estados, Distrito Federal e Municípios, que compõem a República Federativa do Brasil. A unidade político-econômica do território nacional, assentada na isonomia dos entes políticos da Federação, por sua alta relevância, tem longa tradição constitucional. É apenas uma face do princípio da igualdade, enfocado do ponto de vista das pessoas estatais. Representam normas de isonomia entre as pessoas políticas da Federação, aquelas consagradas:

• *no art. 151, I*, que proíbe à União instituir tributo que não seja uniforme em todo o território nacional ou que implique distinção ou preferência em relação a Estado, Distrito Federal ou a Município;

• *no art. 151, II*, que veda à União conceder tratamento privilegiado à tributação de sua própria renda decorrente das obrigações de sua dívida e de seus agentes, em relação ao tratamento concedido à mesma renda de Estados, Distrito Federal e Municípios;

• *no art. 152*, que veda aos Estados, Distrito Fedral e aos Municípios estabelecer discriminação entre bens e serviços, em razão de sua procedência ou destino.

Convém reavivarmos os ensinamentos do jurista e magistrado, Aliomar Baleeiro, cientista que, em suas inesquecíveis *Limitações Constitucionais ao Poder de Tributar*, jamais negligenciou o princípio da unidade territorial brasileira, escrevendo as considerações seguintes, indeléveis e absolutamente atuais:

"A unidade política do País, cuja manutenção e defesa, repetida e enfaticamente, se exigem, sob juramento, ao primeiro magistrado (art. 76 da CF de 1969), seria bem precária se o território nacional não representasse um todo do ponto de vista econômico. Certamente, muito podem as origens históricas, as tradições, a língua, a religião, os costumes, todos os valores morais e espirituais, mas o interesse econômico de que o País todo constitua o mercado interno comum, sem barreiras de qualquer natureza para a produção doméstica, é e será sempre um dos mais sólidos elos da unidade nacional. Nenhuma industrialização do País, por exemplo, será possível de modo geral senão com alicerces seguros nesse mercado interno. E ele, como um bloco, deverá enfrentar a competição internacional, assegurando o equilíbrio do balanço de pagamentos.

"...Os tributos federais, inclusive as contribuições parafiscais ou especiais dos arts. 163, § único; 165, XVI; 166, § 1º e 21, § 2º. I — e não apenas os impostos —, deverão guardar uniformidade do ponto de vista geográfico, inclusive no que se relaciona com o tratamento fiscal dos portos, aeroportos, rodovias e alfândegas. A regra é velha, de 1891, e tem ascendência americana. As razões são óbvias. Problemas não têm surgido, exceto quanto a portos, pelo regime do de Santos em tempos idos.

"Em conseqüência dessa uniformidade, as discriminações dos tributos limitar-se-ão a critérios pessoais, reais, ou de valor, *mas nunca de lugar*. Dentro da mesma categoria, ninguém pagará o imposto federal, numa região, em base maior do que em outra. O habitante de qualquer Município tem direito a igualdade de tratamento tributário federal, que o não distinga do resto do País.

"Em princípio, nenhuma redução ou isenção fiscal, geograficamente restrita, pode ser votada pelo Congresso, a título de estímulo da produção em zonas atrasadas, ou sob qualquer outro pretexto.

"...Mas tem-se entendido e praticado, sem reações, que a União pode outorgar incentivos fiscais, naturalmente discriminatórios, em favor do desenvolvimento das áreas atrasadas, em proveito da homogeneidade econômica do País e da expansão do mercado interno. Tais incentivos, como os favores do imposto de renda no polígono da SUDENE, afinal, revertem para o crescimento econômico de todo o País e beneficiam contribuintes do Sul também, quer *diretamente pelas reduções fiscais por eles ganhas, quer pela ampliação do mercado interno por obra da elevação do poder aquisitivo das populações empobrecidas do Nordeste, Norte e Leste*" (cf. op. cit., pp. 207-208; 209-210).

Como se pode registrar, discriminações são possíveis — à luz do princípio da capacidade econômica — em razão do valor, mas estão coibidas quaisquer diferenciações *em razão do lugar*. A exceção, hoje expressa no art. 151, I, da Carta Magna, abre-se em favor "da concessão de incentivos fiscais destinados a promover o equilíbrio do desenvolvimento sócio-econômico entre as diferentes regiões do País".

Assim, a Constituição Federal autoriza discriminações excepcionais, desde que presentes os seguintes requisitos;

a) tratar-se de um incentivo fiscal regional;

b) em favor de região ou regiões mais pobres e menos desenvolvidas;

c) o incentivo, de modo algum, pode se converter em privilégio das oligarquias das regiões pobres, mas se destina a promover o desenvolvimento sócio-econômico daquela região mais atrasada.

Ora, facilmente se verifica que nenhum desses pressupostos constitucionais se apresenta no tratamento das alíquotas diferenciadas, oferecido pela Lei 8.393/91. Nem estamos diante de um incentivo, muito menos regional, nem tampouco atua o favor legal em benefício do desenvolvimento sócio-econômico de regiões mais pobres; ao contrário, pode ser reembolsado pelos produtores nordestinos, que nenhuma contrapartida dão ou devem dar à coletividade, cristalizando-se em verdadeiros privilégios locais.

3. O princípio da igualdade e suas relações imediatas com a unidade político-econômica do território nacional. A proibição do arbítrio

"A regra da igualdade não consiste senão em quinhoar desigualmente os desiguais, na medida em que se desigualam." Esse conceito milenar, estudado desde Aristóteles e difundido entre nós por Rui Barbosa (v. *Oração aos Moços*. Escritos e discursos seletos. Rio de Janeiro, Aguilar, 1960, p. 685), parte do pressuposto lógico, clássico e dedutivo de que os indivíduos podem ser agrupados segundo notas comuns e separados por suas diferenças. Opondo-se ao nominalismo que vê na desigualdade a característica básica do mundo real, ao contrário, o princípio da igualdade admite a comparabilidade entre indivíduos distintos, para agrupá-los segundo suas semelhanças e dissemelhanças. Nos distintos campos do conhecimento (feita abstração da lógica ou da matemática), igualdade e identidade não se confundem.

Assim, é incontroverso que a igualdade supõe a comparabilidade e a diversidade ao mesmo tempo. Dois objetos absolutamente iguais *em todos os aspectos* não são comparáveis, mas são idênticos; são o mesmo e único objeto. A igualdade, sendo sempre relativa, é meio-termo, só aferível por meio de um critério de comparação.

O que há de confuso e divergente em relação à igualdade ou à justiça coloca-se quanto ao critério de comparação e sua valoração. Se pensamos na noção de justiça ou de igualdade material, então as posições serão profundamente dissidentes. É que o problema da igualdade deriva sempre para o problema dos valores jurídicos, a saber, qual o critério a ser levado em conta, que diferenças devem ser desprezadas? Que características são relevantes para agrupar os objetos em consideração? Uma profunda discórdia sobre o conceito de igualdade pode nascer nas diferentes formulações desse conceito, tomado no sentido material.

Mas a questão da igualdade formal, ao contrário, é pacificada. O tema foi insuperavelmente tratado por Perelman, que observou existirem pontos sempre comuns por detrás de todas as divergências sobre o conceito de igualdade. Quem deseja seja considerado o mérito como critério de comparação, quer o mesmo tratamento para indivíduos com o mesmo mérito. Se um outro, diz Perelman, quer que se levem em conta as necessidades de cada um, haverá de exigir tratamento igual para aqueles homens com idênticas necessidades. Um terceiro ainda postulará o tratamento igual para indivíduos de mesma situação social, origem, raça, etc. Formulou assim o conceito de justiça formal (como igualdade):"um princípio de tratamento, de acordo com o qual os seres de uma mesma categoria essencial devem ser tratados da mesma maneira e modo" (cf. *Uber die Gerechtigkeit*. München, Verlag. H. Beck, 1980, p. 28).

É verdade que essa definição não nos diz por que e quando os seres compõem a mesma categoria essencial, nem o modo e a maneira de tratá-los. Mas as diferentes concepções de igualdade concreta são "*uma e mesma concepção de igualdade formal*". Por isso, a rigor, o direito positivo, ao estabelecer a forma de tratamento e os critérios por meio dos quais se agrupam os seres em categorias essenciais, decidindo-se por aquilo que é relevante ou irrelevante, jamais entra em conflito com a igualdade meramente formal.

A determinação das categorias essencias depende basicamente de uma escala de valores, a partir dos quais se pode definir a igualdade concreta. Essa escala de valores está juridicamente definida na Constituição, que contém as decisões historicamente aferíveis como critérios a partir dos quais podemos classificar os seres em iguais ou desiguais.

O princípio da igualdade formal é norma que impõe o mesmo tratamento aos iguais e outro aos desiguais. É norma de tratamento, pressupondo:

a) a dissemelhança "relativa" entre todos os seres;

b) a possibilidade de comparação entre os seres que podem ser classificados como "relativamente iguais", segundo um certo critério ou aspecto determinado;

c) o caráter axiológico do critério, variável historicamente, que só pode ser objetivamente colhido a partir da Constituição de cada país (ou de normas fundamentais equivalentes).

Que critério ou critérios são esses?

Considerando a Constituição Federal, facilmente tiramos a conclusão de que está o legislador proibido de distinguir entre iguais e que:

• *iguais são aqueles contribuintes de mesma capacidade econômica* (art. 145, parágrafo único), sendo *irrelevantes* a raça, a cor, a origem, o sexo, o lugar onde atuam e quaisquer outras diferenças preconceituosas, inclusive a ocupação profissional ou a função exercida (art. 3º, IV, art. 5º, I, art. 150, II e art. 151, I);

• *iguais são todas as pessoas políticas da Federação, União, Estados, Distrito Federal e Municípios (art. 151, I).*

Como sabemos, o Estado Federal repousa na idéia básica da isonomia entre os entes políticos que nele convivem. O art. 151, I, ao proclamar que fica vedado à União "*instituir tributo que não seja uniforme em todo o território nacional, ou que implique distinção ou preferência em relação a Estado ou Município em detrimento de outro...*", se serve da igualdade para preservar o Federalismo e a unidade nacional, aspectos relevantíssimos, como alerta Aliomar Baleeiro. Lembremo-nos, aliás, de que o princípio federal e a igualdade são normas estruturais fundamentais que, mesmo por meio de emenda à Constituição, não podem ser atingidas.

Portanto, as quebras, exceções ou diferenciações feitas por lei federal entre Estados, Municípios ou Regiões devem repousar em uma justificação razoável, que se expliquem por um critério de justiça, sob pena de configurarem arbítrio, constitucionalmente vedado. Esse critério de justiça, que autoriza as diferenciações legais, está expressamente consignado na Constituição, no mesmo art. 151, I, e art. 153, § 3º., I. Veremos que ele não foi respeitado pelo legislador infraconstitucional.

A capacidade contributiva é, de fato, a espinha dorsal da justiça tributária. É o critério de comparação que inspira, em substância, o princípio da igualdade. Mas não é o único. Critérios constitucionalmente válidos podem presidir as exceções da proibição de discriminar entre iguais (pessoas que demonstram mesma capacidade contributiva). O Texto Constitucional relativiza a vedação de discriminar, quando estipula as imunidades, atendendo a outros valores... A política de exportação de manufaturados (arts. 153, § 3º., III, 155, X, "a", e 156, § 4º., II) orientou a imunidade dos produtos industrializados destinados ao exterior, em relação ao imposto federal incidente e ao estadual sobre operações de circulação de mercadorias. Entretanto os exportadores, em geral, são dotados de grande capacidade econômica e os maiores beneficiados (do ponto de vista pessoal) serão os consumidores estrangeiros, enquanto os nacionais não têm as mesmas vantagens. O mesmo critério autoriza as isenções heterônomas nas exportações, concernentes ao imposto sobre operações de circulação de mercadorias e serviços e ao imposto municipal sobre serviços, por meio de lei complementar federal (arts. 155, XII, e 156, § 4º., II).

Na extrafiscalidade, em muitos casos, a capacidade contributiva é posta de lado, de forma total ou parcial. Nas isenções e demais benefícios fiscais, outorgados como incentivos, os destinatários do favor legal podem ser pessoas de grande capacidade econômica; igualmente na progressividade (ou regressividade) dos impostos incidentes sobre propriedade imobiliária, ou se colima a produtividade da terra ou a edificação e plena utilização, o que pressupõe também capacidade econômica. Mas isso não representa quebra do princípio da igualdade formal. Trabalha-se, então, com novo critério de comparação (valores distintos) que não a capacidade contributiva.

Nos incentivos fiscais, a pessoa isenta demonstra aptidão maior para realizar os objetivos da política econômica do País, ou mérito econômico (ou mérito científico, nas invenções, por ex.), por isso é premiada. Na tributação extrafiscal progressiva, o proprietário que conduz mal a sua propriedade, conservando-a socialmente inútil, é onerado com encargos fiscais mais elevados, pois mantém comportamento inadequado ao interesse público ou inaptidão para se adaptar a esse interesse.

Assim, as pessoas favorecidas por isenções, créditos presumidos, prêmios e alíquotas diminutas, devolução de tributo pago, etc., são tratadas de uma forma e maneira especial porque são consideradas da mesma categoria essencial, em razão de sua aptidão para concretização dos planos econômicos governamentais ou por mérito. Também aqueloutras, tratadas de forma mais desfavorável, assim o são, graças a seu comportamento, danoso à política agrária ou urbanística.

O que importa registrar é que, se o critério da capacidade econômica nem sempre prevalece na extrafiscalidade, em nenhum caso poderá haver ofensa à igualdade formal, estando dessa maneira submetida à regra de *regularidade e igual tratamento para seres da mesma categoria essencial*. Inconstitucional será a norma legal que, concedendo estímulos à exportação, exclua pessoas que dela poderiam gozar por estarem em igualdade de condições, ou por pertencerem à mesma categoria essencial.

As atividades identicamente situadas têm de merecer, sem exceções, o mesmo tratamento nos impostos, nos incentivos, nos prêmios, nas isenções. Qualquer critério de exclusão do tratamento igual para pessoas iguais jamais poderá ser arbitrário, mas dele dever-se-á poder aferir a razoabilidade.

A jurisprudência norte-americana, assim como a jurisprudência alemã e brasileira estabelecem determinadas condições (v. A. R. Sampaio Dória. *Direito Constitucional tributário e "due process of law"*. Rio de Janeiro, Forense, 1986, p. 149 e ss.; Friauf, K.H. *Verfassungsrechtliche Anforderung von die Gesetzgebung über die Steuern vom Einkommen und vom Ertrag*. In Steuerrecht und Verfassungsrecht. Köln. Otto Schmidt KG, 1989, p. 29). Como regra geral, a lei precisa basear-se em princípios justos no caso, e, se esse princípio não existe, dá-se o arbítrio, há ausência de princípios jurídicos, há vontade qualquer. O princípio do justo fornece os critérios para medir o que é digno de pena, digno de prêmio, digno de ajuda social, de subvenção ou de imposto. Assim o princípio da igualdade "proíbe ao legislador adotar a lógica da valoração nula (sem efeito), pois, no mínimo, ele precisa justificar-se por meio de um outro princípio (contra-princípio ou exceção)" (Cf. Tipke, K. *Steuerrecht*. 9, Köln, Otto, Schmidt, KG, 1983, p. 26-7).

Ora, o princípio consagrado no art. 151, I, é o da uniformidade do tributo federal em todo o território nacional. O contra-princípio ou exceção já vem expresso no mesmo dispositivo constitucional: "admitida a concessão de incentivos fiscais, destinados a promover o equilíbrio do desenvolvimento sócio-econômico entre as diferentes regiões do País".

Portanto, o que a Constituição Federal admite é o contra-princípio que se apresenta:

a) *como incentivo regional*;

b) *destinado a promover o desenvolvimento sócio-econômico das regiões mais pobres do País*;

c) *para o equilíbrio nacional*, mas nunca para o recrudescimento das diferenças interpessoais, que acentuem a distância entre as oligarquias e a população carente das regiões menos desenvolvidas.

Veremos que as alíquotas diferenciadas, consagradas pela Lei 8.393/91, não obedecem ao contra-princípio ou exceção (único admitido pela Constituição) ao princípio geral da uniformidade do imposto federal em todo o território nacional.

Gehard Leibholz, talvez o juiz germânico do Tribunal Constitucional que mais desenvolveu e aprofundou o princípio da igualdade em todos os tempos, assim se expressa:

"Quando se pergunta como o conteúdo do princípio da igualdade pode ser descrito da melhor forma eu, ainda hoje, pensaria que isto se dá com a ajuda da *proibição de arbítrio*. Não é nenhum acaso, que também a jurisprudência constitucional se orientou nesse sentido.

"Realmente pode-se continuar a perguntar o que se tem para entender sobre o conteúdo específico do arbítrio e se é possível descrevê-lo mais proximamente. Eu penso que ao conceito de arbítrio, bem como ao princípio da igualdade perante a lei, é imanente uma referência à justiça.

"...por esse motivo, só é permitido ao Tribunal Constitucional caracterizar uma norma como incompatível com o princípio da igualdade, quando o Tribunal é da opinião de que a lei, por ele avaliada, é claramente injusta ou de ofensa objetiva e, por isso, arbitrária. De arbítrio e de uma ofensa ao princípio da igualdade, só se pode falar quando a ofensa objetiva e o escasso conteúdo de justiça parecem evidentes ao Tribunal Constitucional"(cf. in *Der Gleichheitssatz im modernen Verlassungsstaat*. Baden-Baden. Nomos Verlagsgesellschaft, 1982, pp. 88-9).

Portanto, a proibição do arbítrio, ou seja, a vedação do querer qualquer do legislador, sem valoração pelo menos razoável ou justificável, é o núcleo central do princípio da igualdade.

Também a capacidade contributiva, segundo o art. 145, § 1º, deverá ser pessoal, sempre que possível. De plano, a formulação do critério, segundo a redação do Texto, admite *contraprincípio*, que já está especialmente registrado para o IPI. Trata-se do princípio da *seletividade*, o qual impõe a tributação mais suave ou inexistente para os produtos essenciais e mais onerosa, para os de luxo ou supérfluos.

No caso da Constituição brasileira, a tarefa do julgador fica extremamente simplificada, porque nossa Lei das Leis não apenas explicitou a regra da igualdade, como ainda, claramente ditou os parâmetros dentro dos quais, se pode diferenciar, distinguir, excepcionar. Ofereceu-nos expressamente o contraprincípio (ao princípio da uniformidade do imposto federal) que permite criar incentivos regionais, para beneficiar o desenvolvimento sócio-econômico das regiões mais pobres do País. Obedecido o contra-princípio, constitucionalmente adotado, não precisa o intérprete pesquisar se, naquele caso, houve um conteúdo mínimo de justiça, como pretende Leibholz. Essa investigação somente seria imprescindível, nas hipóteses em que a Constituição fosse omissa. Entretanto, uma vez tendo sido valorado e escolhido o contraprincípio pela própria Constituição, nem cabe ao aplicador do direito, nem ao legislador modificá-lo, alterálo, nem tampouco expandi-lo com outras exceções. Seria substituir a vontade constitucional pela vontade legal ou do intérprete.

Examinemos, então, as razões pelas quais a Lei 8.393/91 não se ajusta nem ao princípio da unidade do território nacional, nem às exceções expressamente admitidas pela Constituição.

4. Não há incentivo ou benefício regional, mas mera penalização setorial para os produtores do Sul e do Sudeste

Como alerta Aliomar Baleeiro, o incentivo somente se justifica na medida em que representa uma vantagem direta para os contribuintes do Sul "*pelas reduções fiscais por eles ganhas*" e um benefício geral para a totalidade do País, pela ampliação do mercado interno, homogeneidade econômica e elevação do poder aquisitivo das populações mais pobres.

Entretanto, a Lei 8.393/91, embora assegurando isenção para as saídas ocorridas na área de atuação da SUDENE e da SUDAM, introduziu uma tributação de 18% sobre a produção do açúcar de cana, na região Sul e Sudeste e de 9% no Rio de Janeiro e Espírito Santo, tributação antes inexistente, por longa tradição. Portanto, nenhuma vantagem, ou estímulo, receberam os produtores das regiões ou Estados considerados mais ricos, mas, ao inverso, foram onerados com o peso de uma exação nova que em nada auxiliará o desenvolvimento sócio-econômico das demais regiões. Trata-se, então, antes de um aumento de carga tributária do que de uma redução.

Acresce ainda que *não* se apresenta, na espécie, um *incentivo regional*, uma vez que o tratamento legal diferenciado não levou em conta a clássica divisão regional do País, que agrupa diferentes Estados, segundo suas características físicas e sócio-econômicas. Basta considerar que as áreas de atuação da SUDENE e da SUDAM não são regiões e o Rio de Janeiro, sendo dos Estados mais desenvolvidos e ricos da Federação, foi contemplado com a alíquota reduzida de 9%, sem qualquer justificação. Estando situado na mesma área geopolítica de Minas Gerais, e sendo dotado, proporcionalmente, de alto grau de desenvolvimento sócio-econômico, o Estado do Rio de Janeiro, sem fundamentação plausível, foi privilegiado com alíquotas mais suaves, em detrimento de Santa Catarina, Paraná, Rio Grande do Sul, Estados centrais e grande parte do território mineiro.

São obscuros, portanto, os critérios adotados pelo legislador. Nem se explicam como incentivo, nem como estímulo regional.

A região tem uma configuração constitucional, repetida em diversos artigos e incisos. O art. 159, I, "c", refere-se à formação de um fundo, constituído por 3% dos recursos arrecadados no imposto de renda e no imposto sobre produtos industrializados, para aplicação "em programas de financiamento ao setor produtivo das *regiões Norte, Nordeste e Centro-Oeste*, através de suas instituições financeiras de caráter *regional*, de acordo com os planos *regionais* de desenvolvimento, ficando assegurada ao semi-árido do *Nordeste* a metade dos recursos destinados à *região*, na forma que a lei estabelecer".

Portanto o nome *região* tem uma delimitação pressuposta, aceita e incorporada pela Constituição. Lembremo-nos de que, para não ensejar dúvidas quanto aos limites geopolíticos de cada *região*, a criação do novo Estado do Tocantins veio com a sua precisa inserção na *região Norte*, assim dispondo o art. 13, § 1º, do ADCT:

"É criado o Estado do Tocantins (...)

"§ 1º. O Estado do Tocantins *intregra a região Norte* e limita-se com o Estado de Goiás pelas divisas (...)"

Assim, o conceito de região, constitucionalmente adotado tem necessariamente de ser respeitado pelo legislador infraconstitucional, o que não aconteceu no caso em tela.

Não é possível confundir *incentivo regional*, com *incentivo setorial*. Enquanto o incentivo regional busca o desenvolvimento sócio-econômico de determinada região do País, região essa constitucionalmente pressuposta e que congrega Estados e Municípios por suas características geo-físicas, sociais e macroeconômicas, o incentivo setorial atinge apenas certo ramo da indústria, comércio ou profissão (por ex. a informática, a indústria naval, a indústria metalúrgica, a exportação de produtos industrializados), procurando estimular a produtividade, independentemente do local onde se situe. O *incentivo regional* distingue segundo a *localização na região*. O *incentivo setorial*, ao contrário, estimula certo ramo de atividade, *não importa o local onde se dê*, não podendo distinguir entre pessoas que se encontram em igualdade de condições, de situações ou que se enquadrem na política de governo.

Ora, o que o art. 151, I, autoriza é tão-somente o *incentivo regional*. Não obstante, as diferenciações da Lei 8.393/91 nem configuram incentivo, pois criam tributação setorial antes inexistente, nem obedecem ao critério regional, inaugurando exceções dentro da mesma região, e elegendo, sem nenhuma justificação, unilateralmente, Estados da Federação (como o Rio de Janeiro e o Espírito Santo) como regiões, em detrimento dos demais, ou de outros ainda mais pobres.

Nem se suponha que o raciocínio ora feito é pre-jurídico ou meramente econômico, uma vez que a ausência anterior de imposto sobre a industrialização do açúcar de cana seria um fenômeno de não-incidência, área de livre trânsito ou discrição do legislador, a qualquer tempo por ele modificável. Nem se suponha que, firmada a vontade legal, por meio de revogação da isenção anterior, as regiões ou Estados não tributados ou onerados de forma mais suave estariam sendo incentivados ao desenvolvimento e à produtividade. Tais suposições são profundamente errôneas. Veremos, posteriormente, que o princípio constitucional da *seletividade* impede que se tribute o açúcar e que a isenção, assim como as alíquotas mais benéficas do imposto, instituídas pela Lei em exame, se convertem em *privilégio exclusivo dos produtores do Norte e do Nordeste*, em detrimento das classes mais pobres daquelas regiões e do restante do País.

Assim, não podendo haver tributação sobre gênero de primeira necessidade, graças ao princípio da seletividade, nem tributo federal que não seja uniforme em todo o País, as alíquotas diferenciadas da Lei 8.393 não são incentivo regional, mas configuram apenas

• um favor setorial, concedido aos industriais do açúcar de cana, situados nas áreas de atuação da SUDENE e da SUDAM, do Rio de Janeiro e do Espírito Santo,

• do qual foram excluídos outros industriais em igualdade de condições e do mesmo ramo setorial de atividades, em ofensa objetiva e direta ao art. 5º e ao art. 151, I, da Constituição Federal.

5. As alíquotas diferenciadas da Lei 8.393/91 somente beneficiam os produtores do Norte e do Nordeste, sem propiciarem o desenvolvimento sócio-econômico dessas regiões, penalizando as camadas mais pobres de todo o povo brasileiro

Tanto o princípio da seletividade como os benefícios fiscais que atingem determinados tributos chamados "indiretos" ou incidentes sobre o consumo, como o imposto sobre produtos industrializados assim como o imposto sobre operações de circulação de mercadorias e serviços são recolhidos aos cofres públicos pelos sujeitos passivos que integram a relação tributária, mas, em regra, tais encargos são transferidos, pelo mecanismo dos preços, a um terceiro, o consumidor final.

Tal fenômeno econômico foi aceito pela Constituição Federal, e nele repousam tanto o *princípio da seletividade como o da não-cumulatividade*.

Já tivemos oportunidade de comentar: "O princípio da não-cumulatividade é ínsito ao *IPI* (já que se trata de imposto polifásico incidente nas multivariadas faces dos processos de industrialização). É comum também ao *ICMS* e transforma ambos em *Impostos Sobre Valores Agregados*, à moda dos *IVAS* europeus pela dedução no imposto a pagar do montante pago na operação anterior (princípio da não-cumulatividade). Assim, tanto o *ICMS* como o *IPI* tornam-se impostos que só gravam o *Valor Adicionado* pelo contribuinte de direito ao produto/mercadoria, objeto da operação tributada. Por isso mesmo são chamados de impostos não-cumulativos em contraposição àqueles em que as incidências ocorrem sobre os preços de venda, sem dedução do imposto pago nas operações anteriores. Os papéis dos agentes econômicos, no caso do *IPI*, são os seguintes:

"(a) Em primeiro lugar são os industriais e, em alguns casos, os importadores e atacadistas, os *Sujeitos Passivos "de jure"* do imposto. Nesta condição, pagam o imposto ou melhor *adiantam o seu recolhimento à União Federal*;

"(b) Em segundo lugar repassam, no preço do produto ao adquirente, o valor do imposto que pagaram (efeito de repercussão ou translação do imposto). Exemplo: Preço — 100. IPI — 10. Valor da nota fiscal — 110. Ora, quando ocorre a última operação tributada pelo *IPI* e, finalmente, o produto é vendido ao consumidor final, este arca com o imposto total que veio repercutindo desde a produção até o consumo.

"No *IPI* (como no *ICM* e no *ISS*), ocorre a separação entre o contribuinte "de jure" e o contribuinte "de fato". É a razão pela qual os autores da Ciência das Finanças chamam a tais impostos de *indiretos*, ou seja, impostos que são juridicamente cobrados e pagos por *uns* mas são suportados por *outros*. Isto graças a um *princípio jurídico*, o da não-cumulatividade, e a um *princípio econômico*, qual seja o da "translação dos impostos indiretos sobre o consumo". Cobra-se do *agente econômico*, porque só dele, operacionalmente, é possível cobrar e fiscalizar o imposto. Para isso é que existe o instrumental jurídico obrigacional. Mas, em verdade, atinge-se o que precisamente se queria atingir, economicamente falando: a *renda gasta pelas pessoas no consumo de produtos industrializados*. O que o princípio da seletividade resguarda é um sacrifício menor das classes mais pobres ao adquirirem *produtos essenciais*. Assim fecha-se o círculo e resta evidenciado que o *IPI* é imposto-sobre-consumo, de fato, pago pelos consumidores de produtos industrializados. Qual, ao cabo, a importância da assertiva? A de assegurar uma outra, esta sim de supina importância para a conclusão desse estudo, e que cifra-se em declarar que o *IPI* para os agentes econômicos (os industriais de um modo geral) é um custo *automaticamente repassado aos preços* até mesmo por força da *norma constitucional* assecutória da mecânica da não-cumulatividade, montada sobre a plataforma da repercussão dos impostos indiretos.

"José Juan Ferreiro Lapatza, catedrático da Universidade de Barcelona em seu *Curso de Derecho Financiero Español* (12ª ed., Marcial Pons, Madrid, 1990, p. 244) reforça nossas assertivas. Diz o festejado autor: 'El legislador intentará normalmente establecer impuestos sobre quienes pueden pagarlos, sobre quienes tengam capacidad economica para soportalos.

'Los impuestos que recaen sobre la renta y el patrimonio son en este sentido impuestos directos, ya que gravan la riqueza en si misma, directa e imediatamente considerada. Pero la riqueza de un individuo puede manifestarse tanbiém indirectamente través de su utilizacion; utilizacion que puede ser grabada por un impuesto. Los impuestos indirectos gravan, tienen por objeto, precisamente manifestaciones indirectas de la capacidad economica, como son la circulación o consumo de la riqueza.'

"O autor tem sólida razão.

"Segundo a Lei 8.393/91, as alíquotas diferenciadas serão mantidas, "enquanto persistir a política de preço nacional unificado de açúcar de cana". Perverte-se, com essa esdruxúla política, o próprio princípio da seletividade pois, ao invés de serem beneficiados os contribuintes finais (os consumidores), apenas se aumenta o diferencial custo-lucro dos produtores do Nordeste, em prejuízo dos consumidores nordestinos e do restante do país. As safras e entresafras são contrapostas no Nordeste e no Centro-Sul. O açúcar do Nordeste é vendido em todo o Brasil, em dada época, o mesmo ocorrendo com a produção do Centro-Sul e de São Paulo, em especial, com base em um preço uniforme. Quem se apropria, então, do favor legal da redução da carga tributária? É claro que não será o consumidor pobre, nem do Nordeste, nem do Sul, mas apenas os industriais das regiões Norte-Nordeste.

"Na verdade o *IPI* não se presta a políticas de equalização de custos. Para tanto se deveria instituir, como se fez no passado, u'a contribuição de intervenção no domínio econômico (art. 149). Fixemos a lição de Perez de Ayala sobre os impostos indiretos (*Explicacion de la Tecnica de los Impuestos*, 3ª ed. Madrid, Editoriales de Derecho Reunidas, 1981, p. 194):

'Se o vendedor não recupera o imposto pago por ele tais impostos não lograrão seu objetivo, se desnaturalizarão e se converterão no que não pretendem ser: impostos *suportados* e não *antecipados* pela empresa'.

'Portanto, o *IPI* que se dispensa aos usineiros do Nordeste em nada aproveita aos consumidores daquela região nem tampouco de outras. Por outro lado, a tributação de 9% (Rio e E. Santo) e de 18% no restante do país, especialmente S. Paulo, parte de Minas Gerais, Paraná, Santa Catarina e Estados centrais, provoca (a) *ferimento ao princípio da Tributação Federal Uniforme* já que (b) a discriminação em favor do Nordeste não está baseada na capacidade contributiva daqueles usineiros nem na necessidade de desenvolver a região, mas numa suposta *incapacidade produtiva* dos mesmos (seria o caso da contribuição de intervenção cobrada de todo o *setor* com a destinação de *financiar* uma parte dele, já que o *IPI* é *suportado pelo consumidor*)" (cf. Sacha Calmon e Misabel Derzi. Parecer, inédito).

Ora, benefícios, isenções, incentivos regionais ou setoriais somente são admitidos pela Constituição, quando existirem razões de justiça social, superior interesse público e *sempre para reverter em favor da coletividade como um todo*. De modo algum, nossa Carta autoriza a concessão de privilégios ou o agravamento das grandes desigualdades interpessoais entre grupos ou regiões. Para coibir esse desvirtuamento dos estímulos tributários, foram criados por ela metas e mecanismos, pela primeira vez introduzidos em um Texto Fundamental, quais sejam:

a) definiu-se como objetivo fundamental da República Federativa do Brasil, *erradicar a pobreza e a marginalização e reduzir as desigualdades sociais e regionais* (art. 3º, III);

b) determinou-se a revogação tácita após dois anos, a partir da promulgação da Constituição, de todos os incentivos fiscais de natureza setorial, que não forem confirmados por lei (art. 41, § 1º, do ADCT);

c) estabeleceu-se que o projeto de lei orçamentária federal seja acompanhado, ano a ano, de "demonstrativo regionalizado do efeito, sobre as receitas e despesas, decorrente de isenções, anistias, remissões, subsídios e benefícios de natureza financeira, tributária e creditícia".

Portanto, segundo os princípios constitucionais brasileiros, as isenções, concedidas como incentivos, devem ser direcionadas, dosadas e prolongadas de acordo com o número de empregos e a receita tributária que gerarem; a distribuição de renda entre grupos e regiões e a democratização do capital que promoverem; a capacitação de mão-de-obra, pesquisa e tecnologia que criarem ou propiciarem; enfim *o desenvolvimento sócio-econômico* que forem aptos a promover, como expressamente proclama o art. 151, I. Configurarão privilégios intoleráveis, os incentivos que, se não forem fiscalizados em seus resultados, prolongarem-se excessivamente, ou servirem à cumulação e à concentração de renda, à proteção de grupos economicamente mais fortes, em detrimento da maioria, à qual serão transferidos seus elevados custos sociais.

Ora, as alíquotas diferenciadas da Lei 8.393/91, pela regra da transferência ou translação — constitucionalmente aceita — são suportadas pelos consumidores finais. Como, segundo a mesma Lei, a política atual é de *preço nacional unificado de açúcar de cana* (art. 2º), a tributação imposta aos produtores do Sul e do Sudeste eleva o preço do produto, penalizando o consumidor pobre de todo o País, para oferecer um lucro maior ao produtor do Norte e do Nordeste, pela diferença maior entre custo-preço, ali decorrente da isenção discriminatória. Mas a citada Lei nada pede a esses produtores beneficiados, nem nada cobra deles. A saber:

• nenhum demonstrativo do impacto dessa tributação diferenciada tem acompanhado os projetos de lei orçamentária, como prescreve a Constituição;

• a lei discriminatória não propõe metas de investimento, de aumento de produtividade, de aperfeiçoamento de mão-de-obra, de abertura de frentes de trabalho a serem cumpridas pelos produtores do Norte, Nordeste, Rio de Janeiro e Espírito Santo. O favor é concedido às clássicas oligarquias nordestinas da indústria da cana, sem nenhuma contrapartida social;

• o impacto econômico da tributação desuniforme e discriminatória será transferido ao consumidor final, o qual, esteja situado no Norte ou no Sul, terá de suportar o *preço unificado do açúcar de cana em todo o País*, mais elevado a fim de poder absorver a pesada tributação de 18% incidente, configurando ônus insuportável para as camadas mais pobres do povo brasileiro;

• fica evidente que a diferença entre o preço unificado do produto e o seu custo, será maior nos Estados onde se dá a isenção ou ocorrem alíquotas mais suaves, apropriando-se, não obstante, integralmente, o produtor tais diferenças, o que configura autêntico *privilégio intolerável e inadmitido pela Constituição, com aumento das desigualdades sociais interpessoais*.

6. *O princípio da seletividade veda a tributação do açúcar de cana e não se presta a equalizar custos*

Já observamos que o principal critério de comparação, constitucionalmente adotado, que permite agrupar os contribuintes em categorias essenciais a merecerem o mesmo tratamento legal é a capacidade econômica, sendo vedadas quaisquer discriminações por razão de raça, cor, sexo, origem, ocupação profissional ou função exercida e *localização do contribuinte na Federação* (por Estado ou Município).

Entretanto nem sempre é possível distinguir a capacidade econômica do contribuinte, tornando *pessoal* o imposto, ou seja, fazendo graduar o encargo tributário segundo a capacidade demonstrada *por cada um*. Por isso, o art. 145, § 1º proclama:

"Sempre que possível, os impostos terão caráter pessoal e serão graduados segundo a capacidade econômica do contribuinte, facultado..."

A pessoalidade sempre que possível, a que se refere o art. 145, § 1º não é norma permissiva, nem confere poder discricionário ao legislador. Ao contrário, o advérbio *sempre* acentua o grau de imperatividade e abrangência do dispositivo, deixando claro que, apenas sendo impossível, deixará o legislador de considerar a pessoalidade para graduar os impostos de acordo com a capacidade econômica do contribuinte. E quando será impossível?

A doutrina, de forma universal, costuma apontar a hipótese dos impostos que são suportados pelo consumidor final, como exemplo de tributação objetiva. É o caso, como já vimos do *IPI* e do *ICMS*. Tornar-se-ia muito difícil, senão impossível, graduar o imposto sobre produtos industrializados ou sobre operações de circulação de mercadorias de acordo com a capacidade econômica da pessoa que adquire o produto ou a mercadoria para o consumo (que afinal é quem suporta o encargo tributário).

Aí a serventia do princípio da seletividade. A isso se reduz a extrafiscalidade do *IPI*, extrafiscalidade essa obrigatória para o legislador infraconstitucional, porque imposta pela Constituição de 1988, a qual determina que o tributo em exame — Art. 150, § 3º., I — "será seletivo, em função da essencialidade do produto".

Explica Moschetti, à luz da Constituição italiana, que também consagra o princípio da graduação de impostos segundo a capacidade contributiva, que "quando se adquire um bem ou serviço essencial, o adquirente não só concorre mas fica, materialmente, constrangido a concorrer para a despesa pública. É, pois, coerente admitir que se realize sempre a previsão constitucional, toda vez que o tributo tenha por objetivo bens ou serviços de primeira necessidade. É com base nessa premissa que podemos afirmar *a ilegitimidade dos impostos sobre o consumo de bens de primeira necessidade*" (Cf. Francesco Moschetti, *Il principio della Capacità Contributiva*, Padova, CEDAM , 1973, p. 209).

Desde que a lei isente os gêneros de primeira necessidade (pois, com relação a eles não há liberdade de escolha), não existe empecilho constitucional em que se eleve substancialmente a carga tributária que caia sobre os produtos e serviços suntuários, de luxo ou supérfluos. Os efeitos são de mera redução de mercado e do campo de abrangência dos consumidores.

Entretanto, o açúcar é produto básico na alimentação do povo brasileiro. Por sua essencialidade, não pode sofrer a incidência do *IPI*, porque é vedado ao legislador infraconstitucional ignorar o comando constitucional.

Aliás os gêneros alimentícios estão, de forma universal, caracterizados como bens de primeira necessidade. Explica Jean Jacques Philippe que a França continental conta com três alíquotas no imposto sobre valor agregado (TVA ou IVA): a normal, de 18,6%, a reduzida de 5,5% e a especial, de 2,1%. Tais alíquotas foram simplificadas por força da necessidade de harmonização da União Européia. A diretriz n. 92/77, de 19.10.92, permite manter uma ou duas alíquotas reduzidas sobre uma lista de bens e serviços figurando em anexo à diretriz. As alíquotas reduzidas atuais dizem respeito em geral a *produtos e serviços de primeira necessidade ou de caráter social pronunciado*.

"A alíquota reduzida de 5,5% se aplica tanto para produtos ou bens, como para serviços que se agrupam facilmente em algumas rubricas essenciais:

"a) alimentação humana, como águas e bebidas não alcoólicas; produtos alimentares sólidos à base de cereais; leite e derivados; óleos alimentares e vinagres comestíveis; *açúcar e doces*; conservas, cafés, chás e sucedâneos; o fornecimento de alimentação nas cantinas de empresas.

"b) agricultura e certos produtos agrícolas;

"c) produtos culturais, livros e espetáculos;

"d) serviços de saúde e medicamentos;

"e) cuidados sociais e assistenciais diversos" (Cf. *La TVA à l'heure Européenne*. Paris. Ed. Litec, 1993, p. 190).

Como se pode observar, embora nas Constituições dos países europeus não encontremos a consagração do princípio da seletividade em função da essencialidade dos produtos, como temos *literalmente* proclamado na nossa, a Comunidade Européia Unificada estabelece alíquota reduzida para produtos essenciais à alimentação humana como o *açúcar*.

Entre nós, data de 30 de abril de 1938, o Decreto-lei n. 399, que inclui *o açúcar entre os produtos essenciais à alimentação diária do trabalhador adulto*. Portanto não resta nenhuma discricionariedade ao legislador ou ao administrador tributário. O açúcar não pode e nem poderia ser tributado pelo IPI, por seu caráter de essencialidade indispensável.

A respeito, pondera Sacha Calmon:

"A esta altura é de se perguntar se este princípio se presta a equalizar custos de produção (política sucro-alcooleira) em mercados cujo preço do açúcar no varejo é livre, fixado pela lei da oferta e da procura, mas artificialmente unificado na produção, em todo o território nacional. A resposta somente pode ser negativa face à questão que já foi examinada. A Lei 8.393/91 teria autorizado pudesse o açúcar produzido no Norte, Nordeste ficar livre do *IPI*, o produzido no Rio, Espírito Santo ser tributado com uma alíquota de 9% e o produzido no restante da região centro-sul tributado à razão de 18%, política instrumentalizada pelo Decreto 420/92, manifestamente inconstitucional. A resposta é negativa pelas seguintes razões:

"Primus" — O açúcar é produto essencial, de consumo maciço, integrante da cesta básica a teor do Dec.-lei n. 399, de 30.4.38. Sendo tal, deveria ser isento e igualmente tratado em todo o País. Bolacha de cachorro tem *IPI* de 10%. O açúcar no centro-sul e em São Paulo, basicamente, sofre uma incidência de 18%. Ferem-se de uma só vez os princípios da tributação federal uniforme (art. 151, I), da seletividade (art. 153, § 3º, I), da igualdade (art. 150, II) e da capacidade contributiva (art. 145, § 1º);

"Secundus" — Perverte-se com essa esdruxúla política o próprio princípio da seletividade pois, ao invés de serem beneficiados os contribuintes finais (os consumidores) apenas se aumenta o diferencial custo-lucro dos produtores do Nordeste, em prejuízo dos consumidores nordestinos e do restante do país. Na verdade o *IPI* não se presta a políticas de equalização de custos. Para tanto se deveria instituir, como se fez no passado, u'a contribuição de intervenção no domínio econômico (art. 149)" (Cf. Sacha Calmon — Misabel Derzi, Parecer, inédito).

Podemos concluir, então, que a exagerada tributação de 18% atinge os consumidores finais forçando o *aumento do preço de um gênero de primeira necessidade*. Atrás desse preço, os usineiros do Nordeste tornam-se os únicos usufrutuários da malsinada não-tributação do açúcar que produzem. A política funciona ao contrário, obrigando a população pobre (de todo o País) a financiar o setor sucro-alcooleiro do Nordeste. Ora, o princípio da seletividade, vimos de ver, volta-se aos interesses dos consumidores, nunca dos produtores.

Vê-se, como já tínhamos registrado, que o balanceamento dos princípios constitucionais, à luz da Constituição de 1988, fica muito simplificado, uma vez que temos a consagração de princípios como a unidade político-econômica do Estado federal — que está assentado na isonomia entre os entes estatais, como a igualdade, a capacidade contributiva e a pessoalidade, mas temos ainda os *contraprincípios* ou exceções admissíveis, que autorizam o legislador ordinário a discriminar, a diferenciar e a distinguir: os incentivos regionais e a seletividade. O intérprete, entre nós, não está conclamado a verificar a razoabilidade ou a pertinência do discrimen, ou a fazer difíceis escolhas políticas, uma vez que a própria Constituição elege, para o *IPI*, as exceções. Ora, feita a constatação de que são descumpridos tanto os *princípios como os contraprincípios* constitucionais, não há outra solução a não ser optar pela inconstitucionalidade da norma violadora.

ISS E AS ATIVIDADES DE "FRANCHISING"

MARÇAL JUSTEN FILHO
Professor Titular de Direito Tributário da Universidade Federal do Paraná

1. O contrato de franquia empresarial ("franchising")

1. A Revolução Industrial consagrou a produção em massa. A atividade industrial somente é frutífera quando o ritmo de produção atinge escala quantitativa que permita a redução de custos e compense os elevados investimentos. Mas seria inútil produzir em massa se o empresário não promovesse distribuição em idêntica escala. A produção em massa tem de ser acompanhada de comercialização em ritmo correspondente. Como acentuou Galgano, o produtor industrial, embora não desejando assumir os riscos da distribuição de seus produtos, não pode desinteressar-se dela.[1] Para tanto, a criatividade empresarial instituiu contratações atípicas, onde a autonomia jurídica das partes (produtor, de um lado; distribuidores e intermediários, de outro) é mantida, sem prejuízo de integração econômica. Esse gênero abrange figuras como a representação comercial, o fornecimento, a distribuição, a concessão de venda, o *franchising* (entre nós denominado de *franquia mercantil* ou *empresarial*). Ponto comum à maioria dessas figuras contratuais é a ausência de padrões rígidos, fechados. Muitas vezes, como lembra Bulgarelli, essas contratações consistem em "negócios jurídicos complexos, verdadeiros contratos mistos ou compósitos".[2]

1.1 Extensão e conteúdo do contrato de "franquia empresarial"

2. Há conhecida observação de Kursh, no sentido de que não existe, não existiu e provavelmente nunca existirá algo que corresponda a um "standard" ou um "típico" contrato de *franchising*.[3] Mesmo a institução de uma "definição legal" (tal como se passou no Brasil, com a Lei 8.955, de 15.12.94, que dispôs sobre a franquia empresarial) não elimina dita indeterminação. Esses contratos constituem-se em instrumento acessório da atividade empresarial, adquirindo contornos variáveis em função dos interesses concretos, caso a caso.

Pode dizer-se que a franquia mercantil se enquadra no âmbito dos contratos de distribuição. Através dela, um determinado empresário se interpõe entre o consumidor e um produtor — entendido este último vocábulo em acepção ampla, para abranger desde o industrial até o titular de marcas, patentes, tecnologias etc. Apresenta, sob esse ângulo, parentesco com outras figuras contratuais, tal como a comissão e a representação comercial. Em termos amplos, através da franquia "um empresário concede a um outro empresário uma espécie de *privilégio*, ou seja o direito para este último de utilizar, no exercício da própria atividade econômica, os signos distintivos e as fórmulas industriais ou distributivas do primeiro".[4]

1. *Diritto Commerciale — L'Imprenditore*, Bologna, Zanichelli, 1992, 3ª ed., pp. 250-254.

2. *Contratos Mercantis*, 3ª ed., Atlas, 1984, p. 421.

3. *The Franchise Boom*, Prentice-Hall, N. T., 1969, 3ª ed., p. 93.

4. Mauro Bussani e Paolo Cendoni, *I Contratti Nuovi*, Giuffrè, Milano, 1989, p. 400.

A franquia mercantil se identifica pela criação de uma estrutura empresarial de distribuição de bens e (ou) serviços. O produtor (dito *franqueador*) transfere ao intermediário (*franqueado*) as atividades de comercialização de bens ou de prestação de serviços. O exercício da atividade de ambas as partes sujeita-se à disciplina contratual, que impõe uma espécie de integração econômica. Disso resulta a diluição da identidade do franqueado frente à clientela. O franqueado se afigura como elemento de uma cadeia empresarial, identificada por caracteres padronizados, tanto jurídicos (marcas, títulos de estabelecimento) como fáticos (padrões visuais de exercício da atividade empresarial, tais como decoração externa e interna de estabelecimentos, uniformes etc.). O franqueado não é um mero "revendedor", pois o contrato impõe-lhe deveres que ultrapassam a comercialização de produtos ou prestação de serviços. Os procedimentos a serem adotados, no desenvolvimento da atividade empresarial do franqueado, também estão abrangidos pela disciplina contratual.

1.2 Natureza jurídica e peculiaridades do contrato de franquia empresarial

3. A franquia tem natureza de *contrato normativo*,[5] produzindo uma relação jurídica estável e institucional entre o produtor e o distribuidor e impondo deveres e direitos de diversa natureza (de dar, fazer e não fazer), inclusive o de emitir futura e sucessivas declarações de vontade (tanto de natureza contratual como não contratual).[6] O varejista se obriga a respeitar certos padrões fundamentais impostos pelo franqueador, a utilizar a(s) marca(s) cedida(s) e a realizar a comercialização de produtos ou a prestação de serviços de acordo com as instruções recebidas. Na lição inspirada de Comparato, "O franqueado poderá, assim, usufruir de uma experiência acumulada do franqueador, no mercado em questão, quanto aos sistemas de vendas e serviços (sucesso ou insucesso de promoções especiais, vendas a crédito ou descontos, por exemplo). Gozará, ademais, dos efeitos de uma publicidade largamente montada em torno da marca ou de expressões ou sinais de propaganda, cuja utilização lhe foi concedida".[7]

A franquia apresenta natureza "associativa", ainda que não se trate de um contrato de sociedade. Muito embora o produtor e o distribuidor detenham interesses contrapostos entre si, comprometem-se a atuar de modo conjugado e harmônico frente a terceiros,[8] tal como aponta argutamente Rachel Sztajn.[9]

5. Utiliza-se a expressão "contrato normativo" com maior amplitude do que a defendida por Antonio Chaves, para quem essas figuras "obrigam as partes não a estipular o contrato, mas a dar ao futuro eventual contrato aquele determinado conteúdo e regulamento. Não são, pois *pacta de contrahendo*, mas *pacta de modo contrahendi*" (*Tratado de Direito Civil*, RT, SP, 1984, vol. 2, t. 1, p. 378). No texto, a expressão "contrato normativo" indica não apenas convenções que disciplinam as regras acerca de eventuais contratos futuros, mas que impõem o dever de contratar (assemelhando-se, portanto aos contratos preliminares).

6. Sobre o tema, confira-se Waldírio Bulgarelli. *Contratos Mercantis*, Atlas, S. Paulo, 7ª ed., 1993, p. 520 e ss.

7. "Franquia e Concessão de Venda no Brasil: da consagração ao repúdio?", em *Ensaios e Pareceres de Direito Empresarial*, Forense, 1978, pp. 373/374.

8. Sobre o tema, confira-se Enrico Zanelli ("Il Franchising nella tipologia delle concessione tra imprese", em *Nuovi tipi contrattuali e tecniche di redazione nela pratica commerciale*, Giuffrè, 1978, p. 271) e Aldo Frignani ("Contributo ad una ricerca sui profili dogmatici del *franchising* (con particolare riferimento all'Italia"), em *Nuovi tipi contrattuali e tecniche di redazione nela pratica commerciale*, cit., p. 240).

9. Na palavra de aludida autora, "que os contratos de franquia e concessão de vendas são do tipo associativo de comunhão de escopo parece inconteste. Tanto concedente ou franqueador quanto concessionário ou franqueado têm o mesmo interesse, o crescente reconhecimento pelo mercado dos produtos e serviços e o conseqüente aumento de consumo para, finalmente, chegar ao lucro, resultado da comunhão de esforços" (*Contrato de Sociedade e Formas Societárias*, Saraiva, 1989, p. 136).

Tal como o contrato de sociedade, a franquia se enquadra na categoria dos contratos de organização ou associativos,[10] inconfundíveis com os contratos de escambo ou troca. Nestes últimos, a execução das prestações acarreta o exaurimento da relação jurídica, liberando-se cada um dos sujeitos. Já nos contratos de organização, cada parte assume determinados deveres que se constituem no pressuposto da continuidade do desempenho da atividade conjunta. O contrato de organização destina-se a duração longa, por sua própria natureza. O adimplemento de cada parte aos seus deveres não conduz à extinção do vínculo nem leva à satisfação do interesse da outra parte. O interesse jurídico das partes consiste na duração e na permanência do vínculo, ou seja, na reiteração da execução de determinadas condutas.

Na maior parte dos casos, o franqueador transfere ao franqueado bens e (ou) serviços. É costumeira também cessão de marcas e outros direitos da propriedade industrial. Incube ao franqueado promover uma remuneração ao franqueador. Também não é raro estabelecer-se o direito de o franqueador auferir remuneração proporcional ao êxito do franqueado, dando origem a uma modalidade de participação nos resultados empresariais. Em todos os casos, porém, o franqueado desempenha as atividades por conta e risco próprios.

A franquia mercantil diferencia-se do contrato de trabalho pela autonomia jurídica entre as partes, não se caracterizando um vínculo de subordinação entre fraqueador e franqueado.[11] Distingue-se da representação comercial porque o franqueado não se restringe a agenciar pedidos, mas realiza pessoalmente e em nome próprio contratações com a clientela.

4. A disciplina legislativa adotada pela Lei 8.955/94 permite a adaptação contratual às necessidades do caso concreto.[12] Essa amplitude conceptual acarreta a ausência de solução predeterminada para algumas questões relevantes. A extensão dos deveres e dos direitos não pode ser padronizada nem definida de antemão, em nível teórico. Esses deveres serão estabelecidos em função do tipo de mercado onde produtor e distribuidor atuam, do tipo de mercadoria ou serviço que o concedente produz ou comercializa etc.

Assim, o relacionamento jurídico entre as partes pode estar formalizado através de um único ou de diversos contratos, aparentemente autônomos e independentes entre si. Pode, até mesmo, não existir contrato escrito. As partes podem ter atribuído à contratação o título que bem lhes aprouver (como "distribuição", agência", "compra e venda mercantil" etc.). Isso não altera o enfoque jurídico. Caberá ao jurista reconstruir o vínculo existente, em sua plenitude, quer preenchendo as lacunas que os instrumentos escritos apresentarem, como interpretando de modo unitário todos os "contratos" existentes. Sobre o tema, pode-se consultar Arnoldo Wald.[13]

10. Sobre o tema, confiram-se Tullio Ascarelli, "O Contrato Plurilateral", em *Problemas das Sociedades Anônimas e Direito Comparado*, Saraiva, 2ª ed., pp. 255-312, e Francesco Messineo, verbete *Contratto plurilaterale*, em *Enciclopedia del Diritto*, Giuffrè, Milano, vol. X, 1962, p. 152 e ss.

11. Confira-se a posição de Carlos Olavo, "O Contrato de "Franchising", em *Novas Perspectivas do Direito Comercial*, Almedina, Coimbra, 1988, pp. 160-174.

12. Segundo o art. 2º daquele diploma, "Franquia empresarial é o sistema pelo qual um franqueador cede ao franqueado o direito de uso de marca ou patente, associado ao direito de distribuição exclusiva ou semi-exclusiva de produtos ou serviços e, eventualmente, também ao direito de uso de tecnologia de implantação e administração de negócio ou sistema operacional desenvolvidos ou detidos pelo franqueador, mediante remuneração direta ou indireta, sem que, no entanto, fique caracterizado vínculo empregatício".

13. "Os contratos de concessão exclusiva para distribuição de gasolina no direito brasileiro", em *Estudos e Pareceres de Direito Comercial*, 2ª série, RT, 1979, pp. 180-207.

5. A variação que o contrato de franquia comporta bem pode ser comprovada no cotejo com outro contrato complexo e similar, a concessão de venda mercantil. Alguns autores vão ao ponto de negar a distinção entre as duas figuras. Tal se passa, por exemplo, com Rubens Requião.[14] Em sentido oposto, Fábio Konder Comparato[15] e Fran Martins[16] insistem na distinção. A nosso ver, podem existir casos onde seja quase impossível distinguir entre contratos de franquia e de concessão de venda mercantil. No entanto, os dois contratos não são idênticos. Como acentuam Cagnasso e Irrera, deve reconhecer-se que "o *franchising* constitua, relativamente à concessão de venda, ora um modelo tendencialmente mais rico de elementos, ora um modelo diferenciado".[17] Assim ocorre porque a franquia pode envolver transferência de tecnologia, imposição de padrões de conduta empresarial, cessão de marcas e outros direitos da propriedade industrial. Nesse campo, a franquia caracterizaria um sistema muito mais complexo do que a concessão de venda. Ademais, o sistema de franquia pode ser utilizado não apenas para comercialização de bens, mas também para fins de prestação de serviços ou, mesmo, de fabricação de bens, tornando-a totalmente distinta da concessão de venda. A distinção fundamental reside em que a franquia acentua o aspecto dos direitos de propriedade industrial e o dever do produtor transferir tecnologia para o franqueado (nesse sentido, Enrico Zanelli[18]).

14. Confira-se em "Contrato de Franquia Comercial ou de Concessão de Vendas", *RT* 513/41-62; "O Contrato de Concessão de Venda com Exclusividade (Concessão Comercial)", *RDM* 7/17-45 e "Concessão Comercial Atípica e seus Efeitos", *Aspectos Modernos de Direito Comercial*, Saraiva, SP, 1986, pp. 249-255.

15. Ob. et loc. cits.

16. *Contratos e Obrigações Mercantis*, Forense, RJ, 1990, p. 583.

17. *Concessione di Vendita, Merchandising, Cattering*, Giuffrè, 1993, p. 33.

18. *Il franchising nella tipologia delle concessioni tra imprese*, cit., p. 261.

1.3 Ângulos da franquia relevantes para fins tributários

6. Para fins de direito tributário, o estudo do contrato de franquia empresarial pode (deve) ser voltado a dois ângulos diversos. Devem distinguir-se as atividades ditas *internas* das *externas*. São denominadas como *internas* as atividades verificadas no relacionamento entre os empresários (ditos franqueador e franqueado), que ocupam os polos da relação contratual de franquia. Já as atividades ditas *externas* são as que vinculam consumidor e o franqueador.

A natureza jurídica do vínculo de que derivam as atividades internas ainda é objeto de efetiva disputa na doutrina e na jurisprudência, especialmente em face da amplitude do contrato de franquia. Já as atividades externas tendem a ser reconduzidas a contratos de prestação de serviço ou de compra e venda, ainda quando existam eventuais complexidades a serem consideradas.

De todo modo, o exame do tema exige o enfoque do contrato de franquia, especialmente a propósito do aqui denominado de ângulo interno.

1.4 Conformações jurídicas do contrato de franquia empresarial

7. De modo sintético, podem formular-se algumas considerações acerca dos aspectos *interno* e *externo* das atividades de franquia.

7.1 No ângulo externo, o franqueado estabelece relacionamento jurídico direto com os terceiros. O franqueado não se configura como um preposto, mandatário ou representante do franqueador, mesmo nos casos onde exista uma unidade economicamente exteriorizada entre eles. O relacionamento com o terceiro exaure-se no limite do franqueado. Relativamente ao terceiro, os vínculos entre franqueado e franqueador podem apresentar alguma relevância para fins de responsabilização civil, mormente frente ao chamado *direito do consumidor*.[19] Fora daí, o vínculo jurídico une franqueado e terceiro, no âmbito externo da atividade de franquia, segundo as regras de direito comum. Significa que o franqueado alienará bens ou prestará serviços ao terceiro, sem que se aluda especificamente ao contrato de franquia.

O correto desempenho da atividade frente a terceiros pode ser (e usualmente o é) previsto como dever do franqueado frente ao franqueador, para efeitos internos do relacionamento entre ambos. Essa peculiaridade em nada afeta as colocações acima efetivadas. Aquele que compra um sanduíche em loja de franqueado não participa da relação jurídica de franquia — realiza contrato de compra e venda, similarmente ao que se passaria se tivesse optado por alimentar-se em estabelecimento não vinculado a sistema de franquia. Quando o contrato de franquia impõe exigências acerca do desempenho do franqueado frente a terceiros, busca resguardar a imagem do sistema e a adesão da clientela. Enfim, trata-se de resguardar o potencial de lucro que a atividade empresarial apresenta.

Em suma, o contrato de franquia é uma espécie de "instrumento jurídico" para o desempenho de atividade empresarial. A franquia é um meio, não um fim. O fim é a atividade externa e as contratações que o franqueado efetiva com os terceiros.

7.2 No âmbito interno, a franquia é contrato (segundo a maior parte da doutrina), bilateral[20] e oneroso, cujo objeto é a transferência pelo franqueador ao franqueado de tecnologia e do direito de uso de bens materiais e (ou) imateriais, necessários ao desempenho de certa atividade empresarial. Muitas vezes, a franquia envolve transferência pelo franqueador do domínio de bens ao franqueado, para fins de comercialização no mercado. Isso se passa, por exemplo, quando a franquia versa sobre comercialização de roupas, doces e produtos similares.

Em outros casos, a franquia se resume na transferência de tecnologia e direitos de propriedade imaterial, o que se verifica quando a atividade externamente exercitada se caracteriza como uma prestação de serviços. Tal se dá, por exemplo, no caso de franquia de serviços de hotelaria.

7.3 Ainda no ângulo interno, devem diferenciar-se dois aspectos distintos da relação contratual. Pode aludir-se à fase de implantação do empreendimento como algo juridicamente distinto da fase de sua execução (jurídica).

O contrato de franquia, de usual, impõe às partes uma série de deveres jurídicos relacionados com a implantação do empreendimento. O franqueado estará obrigado a cumprir tais deveres antes de iniciar o desempenho das atividades externas. Assim, deverá adquirir (do franqueado ou de terceiros) bens com especificação determinada. É usual exigir-se do franqueado até mesmo o pagamento de importâncias para fins de *associar-se* ao "sistema", incumbindo ao franqueador ceder a tecnologia necessária ao desenvolvimento das atividades externas. Enfim, todos esses deveres estão relacio-

19. A partir dos princípios do direito do consumidor, poderia cogitar-se de responsabilizar o franquedor por defeitos de projeto ou vícios do produto a ele imputáveis. Nessa linha, confira-se o Código de Defesa do Consumidor, arts. 12 e ss.

20. A bilateralidade dessas categorias contratuais tende a atenuar-se em face da sua natureza associativa. Verifica-se uma evolução orientada a impedir a variação de cláusulas ou condições contratuais no âmbito interno da franquia. Isso já se passa no tocante à concessão de veículos automotores, acerca da qual a Lei 6.729/79 impõe a obrigatoriedade de uma "convenção de grupo", onde fica definida a disciplina padrão e uniforme para todos os concessionários. Na verdade, melhor seria aludir a contrato associativo. Sobre o tema, voltar-se-á com análise mais aprofundada acerca da pretensa bilateralidade da franquia.

nados com a instrumentalização do franqueado, de modo a dispor de condições para exercitar as atividades externas de acordo com os padrões gerais impostos pelo franqueador. O cumprimento desses deveres é pressuposto da instauração e desenvolvimento da atividade empresarial (e, por conseqüência, dos deveres e direitos correspondentes a essa fase posterior).

Uma vez iniciada a atividade externa, existem outros deveres entre as partes, relacionados com a manutenção dos padrões contratuais. O franqueado estará obrigado a adquirir do franqueador uma quantidade mínima de produtos por período, por exemplo. Ou então, poderá existir o dever de o franqueado pagar ao franqueador uma remuneração fixa ou proporcional aos resultados.

Isso conduz à distinção entre deveres originados diretamente do contrato de franquia e deveres decorrentes de contratos derivados. Tal como exposto, a franquia se constitui em um contrato normativo. Entre as regras previstas na franquia, encontram-se também normas acerca de futuras contratações, que se farão necessárias para a consecução do fim visado pelas partes. A conduta futura das partes será disciplinada não apenas por regras contidas no próprio contrato de franquia mas também por outros contratos posteriores — cujas regras basilares já constam no corpo da franquia, a qual poderá prever, inclusive, o dever de contratar. Assim, por exemplo, o contrato de franquia poderá prever a obrigação do franqueado adquirir certas quantidades de produtos do franqueador, durante determinados períodos. A aquisição consistirá, juridicamente, em um dever para o franqueado. Tratar-se-á de obrigação de fazer, tendo por objeto manifestação futura de vontade, de natureza contratual. Porém, o pagamento do preço correspondente às aquisições será dever derivado das compras e vendas futuras.

2. O ISS e a CF/88

8. A análise dos reflexos tributários da franquia depende dos pressupostos acerca da hipótese de incidência do ISS e da extensão da autonomia municipal. Para esse fim, pede-se licença para reiterar algumas considerações efetivadas anteriormente.[21]

a) A norma-matriz do ISS e a redação da CF/88.

9. A CF/69 dispunha acerca do ISS no art. 24, cujo inc. II atribuía aos Municípios a competência para instituir impostos sobre "II — serviços de qualquer natureza não compreendidos na competência tributária da União ou dos Estados, definidos em lei complementar". A CF/88 manteve a figura do ISS, tendo o art. 156 previsto a competência municipal para tributar "III — serviços de qualquer natureza, não compreendidos no art. 155, II, definidos em lei complementar".

A fórmula redacional da CF/88 produziu uma ampliação no âmbito material da hipótese de incidência do ISS. Em si mesmo, o conceito constitucional de "serviço" não sofreu alterações, continuando a ser a "prestação de utilidade (material ou não) de qualquer natureza, efetuada sob regime de Direito privado mas não sob regime trabalhista, qualificável juridicamente como execução de obrigação de fazer, decorrente de um contrato bilateral".[22] A amplição decorreu não de alteração do conceito de serviço, mas da supressão de limites anteriormente existentes. Antes da CF/88, o ISS não poderia incidir sobre serviços tributáveis pela União ou pelos Estados. Após, autorizou-se a incidência do ISS

21. Confira-se *O ISS, a Constituição de 1988 e o Dec.-lei n. 406*, trabalho apresentado ao VIII Congresso Brasileiro de Direito Tributário.

22. Conforme o nosso *O ISS na Constituição*, Ed. RT, SP, 1984, p. 177.

sobre todos os serviços, excluídos apenas os indicados no art. 155, II (que disciplina o ICMS). Não se contraponha que a modificação derivou apenas da "transferência" para os Estados e Distrito Federal da competência para tributar "serviços de transporte e comunicação intermunicipais". Tal ponderação subordinaria a vontade normativa (*mens legis*) à vontade do legislador (*mens legislatoris*), ignorando a necessidade de interpretar o direito como um todo sistemático. Não se deve restringir a interpretação à análise das palavras de um dispositivo isolado nem reputar que o sentido normativo confunde-se com o conteúdo do processo psicológico que afetou o legislador.[23]

10. Nem se ignore que a CF/69 vedava a incidência do ISS sobre *qualquer* serviço tributável por União ou Estados, mesmo quando não configurado serviço de transporte e de comunicação intermunicipal. Lembrem-se as disputas acerca de conflitos entre ISS, IPI e IOF. No âmbito de "produtos industrializados" e de "operações de crédito, câmbio e seguro ou relativas a títulos ou valores mobiliários", havia situações subsumíveis ao conceito de *serviço*.[24] Revelando-se que uma certa situação se submetia ao âmbito de abrangência de uma das hipóteses, ficava excluída a competência municipal. Portanto, se os redatores da CF/88 consideraram apenas a questão dos serviços de transporte e comunicação intermunicipal, olvidaram a total extensão do problema — o que, aliás, é irrelevante para fins jurídicos, ainda que possa ser reprovável no plano da técnica legislativa.

b) A "lista de serviços" e a CF/88

11. Na vigência da Constituição de 1969, a jurisprudência afirmava que a "lista de serviços", veiculada por lei complementar, seria o fundamento de validade da tributação pelo Município, com cunho de exaustividade. O Município estaria subordinado aos limites da lista de serviços. Mas essa interpretação não é compatível com o sistema constitucional tributário de 1988.

O ponto central da disputa envolve tanto a rígida discriminação constitucional de competências quanto o princípio da autonomia municipal. A delegação à lei complementar da competência para "definir" os supostos tributáveis pelo Município é incompatível com as características fundamentais do sistema constitucional. Antes de 1988, existiam peculiaridades que afetavam a plena compreensão do problema.

Em primeiro lugar, adotava-se concepção de o Município ser "ente menor" na sistemática da repartição de poderes e competências. Atribuía-se ao Município posição "subalterna". A CF/88 inviabilizou esse enfoque, pois a Federação é formada pela união indissolúvel dos Estados e Municípios e do Distrito Federal (art. 1º). O art. 18 determinou que a Federação compreende a União, os Estados, o Distrito Federal e os Municípios, "todos autônomos". Tendo em vista essa problemática, Sacha Calmon Navarro Coêlho afirmou que, "Agora, sob uma Constituição democrática não se admite mais que o legislador federal *restrinja* a área de incidência prevista na Constitução, em desfavor dos Municípios, como vinha ocorrendo sob a carta outorgada".[25]

23. Sobre o tema, é indispensável a consulta a Karl Engisch (*Introdução ao pensamento Jurídico*, Fund. Calouste Gulbenkian, passim.), do qual merece transcrição o trecho onde aludido autor anota que "Para satisfação nossa notamos, pois, que, do ponto de vista objectivista, não só a lei pode ser mais inteligente do que o seu autor, como também o intérprete pode ser mais inteligente do que a lei" (p. 196).

24. Considere-se, a propósito e para exemplicar, a disputa acerca da atividade de recauchutagem de pneus, que propiciou longos debates, visando a definir a qual suposto constitucional sujeitava-se, em termos tributários.

25. *Comentários à Constitução de 1988 — Sistema Tributário*, Forense, 1990, 2ª ed., p. 263.

Coerentemente com a afirmação da autonomia recíproca dos entes políticos, a CF/88 eliminou as "isenções heterônomas". A competência da União para conceder isenções de tributos municipais e estaduais (CF/69, art. 19, § 2º) era incompatível com a atual estrutura federativa. Essa questão está intimamente relacionada com a "lista de serviços". A antiga Constituição determinava caber à lei complementar federal "definir" os serviços tributáveis por via de ISS. E também previa que lei complementar federal poderia outorgar isenções no campo do ISS. Portanto, a lei complementar federal tanto podia instituir isenções de ISS como impedir a incidência do ISS sobre determinados serviços. Sob certo ângulo, a omissão de um serviço na "lista de serviços" equivalia (economicamente) à decisão de isentar a tributação de determinado serviço. A União disporia de opção para evitar a tributação de certos serviços pelos Municípios. Poderia escolher entre conceder isenção expressa ou omitir a inclusão do serviço na "lista de serviços". O instrumento normativo seria o mesmo: a lei complementar federal. Na CF/69, podia defender-se que, se a lei complementar poderia excluir certa situação da incidência da lei tributária municipal de modo explícito, também poderia fazê-lo de modo implícito.

Mas essa disciplina foi alterada com a CF/88, que proibiu a concessão de isenções municipais por via de lei federal. Logo, se a lei complementar não pode excluir de modo expresso certa situação da incidência da lei tributária municipal, também não poderia fazê-lo de modo implícito. A União não pode, frente à CF/88, reduzir a amplitude da competência tributária municipal, tal como outrogada constitucionalmente. Portanto, é inconcebível que, através de via transversa e indireta, lei complementar federal introduza situações de não incidência. Isso ofende à estrutura sistemática da Constituição, quando eliminou mecanismos de ingerência da União relativamente aos campos de interesse de Estados, Distrito Federal e Municípios.

Por outro lado, a ampliação da abrangência material do ISS (conforme apontado no item "a", acima) alterou o panorama das disputas sobre competência tributária. Com a CF/88, reduziu-se à irrelevância o problema: excluídas zonas de fricção com o imposto previsto no art. 155, II, todos os demais serviços são tributáveis pelo Município.

Por tudo, reafirma-se a inviabilidade de submeter a competência municipal, para instituir o ISS, a uma "lista" veiculada por lei complementar federal. Por decorrência, a incidência do ISS sobre figuras como "franquia", "faturização" e "merchandising" não pode ser solucionada simplesmente pela invocação à lista de serviços. Não cabe a mera afirmativa de que a omissão da inserção na "lista" acarretaria inexistência de competência tributária municipal.

3. *O ISS e as atividades de franquia*

12. Após essas considerações, pode-se intentar análise mais detida acerca de ISS e atividades de franquia.

12.1 Em primeiro momento, devem ser distinguidas as situações relativas ao âmbito externo do contrato de franquia, indicadas no item 7.1, acima. A atuação do franqueado frente a terceiros não apresenta peculiaridades decorrentes do contrato de franquia, especialmente para fins fiscais. Tal atividade será submetida à incidência tributária cabível, segundo as regras comuns. Quando caracterizar-se operação relativa à circulação de mercadorias, será o caso de *ICMS*; se a atividade externa for qualificável como prestação de serviços, caberá o ISS. Poderia cogitar-se, ademais, da incidência de outros tributos. A franquia pode envolver, para o franqueado, o desempenho de atividades de industrialização, antecedentes à comercialização, o que poria em questão a incidência do *IPI*.

Ressalte-se que um mesmo empresário poderá, no desenvolvimento de atividade de franquia, praticar alguns atos qualificáveis como operações relativas à circulação de mercadorias e outros reconhecidos como prestação de serviço, industrialização etc.

Enfim, as atividades externas não envolvem disputas especificamente acerca de franquia e ISS. É no ângulo interno das atividades de franquia que se radicam as disputas mais problemáticas a propósito da incidência do ISS. Por isso, as considerações seguintes tomarão por base apenas os ângulos internos das atividades de franquia.

12.2 No tocante ao âmbito interno, tem de reconhecer-se a inviabilidade de solução padrão e uniforme acerca da tributação das atividades de franquia. Verificou-se a inexistência de um conceito fechado para a franquia, contrato aberto às mais diversas variações. Por ser impossível um conceito rigidamente delimitado para a franquia, é infrutífero buscar solução única e predeterminada no âmbito tributário. A riqueza e variação de situações abrangidas no âmbito do contrato de franquia provocam amplitude de soluções no plano tributário.

Portanto, deverão considerar-se as diversas hipóteses, formulando soluções distintas, de acordo com as peculiaridades encontradas.

13. Em tese, o desempenho das atividades de franquia pode envolver a prestação de utilidades (materiais ou não), sob regime de direito privado, mas não de direito do trabalho. Podem apontar-se as hipóteses de transferência de tecnologia e de treinamento de pessoal, que se constituem em obrigações impostas ao franqueador, na maioria dos contratos de franquia. Também é possível apontar as obrigações de cumprir políticas e metas coletivas do sistema de franquia, previstas a cargo dos franqueados na quase totalidade dos casos.

A primeira disputa reside em definir se essas situações poderiam ser consideradas como "prestação de serviço", para fins de incidência do ISS.

13.1 Quando se conceituou (na medida do possível) o contrato de franquia, destacou-se que seu conteúdo abrangia obrigações de fazer, de não fazer e de dar. A complexidade do contrato de franquia deriva, em grande parte, dessa proliferação de deveres heterogêneos gerados para as partes. Ademais, esses deveres de natureza heterogênea são igualmente relevantes para fins contratuais, sendo inviável promover dissociação sem desnaturar o contrato. Não é possível concentrar o enfoque do contrato de franquia no ângulo da cessão de marca ou na questão da transferência de tecnologia ou na promessa de futuros contratos. A franquia se constrói pela soma desses diversos ângulos. Não se trata da mera soma ou justaposição de uma série de contratos — cada qual com existência jurídica autônoma e independente —, mas do entrelaçamento de distintos deveres, para um contrato uno, ainda que não simples.

13.2 Afirma-se, desse modo, a impossibilidade de dissociação dos diversos ângulos do contrato, para fins de consideração jurídica.[26] Nem há como privilegiar um ângulo específico do contrato de franquia, para reconhecer-lhe a condição de núcleo fundamental da contratação. Pode-se estabelecer um paralelo entre alguns tradicionais e a franquia, para melhor evidenciar a colocação realizada. Em um contrato de compra e venda, a obrigação fundamental produzida para as partes relaciona-se com a transferência do domínio da coisa e o pagamento do preço. Existem outras obrigações (de-

26. Aliás, mesmo os defensores de teorias de interpretação econômica ficariam em palpos de aranha para promover uma dissociação econômica do sistema contratual característico da franquia.

veres) (tais como as atinentes a vício redibitório), mas que se caracterizam por sua acessoriedade. Em um contrato de locação, os deveres fundamentais são a transferência da posse direta do bem locado e o pagamento do aluguel. Não é possível negar relevância, quando assim previsto contratualmente, ao dever do locatário pagar os tributos — mas ninguém afirmaria que tal dever seria essencial para a identificação do contrato de locação.

Devem, por isso, distinguir-se contratos *coligados* e contrato *complexo*. Quando há contratos coligados, existe duplicidade contratual. Na palavra de Messineo, "Duplicidade de contratos significa que os dois contratos são *entidades distintas*, cada qual com causa própria; e não se trata de duas prestações, ou de dois grupos de prestações, que encontrem base, realmente, em um contrato único: neste caso, estaríamos de fronte a *contrato complexo*".[27]

13.3 É evidente que o problema não se relaciona com a forma jurídica da contratação. A existência de um instrumento jurídico único não basta para dar unidade a contratos autônomos; nem a pluralidade de instrumentos afeta a unidade contratual existente. A questão se desenvolve no plano da qualificação jurídica e não da forma adotada, na vida real, pelas partes.

13.4 Ainda quando alguns neguem, no direito brasileiro, à noção de *causa* a mesma relevante função que merece no direito estrangeiro,[28] a solução do problema passa por essa questão. Não se trata de recorrer às mais antigas teorias subjetivas de causa (que identificavam "causa" com "motivação subjetiva" das partes), mas da relação entre a contratação (tal como concretamente efetivada) e a função jurídica desempenhada.[29] A unicidade da *causa* do contrato de franquia impede a dissociação da avença em uma pluralidade de subcontratos. A função econômico-jurídica da contratação é preenchida através da contratação em seu todo. Não se trata, por isso, de coligação simples, mas de complexidade contratual.

Aludimos a contratos coligados para indicar as situações onde cada figura contratual apresenta autonomia funcional, mesmo nas hipóteses onde um dos contratos não possa existir autonomamente. Tal se passa, por exemplo, nos casos de contratos de garantia (como a fiança). A existência de fiança, acessoriamente a um contrato de mútuo, não produz o surgimento de um contrato complexo e atípico, integrado pelos caracteres das duas figuras anteriores. A fiança possui existência autônoma frente ao mútuo, ainda que se trate de um contrato acessório. Nos dois casos, as funções jurídicas desempenhadas pelas duas figuras contratuais são inconfundíveis e próprias.

Já no contrato complexo, existe uma função jurídica específica que apenas pode ser preenchida pela conjugação das di-

27. *Enciclopedia del Diritto*, Giuffrè, 1962, vol. X, p. 48.

28. Sobre o tema, confira-se Michele Giorgianni, verbete *Causa (Diritto Privato)*, em *Enciclopedia del Diritto*, Giuffrè, 1962, vol. VI, pp. 547-576, De Ruggiero, *Instituições de Direito Civil*, Saraiva, 3ª ed., 1971, vol. I, p. 248 e ss., Fábio Konder Comparato, *Estudos e Pareceres de Direito Empresarial*, cit., p. 398 e ss. Emílio Betti, *Teoria Geral do Negócio Jurídico*, Coimbra, Coimbra Ed., 1969, tomo 1, p. 329 e ss. Anote-se que a bibliografia sobre o tema é das mais vastas.

29. Destaque-se que a maior parte das disputas acerca da *causa*, no direito privado, reveste-se de mero caráter lingüístico. As diversas doutrinas referem-se a problemas totalmente distintos, utilizando-se um mesmo vocábulo (*causa*) para indicá-los. O resultado é uma batalha logomáquica, onde a confusão é gerada não pela diversidade de entendimentos acerca do mesmo fenômeno, mas pela pretensão de atribuir a uma palavra um significado determinado e restrito. A filosofia analítica apontou a gravidade de tais defeitos. Confira-se especialmente Alf Ross, *Tû-tû*, em *Diritto e Analisi del Linguaggio*, Edizioni di Comunità, Milano, 1976, pp. 165-182. Também é adequada a consulta a Geraldo Ataliba, *Hipótese de Incidência Tributária*, Malheiros Editores, 5ª ed., p. 49 e ss.

versas claúsulas e condições. Não há via de dissociar os diversos ângulos da contratação em institutos autônomos, porque o dissociar produziria desnaturação do contrato. Os diversos deveres e as regras pactuadas entre as partes são o instrumento para desempenho de determinada função jurídica.

Como observa Waldírio Bulgarelli, há situações onde se produz a perda da individualidade de contratos.[30] Nascem figuras com individualidade própria, cuja natureza não se identifica com a mera justaposição de contratos isolados.

13.5 A franquia é um contrato complexo nessa acepção. É inviável nela divisar a conjugação de uma pluralidade de contratos autônomos (senão em acepção que será adiante apontada), que se somam por justaposição. Não se trata da cumulação de contrato de cessão de marca com contrato de transferência de tecnologia e outros contratos, cada um com individualidade própria.

Há um plexo de deveres impostos a ambas as partes, onde a transferência de tecnologia é indissociável da cessão do uso de marca e dos demais pactos. Esses deveres não são unilaterais, muito pelo contrário. Incumbe a ambas as partes a execução de inúmeras obrigações de fazer. Isso torna inviável a dissociação de obrigações de fazer, para fins de identificação de "prestação de serviço". É impossível, aliás, definir quem presta serviço a quem, no âmbito do contrato de franquia, tal como é inviável apontar remuneração correspondente à prática de um dever específico.

Essas peculiaridades não deixaram de afetar o próprio Estado, quando editou o infeliz Parecer Normativo CST n. 143/75, que pretendeu determinar que "É indedutível como custo ou despesa operacional a remuneração fixa ou calculada de forma percentual sobre as vendas, paga ou creditada por uma empresa a outra, que lhe supre de estoques, e, eventualmente, também lhe provê de publicidade, organização e métodos de vendas". Dito Parecer, obviamente inconstitucional e ilegal, retratou a dificuldade do Fisco em compreender a natureza da fraquia; mas também evidencia a inviabilidade de reconduzir os deveres impostos às partes aos parâmetros de mera cumulação de contratos autônomos.[31]

13.6 Essa característica deriva não apenas da complexidade do contrato de franquia, mas também de sua natureza associativa. Quando reciprocamente transferem utilidades, as partes do contrato de franquia estão cooperando para o êxito conjunto e a consecução de um fim comum. De modo similar ao sócio que presta seu esforço para atingir o resultado colimado pela sociedade, também franqueador e franqueado desenvolvem esforços para atingirem um lucro que é objtivo comum. Nesse ponto, a franquia é muito diversa de outro contrato utilizado para fins de distribuição, que é a representação comercial. Na representação comercial, o representante apenas agencia propostas, sem participar do futuro contrato. É possível identificar, de modo preciso, a prestação de utilidade pelo representante comercial em proveito do representado, a que corresponde remuneração proporcional ao valor do negócio agenciado (*comissão*). Na franquia, o franqueado desempenha atividades em nome próprio. Ao fazê-lo, não presta serviços ao franqueador, mas a si próprio. E, quando o franqueador transfere uma série de benefícios para o franqueado, não está a prestar-lhe serviços, senão que ambos atuam paralelamente em busca do resultado comum. Sob um certo ângulo, a franquia aproxima-se da figura do "consórcio", prevista no art. 278 da Lei

30. *Contratos Mercantis*, cit., p. 91.

31. Acerca do tema, consulte-se o precioso estudo de Fábio Konder Comparato, *Franquia e Concessão de Venda no Brasil: da consagração ao repúdio*?, acima citado.

6.404/76, espécie de contrato associativo, onde duas ou mais sociedades reúnem esforços para um empreendimento comum determinado.[32]

Não se caracteriza prestação de serviços quando uma parte executa a prestação que lhe incumbe nos contratos de organização. As prestações não são propriamente bilaterais ou sinalagmáticas, já que se destinam a instrumentalizar o desenvolvimento da atividade empresarial futura, da qual ambas as partes auferirão benefícios.

13.7 Bem por isso, aliás, é impossível determinar uma "remuneração" ou um "preço de serviço". A contrapartida (se é que se pode utilizar essa expressão) entre os inúmeros deveres de "fazer" e de "não fazer" impostos a uma das partes consiste em outros tantos deveres de "fazer" e de "não fazer" que recaem sobre a outra parte. Não há relação sinalagmática, onde um "fazer" específico corresponda a um "fazer" ou "dar" algo economicamente avaliável, também de modo específico. Assim, quando há cessão pelo franqueador do direito de uso da marca, não há *remuneração* específica por parte do franqueado. Em virtude da recepção do direito de utilização da marca, o franqueado assume os deveres de fidelidade, de abstenção da prática de atos prejudiciais ao sistema etc. Em suma, o franqueado não "adquire" o direito de uso de marca, senão passa a fazer parte de um sistema de distribuição de produtos. A cessão da marca é um dado entranhado e indissociável de uma associação empresarial complexa. Não se pode isolar a cessão da marca para identificar uma remuneração paga em contrapartida pelo franqueado. Idênticas asserções poderão fazer-se a propósito da transferência de tecnologia e de todas as inúmeras outras obrigações impostas a ambas as partes.

13.8 Por decorrência e relativamente ao conjunto de atividades desenvolvidas pelas partes, em cumprimento aos plexos de deveres de fazer e de não fazer, previstos no contrato de franquia, não se caracteriza prestação de serviços. Nem o franqueado presta serviços ao franqueador, nem vice-versa.[33]

13.9 Não se poderia, ademais, invocar uma pretensa autonomia do direito tributário frente ao direito privado. Não fora a superação dessa tese, diante da evidência da unidade do direito, ter-se-ia de reconhecer a inviabilidade de a lei tributária produzir uma "ficção" de serviço. A hipótese de incidência tributária pode apanhar, de modo abstrato, determinados eventos da realidade. Porém, não será facultado à lei tributária introduzir inovações ou alterações da realidade, através da hipótese de incidência. Se, em nome da autonomia do direito frente à realidade, fosse autorizada a criação ficcional de materialidades de hipótese de incidências, todos os princípios e garantias jurídicos estariam sacrificados. Não haveria necessidade de um sistema tributário discriminando, por exemplo, a competência tributária municipal quando fosse dado à lei considerar como "serviço" aquilo que, na realidade (jurídica), não o é.

13.10 Anote-se que, se a lei tributária dissociasse os diversos ângulos do contrato de franquia e considerasse determi-

32. Apesar da obviedade, ressalte-se que o consórcio referido no texto não se confunde com os consórcios para aquisição de bens (a que se refere a malfadada "Lista de Serviços", no item 43).

33. Nem seria necessário lembrar a inutilidade de paralelo com o IVA europeu. Naquela sistemática, os montantes pagos pelos franqueados aos franqueadores são objeto de incidência tributária. Confira-se sobre o tema R. Agrusti, *"Franchising* e normativa tributaria", em *I Contratti Nuovi*, cit., pp. 523/524. Afinal, o ISS brasileiro não é uma espécie de IVA fraccionado. O sistema constitucional tributário brasileiro, por suas peculiaridades, inviabiliza a utilização do argumento extraído do direito comparado. Sobre o tema, confiram-se as respeitadas lições de Geraldo Ataliba, no clássico *Sistema Constitucional Tributário Brasileiro*, RT, 1968, especialmente às pp. 67-88.

nada obrigação de fazer como autônoma (para fins de inserção na materialidade da hipótese de incidência do ISS), estaria legitimada a tributação de qualquer obrigação de fazer — mesmo daquelas acessórias. Nada impediria que o Município deliberasse incluir na norma tributária a obrigação do vendedor responder por evicção, por exemplo. Também seria viável impor a tributação dos "serviços" prestados pelo sócio em prol da sociedade etc.

14. As afirmativas acima têm em vista os deveres derivados diretamente do contrato de franquia. Porém, não se aplicam necessariamente a atividades decorrentes de contratos-derivados da franquia.

14.1 Como acima afirmado, a franquia configura-se também como um contrato normativo, porque prevê regras acerca de futuras contratações a serem realizadas pelas partes. Por isso, existem deveres que são produzidos imediatamente pelos vínculos de franquia; mas também há deveres que têm origem em contratos pactuados posteriormente, ainda que por força da franquia.

14.2 Esses outros contratos, ditos derivados, determinam deveres específicos e, eventualmente, individualizáveis. É usual o contrato de franquia prever, por exemplo, o dever do franqueado adquirir determinadas quantidades de produtos, em prazos específicos. Logo, e no decorrer do contrato de franquia, as partes pactuarão diversos contratos de compra e venda. Será correto reconhecer que tais contratações envolvem a prática de operações relativas à circulação de mercadorias, tributáveis por via de ICMS, ainda sendo inviável afirmar que a franquia, em si mesma, é operação relativa à circulação de mercadorias.

14.3 Podem existir, então, contratos derivados da franquia que prevejam, de modo específico, a prestação de utilidades de uma parte em prol da outra, submetida a regime de direito privado e qualificável como adimplemento a uma obrigação bilateral de fazer. Mesmo que a origem remota dessa obrigação resida no contrato de franquia, as considerações acima não serão aplicáveis. Poder-se-á reconhecer situação específica de prestação de serviços, onde o prestador tanto poderá ser o franqueador como o franqueado. Se houver prestação de serviço remunerado, estarão presentes os pressupostos da incidência do ISS.

4. Conclusões

15. Disso tudo resulta a conclusão de que a franquia é contrato que permite amplas variações e combinações. Em todos os casos, trata-se de contrato normativo, complexo, de natureza associativa e de organização. As atividades desenvolvidas pelas partes, em decorrência da franquia, não podem ser isoladamente consideradas, porquanto há um plexo indissociável de deveres de dar, fazer e de não fazer. Essas peculiaridades inviabilizam considerar as atividades de cada parte como uma prestação de serviços à outra, especialmente em vista de um fim comum que todos os envolvidos buscam realizar. Não há, inclusive, possibilidade de individualizar uma remuneração específica como correspondente a um dever determinado imposto às partes. Por tudo, é inviável eleger essas atividades de franquia para integrar a materalidade da hipótese de incidência do ISS. Não há empecilho, porém, a que condutas relacionadas a contratos-derivados, onde estão discriminadas prestações de serviços específicas, sejam objeto da tributação por via de ISS.

CRÉDITOS DE ICMS E IPI

HERON ARZUA
Advogado em Curitiba

1. Com relação à abrangência do direito aos créditos relativos ao imposto estadual sobre operações relativas à circulação de mercadorias e serviços (ICMS), logo ao depois da Constituição de 1988 escrevemos (Dr. Maurílio L. Schmitt e eu) algumas reflexões sobre o tema, as quais vieram a ser publicadas na *RDT* n. 52, pp. 221 a 224, *ipsis*:

"Invocando o art. 87 da Constituição Estadual e a Lei instituidora do ICMS no Paraná 8.933-89, o Governador do Estado editou, em 1990, o Decreto 6.543, dispondo sobre o critério alternativo da apropriação dos créditos fiscais do ICMS incidente nas aquisições de energia elétrica e de serviços de comunicação.

Assinala o texto que, se o contribuinte tiver impossibilidade ou dificuldade em determinar o valor do crédito à luz de critério próprio que identifique o *quantum* de energia elétrica e de serviço de comunicação efetivamente utilizado na comercialização, industrialização, produção, extração, geração de energia e na prestação de serviço de transporte, poderá ele optar pela aplicação dos seguintes percentuais (art. 2º, do Dec. cit.):

I — De serviço de comunicação 50%
II — De energia elétrica
a) na comercialização........ 50%
b) na industrialização, produção, extração e geração de energia.................... 85%
c) no serviço de transporte. 40%
d) no serviço de comunicação 85%

Vale dizer, portanto, que a apropriação dos créditos fiscais do ICMS, à ausência de critério próprio, estaria limitada a 50% do valor consignado nas contas telefônicas, para todas e quaisquer atividades, e aos percentuais listados nas letras do item II, relativamente ao valor do imposto estadual destacado nas contas de energia elétrica.

Conquanto os dispositivos chamados para dar suporte à edição do indigitado Decreto sejam de vagueza singular, é de se ter presente que a Fazenda Estadual objetiva a restringir a apropriação dos créditos fiscais do ICMS e, assim, obter ganhos de receita pelo alargamento da base imponível dos respectivos débitos do contribuinte.

Ao colocar diante do contribuinte tal alternativa, fica transparente a inteligência que os administradores fazendários atribuem à norma da não-cumulatividade do ICMS posta na Lei Fundamental (Art. 155, § 2º, I, da CF-88).

Em rigor, a Fazenda admite a legitimidade do aproveitamento dos créditos do ICMS incidente sobre tudo quanto entra no estabelecimento do contribuinte, desde que dele saia, como resultado de mercancia, no mesmo estado físico ou por incorporação física a um bem transformado (Mercadorias e insumos). Também acorda na legitimidade da apropriação parcial dos créditos relativos ao ICMS dos bens que entram, porém não saem (conceito físico e material), a eles (bens) se agregando somente sob a ótica econômica e financeira (serviços e energia elétrica).

Em termos práticos, as regras de restrição ao uso de créditos fiscais implicam majoração do tributo por vias transversas, procedimento inacolhido pelo princípio da reserva legal (art. 97, do CTN), que apenas permite ampliação ou minoração do ônus tributário pela modificação das alíquotas ou da base de cálculo.

A propósito, se a restrição de uso dos créditos de ICMS nas aquisições de serviços de comunicação e de energia elétrica pudesse ser tida por modificação na base de cálculo, ela somente poderia ser veiculada por lei.

Embora o critério originário para apropriação de créditos seja o do contribuinte, a toda evidência prevalecerá, como orientação ao fisco, o regime alternativo de absorção de tais créditos, na consideração de que, na maioria das atividades econômicas, é rigorosamente impossível de determinar, por exemplo, se uma ligação telefônica (serviço de comunicação) foi realizada no intuito de concretizar operação mercantil de que resultassem entradas e saídas tributadas pelo ICMS.

Em uma palavra, o princípio geral da não-cumulatividade parece parcialmente derrogado, podendo-se concluir, daí, que o Brasil estaria ainda engatinhando na sua assimilação, em oposição à França, país onde foi concebida a tributação sobre o valor agregado, que adota a incumulatividade em sua plenitude mediante a técnica do crédito financeiro (tudo que entra dá direito a crédito e tudo que sai gera débito).

Há de ver, entretanto, que a Carta de 1988 erigiu nova concepção para implementar o princípio da não-cumulatividade. Com efeito, ao regime da Emenda 1/69 (art. 23, II) ficava remetida, como que carta em branco, faculdade à lei complementar para dispor sobre conteúdo e forma da incumulatividade (art. 3º, § 1º, do Dec.-lei 406/68), atribuindo-lhe flexibilidade irrestrita para sua aplicação, de sorte que a lei infraconstitucional poderia determinar quais as operações anteriores teriam o ICMS abatido.

Parece, pois, não ser esta a dicção do princípio da não-cumulatividade da Lei Magna vigente. Assim, "(o ICMS) será não cumulativo, compensando-se o que for devido em cada operação relativa à circulação de mercadorias ou prestações de serviços com o montante cobrado nas anteriores pelo mesmo ou outro Estado ou pelo Distrito Federal" (Art. 155, § 2º, da CF-88).

E o texto constitucional segue dizendo competir à lei complementar disciplinar o regime de compensação do imposto (Art. 155, § 2º, XII, "c").

Ora, o conteúdo do princípio da não-cumulatividade está posto, rigidamente, na Constituição. A mesma Lei maior, entrementes, incumbiu à lei complementar tão-só a fixação do mecanismo, do método, da forma pela qual se implementa o regime da compensação (período considerado, soma algébrica de fatos geradores ocorridos em um período, v.g.).

A Constituição alude a cada operação relativa à circulação de mercadorias ou prestação de serviços e compensação do montante cobrado nas (operações ou prestações) anteriores, sem registrar, em nenhum momento, que ditas operações ou prestações devem estar ligadas ou dizer respeito à mesma mercadoria ou ao mesmo serviço que o contribuinte impulsiona em direção ao consumo ou ao uso.

Efetivamente, cada operação ou prestação de serviços (transporte e comunicação), isoladamente considerada, diz respeito a uma mercadoria ou a um serviço determinado (transporte ou comunicação). As operações ou prestações antecedentes, porém, não estão referidas a uma mercadoria ou a um serviço determinado. Se estivessem, o ICMS seria um imposto impraticável e estrito: só poderia ser compensado o imposto incidente sobre operações relativas a mesma mercadoria ou sobre prestações relativas ao mesmo serviço, ou a mercadorias que tivessem contribuído para a composição da mercadoria saída ou a serviços que tivesse sido utilizados para a prestação do serviço vendido.

De que o princípio da não-cumulatividade é rígido, no sentido de não oferecer flexibilidade ao legislador complementar e ordinário para pôr limites à compensação de créditos, não há por que mais perquirir, na medida em que o próprio constituinte já dispôs sobre quais as situações em que esta limitação se daria, ao preceituar *verbis*: "a isenção ou não-incidência, salvo determinação em contrário da legislação: a) não implicará crédito para compensação com o montante devido nas operações ou prestações seguintes; b) acarretará a anulação do crédito relativo às operações anteriores" (Art. 155, § 2º, II, "a" e "b", CF-88).

Enquanto conteúdo do princípio da não-cumulatividade, então, o legislador constituinte esgotou os elementos essenciais e indispensáveis à sua implementação. Restou ao legislador complementar e ordinário, em derradeiro, disciplinar a forma de execução do regime de compensação.

Como argumento definitivo, tenha-se presente que o texto constitucional de 1988 alude a compensação do que for devido com o montante cobrado antecedentemente, expressão distinta da empregada na Constituição anterior, que se referia a abatimento.

Abatimento é desconto e, como tal, em princípio, concedido por liberalidade de quem detém a propriedade de um bem, de um direito, de quem detém a capacidade ou competência impositiva (no caso do ICMS, os Estados e o Distrito Federal). Como desconto, a sua concessão poderia variar de um ponto zero a um ponto cem. Daí, confirma-se o elevado grau de flexibilidade outorgado ao legislador complementar e ordinário para aplicar o princípio da não-cumulatividade no regime antigo.

Compensação, entretanto, é instituto jurídico próprio, cujo conceito é oriundo do Direito Comercial, e conota ressarcimento financeiro. De quê? Diz a Constituição vigente que a compensação ou ressarcimento dá-se do confronto entre o imposto que for devido em cada operação ou prestação com montante cobrado nas operações relativas à circulação de mercadorias ou prestações de serviços anteriores. Assinalam os doutrinadores, com muita acuidade, que "compensação é a extinção recíproca de obrigações até a concorrência de seus respectivos valores entre pessoas que são devedoras uma da outra" (*Código Civil Comentado*, Clóvis Bevilaqua, Ed. Rio, 3ª ed., 1979, p. 132).

Da ótica econômica, o contribuinte é devedor do imposto estadual em relação a operações seguintes, não em sua integralidade, mas sim só ao valor que extravasa o limite a que faz jus compensar (o imposto que incidiu nas operações anteriores).

Ora, no circuito de industrialização, e de comercialização, um contribuinte sempre estará diante de imposto cobrado em anteriores operações relativas à circulação de mercadorias ou prestações de serviços, quer referidas a matérias-primas ou mercadorias que fisicamente se projetam em direção ao consumo, quer referidas a bens ou a serviços que são instrumentos necessários, normais e usuais para impulsionar aquelas matérias-primas e mercadorias em direção ao consumo.

O estado anímico (conteúdo) do princípio da não-cumulatividade impõe ressarcível o montante do imposto cobrado nas operações e prestações anteriores e o estado morfológico (forma) desse mesmo princípio remete ao legislador infraconstitucional a disciplina do regime de ressarcimento.

E esta disciplina pode ser eleita de tal sorte que os bens e serviços instrumentais, p. ex., tenham um regime singular e distinto de compensação do montante do imposto cobrado em suas respectivas aquisições (operações ou prestações anteriores). Por quê? Porque os bens instrumentais alavancam, para a frente, inúmeras seguintes operações relativas à circulação de mercadorias ou prestações de serviços nas quais o imposto é devido.

É bem de ver, assim, que ao legislador infraconstitucional não ficou atribuída faculdade de vedar a apropriação de créditos. As vedações, como também antes já se observara, foram anotadas exaustivamente pelo legislador constituinte (situações do art. 155, § 2º, II, "a" e "b", da CF-88). Ao legislador complementar e ordinário restou determinar, por ressalva e, se o quiser, a minoração ou atenuação de vedações de utilização de créditos.

De forma que a legislação tributária do Paraná, como de resto acontece alhures, contém mancha de inconstitucionalidade ao preceituar certas vedações de crédito, a exemplo das consignadas no art. 39, II, III e IV da Lei 8.933/89:

"Art. 39 — Não implicará crédito para compensação com o montante do imposto nas operações ou prestações seguintes:

...

II — a entrada de bens destinados a uso e consumo ou para integrar o ativo fixo do contribuinte;

III — a entrada de mercadorias ou produtos que, utilizados no processo industrial não sejam nele consumidos ou desgastados ou não integrem a composição do produto final;

IV — o valor do imposto referente aos serviços de transporte e de comunicação, salvo se utilizados pelo estabelecimento ao qual tenham sido prestados na execução de serviços da mesma natureza, na comercialização de mercadorias ou em processo de produção, extração, industrialização ou geração de energia".

Idêntica mácula, portanto, estaria contaminando as vedações parciais de créditos do ICMS relativamente a aquisições de energia elétrica e de serviços de comunicação, a que alude o Decreto Estadual 6.543/90, citado ao início destas considerações.

Bem a caráter, desenvolveram-se até aqui tais reflexões porque se deseja, em favor do fisco e do contribuinte, um critério límpido e cristalino do acerto ou do ajuste de contas que entre si fazem mensalmente pelo sistema de conta gráfica (créditos *versus* débitos).

As leis tributárias brasileiras, que são extensas e complexas e muito embora não produzam receita fiscal na dimensão equivalente aos padrões universalmente aceitos (hoje, a receita tributária bruta brasileira corresponde a algo próximo a 22% do PIB), vêm impregnadas de um espantoso custo administrativo, altamente regressivo para as pequenas empresas e para a própria estrutura e captação da receita de impostos, como assinalou, com propriedade, uma das mais importantes associações internacionais de direito tributário, a IFA — International Fiscal Association.

Daí a razão de se concluir haver a nova Constituição estruturado o princípio da não-cumulatividade do ICMS pelo regime da compensação irrestrita de créditos e débitos fiscais, não só porque tal interpretação é a que deriva do contexto constitucional, mas também porque apenas ele se compadece com o grau de simplificidade e praticidade requeridos para um bom relacionamento entre governantes e governados, entre Estado e sociedade."

2. Destarte, assentados no princípio constitucional da não-cumulatividade do ICMS, expresso na cláusula "compensando-se o que for devido em cada operação relativa à circulação de mercadorias ou prestação de serviços com o montante cobrado nas anteriores pelo mesmo ou outro Estado ou pelo Distrito Federal" (art. 155, § 2º, I, da CF), chegáramos na interpretação de que, fora os episódios, também constitucionais, da isenção ou não incidência, únicas hipóteses em que a Constituição excluiu o crédito do ICMS ou negou-lhe efeitos, o direito ao crédito do imposto estadual era amplo e irrestrito.

3. O importante é obfirmar aqui que a cláusula da não-cumulatividade, explicitada no direito à compensação e a estruturação do sistema do ICMS — imposto contra imposto — são postulados do próprio Texto Magno e não podem ser restringidos, modificados, alterados ou suprimidos por lei infraconstitucional. Não se cogita de recomendação ou sugestão ao legislador complementar ou comum. São, em verdade, categorias jurídicas de hierarquia constitucional, criadas assim pela própria Constituição. O mesmo Texto que outorgou às Unidades Federadas o poder de cobrar o ICMS, deu ao contribuinte o direito de compensação. Por idêntica razão, não se coaduna com a Constituição a determinação de leis no sentido de anulação de créditos fiscais de operações ou prestações de serviços anteriores em razão da desoneração, parcial ou total, de operações posteriores. Não havendo vinculação entre as mercadorias ou prestações de serviços, são ilegítimas as regras de leis estaduais que mandam borrar o crédito anterior em função do destino, do uso ou da qualificação contábil da mercadoria. De cada operação a tributar compensa-se o imposto já pago nas operações ou prestações anteriores. Desde a sua criação, por intermédio da Emenda Constitucional n. 18, de 1965, que o ICM (hoje ICMS) foi estruturado pelo sistema "imposto contra imposto" e não pelo sistema "mercadoria contra mercadoria".

4. Afora, pois, a restrição constante do próprio corpo constitucional, relativamente ao imposto estadual, que diz não implicar a isenção ou não-incidência crédito para compensação nas operações seguintes e ter como conseqüência a anulação do crédito referente a operações anteriores (com a ressalva ainda de lei garantir o crédito na sua totalidade), o preceito constitucional da não-cumulatividade, coadjuvado pelo sistema de "imposto contra imposto", é absoluto e nada poderá se lhe opor. Se a Constituição tratou a matéria de modo minucioso, versando até sobre casos de anulação de créditos, não pode haver qualquer extensão desses casos por via de qualquer diploma infraconstitucional.

5. Daí a razão da conclusão do estudo anterior no sentido de que a compra, por contribuinte do imposto, de matérias primas, embalagens, insumos, serviços e bens de capital, independentemente do destino, uso ou qualificação da mercadoria, gera irrecusavelmente crédito a ser compensado com operações tributárias próprias. As leis estaduais e os atos normativos, que restringem o direito ao crédito do ICMS sob o pressuposto de que o crédito é meramente físico, o fazem por preconceitos históricos, relacionados com o nascimento do esquema da incumulatividade na lei ordinária do antigo imposto federal de consumo, e por absoluto desprezo ao texto constitucional. Este delegou à lei complementar a disciplina tão-só do regime de compensação do imposto (art. 155, § 2º, XII, "c"), não o poder ou a faculdade de cogitar de seu conteúdo propriamente dito. Veja-se que, na redação da Emenda Constitucional n. 1, de 1969, o "abatimento" se dava "nos termos do disposto em lei complementar" (art. 23, II). No regime de 1988, isso, a toda evidência, inocorre!

6. Não será por demais anotar que, quanto aos bens de capital, a sua assimilação a mercadorias, para fins de tributação, deu-se não só porque, da ótica jurídica do fabricante-vendedor, eles sempre desse modo foram tidos (o conceito de mercadorias é subjetivo), como igualmete a Constituição determinou expressamente a sua tributação em dois dispositivos: o do art. 155, § 2º, VII (bens destinados a consumidor final, contribuinte ou não, localizado em Estado diverso do remetente-vendedor) e art. 155, § 1º, IX, "a" (entrada de mercadoria importada do exterior, "ainda" quando se tratar de bem destinado a consumo ou ativo fixo). De qualquer maneira, mesmo que não houvera tais dispositivos, a tributação dos bens de capital na operação anterior originaria o correspondente crédito ao adquirente, baseado no direito corporificado no Texto Constitucional.

7. Quanto ao imposto sobre produtos industrializados (IPI), tributo entregue à União Federal pelo art. 153, IV, da CF, os mesmos fundamentos do ICMS, com referência ao mecanismo de créditos e débitos, são para ele válidos. Reza o art. 153, § 3º, II, que o IPI "será não-cumulativo, compensando-se o que for devido em cada operação com o montante cobrado nas anteriores". E, ao contrário do ICMS, não há qualquer restrição no Texto Constitucional ao aproveitamento integral dos créditos. De forma que, a exemplo do imposto estadual, a não-cumulatividade é norma constitucional do IPI, não podendo ser restringida por lei ou qualquer outro ato normativo. O direito é outorgado pela Constituição sem restrições ou condições, salvo a existência de operações anteriores tributadas. A matéria somente foi objeto de lei ordinária antes do advento da Reforma de 1965, sendo que esta, por via da Emenda Constitucional n. 18 (à Constituição de 1946) converteu o antigo imposto de consumo em imposto sobre produtos industrializados, constitucionalizando o mecanismo de compensação de créditos e débitos, utilizando-se então da expressão "abatimento" (era teor do § único do art. 11: "O imposto é seletivo em função da essencialidade dos produtos, e não-cumulativo, abatendo-se, em cada operação, o montante cobrado nas anteriores").

8. Como já averbara Geraldo Ataliba, o crédito de IPI nasce de operações anteriores, oneradas pelo mesmo imposto. Disso decorre que o fato que faz nascer um (o crédito) é o mesmo que faz nascer o outro (o débito). E arremata: "O crédito é direito que se integra ao patrimônio do contribuinte que recebe o produto. O débito surge a cargo do contribuinte que (negociando com aquele) vende-lhe o produto" (Excertos de Estudo, fls. 6).

9. A Constituição imprimiu ao IPI e ao ICMS não somente as virtudes da não-cumulatividade, como a ambos determinou a estruturação pelo sistema "imposto contra imposto". Disso decorre o direito ao crédito pelas operações anteriores tributadas. Como no ICMS, a lei, complementar ou ordinária, não pode restringir, vedar ou reduzir o crédito. A matéria é de âmbito exclusivamente constitucional. Não é seara de leis infraconstitucionais, como pensara a doutrina e a jurisprudência até há bem pouco tempo. A teoria "a lei dá, a lei tira" não vale para a questão do aproveitamento dos créditos do ICMS e do IPI.

10. Outro ponto que diz respeito a ambos os tributos e merece ser levantado para reflexões posteriores, é o relativo ao modo de se aplicar (calcular) as alíquotas à base imponível. A lei do IPI manda calcular o imposto mediante aplicação da alíquota do produto sobre o respectivo valor tributável (art. 13, da Lei 4.502, de 1964), entendendo-se daí que o valor do imposto é adicionado ao valor da operação. É o sistema que os economistas denominam de "cálculo por fora". Já quanto ao ICMS o mesmo não ocorre, sendo textual do art. 2º, § 7º, do Decreto-lei 406, de 1968 (diploma tido por lei complementar, conforme inteligência do Supremo), que o seu montante integra a base imponível, constituindo o respectivo destaque simples indicação para fins de controle. É o chamado "cálculo por dentro", em que a alíquota nominal jamais coincide com a alíquota real.

11. Se ambos os tributos são inspirados pelos mesmos princípios capitais — o da não cumulatividade e o da estruturação do imposto —, pergunta-se, então, como podem eles sofrer tratamento diferenciado em aspecto fulcral, justamente o modo de se calcular o imposto? Penso que, ao revés da doutrina dominante, a mera menção ao princípio da não-cumulatividade já é suficiente para indicar que o montante do imposto não pode integrar a própria base imponível. Parece de conseguinte, que o legislador federal foi fiel ao perfil constitucional do IPI, enquanto o do ICMS não atentou para aspecto cardeal da sua sistemática — a sua incumulatividade. Historicamente, a não-cumulatividade é a expressão jurídica autêntica do imposto sobre o valor agregado, que nasceu para afastar os horrores econômicos dos impostos em "cascata" ou "cumulativos". Se assim é, a concepção de imposto sobre imposto é ínsita aos impostos de vendas em "cascata", mas um contrasenso à sistemática de um imposto marcado pela incumulatividade. Outra indicação constitucional mostra que os impostos que recaem sobre operações mercantis e prestações de serviços devem ser transparentes, com o pleno conhecimento dos cidadãos. Em efeito, regra do § 5º do art. 150 da CF reza que "a lei determinará medidas para que os consumidores sejam esclarecidos acerca dos impostos que incidam sobre mercadorias e serviços". E, para atender tal comando, nada melhor que o quantum do imposto venha separado do preço da mercadoria ou do serviço, como aliás ocorre no regime do imposto federal. Em corolário, num exame jurídico do contexto constitucional, sou levado a entender que o § 7º do art. 2º do Decreto-lei 406 não se legitima diante do princípio constitucional da não-cumulatividade e da exigência de ampla visibilidade dos impostos, devendo o ICMS ser calculado como o IPI, ou seja, na técnica denominada (paisanamente) "por fora".

12. De modo que concluo, tanto com relação ao IPI quanto ao ICMS:

a) Diante dos vetores constitucionais da não-cumulatividade e do sistema "imposto contra imposto", a formulação do direito ao crédito na Constituição é ampla e irrestrita, não podendo nenhuma lei apequenar, diminuir ou suprimir o direito de creditar-se pelo IPI ou ICMS referente a operações (e prestações, no caso do ICMS) anteriores;

b) O contribuinte desses tributos pode, pois, creditar-se de todas as aquisições de matérias primas, insumos, partes, peças, ferramentas, serviços (no caso do ICMS), bens etc., independentemente do destino, uso ou qualificação contábil da mercadoria (ou serviço).

c) A única ressalva ao crédito amplo é a que vem prevista no próprio Texto Constitucional, válida exclusivamente para o ICMS (hipótese da isenção ou não-incidência).

d) O princípio da não-cumulatividade e a regra constitucional que demanda transparência em impostos tais (art. 150, § 5º, da C.F.) indicam que o montante do imposto não pode integrar sua própria base imponível, sendo legítimo, portanto, tão-somente o método de cálculo "por fora" (como é a regra da lei do IPI).

TRATADO INTERNACIONAL, EM MATÉRIA TRIBUTÁRIA, PODE EXONERAR TRIBUTOS ESTADUAIS?

ESTEVÃO HORVATH
Professor-Doutor de Direito Financeiro da Universidade de São Paulo,
Professor-Assistente-Doutor de Direito Tributário da Universidade Católica de S. Paulo

NELSON FERREIRA DE CARVALHO
Professor-Doutor de Filosofia do Direito da Universidade de São Paulo

A pergunta que nos propusemos examinar, na sua formulação original qual seja: "tratado internacional, em matéria tributária, pode exonerar tributos estaduais?" é aparentemente simples. Dá-nos a impressão de que é suficiente correlacionar duas estruturas do ponto de vista de uma dogmática jurídica e desta correlação extrair uma ilação positiva ou negativa. Aos olhos do observador desatento, esta aparente simplicidade seria resolvida por um equacionamento lógico, neutro axiologicamente, porquanto técnico. Assim procedendo, a resposta à questão surgiria dentro dos limites da cientificidade requerida. No entanto, a sua própria formulação, enquanto questão, encerra desde logo um *dubium*, pois a inserção da interrogante pode (?) abre espaço para um complexo sistema de perquirições, estruturador de uma cadeia infinita de perguntas e respostas relativas a poder, e poder, sabemos todos, é um termo equívoco. E por ser equívoco exige tomada de posição na sua utilização o que, sensivelmente, descarta a neutralidade...

Por outro lado, ao relacionar tratado internacional com tributo estadual coloca-se em confronto duas origens problemáticas de constituição e configuração distintas. Uma pertence a uma *praxis* social; a outra, a uma racionalidade constitutiva. A primeira, no plano das relações internacionais; a segunda, no plano da estruturação formal do Estado, particularizadamente do Estado-membro de uma Federação. Mesmo levando em consideração que se trata de ordens normativas, ambas têm fundamentos históricos distintos.

De fato, o Direito Internacional funda-se historicamente no costume, produto direto do meio social cujas práticas, na economia das trocas e das negociações, constituem um saber normativo sobre o Direito Internacional que tem nos tratados internacionais sua forma cristalizada.

A ordem jurídica estatal, na leitura de Max Weber, é produto de um crescente processo de racionalização da vida no Ocidente, processo este que carrega consigo a idéia de sistematicidade: o direito de cada Estado deve ser uno, transformando-se num sistema no qual todas as partes devem ser ... (Max Weber, *Economía y Sociedad*, México 1983, p. 192 e ss.). O Direito moderno propicia assim, a certeza na expectativa de determinadas ações. A racionalidade do saber sobre o Direito não se localiza nem em soluções visadas, nem na discriminação fechada dos meios na conexão funcional de questões e solução de questões. Neste sentido o Direito manifesta-se como pensamento tecnológico que, no dizer de Tércio Sampaio Ferraz Jr., possui algumas características do pensamento científico *stricto sensu* na medida em que parte das mesmas premissas que este — de um lado; de outro, os problemas suscitados têm uma relevância prática, qual seja, possibilitar decisões.

Nessa medida, a questão inicialmente proposta encerra problemas de alta complexidade envolvendo relação entre sistemas de fundamentação distinta, questões que ultrapassam os limites de um puro saber sistemático, pois se constituem em saberes de distinta racionalidade.

Quando se pretende correlacionar Direito Internacional e Direito estatal, dois sistemas se apresentam, igualmente corretos, igualmente justificados: um solidamente vinculado com a ordem do Estado; o outro com a ordem internacional. O primeiro fundado no princípio da soberania. O segundo no princípio *pacta sunt servanda*.

A ordem conflituosa porventura existente pertence ao âmbito do político e não obrigatoriamente do jurídico. Decidir a prevalência de uma das duas ordens não é axiologicamente neutro. A decisão teria um sentido pragmático explícito não sendo, dessarte, mera conseqüência de raciocínio lógico.

A pergunta formulada exige, por outro lado, uma transposição para outros termos, ou seja, considerando o Direito Internacional como um sistema de normas jurídicas vinculadas que se encontram em vigor ao lado das normas do direito estadual e qual a validade dessa vinculação, o que constitui seu fundamento. Ao responder tal indagação faz-se uma opção política, vale dizer, sustenta-se que o Direito Internacional apenas vigora em relação a um Estado quando seja reconhecido por este como vinculante. Este reconhecimento remete ao costume, à *praxis* do reconhecimento, e não a uma relação do raciocínio lógico. Todos Estados assim procedem. Só através desse reconhecimento (expresso ou tácito) o Direito Internacional vigora em relação ao Estado.

A questão transposta para o direito interno é de outra índole. Se não, vejamos.

A posição doutrinária segundo a qual o tratado internacional se sobrepõe à legislação interna, interferindo, portanto, além de na União, também nos Estados-membros e Municípios, é, a nosso ver, baseada em argumento de autoridade e fundada em posturas ideológicas e meta-jurídicas. É o mesmo que se afirmasse que alguma coisa é porque é. O tratado prevalece sobre a lei interna, porque se deseja que seja assim. Ora, não parece ser esta a solução mais consentânea com a ciência jurídica.

Deveras, se esta for a conclusão a que o intéprete deva chegar, que seja em virtude de haver sido convencido por argumentação de cunho jurídico.

Um dos pontos de partida para o exame da questão pode consistir em saber-se em que tipo de norma jurídica poderia inserir-se aquela que cogitasse da supremacia de tratado internacional sobre a legislação interna.

Cuida-se, em última análise, de assunto referente à própria estrutura do Estado, como um todo. Se a questão é problemática quando se trata de Estado unitário, adquire complexidade e importância extraordinárias quando se toma para exame um Estado federado. É que, quanto a este último, as competências estão repartidas entre os diversos entes que o compõem. Será possível que um tratado, que é celebrado pela União, possa adentrar a ordem jurídica espraiando seus efeitos até mesmo a assuntos que digam respeito à esfera de competência daquelas outras entidades, que não a União, integrantes, como esta, do pacto federativo?

Há que se ter em mente, em primeiro lugar, que o legislador da União, pessoa jurídica de direito público interno, é o mesmo que traça normas para o Estado brasileiro, como nação. A Constituição da República, ao dizer competir à União "manter relações com Estados estrangeiros" estaria a referir-se à União, como ente federativo ou à união como Estado Nacional (ordem jurídica global)? A resposta a esta indagação poderá iluminar o caminho para deslinde da questão central objeto deste estudo.

A federação, em sua concepção mais tradicional e conhecida, é a união de estados, originalmente soberanos, que renunciam a parcela dessa soberania em favor do ente global no qual resultam. Isto fazem visando a fortalecerem-se frente a estados estrangeiros no referente a determinados assuntos, como, *v.g.*, a segurança nacional, às relações diplomáticas etc.

Certos assuntos, pois, deixam de ser competência dos estados que concorreram à formação da federação, para serem incumbência do ente central — no Brasil denominado União. Esta, entretanto, detém, além de competências da federação, na qualidade de ente global, Estado Nacional, outras que podem exercitar no papel de pessoa política ou pessoa jurídica de direito público interno, *em pé de igualdade*, juridicamente falando, com os estados-membros e, em nosso país, com os Municípios.

Cabe agora outra indagação: a União, ao celebrar tratados internacionais, fá-lo na condição de representante do Estado Brasileiro ou de ente federativo, simplesmente?

Uma proposta de resposta a isto poderia ser a de dizer que a matéria de que se cuida é de interesse do Estado Brasileiro como um todo, e não somente da União (ente central da Federação). Colocada a questão nestes termos, parece evidente que ao tratar de tratados internacionais, a União estará agindo como representante da nação brasileira e não como mero ente federativo.

De outro lado, o relacionamento do Estado brasileiro com Estados estrangeiros é assunto que sempre se convencionou deixar como de competência do ente central de uma federação, porquanto esta é uma das "parecelas" da soberania que os Estados-federados, historicamente, transferiram ao Estado que resultou de sua reunião. Isto ocorre — a exemplo do que sucede com a declaração de guerra e com o asseguramento da defesa nacional (no Brasil, v. art. 21, II e III, da CF) — por entender-se que os Estados reunidos e ligados pela União teriam melhores condições para tratar desses assuntos do que se agissem individualmente.

Já que nos posicionamos por ser a União, como entidade nacional e não somente federativa, a pessoa que mantém relações com Estados estrangeiros, precisaríamos perguntar agora: pode um tratado internacional celebrado pelo Poder Executivo e referendado pelo Congresso Nacional, devidamente autorizados pela Constituição da República (arts. 21, I e 49, I, respectivamente) interferir nos Estados-membros e nos municípios, os quais também detêm competências extraídas do mesmo texto constitucional? Em outras palavras: poderia a União celebrar tratado com outro país que versasse, exemplificativamente, sobre coleta de lixo (assunto, cremos, de interesse estritamente local do Município) e pretender que, após colocado no mundo jurídico mediante decreto-legislativo do Congresso Nacional, viesse a obrigar os Municípios brasileiros, especialmente em face do que dispõe o artigo 30, V, da Lei Maior?

A dúvida é procedente e acaba desembocando numa interessante questão hermenêutica, qual seja a de saber-se quais os limites das competências repartidas entre os diversos entes integrantes da federação. Desde já antecipamos nosso pensamento. Toda competência implica, ao mesmo tempo uma limitação. Mais precisamente, a competência é a "moldura" dentro da qual será desenhado o "quadro" de matérias que a Constituição atribuiu a cada ente da federação, ou seja, é o que resta depois de estabelecidos os contornos das atribuições explícitas e positivas e das regras negativas ou estabelecedoras da incompetência das pessoas políticas.

Poderíamos exemplificar o que queremos significar utilzando-nos do imposto sobre a renda e proventos de qualquer natureza. A Constituição Federal estabelece à União a competência para instituí-lo (art. 153, III). Contudo o legislador federal, ao pretender criar essa exação não o pode fazer *ad libitum*, senão que tem que curvar-se a certas regras limitativas que o próprio Texto Magno impõe. Ter-se-á de obedecer ao princípio da legalidade (art. 150, III, "b"), ao da isonomia (art. 150, II), não poderá ser confiscatório (art. 150, IV), não poderá atingir Estados e Municípios (art. 150, VI, "a"), deverá ser progressivo (art. 153, § 2º, I) etc. Em suma, todas essas restrições estão a conformar a moldura da competência da União para a instituição do imposto sobre a renda.

Voltando à última das questões propostas, será que o legislador nacional, invocando sua competência para "manter relações com países estrangeiros" pode celebrar um tratado que verse acerca da coleta do lixo, de forma a discipliná-la em todo território nacional a exemplo de como ela é regulada em outro país, passando por cima das peculariedades de cada Município brasileiro, que justificam que cuidem deste assunto da maneira que melhor lhes pareça? Entendemos que não. No caso dos municípios, *v.g.*, a competência que a Constituição lhes outorgou para legislarem sobre assuntos de interesse local (art. 30, I) e tratarem de serviços públicos de interesse local (art. 30, V) é a expressão talvez mais evidente de sua autonomia, e tais matérias lhes pertencem com exclusividade, não se admitindo interferência de nenhuma outra pessoa política, nem mesmo do Estado Nacional Brasileiro, ao menos em nível infraconstitucional.

Seria o mesmo raciocínio aplicável à indagação — título deste estudo? Teria um tratado internacional força para interferir na autonomia dos Estados-membros a ponto de revogar legislação tributária àquele contrária? Mais especificamente, tem o tratado internacional e aptidão para exonerar tributo estadual?

Se se tratasse de tributo federal, não hesitaríamos em responder afirmativamente à pergunta. Celebrado o tratado e ratificado pelo Congresso Nacional, o decreto-legislativo introdutor das normas avençadas deitaria por terra a legislação federal que as contrariasse, pela simples razão de que o legislador (nacional e federal) é o mesmo e, tendo tais regras a mesma hierarquia haurida da Constituição, aplicar-se-ia o princípio elementar segundo o qual lei posterior revoga a anterior naquilo que com esta for incompatível (art. 2º, § 1º da denominada "Lei de Introdução ao Código Civil" — Decreto-Lei n. 4.657/42). Aqui se cuida de lei federal e não de lei nacional. Para mais, como o legislador é o mesmo, não haveria intromissão na competência dada ao ente federativo União.

Oportunas aqui, algumas palavras acerca do binômio "lei federal" × "lei nacional".

Este problema se coloca em Estados federados, que possuem várias esferas de competência legislativa. Num Estado unitário, sendo apto para legislar somente o ente central, inexiste a possibilidade de conflito de competência legislativa.

Numa federação qualquer, mesmo considerando-se que cada uma é diferente da outra, a repartição de competências — tanto legislativas quanto materiais — é feita de forma presumidamente rígida e exaustiva entre os seus integrantes. Entretanto, ao lado dos componentes do Estado federal, está o próprio Estado total — o único existente para o "direito das gentes". Assim, fácil é perceber que, no caso brasileiro, *v.g.*, legislam tanto os Estados-membros, como os Municípios, o Distrito Federal, a União e o Estado Nacional. Estas duas últimas pessoas são as que nos interessam, pois estaremos diante de tais tipos de legislação diferentes, mas que têm em comum o fato de o corpo legislativo de ambas ser o mesmo.

Deveras, o Congresso Nacional é o órgão autorizado a inovar a ordem interna tanto da União, como do Estado Brasileiro. Poderia ser diferente — e aí veríamos claramente a distinção das duas "legislações". Contudo, assim não é, porquanto a Constituição elegeu o mesmo órgão para criar direito federal e direito nacional.

A confusão do legislador, todavia, não deve desencaminhar o intérprete do direito, que maneja instrumentos científicos para depurar a linguagem legislativa.

A discussão acerca do tema vê-se acirrada ainda mais pelo fato de que *legem habemus*. Com efeito, o artigo 98 do Código Tributário Nacional, inserido no Livro Segundo ("Normas Gerais de Direito Tributário"), Título I ("Legislação Tributária"), dispõe:

"Artigo 98 — Os tratados e as convenções internacionais revogam ou modificam a legislação tributária interna, e serão observados pela que lhes sobrevenha".

Assim localizado o dispositivo em comento, tudo leva a crer que se pretendeu fosse ele considerado como sendo "norma geral de Direito Tributário", no sentido do que hoje dispõe o artigo 146 da Constituição da República. Não adentraremos, aqui, a polêmica que cerca o tema das "normas gerais" de Direito Tributário. Damos por pressuposto que se conheçam as duas principais correntes doutrinárias que procuraram explicar o fenômeno das funções da lei complementar tributária. No entanto, quer-nos parecer que, adotando-se a posição tricotômica ou a dicotômica, uma conclusão ao menos é inexorável: a de que não foi concedido à União um "cheque em branco" para interferir na competência tributária dos Estados-membros e dos Municípios a pretexto de legislar criando normas gerais.

Apesar de ser mais fácil dizer o que *não* são "normas gerais", sabemos que elas são uma "válvula de escape" à rígida repartição de competências que caracteriza toda federação, genialmente engendrada pelo legislador brasileiro e elogiada por juristas de outros estados federativos. Servem estas "normas gerais" como instrumento *declarativo* da vontade constitucional, iluminando com luzes mais fortes e deixando mais claros os contornos que a Constituição traçou para cada um dos entes integrantes da federação brasileira.

Dentro da Constituição de 1988, poderíamos dizer que a parte do Código Tributário Nacional versando normas gerais foi recebida pela nova ordem jurídica então instaurada, especialmente quando trata da obrigação e do crédito tributários, do lançamento, da prescrição e da decadência nesta mesma matéria, conforme dicção literal do Texto Supremo (artigo 146, III, "c"). Porém, será que tudo o que o Código trata como sendo normas gerais efetivamente o são? Restringindo-nos ao que aqui mais importa, impõe-se perguntar se o artigo 98 é norma geral, ou, pelo menos, é norma geral no sentido utilizado pela Lei Maior no dispositivo mencionado? Em outras palavras, o seu conteúdo está inserido na autorização constitucional outorgada para que a União legilassse — ainda que na condição da "ente global" — impondo-se aos Estados-membros e aos Municípios? Quer-nos parecer que não.

Retomemos o exemplo invocado atrás, para dizer que, se se tratasse de uma lei civil dizendo o que diz o artigo 98 do C.T.N. não vislumbraríamos o vício de que padece este último. Deveras, a lei civil, pela própria matéria de que cuida, não interfere na autonomia dos demais entes federativos — e talvez por isso mesmo o constituinte deixou à competência da União sobre ela legislar (privativamente, com a possibilidade de os Estados-membros regularem questões específicas sobre a matéria — artigo 21, *caput* e parágrafo único). O mesmo não ocorre, como já vimos, em relação à lei tributária que, como dissemos, incumbiria, em princípio, a cada ente federativo legislar, com exclusividade.

O artigo 98 do Código Tributário Nacional trata de matéria de direito intertemporal e de hierarquia entre instrumentos introdutórios de normas no Direito Brasileiro (ou, na linguagem tradicional, "hierarquia de fontes"). Quanto ao primeiro aspecto, nada obstaria a que lei infraconstitucional viesse a dispor acerca dele, desde que se cuidasse de normas de hierarquia distintas ou, *in casu*, supondo-se o tratado como hierarquicamente superior à lei dos Estados-membros dos Municípios, ou até mesmo da União. Entretanto, não é essa a nossa realidade jurídica. A uma, porque o tratado internacional não é norma jurídica (ou não é "fonte" de Direito, mas sim o decreto-legislativo que o referenda (artigo 49, I, c/c 59, VI, da CF). A duas porque o decreto legislativo do Congresso Nacional, em matéria tributária, tem a mesma hierarquia que a lei ordinária tributária da União e assim sendo, o disposto no artigo 98 do C.T.N. a este ente central da Federação se aplica integralmente. O decreto-legislativo está, também, no mesmo nível hierárquico das leis ordinárias estaduais e municipais (os três instrumentos normativos retiram sua validade do mesmo texto normativo — a Constituição da República). Dessarte, não pode o decreto-legislativo, *de per si*, revogar lei tributária do Estado ou do Município ou modificá-la, já que, *em matéria tributária não tem força de lei nacional*, e sim meramente federal, impondo-se unicamente à União.

No que se refere mais diretamente à segunda ordem de questões — hierarquia das "fontes" — esta pretensão do legislador do Código está mais visível na parte final do artigo 98, ao dizer que os tratados e convenções internacionais serão observados pela legislação tributária interna *que lhes sobrevenha*. Ora, poderia um decreto-legislativo do Congresso Nacional que, reitere-se, está no mesmo patamar hierárquico de uma lei ordinária tributária federal, estadual ou municipal, pretender impor-se a estas leis dizendo-se hierarquicamente superior a elas? A nosso ver a resposta somente poderia ser afirmativa se norma superior atribuísse àquele instrumento normativo tal força. É o Código Tributário tal lei superior? Quer-nos parecer que não. Tratando-se, como se trata, de matéria respeitante a hierarquia normativa e a repartição de competências entre entes federativos, a única norma apta a conceder tal força impositiva é a Constituição da República.

A conclusão a que se chega, mediante a aplicação do raciocínio acima descrito, é a de que tratado internacional, ou melhor, decreto-legislativo que o aprova, aplica-se imediatamente à pessoa política União, modificando a sua legislação tributária ou a revogando, do mesmo modo que lei ordinária federal o faria, pois são veículos normativos de igual força impositiva e emitidos pelo mesmo órgão legislativo. Quanto a fazer com que norma veiculada em tratado prevaleça sobre a legislação dos demais membros de federação, seria inócua, porquanto basta o legislador vir a dizer o contrário, que a terá colocado abaixo. No que atina à obediência das leis tributárias estaduais e municipais posteriores a decreto-legislativo que referenda tratado, esta não se pode dar pelo simples fato da existência do artigo 98 do CTN, de vez que, consoante já referimos, seus âmbitos de atuação são distintos e, em rigor, nem mesmo se poderia falar de nível hierárquico idêntico, uma vez que se cuida de realidades distintas e, portanto, não passíveis de comparação.

Em que pese a relevância do que restou dito acima, parece-nos que a conclusão mais importante, pelos efeitos que produzirá, uma vez aceita, e a de que a "norma geral" — se assim puder ser entendida — veiculada pelo artigo 98 do Código Tributário Nacional — somente poderia ser introduzida no sistema jurídico brasileiro por intermédio de um único instrumento normativo, qual seja, a Constituição da República.

Noutro giro, o dispositivo acima é "letra morta" no que pertine à sua pretensão de interferir na legislação tributária dos Estados-membros e dos Municípios.

Gostaríamos, finalmente, de trazer para o âmbito desta reflexão uma candente questão que o mundo contemporâneo, nas suas múltiplas inter-relações oferece como projeção problemática do pensamento jurídico: a reorganização das relações internacionais com vistas à formulações de uma nova ordem internacional e suas conseqüências para a clássica teoria do Direito do Estado fundada no princípio da soberania e respaldado pela doutrina da razão de Estado para legitimar a organização jurídica das relações internas e externas do Estado.

O estudo que nos propusemos realizar não leva em si a intenção polêmica. A questão, no entanto é. O campo de abordagem é coisa e permite ópticas distintas na sua abolição. Refletir sobre a questão, enquanto problema foi nosso escopo. Nessa medida propomos dar-lhe um âmbito maior sem, no entanto, pretender exauri-la com resposta definitiva. A questão não se fecha sobre si mesma com possibilidade única de solução. É um esforço aberto diante do qual nos entregamos a tecer articulações.

QUESTÕES

JOSÉ EDUARDO SOARES DE MELO
Doutor em Direito pela Universidade Católica de S. Paulo

Pode o IPI estar na base de cálculo do ICMS? — Incide ISS na atividade de "franchising"? — Incide ISS na atividade de "factoring"? — Em que momento ocorre o fato imponível do ISS? — Proprietário de imóvel invadido sujeita-se ao IPTU, enquanto durar a invasão? — Proprietário de imóvel que, por força da legislação (tombamento, proteção aos mananciais, meio ambiente) não possa usá-lo, dele gozar ou dispor, está sujeito ao IPTU? — Proprietário de veículo furtado (ou roubado) deve pagar IPVA no período em que o veículo esteve fora de sua posse? — Pode o contribuinte creditar-se de IPI na importação de bens de capital? — Contribuição de intervenção no domínio econômico pode se substituída por IPI? — Podem as corporações profissionais exigir contribuição, mediante resolução ou ato interno seu? — O ICMS integra a base de cálculo do IPI? — Tratado internacional, em matéria tributária, pode exonerar tributos estaduais? — Fabricante de veículos que não resolhe ICMS do substituto pratica crime? — Importação para uso próprio é sujeita ao ICMS? E se o importador for pessoa física não contribuinte? Importação de veículo usado por particular está sujeito ao ICMS? — Cabem créditos de ICMS na aquisição de bens de capital? Pode a lei (complementar ou ordinária) vedar a utilização de créditos? — Em que casos não cabem créditos do ICMS? — É constitucional a edição de tabelas com o preço dos veículos, pré-definindo a base de cálculo do IPVA? A determinação da base do IPVA, em lei, é presunção "juris tantum" ou "jure et de jure"?

Pode o IPI estar na base de cálculo do ICMS?

A base de cálculo do ICMS deve representar a quantificação compreendida na operação mercantil e na prestação dos serviços de transporte interestadual/intermunicipal e de comunicação, ou seja, "o preço das mercadorias" e dos "serviços" respectivos.

A CF-88 estabelece que o ICMS (art. 155, XI) "não compreenderá, em sua base de cálculo, o montante do imposto sobre produtos industrializados, quando a operação, realizada entre contribuintes e relativa a produto destinado a industrialização ou à comercialização, configure fato gerador dos dois impostos".

Por decorrência lógica, o IPI pode ser incluído na base de cálculo do ICMS quando a operação for efetivada com produto não destinado à industrialização ou comercialização e/ou entre contribuintes e não contribuintes do ICMS. Esta situação aplica-se, ainda, no caso do produto destinar-se a consumo ou ativo fixo do adquirente.

O preceito é claro e, em princípio, não deveria propiciar qualquer tipo de questionamento, salvo com a edição de legislação ordinária (art. 24, § 1º da Lei n. 6.374 de 1.3.69 de São Paulo), ao determinar a inclusão do IPI, na base de cálculo do ICMS, "na operação realizada por estabelecimento *simplesmente equiparado a industrial*, pela legislação relativa ao imposto federal".

E, neste particular, o Regulamento do IPI (Decreto Federal n. 87.981 de 23.12.82), definiu um rol de estabelecimentos equiparados a industriais, como os importadores, os estabelecimentos varejistas e filiais que transacionam com produtos importados, determinados atacadistas, ambulantes, armazéns gerais, cooperativas vinícolas, etc.

Examinando o texto constitucional, Eduardo Bottallo observou o seguinte:

"Em termos comparativos com o regime constitucional precedente, identifica-se manifesta ampliação do campo de abrangência da mencionada inclusão, pois, anteriormente, só poderia haver incidência do ICM sobre o valor do IPI quando a operação não configurasse fato imponível dos dois impostos, como p. ex. a revenda, por estabelecimento comercial, de produto industrializado adquirido de terceiro. Agora, acrescenta-se novo requisito, qual seja, o de que o produto seja destinado a comercialização ou industrialização" ("Base imponível do ICMS e operações realizadas por estabelecimentos equiparados a industriais", *RDT* vol. 54, p. 223).

E, pela circunstância de que não se encontra escrito na Constituição que a exclusão do valor do IPI da base de cálculo do ICMS deve alcançar apenas as operações entre industriais, mas as que ocorram entre contribuintes, apontou a inconstitucionalidade da norma paulista, por instituir condição (estabelecimento equiparado a industrial), não prevista para o exercício do direito, violando o princípio da isonomia (art. 150, II da CF-88), e, ainda, o art. 7º, I do Convênio ICM 66/88.

O Tribunal de Justiça de São Paulo decidiu o seguinte:

"Incidente de Inconstitucionalidade da Lei Estadual n. 6.374, artigo 24, § 1º.

"Não é viável que a Lei Estadual, na tentativa de contornar a Lei Maior, estabeleça dissemelhança. Não pode a Lei Estadual estabelecer uma distinção onde a Constituição não distingue (Inc. de Inconst. na Ap. Civ. n. 162.265-2/0-07, Pleno, Rel. Des. Oetterer Gueddes, j. 19.2.92, v.u.).

Observo que o fato da CF haver tratado da previsão do IPI, na base de cálculo do ICMS — em *operações internas* —, não se deve entender que ficou superada a regra inserta na legislação infraconstitucional (Decreto-Lei n. 406/68, art. 2º, § 5º, que trata de questão diversa — exclusão do IPI no cálculo do ICMS).

Por outro lado, nas *operações de importação*, o DL-406/68 havia disposto que "a base de cálculo é o valor constante dos documentos de importação, convertido em cruzeiros à taxa cambial efetivamente aplicada em cada caso e acrescido do valor dos impostos de importação e *sobre produtos industrializados* e demais despesas aduaneiras efetivamente pagos (§ 4º do art. 2º).

Inexiste suficiente respaldo jurídico para considerar o IPI na base de cálculo do ICMS, uma vez que este só poderia ser calculado sobre o "valor da operação mercantil", comprendido, como tal, exclusivamente o "preço da mercadoria/bem importado", sendo inadmissível a agregação de valores que não se traduzem no pacto comercial.

Realmente, o tributo federal é elemento estranho à remuneração devida pela aquisição do produto importado, sendo certo, ademais, que, se a própria Fazenda Estadual aplicar a regra contida no Convênio ICM-66/88, ter-se-á ocorrido o fato gerador do ICMS no mesmo momento em que seria devido o IPI (desembaraço aduaneiro — art. 46, I do CTN), o que revelaria a impossibilidade de computar-se um tributo no cálculo do outro, que seria totalmente inexistente em termos fáticos.

Nas *operações de exportação*, afastável, por completo, qualquer consideração ao IPI, ante a imunidade constitucional (inciso III do art. 153).

Finalmente, não é o caso de se cogitar de inclusão de IPI, na apuração do ICMS, relativamente aos serviços de transporte, porque embora possam ser transportados produtos industrializados, tal situação não tipifica o fato gerador do tributo federal. Com mais forte razão, impraticável qualquer consideração de IPI no que pertine aos serviços de comunicação.

Incide ISS na atividade de "franchising"?

Esta modalidade de negócio encontra-se disciplinada pela Lei Federal n. 8.955 de 15.12.94, sendo conceituado como "o sistema pelo qual um franqueador cede ao franqueado o direito de uso de marca ou patente, associado ao direito de distribuição exclusiva, ou semi-exclusiva de produtos ou serviços, e, eventualmente, também ao direito de uso de tecnologia de implantação e administração de negócio ou sistema operacional desenvolvidos ou detidos pelo franqueador, mediante remuneração direta ou indireta, sem que, no entanto fique caracterizado vínculo empregatício".

Esta figura jurídica encerra os contratos seguintes:

a) licença para uso ou exploração de marcas e patentes;

b) licença para distribuição de produtos e serviços;

c) assistência técnica relativa ao "know how" dos produtos e serviços.

Portanto os elementos, as notas características das atividades engendradas pelo legislador é que compõem a fisionomia jurídica do "*franchising*", sobre o qual podem incidir tributos.

Argutamente, Comparato já demonstrara que na franquia empresarial "o essencial é a *licença* de utilização de marca e a *prestação de serviços* de organização e métodos de venda pelo franqueador ao franqueado"... salientando sua distinção com a "concessão de venda com exclusividade" em que "o concessionário é simples intermediário entre o concedente e o público consumidor" ("Franquia e Concessão de Vendas no Brasil da consagração ao repúdio", *RDM* 18, pp. 53/54).

Observa-se que não se trata, propriamente, de "simples licença de utilização de marca ou outro sinal distintivo", pois "comporta, na verdade três aspectos: *engineering, management* e *marketing*, fornecendo ao franqueado um esquema completo de organização empresarial, desde o organograma de pessoal até a própria contabilidade e a política de estoques" (ob. cit. p. 54).

Constata-se, da análise dos elementos integradores do *franchise* que se trata de "contrato de serviços técnicos especializados", que se diferencia da cessão de marca, pura e simples.

Anteriormente à edição da Lei n. 8.955/94, Newton Silveira apontara que "no contrato de *franchise* o *franchisee* participa da industrialização ou comercialização do produto do *franchisor*, ou de sua prestação de serviços, de seus sistemas de *marketing*, de sua publicidade" ("O contrato de "franchise" e a transferência de tecnologia", *RDM* 74/25).

E, procurando dissipar dúvida quanto à verdadeira natureza deste contrato (licença de marca, associada a assistência técnica ou fornecimento de *know how*) serve-se da doutrina de Enrico Zanelli, "verbis":

"o *franchise* é privilégio cujo valor é medido em relação a todos os elementos que constituem o aviamento da atividade objeto da franquia, sem os quais a própria atividade se tornaria impossível, perdendo sua característica específica, ou seja, em outras palavras, o objeto da franquia é o próprio aviamento, consistente na idéia organizadora do empresário e seus reflexos exteriores (sinais identificadores e posição de mercado). A marca não é mais que um desses elementos, um dos sinais exteriores do aviamento, ou na expressão de Carnelutti "a marca não é outra coisa que um aspecto do direito sobre o aviamento do estabelecimento (azienda)" (ob. cit. p. 24).

Portanto, em realidade, a atividade fundamental do *franchise* consiste na transmissão dos conhecimentos mercadológicos, sistemas administrativos, que abrangem permissão para distribuição dos bens/serviços e, naturalmente, o uso da marca. Esta constitui mero elemento complementar, que não tem o condão de modificar a verdadeira essência do contrato de prestação de serviços.

Destarte, em razão da referida materialidade estar prevista na Lei Complementar n. 56 de 15.12.87, é legítima a incidência do ISS na atividade de *franchising*.

Incide o ISS na atividade de "factoring"?

O negócio empresarial em exame compreende um procedimento complexo, envolvendo atividades diferenciadas que, pela ausência de uma sistematização legal, não permite configurar, com rigorosa exatidão, sua natureza jurídica e, assim, tipificar o tributo que sobre ele incide.

Embora seja sempre tormentoso definir ou conceituar um tipo de contrato, a apreensão de seus lineamentos básicos permitirá à doutrina e aos julgadores tornar precisa, com menor margem de erro, a referida natureza e o regime jurídico tributário a ser observado.

Fran Martins elucida tratar-se de "um contrato segundo o qual uma empresa (factor ou faturizador) se torna cessionária de créditos comerciais relativos à venda de mercadorias a terceiros (comprador ou devedor), mediante o pagamento, por parte da empresa cedente (faturizada) de uma determinada importância, assumindo o faturizador o risco do não-pagamento, por parte do comprador, dos créditos cedidos" ("O contrato de factoring e sua introdução no direito brasileiro", *RF* 262/9).

Entretanto, embora também entenda que *o fulcro da operação seja a cessão de crédito a título oneroso*, Comparato assinala que "há, na operação um *serviço de gestão de créditos, faturamento, emissão dos títulos de créditos correspondentes, controle de riscos, cobrança normal, recuperação pela via judicial ou extrajudicial, garantia contra o risco de inadimplemento. Financiamento,* os créditos cedidos são liquidados no momento da cessão (*conventional factoring*) e não apenas nas épocas dos vencimentos respectivos(*matureiting factoring*)" (*Ensaios e pareceres de Direito Empresarial*, Forense, 1978, p. 346 e *RDM*, 6/59-60).

Realmente, as atividades em pauta não se cingem, exclusivamente, ao recebimento de faturas do empresário, decorrentes de vendas de mercadorias ou prestação de serviços e decorrente cobrança, aos devedores, por parte do cessionário dos créditos.

Em realidade, são diversas as atividades do faturizador, assessorando a faturizada na concessão de crédito aos sacados que pagam a prazo pelos produtos vendidos ou pelos serviços prestados pela faturizada, o que ocorre na escolha dos sacados, na definição do referido prazo. Também, quando adquire os referidos títulos, passa a ser o responsável por ampla gama de serviços, como faturamento, emissão dos títulos, cobrança dos créditos e atuação no contensioso (agindo no seu próprio interesse).

Após alinhavar tais atividades, Gonçalo Ivens Ferraz da Cunha Sá concluique "o factoring não é, portanto, cessão de crédito, nem financiamento, nem assessoria, nem mandato, nem representação, nem mesmo desconto. O factoring é uma figura contratual com traços próprios" ("O factoring e a nova Constituição", *RDM* 73/104).

O elemento substancial do "factoring" evidencia uma cessão de créditos, configurada nos arts. 1.065 do Código Civil e 1.912 e seguintes do Código Comercial, sem que o cessionário, entretanto, tenha direito regressivo contra o cedente (titular originário do faturamento).

A circunstância de envolver uma entrega de numerário do cessionário ao cedente, em contrapartida do recebimento do referido faturamento, não tem a característica de autêntica operação financeira, como desconto bancário, abertura de crédito e financiamento.

Não se trata de desconto porque nesta operação jurídica, a cessão dos créditos permite a manutenção do direito de regresso contra o cedente, com a natureza *pro solvendo*, enquanto que, no *factoring*, os créditos são cedidos *pro soluto*, de modo definitivo.

Além disso, a remuneração no desconto é dúplice (juros e comissão), ao passo que no *factoring* acresce-se o prêmio pelo risco da impontualidade e insolvência dos sacados.

Tem se cogitado tratar-se de "contrato bancário atípico" (Orlando Gomes, *Contratos*, Forense, 1978, pp. 573-4), ou mesmo um "financiamento" (Fran Martins, *Contratos e Obrigações Comerciais*, 1977, 5ª ed. Forense), especialmente quando adianta os recursos referentes aos créditos cedidos (Waldírio Bulgarelli, *Contratos Mercantis*, 3ª ed. Atlas, pp. 497-503).

Todavia, a circunstância do faturizador utilizar seus recursos pessoais na atividade do *factoring* não significa tratar-se de um simples operador financeiro ou mesmo um banqueiro, principalmente pelo fato de que sua atividade não se enquadra na diretriz encartada na Lei Federal 4.595/64 que regra o seguinte:

"Art. 17. Consideram-se instituições financeiras, para os efeitos da legislação em vigor, as pessoas jurídicas públicas ou privadas, que tenham como atividade principal ou acessória, *a coleta, intermediação ou aplicação de recursos próprios ou de terceiros*, em moeda nacional ou estrangeira e a custódia de valor de propriedade de terceiros".

Argutamente se aponta que "o *factor*, quando compra o faturamento de uma empresa, paga-o com recursos financeiros próprios, sejam eles captados no mercado através de empréstimos bancários, ou da emissão de debêntures, etc. ... o verbo *aplicar*, no contexto do art. 17 possui significação mais estrita ou condicionada, não pode ser considerado isoladamente, mas em conjunto com os dois outros vocábulos que o antecedem na frase: *coleta e intermediação*". (Túlio Freitas do Egito Coelho, "O factoring e a Lei 4.595/64", *RDM* 67/111).

E arremata o mesmo autor: "o melhor entendimento é o de que as atividades de factoring não se confundem com aquelas outras típicas de instituições financeiras, e que estão sujeitas ao regime jurídico da Lei 4.595", na mesma trilha de Maria Elizabete Vilaça Lopes, ao precisar que "a empresa de factoring, embora pratique operação de crédito, não se caracteriza como instituição filnanceira, por não estar abrangida pela definição prevista no art. 17 da Lei 4.595/64" ("O contrato de "factoring" e o sistema financeiro nacional", *RDM* 74/65).

O antigo Tribunal Federal de Recursos já decidira que "a realização de empréstimos, com meios próprios e sem captação de recursos de terceiros, não se pode equiparar às atividades específicas das instituições financeiras, que consistem, como expresso no texto legal, na "coleta, intermediação ou aplicação de recursos financeiros próprios ou de terceiros". O traço das chamadas "financeiras" é a captação de recursos do público em geral para investimentos financeiros, cujos resultados são atribuídos aos respectivos subscritores" (HC, Espírito Santo, Rel. Min. Godoy Ilha, 2ª T, Ac. de 9.8.71).

Portanto, embora "operações" — no contexto do art. 153, V, da CF — signifiquem negócios jurídicos atinentes à cessão de créditos, é imperioso considerar que o sujeito passivo do IOF só poderia ser a instituição financeira, que, a teor da legislação ordinária apontada (Lei 4.595/64), não tem a mesma característica do cessionário do crédito no *factoring*.

Inexistindo a conotação típica e substancial de uma atividade financeira, afasta-se a incidência do IOF.

No âmbito normativo, ainda, depara-se com a Lei Complementar n. 56 de 15.12.87 que dispôs sobre a incidência do ISS (Imposto sobre Serviços de Qualquer Natureza), no "agenciamento, corretagem ou intermediação de contratos de franquia (*franchise*), e de faturação (*factoring*), excetuando-se os serviços prestados por instituições autorizadas a fuancionar pelo Banco Central" (item 48).

A simples leitura do referido texto poderia levar à inexorável conclusão de que as atividades de *factoring*, como regra, sujeitam-se ao ISS, e ponto final!

Ocorre que uma interpretação sistemática da Constituição (que deve ser o ponto de partida e de chegada) impele ao exame das materialidades tributárias e o respectivo confronto.

Afastada a característica de uma autêntica operação de financiamento (competência da União — art. 153, V, da CF), não se pode, simplesmente, aceitar a legitimidade de norma infraconstitucional (no caso a LC-56/87), enquadrando o *factoring* como serviço de qualquer natureza (art. 156, III, da CF).

Serviço não constitui atividade, categoria, operação unicamente adstrita e dependente da vontade do legislador ordinário.

Embora seja conceituado como "desempenho de atividade economicamente apreciável, produtiva de utilidade para outrem, sem subordinação e sob regime de direito privado" (Geraldo Ataliba e Aires Barreto, *X Curso de Especialização em Direito Tributário*, Res. Trib., 1983, p. 185), há que se assentar um autêntico "fazer".

E, dentro da complexidade do *factoring* não se evidencia, nem existe preponderância de serviços de gestão de crédito (faturamento, cobrança), pois também é relevante a anterior aquisição de faturamento e o financiamento.

Além disso, embora o factor se situe como elemento vinculante entre o faturizador e o devedor dos títulos, não se adequa, rigorosamente, às figuras dispostas na LC-56/87.

Portanto, é duvidosa a constitucionalidade da tributação do ISS nas atividades de *factoring* porque compreende multiplicidade de negócios jurídicos, inocorrendo substancial obrigação de fazer.

Em se tratando de ISS, impõe-se plena e irrestrita obediência ao seu aspecto material, qual seja, a prática do negócio jurídico denominado *prestação de serviços*. Os fatos e atos anteriores, como elaboração de contrato, recebimento antecipado de numerário, aquisição de bens, material e pessoal necessário para a realização dos serviços, não têm nenhuma relevância no âmbito do ISS.

Assim, não há nenhuma legitimidade na previsão legal, ou exigência fiscal, de ISS relativamente a recebimento de sinais, pagamentos antecipados, de mera índole financeira e sem nenhuma vinculação com o cronograma físico do empreendimento. As simples entradas de caixa não guardam nenhuma atinência com serviços "efetivamente prestados".

Na mesma trilha, se enquadram as exigências fundadas em meras estimativas, emissões de carnês pelo fisco, presumindo a ocorrência dos fatos geradores (e bases de cálculos), totalmente divorciados da realidade fática e operacional.

Ainda nesta temática insere-se a regra inserta na Emenda Constitucional n. 3 de 17.3.93, "verbis":

"§ 7º. A lei poderá atribuir a sujeito passivo da obrigação tributária a condição de responsável pelo pagamento ou contribuição, cujo *fato gerador deva ocorrer posteriormente*, assegurada a imediata e preferencial restituição da quantia paga, caso não se realize *o fato gerador presumido*".

Referido preceito — traduzindo fato gerador presumido — não pode representar mero comando excepcional que pudesse acomodar-se no ordenamento vigente. Sua aceitação acarretaria ruptura de todo um sistema harmônico, coerente, de princípios e normas, ou seja, um verdadeiro caos jurídico, onde, em nome de aparente constitucionalidade, se pretenderia impor ônus tributários sobre riquezas inexistentes, fatos aleatórios, negócios jurídicos imagináveis.

Nem se cuida, em absoluto, de preceito conflituoso ou antagônico a regra geral, ou que pudesse comportar aplicação restritiva, como se contempla no âmbito específico da não-cumulatividade do ICMS, engendrada pela EC-23/83.

Nesse passo, oportuno trazer à sirga, a lição de Charles Hughes: "A Constituição não destrói a si própria. Em outros termos, o poder que ela confere com a mão direita não retira, em seguida, com a mão esquerda" (*apud* Carlos Maximiliano, *Comentários à Constituição de 1946*, v. I/134, Freitas Bastos, 1954).

Em que momento ocorre o fato imponível do ISS?

O nascimento de toda obrigação tributária só se dá no instante preciso em que a situação de fato se subsume à norma, preenchendo rigorosamente todos os seus pressupostos.

Os fatos imponíveis ocorrem em um determinado momento, que deve ser claramente fixado pelo legislador (consoante diretriz constitucional), porque, nesse preciso instante é que nasce o direito subjetivo para a pessoa de direito público, e, correlatamente, uma obrigação para o sujeito passivo.

A norma contém a descrição genérica de um fato, designando o sujeito ativo (poder público), identificando o sujeito passivo (contribuinte e responsável), o momento da configuração, as circunstâncias de modo e lugar, e sua mensuração (base de cálculo - alíquota).

Embora o fato possa ser composto ou integrado por diversos elementos, será sempre considerado uno e incindível; somente sua concreção tem conseqüências jurídicas, qualificando-o como fato jurígeno.

Classificá-los como simples ou complexos (acontecimento isolado ou congregado de diversos elementos), instantâneos ou continuados, não traz proveito em termos de estrutura de norma tributária.

Realmente, a incidência tributária ataca unicamente o resultado de uma situação, estado, operação ou atividade, que — e enquanto não verificada — não permitiria eclodir o tributo, desencadeando efeitos que lhe são pertinentes.

Em princípio, compete ao legislador estabelecer o momento (aspecto temporal) em que se deve considerar acontecida a materialidade do tributo, prevista constitucionalmente. O instante do nascimento da obrigação tributária deve guardar efetivo vínculo com a matéria objeto de tributação, eis que todos os aspectos da norma são intrinsecamente ligados.

Após analisar o pensamento de Becker, no sentido de que "a mesma regra jurídica não pode incidir, mais de uma vez, sobre a sua hipótese de incidência realizada", Geraldo Ataliba mostra que "não importa ao intérprete se o fato qualificado pela lei se consuma num átimo ou se depende de penoso e lento processo pré-jurídico para se consumar. Só o que é relevante é o momento de sua consumação. Só então é ele fato jurídico" (*Hipótese de Incidência Tributária*, 5ª ed., Malheiros Editores, 1995, p. 92).

É induvidoso que a CF-88 não criou um modelo que pudesse permitir um disfarçado confisco do patrimônio particular, estribado em negócios inexistentes, situações, estados ou circulações eventuais.

Num Estado de Direito, plasmado por amplo quadro de princípios constitucionais, vetores da sistemática tributária, *as figuras da presunção e ficção só teriam a remota e absurda condição de serem aceitas com máxima cautela e absoluto rigor jurídico.*

O princípio da tipicidade cerrada compreende a enumeração exaustiva dos elementos da tributação (*numerus clausulus*), exclusivismo (elemento suficiente) e determinação, contida na lei tributária.

Inaplicável, como regra, a figura da presunção, que consiste num processo lógico, mediante o qual do fato conhecido, cuja existência é certa, infere-se o fato desconhecido ou duvidoso, cuja existência é provável.

Não se estará diante de uma presunção legal (*juris et de jure*), estabelecendo uma verdade jurídica, pois supor que um fato tributário acontecerá não é jamais o mesmo que tornar concreta uma existência, de modo a conferir segurança e certeza a uma exigência tributária.

O fato de ser celebrado contrato de prestação de serviços, e até mesmo ocorrer recebimento de sinal, não significa que tais serviços venham a ser efetivamente executados. Diversas circunstâncias — como desistência, falência, inadimplemento — podem prejudicar ou impedir o acontecimento concreto, real, do fato imponível.

Considerando-se os valores máximos albergados pela Constituição — *segurança e certeza* — que respaldam os cânones da legalidade e da tipicidade, não há a mínima sustentação de presunção, eis que forrada de imprecisão, dubiedade, meras conjecturas e ilações.

Em âmbito de revisão constitucional, impera o dogma de intangibilidade dos direitos e garantias individuais (inc. IV, § 4º, do art. 60 da CF) — erigidos como *cláusulas pétreas* — porque assim desejaram os representantes do povo ao elaborarem a Constituição Federal de 1988.

Em conclusão, o fato imponível do ISS só ocorre com a efetiva prestação de serviços, não havendo legitimidade da exigência do tributo relativamente a simples entradas de caixa, estimativas, ou mesmo respaldada na EC 3/93, em integral obediência aos princípios da segurança e certeza do direito, tipicidade, igualdade, capacidade contributiva e vedação de confisco.

Proprietário de imóvel invadido sujeita-se ao IPTU, enquanto durar a invasão?

A resposta à indagação implica no exame da materialidade do tributo (na forma prevista no art. 156, I da CF-88), na figura do sujeito passivo que a ela se vincula, no princípio da capacidade contributiva e na interpretação do CTN (art. 34).

O IPTU incide sobre a *"propriedade* predial e territorial urbana", consubstanciando "um *direito de propriedade*, expresso pelo domínio jurídico de alguém sobre um imóvel e que se exterioriza por um título de propriedade ou por um direito real quase irrestrito (enfiteuse) ou, ainda, por um estado de fato juridicamente protegido, por suposição de domínio: *ser possuidor* (excluído o possuidor a título precário, violento ou clandestino até ano e dia). O aspecto material está na existência do direito de propriedade ou na aparência de sua existência (a posse), segundo Sacha Calmon Navarro Coelho (*Do Imposto sobre a Propriedade Predial e Territorial Urbana*, Saraiva, 1982, p. 143).

De há muito já se afastou o equivocado entendimento de tratar-se de tributo real, recaindo sobre o imóvel, uma vez que, em verdade, o imposto incide sobre negócio, estado ou situação jurídica.

No caso enfocado, é cediço que "tributa-se o direito de propriedade e não o imóvel" (Elizabeth Nazar Carrazza, *IPTU e Progressividade — Igualdade e Capacidade Contributiva*, Juruá Editora, 1992, p. 67).

A Constituição não indica a pessoa que deve ser caracterizada como devedora do tributo, mas apenas contempla a apontada materialidade, suscetível de incidência. Todavia, no polo passivo deve ser considerado como contribuinte quem mantenha relação pessoal e direta com titularidade imobiliária.

Ao nominar como contribuinte do imposto o proprietário do imóvel, o titular do seu domínio útil, ou o seu *possuidor a qualquer título* (art. 34 do CTN), criou-se certa perplexidade no tocante à amplitude dos seus responsáveis, em sentido lato.

Além de esclarecer que o campo de incidência do imposto só poderia atingir "*o direito de propriedade* do bem imóvel, *o domínio útil* e a *posse*, como fato-signo e presunção da propriedade", Misabel de Abreu Machado Derzi esclareceu que o CTN incorporou o conceito de posse de Jhering, como exteriorização da propriedade.

E, claramente, argumentou que "a posse a qualquer título não é hipótese de incidência do imposto (em conseqüência do que, a posse direta do locatário, do comodatário, do arrendatário de terreno, do administrador de bens de terceiros, do usuário ou do *possuidor clandestino ou precário* — posse nova, ou posse contestada pelo proprietário etc.) e, em nenhuma circunstância desencadeia a obrigação tributária" (*Do Imposto sobre a Propriedade Predial e Territorial Urbana*, ob. cit. pp. 227/8).

Referido ensinamento não quer significar, em absoluto, que pelo fato de terceiro (não proprietário) estar utilizando o imóvel (a justo título ou abusivamente), não deva ser exigido IPTU de seu proprietário.

Com efeito, a jurista ressalta que "*o proprietário* é o contribuinte do IPTU, como tal aquele que, à luz da lei civil, tenha adquirido a propriedade por título translativo na circunscrição imobiliária, por acessão ou usucapião (CC, arts. 536, 550 e s)". E, prossegue: "quer o proprietário do imóvel exerça de fato todos os poderes inerentes ao domínio pleno do imóvel, quer os tenha cedido (na locação, no comodato, na anticrese, no uso e habitação, no usufruto, etc.), será sujeito passivo do imposto..." (ob. cit. p. 228).

E o sustentáculo dessa assertiva decorre da aplicação do princípio da capacidade contributiva (art. 145, § 1º, da CF-88), que se entrelaça com o princípio da vedação de confisco (art. 150, IV da CF), representando um dos fundamentos basilares da tributação, como corolário do princípio da isonomia (arts. 5º e 150, II da CF), verdadeiro sinônimo da justiça fiscal. Constitui o elemento básico de onde defluem as garantias materiais diretas, de âmbito constitucioinal, como a generalidade, igualdade e proporcionalidade.

É elementar que só cabe imposição tributária quando se está diante de fatos, atos, operações e estados que denotem substrato econômico (riqueza), jamais tendo cabimento incidir tributo sobre qualidades pessoais, físicas ou intelectuais.

Considernando-se que a tributação interfere no patrimônio das pessoas, de forma a subtrair parcelas expressivas de bens, não há dúvida de que será ilegítima (e inconstitucioinal) a imposição de encargos superiores às forças desse patrimônio. Embora sempre estivesse implícito o postulado da "capacidade contributiva", nos ordenamentos constitucionais anteriores, a CF-88 estatuiu que "sempre que possível, os impostos terão caráter pessoal e serão graduados segundo a capacidade econômica do contribuinte..." (art. 145, § 1º).

Os lineamentos da capacidade econômica contém-se na aptidão que determinadas pessoas têm para arcar com parcela do fenômeno revelador da riqueza, sendo cediço que a inexistência de numerário (elemento financeiro) não eliminaria o dever imputado ao sujeito passivo da obrigação tributária.

Pondere-se que não é o momento propício para digredir a respeito da mensuração do IPTU, o limite de alíquotas e sua eventual progressividade, porque o tema focado restringe-se à exigibilidade do tributo, do proprietário do imóvel, no caso de ser, ilegitilmamente, desalojado de sua posse.

Oportunamente, Elizabeth Carrazza destaca que "as condições pessoais do contribuinte, globalmente consideradas, não são levadas em consideração neste imposto (já que o fato-signo presuntivo de riqueza é a existência da propriedade imobiliária, que por si só justifica a exigência fiscal)" (ob. cit. p. 67).

De tudo resulta que, tratando-se de tributo referente à "propriedade" (art. 156, I, da CF) — e não sobre a sua posse — patenteia-se a inconstitucionalidade do CTN, ao também qualificar como contribuinte "o seu possuidor a qualquer título" (art. 34), ampliando o rol de seus devedores. O proprietário é que se sujeita ao IPTU, mesmo no caso de imóvel invadido, uma vez que os terceiros não revelam a capacidade econômica, prevista na CF (art. 145, § 1º).

Proprietário de imóvel que, por força da legislação (tombamento, proteção aos mananciais, meio ambiente) não possa usá-lo, dele gozar ou dispor, está sujeito ao IPTU?

O direito de propriedade continua garantido pela Constituição, devendo atender à sua função social (art. 5º, XXII e XXIII).

Interessa examinar o alcance da dicção constitucional e compor a harmonia entre a "propriedade", plasmada por conceitos privatísticos, com a "função social", centrada no caráter público.

Os elementos constitutivos da propriedade, encartados no Código Civil, consistem no direito do proprietário de usar, gozar e dispor de seus bens, e de reavê-los do poder de quem injustamente os possua (art. 524).

A legislação civilista, que confere ao proprietário a possibilidade de usar a coisa, segundo sua vontade exclusiva e caráter de irrevogabilidade — ínsitos à propriedade — vêm sofrendo limitações em decorrência da nova ordem econômico-social, mediante intervenção do poder público.

Além de vislumbrar restrições no próprio âmbito do direito privado, afetas ao direito de vizinhança, na esfera pública se visualizariam limitações, servidões, expropriações.

Embora o ordenamento constitucional consubstancie o poder de polícia de que é dotada a atividade pública — limitando a liberdade e a propriedade — e trace programas de execução de natureza urbanística, é induvidoso que o "direito de propriedade" possui um "mínimo conteúdo jurídico".

Celso Antônio Bandeira de Mello conceitua o direito de propriedade: o "direito de usar do bem e de nele edificar, assim como o direito de dispor são expressões do direito de propriedade, dele inseparáveis, pois o plexo destes poderes de uso, gozo e disposição que, em sua unidade, recebe o nome de direito de propriedade. Elididos estes poderes, nada mais restaria" ("Novos aspectos da função social da propriedade", *RDP* vol 84, pp. 39 e 42).

Os lineamentos jurídicos da propriedade não são apenas captados na legislação civil, mas de modo relevante na Constituição, que prestigia o princípio de sua "função social" com ampla referência normativa (arts. 5º, XX, 170, III, 184 e 186).

A destinação da propriedade representa o elemento fundamental e justificador da "função social", sendo deveras tormentoso conceituar tal princípio.

Analisando especificamente esta temática, Carlos Ari Sundfeld ministra preciosas lições: "função é conceito que se opõe ao de autonomia da vontade ... ao acolher o princípio da função social da propriedade, o constituinte pretendeu imprimir-lhe uma certa significação pública, vale dizer, pretender trazer ao Direito Privado algo até então tido por exclusivo do Direito Público: o condicionamento do poder a uma finalidade. Não se trata de extinguir a propriedade privada, mas de vinculá-la a interesses outros que os exclusivos do proprietário. Assim como a imposição de deveres inderrogáveis ao empregador, no interesse do empregado, não faz dele um ente público, também a função social não desnatura o proprietário nem a propriedade: apenas lhe impõe cerceamentos diferenciados" ("Função Social da Propriedade" em *Temas de Direito Urbanístico*, vol. 1, RT, p. 5).

Sublinha o interesse da coletividade e não mais exclusividade do particular-proprietário, pois além de obrigá-lo a conferir um destino produtivo e economicamente útil à propriedade, impõe, de modo preponderante, o atendimento aos objetivos da Justiça Social, permitindo a ampliação de oportunidades.

É crível admitir-se que o princípio da "função social" não é o fundamento clássico das limitações administrativas à propriedade (Poder de Polícia) — como entende Carlos Ari (ob. cit. p. 7) — por decorrer do princípio implícito da supremacia geral do Poder Público frente aos cidadãos, nem de previsão específica inerente ao poder de polícia. Aduz, o mesmo autor, que "o princípio da função social é um novo instrumento que, conjugado aos normalmente admitidos (*as limitações, as desapropriações, as servidões, etc.*), possibilitam a obtenção de uma ordem econômica e social que realize o desenvolvimento com justiça social" (ob. cit. p. 21).

Como sublinhado, a CF contém uma ampla gama de situações de interferência do poder público no direito de propriedade, como é o caso do "tombamento", "proteção aos mananciais" e ao "meio ambiente".

Tais intromissões decorrem de plena autorização constitucional, conforme se infere dos preceitos seguintes:

"Art. 23 — É competência comum da União, dos Estados, do Distrito Federal e dos Municípios:

....

"III — proteger os documentos, as obras e outros bens de valor histórico, artístico, cultural, os monumentos, as paisagens naturais e os sítios arqueológicos;

....

"VI — proteger o meio ambiente..."

"Art. 24 — Compete à União, aos Estados e ao Distrito Federal legislar concorrentemente sobre;

....

"VI — florestas, caça, pesca, fauna, conservação da natureza, defesa do solo e dos recursos naturais, proteção do meio ambiente e controle de poluição;

"VII — proteção ao patrimônio histórico, cultural, artístico, paisagístico;

"VIII — responsabilidade por danos ao meio ambiente, ao consumidor, a bens e direitos de valor artístico, estético, histórico e paisagístico".

"Art. 30 — Compete aos Municípios:

....

"IX — promover a proteção do patrimônio histórico-cultural local, observada a legislação e a ação fiscalizadora federal e estadual".

Hely Lopes Meirelles assinala que "o poder regulatório do Estado se exerce não só sobre os bens de seu domínio patrimonial, como também sobre as coisas e locais particulares de interesse público. Nessa última categoria encontrase as obras, monumentos, documentos e recantos naturais que, embora propriedade privada, passam a integrar o patrimônio histórico e artístico da Nação, como bens de interesse da coletividade, sujeitos ao domínio eminente do Estado" (*Direito Administrativo Brasileiro*, 20ª ed., 1995, Malheiros Editores, p. 486).

O *conceito de patrimônio histórico e artístico nacional* — na ótica do autor — abrange todos os bens móveis e imóveis no país, cuja conservação seja de interesse público, por sua vinculação a fatos memoráveis da história pátria, ou por seu excepcional valor artístico, arqueológico, etnográfico ou bibliográfico. Tais bens tanto podem ser realizações humanas, como obras da natureza; tanto podem ser preciosidades do passado, como criações contemporâneas. A proteção de todos esses bens é realizada por meio do *tombamento*, ou seja, da inscrição da coisa em livros especiais — *Livros de Tombo* — na repartição fiscal competente, para que a sua utilização e conservação se façam de acordo com o prescrito na respectiva lei.

O *tombamento* tem sido conceituado como "intervenção concreta do Estado na propriedade privada, limitativa de exercício de direitos de utilização e de disposição gratuita, permanente e indelegável, destinada à preservação, sob regime especial de cuidados, dos bens de valor histórico, arqueológico, artístico ou paisagístico (Diogo Figueiredo Moreira Neto, *Curso de Direito Administrativo*, 4ª ed., Sulina, 1964 e Forense, 1976, p. 289).

Relativamente à natureza jurídica do bem tombado, Paulo Afonso Leme Machado aponta as teorias seguintes: (a) limitação administrativa da propriedade privada; (b) servidão administrativa; (c) propriedade coletiva dominial; (d) domínio eminente do Estado; (e) bem cultural como bem imaterial; (f) propriedade com função social; (g) bem de interesse público (*Direito Ambiental Brasileiro*, 5ª ed., Malheiros Editores, 1995, p. 601).

No âmbito das *limitações* (definidas como medidas de caráter geral, impostas com fundamento no poder de polícia do Estado, gerando para os proprietários obrigações positivas ou negativas, com o fim de condicionar o exercício do direito de propriedade ao bem-estar-social), Maria Sylvia Zanella Di Pietro situa os bens tombados para a proteção dos aludidos patrimônios (*Servidão Administrativa*, p. 27). Nesta trilha, destaca-se Cretella Júnior (*Bens Públicos*, p. 363).

Em regra, não obrigariam a indenização alguma — e nem implicariam em esvaziamento da propriedade — tendose que tomar em conta se a conservação obrigaria a despesas extraordinárias para o titular da propriedade.

Enquadrável como *servidão*, nas lições de Celso Antônio (*Elementos de Direito Administrativo*, pp. 180/1) e de Ruy Cirne Lima (*Princípios de Direito*

Administrativo, p. 198). Tratar-se-ia de um ônus real de uso, instituido sobre a propriedade particular, objetivando a realização de conservação de obras e serviços públicos ou de utilidade pública.

E, o ponto crucial para o deslinde da questão reside nos ônus, gravames e, sobretudo, as restrições impostas ao proprietário do imóvel tombado.

Lúcia Valle Figueiredo assinala os aspectos seguintes:

"1. Se a propriedade privada ficar totalmente aniquilada, mercê do tombamento, por agredir esta situação, o dispositivo constitucional de ampla proteção à propriedade (art. 153, § 22 [da CF de 1969]) somente com "restrições" ali apostas, entendemos configurar-se autêntico caso de *desapropriação* — na hipótese, *desapropriação indireta*, que se resolveria com a indenização correspondente;

"2. Se a propriedade privada tiver diminuída sua possibilidade de utilização, deverá o Poder Público constituir uma *servidão*, indenizando o proprietário na proporção em que este for atingido pela medida do tombamento. Neste caso, estaremos diante de verdadeira *servidão administrativa* (*Disciplina Urbanística da Propriedade*, RT, 1980, p. 18).

A jurisprudência já havia se manifestado no sentido seguinte:

"Se o tombamento importa o esvaziamento do conteúdo econômico da propriedade, o Estado deve pagar a indenização correspondente ao seu valor, como ocorre na desapropriação por utilidade pública" (*RF* 213/1966).

"O tombamento compulsório que importe a negação ou restrição total ao direito de propriedade não se pode praticar sem a desapropriação, com indenização" (*RDA* 67/248).

Por conseguinte, positivando-se significativa restrição à plena utilização do imóvel, uma vez que o proprietário não poderá usá-lo, gozá-lo ou dispô-lo, restará esvaziado o próprio direito de propriedade.

Esta situação tipifica autêntica expropriação indireta, a perda informal da propriedade, ainda que o poder público não reconheça a desapropriação, ou mesmo que o imóvel continue registrado em nome do proprietário (particular).

Em razão do tombamento, proteção aos mananciais e meio ambiente acarretarem o aniquilamento de todos os poderes inerentes à propriedade, desaparece o direito do pseudo proprietário e, por conseqüência, a obrigação de pagar o IPTU.

Proprietário de veículo furtado (ou roubado) deve pagar IPVA no período em que o veículo esteve fora de sua posse?

A materialidade do IPVA centra-se na "propriedade de veículos automotores" (art. 155, I, "c" da CF), compreendendo *direito de propriedade*, ou seja, o domínio jurídico sobre o mencionado bem, decorrente de aquisição e devido registro no órgão oficial competente.

A posse significa a mera exteriorização da propriedade, e, por si só, não representa o fato imponível do tributo. A simples posse (a título precárioi ou mera detenção) não se vincula à propriedade do bem, especialmente para efeito de incidência tributária, uma vez que deve decorrer da capacidade contributiva (elemento insito ao proprietário).

É cediço que, de há muito, já se encontra ultrapassada a teoria que dividia os tributos em pessoais e reais, porquanto o imposto não recai sobre o bem ou a pessoa, mas sobre o negócio, estado ou situação jurídica.

A circunstância de inexistir lei complementar, explicitando os elementos estruturadores do IPVA, não constitui motivo para que o legislador ordinário, a seu bel talante, possa instituir o tributo com a fisionomia que melhor lhe interessar, movido por intuitos arrecadatórios.

Nesse sentido, só pode nominar como contribuinte do imposto, o proprietário do veículo, como elemento revelador da aludida capacidade contributiva (art. 145, §1º da CF), que se conecta com o postulado da vedação de confisco (art. 150, IV, da CF), umbilicalmente ligado ao princípio da igualdade (arts. 5º e 150, II, da CF).

Considerando que é escassa a doutrina sobre os lineamentos do IPVA, seria lícita a interpretação sistemática, colhendo-se todos ensinamentos básicos pertinentes ao IPTU, porque, embora só tenha conotação com imóveis, também incide sobre a *propriedade*.

E sob essa ótica, válidas as assertivas jurídicas de que "tributa-se o direito de propriedade e não o imóvel" (*no caso os veículos*) — Elizabeth Nazar Carrazza (*IPTU e Progressividade — Igualdade e Capacidade Contributiva*, Juruá Ed. 1992, p. 67); o IPTU incide sobre "a propriedade predial e territorial urbana", consubstanciando "um direito de propriedade" (Sacha Calmon, *Imposto sobre a Propriedade Predial e Territorial Urbana*, Saraiva, 1982, p. 143).

O proprietário do veículo, com certa segurança, poderá se eximir de responsabilidades (civis e penais), decorrentes da utilização de seu veículo, que tenha sido subtraído, desde que faça prova da existência do furto, ou do roubo. Nesta situação, ficará excluído de quaisquer ônus e encargos perante terceiros — em casos de abalroamentos, lesões, indenizações — bem como perante a justiça criminal, no caso do veículo haver implicado no cometimento de infrações penais por parte daqueles que o tenham utilizado.

Todavia, a exclusão da responsabilidade tributária é problemática, tendo em vista a apontada materialidade constitucional — *propriedade de veículos*.

Entretanto, parece existir fundamento jurídico para o proprietário subtrair-se à imposição do IPVA, pela singela razão de que encontra-se privado do veículo e nem tem mesmo condição de exercitar seu direito de propriedade, mediante alienação do bem, ficando prejudicada sua capacidade contributiva.

Embora sob o prisma meramente formal esteja titulado como "proprietário", em realidade não tem nenhuma condição jurídica de transferir a propriedade do veículo ante o desconhecimento do seu paradeiro.

Esta situação — furto ou roubo do veículo — é diferente da invasão do imóvel, porque, embora ambos caracterizem perda da posse (mas permanência da propriedade), no primeiro caso haverá uma perda (ainda que possa ser temporária) da capacidade contributiva; enquanto que, no segundo caso, permanece a referida capacidade, ainda que (momentaneamente) possa haver dificuldade em utilizar-se do pleno direito da propriedade imobiliária.

Ademais, se se pudesse manter a exigência do IPVA, o proprietário do veículo continuaria sujeito ao seu pagamento, indefinidamente, desfalcando seu patrimônio pessoal, a despeito de não mais encontrar-se em sua posse.

Este entendimento, sem dúvida, merece uma reflexão mais detida — e não pode ter cunho de definitividade — diante da permanência de uma situação tributária de difícil solução. Com efeito, apesar da imprecisão do verdadeiro devedor, do contribuinte, é inquestionável a existência da propriedade do veículo (com ou sem justo título).

Pode o contribuinte creditar-se de IPI na importação de bens de capital?

A Constituição reza que o IPI "será não-cumulativo, compensando-se o que for devido em cada operação com o montante cobrado nas anteriores'' (inc. II do § 3º do art. 153).

A cláusula ''não cumulatividade'' não consubstancia mera norma programática, nem traduz recomendação, sequer apresenta cunho didático ou ilustrativo, caracterizando na realidade, ''diretriz constitucional imperativa'' (Geraldo Ataliba e Cleber Giardino, ''ICM e IPI — Direito de crédito, produção e mercadorias isentas ou sujeitas à alíquota zero'', *RDT* vol. 46, p. 75).

Oportuna a assertiva dos mestres, no sentido de que ''as disposições constitucionais dos chamados créditos de IPI e de ICM têm eficácia plena e aplicabilidade imediata, na classificação consagrada por José Afonso da Silva; eficácia normativa plena significa aptidão incondicional para produzir imediatos efeitos jurídicos, quando cabível a incidência do preceito. De nenhuma lei depende a eficácia do sistema de abatimentos'' (*RDT*, vol. 46, p. 79).

Oferecem, para tanto, a seguinte síntese conclusiva:

a) o direito de crédito, tanto de ICM, quanto de IPI é constitucional;

b) como tal, não emerge da lei, nem dela depende;

c) por isso mesmo, o legislador não pode condicionar o seu exercício;

d) esse direito surge com a realização de operação tributável em benefício do adquirente;

e) este (adquirente) passa a deter título jurídico (crédito) que poderá ser usado para abatimento de imposto a pagar (forma de pagamento — total ou parcial — de débito de ICM ou de IPI);

f) o crédito e o débito são entidades distintas e inconfundíveis, emergentes de fatos diversos, submetidos a regimes autônomos'' (*RDT*, vol. 46, p. 80).

A dicção constitucional não impõe que o crédito esteja vinculado a um determinado bem adquirido e só possa ser mantido se o produto final (em que tenha sido utilizado, integrado ou participado) for tributado, também gerando débito de IPI.

Com efeito, a expressão ''operações anteriores'' para a Constituição significa, isto sim, o *conjunto de operações negociais*, todas relativas a produtos dos quais, precedentemente, *participou como adquirente, o contribuinte que hoje promove novas operações* (*RDT*, vol. 46, p. 82).

O critério jurídico que tem a virtude de implicar no nascimento do direito ao crédito abrange a pessoa participante das operações anteriores, nada tendo a ver com a mesma natureza dos bens (insumos, materiais, produtos, etc.).

No momento em que é realizada a operação anterior é que nasce o direito constitucional ao crédito, que não pode sofrer deformações de qualquer natureza, nem condicionar-se ao tipo de operação que futuramente venha a ser realizada.

Dessa forma, ''mantém-se os créditos de IPI nas operações (posteriores) isentas, ou sujeitas à alíquota zero, ou imune, por qualquer modo não tributadas, eis que os montantes que se pretende deduzir do imposto devido pelo contribuinte resultam de legítimas ''operações'', pelas quais foram adquiridos os produtos ou mercadorias para aplicação em atividade industrial ou comercial'' (*RDT*, vol. 46, p. 86).

E a juridicidade dessa postura (no âmbito do IPI) encontra amparo constitucional porque, somente em se tratando de ICMS — também prestigiado pelo princípio da não cumulatividade — é que a Constituição (§ 2º do art. 155, II, e suas alíneas) tornou prejudicado o direito ao crédito no caso de isenção ou não incidência.

Importante relembrar que o referido preceito fora introduzido no ordenamento jurídico, pela via da Emenda

Constitucional n. 23/83 (à anterior Constituição de 1967), com eficácia a partir de 1.1.84, obstando diretriz do STF que permitia o direito ao crédito do ICM na importação de matéria-prima isenta (RE 105.680-1 — 1ª T — Rel. Min. Rafael Mayer — sessão de 31.5.85, *DJU* de 21.06.85 e RE 104.725-9-SP-2ª. T — Rel. Min. Francisco Rezek — sessão de 6.12.85, *DJU* de 7.3.86).

Por decorrência lógica, infere-se que, estando o ICMS e o IPI submetidos ao mesmo princípio, e tendo o legislador constituinte somente excepcionado (restringido) o abatimento para os casos de ICMS, tal direito é pleno para o IPI, mesmo nos casos de operações isentas, sujeitas à alíquota zero, imunes; enfim, não sujeitas à tributação.

É legítimo o crédito de IPI na importação de bens de capital.

Contribuição de intervenção no domínio econômico pode ser substituída por IPI?

A CF/88 caracteriza as contribuições como tributos, em razão de sua natureza (receitas derivadas, compulsórias), e por consubstanciarem princípios peculiares ao regime jurídico dos tributos, que se encontram esparramados ao longo do discurso constitucional.

O artigo 149 outorga competência à União para "instituir *contribuições sociais, de intevenção no domínio econômico,* como instrumento de sua atuação nas respectivas áreas, observado o disposto nos arts. 146, III e 150, I e III, e sem prejuízo do previsto no art. 195, § 6º., relativamente às contribuições a que alude o dispositivo".

Sacha Calmon afirma que "são aplicáveis às contribuições parafiscais (art. 149) todo um rol de princípios tributários. É preciso, contudo, examinar a questão levando em conta as espécies de contribuição existentes no quadro da Constituição de 1988: as sociais, as corporativas e as interventivas".

Enfaticamente assinala o autor que "nos termos do art. 149 da CF, as contribuições parafiscais em geral estão submetidas aos princípios retores da tributação, e às normas gerais de Direito Tributário, isto é, ao CTN. São, pois, ontológica e normativamente tributos. Em relação a elas incidem os princípios da legalidade, anterioriedade, intertempo de noventa dias, irretroatividade e os conceitos de tributo, lançamento, obrigação, etc., enfeixados no CTN" (*Comentários à Constituição de 1988 — Sistema Tributário*, 3ª ed., Forense, 1991, p. 38).

Pondera Misabel Derzi que o art. 149 "veio espancar definitivamente quaisquer dúvidas em torno da natureza tributária das contribuições", determinando "de forma expressa e literal que se apliquem às contribuições os mais importantes princípios constitucionais tributários — da legalidade e da irretroatividade — além de todas as normas gerais de direito tributário" ("Contribuições", *RDT*, vol. 48, pp. 222-3).

Afirma Paulo de Barros Carvalho "não é de agora que advogamos a tese de que as chamadas contribuições sociais têm natureza tributária ... subordinando-se em tudo e por tudo às linhas definitórias do regime constitucional peculiar aos tributos" (*Curso de Direito Tributário*, p. 35).

A Constituição de 1988 eliminou grande parte prática da citada controvérsia, na luz de Alberto Xavier, "pois não só incluiu expressamente as contribuições no capítulo VI — "Do Sistema Tributário Nacional" — ao lado dos impostos, das taxas, das contribuições de melhoria, dos empréstimos compulsórios, como também explicitou quais os princípios e garantias constitucioinais a que deverão se submeter (...)", acrescentando que "nenhuma dúvida pode hoje subsistir quanto à natureza tributária das contribuições'' (*Temas de Direito Tributário*, p. 25).

É de se atentar para a circunstância de que a CF não estabelece uma determinada materialidade para as contribuições em causa (como negócio jurídico para imposto, serviço público ou exercício do poder de polícia para taxa), sendo qualificadas, exclusivamente, pela sua finalidade.

Conforme leciona Roque Carrazza, ''em seu art. 149, a Constituição não apontou a regra matriz destas ''contribuições''; antes, contentou-se em indicar as *finalidades* que devem atingir, a saber: a) intervenção no domínio econômico ... o legislador ordinário da União está autorizado, pelo Texto Magno, a instituir quaisquer tributos (impostos, taxas ou contribuição de melhoria), para atender a uma destas finalidades, desde que não invada a competência tributária dos Estados, dos Municípios ou do Distrito Federal, nem atropele os *direitos fundamentais do contribuinte''*. *(Curso de Direito Constitucional Tributário*, 6ª ed., Malheiros Editores, 1994, pp. 313/4).

E, arremata seu pensamento: ''se a União acabar instituindo um adicional do IPI, para, por exemplo, intervir no domínio econômico, ele deverá obedecer às regras da *seletividade em função da essencialidade do produto e da não-cumulatividade*'' (ob. cit., p. 314, nota 97).

Como pressuposto lógico, também devem respaldar-se nos fatos geradores e bases de cálculos delineadas em lei complementar (arts. 46 e 47 do CTN), enquanto que a alíquota será fixada em lei, ficando facultado ao Executivo promover suas alterações (nos limites da lei), de conformidade com o § 1º do art. 153 da CF.

Em conclusão, entendo que contribuição social de intervenção no domínio econômico pode ser substituída por IPI, mediante obediência aos critérios básicos deste tributo.

Podem as corporações profissionais exigir contribuição, mediante resolução ou ato interno seu?

As contribuições sociais, de interesses das categorias profissionais ou econômicas, como instrumento de sua atuação nas respectivas áreas (art. 149 da CF-88) são consideradas tributos, uma vez que a própria Carta Magna determina a aplicação de diversos princípios tributários.

Em sendo assim, devem ser previstos em lei todos os elementos integrantes da norma, que institui referida contribuição, em obediência ao princípio da estrita legalidade (art. 150, I, III, ''a'' e ''b'' da CF), explicitado no CTN (art. 97).

Portanto, necessariamente, a lei deve definir o fato gerador, fixar alíquota e base de cálculo, bem como indicar o sujeito passivo das contribuições.

As contribuições às associações profissionais (ou sindicais), previstas no art. 8º da CF, não revestem natureza tributária, porque revelam nítido caráter facultativo uma vez que seu inciso V dispõe que ''ninguém será obrigado a filiar-se ou a manter-se filiado a sindicato''.

Observo que o fato de não haver sido feita referência à ''associação profissional'' não a desiguala dos sindicatos, uma vez que o *caput* do preceito expressamente estipula que ''é livre a associação profissional ou sindical'', em preciso termo de equivalência.

Por conseguinte, os elementos integrantes de tal contribuição são decididos e fixados por decisões internas, como se colhe do inciso IV do art. 8º da CF-88, ''verbis'': ''a assembléia-geral fixará a contribuição que, em se tratando de categoria profissional, será descontada em folha, para custeio do sistema confederativo da representação sindical respectiva, independentemente da contribuição prevista em lei".

Criteriosamente, Roque Carrazza elucida que "se tal "contribuição" não é criada em lei, não se confunde com a criada em lei (que é tributo) e ninguém está compulsoriamente obrigado a pagá-la (já que inexiste, no Brasil, o dever de sindicalizar-se ou de permanecer sindicalizado), devemos forçosamente reconhecer que, no caso, estamos diante de uma figura de direito privado, que não se confunde com o tributo ora em estudo" (*Curso de Direito Constitucional Tributário*, cit., p. 313).

Respondo: podem as corporações profissionais, onde está prevista a liberdade de associação (art. 8º da CF), exigir contribuição, mediante resolução ou ato interno seu.

O ICMS integra a base de cálculo do IPI?

A base de cálculo constitui o aspecto fundamental da estrutura de qualquer tipo tributário, por conter a dimensão da obrigação pecuniária, tendo a virtude de quantificar o objeto da imposição fiscal, como seu elemento nuclear, o verdadeiro cerne da hipótese de incidência normativa (Becker).

Os demais elementos normativos também são assaz importantes na fixação dos componentes da relação jurídica, como as figuras do credor e devedor, as coordenadas de tempo e espaço, e, obviamente as materialidades.

No entanto, a grandeza contida no tributo, transformada em expressão numérica, só é factível pelo conhecimento preciso da base imponível, caracterizadora do *quantum* devido pelo contribuinte.

Geraldo Ataliba define como "uma perspectível dimensível do aspecto material da h.i. que a lei qualifica, com a finalidade de fixar critério para determinação, a em cada obrigação tributária concreta do *quantum debeatur* (*Hipótese de Incidência Tributária*, cit., p. 10).

E, de modo mais incisivo, aponta: "a importância da base imponível é nuclear, já que a obrigação tributária tem por objeto sempre o pagamento de uma soma em dinheiro, que somente pode ser fixada em referência a uma grandeza prevista em lei e ínsita no fato imponível, dela decorrente, ou com ela relacionada" (ob. cit., p. 105).

O fato da CF não ter, especificamente, indicado as bases de cálculo do tributo, não significa, de nenhum modo, que o legislador ordinário esteja livre para quantificá-las, como melhor lhe aprouver. A materialidade de cada tributo, por si só, é suficiente para medir normativamente, o *quantum* a ser devido pelo sujeito passivo da obrigação.

Os fatos, atos, operações, situações e estados — que constituem tais materialidades — contêm ínsitas grandezas econômicas que passam a ser reveladas ou explicitadas pelo editor da norma impositiva, que não pode pautar-se por comportamento aberto na escolha de índices, magnitudes, parâmetros valorativos da base de cálculo, que não guardem íntima correlação com o princípio da capacidade econômica.

No caso específico do IPI, a base de cálculo deve representar a grandeza, a quantificação compreendida na operação (negócio jurídico) relativa a produtos industrializados, realizada pelo fabricante do bem.

E o valor da operação com bens industrializados só pode ser constituído por elementos relativos à sua produção, compreendendo matérias-primas, produtos intermediários, materiais auxiliares e de embalagem, despesas, inclusive frete (se for o caso), com eventual acréscimo de margem de lucro. Quaisquer impostos incidentes sobre tais insumos, ou operações, são elementos estranhos aos custos/despesas/lucro da operação.

E o ICMS representa verba pertencente aos Estados e ao Distrito Federal, sendo o contribuinte do IPI um mero arrecadador. Não tem a natureza de valor intrínseco ao produto industrializado, sob a ótica constitucional, que o caracteriza claramente como tributo. Não pode o legislador ordinário determinar sua inclusão no cálculo do IPI.

O ICMS não integra a base de cálculo do IPI porque não se compreende como elemento participante da produção, constituindo tributo, cuja titularidade é do poder público.

Tratado internacional, em matéria tributária, pode exonerar tributos estaduais?

Examina-se a aplicação das regras contidas nos tratados internacionais celebrados pelo Brasil e incorporados à ordem jurídica interna, relativamente aos preceitos normativos nacionais, especialmente no que concerne às desonerações tributárias (integrais ou parciais).

O CTN estabelece que:

"Art. 98. Os tratados e as convenções internacionais revogam ou modificam a legislação tributária e serão observados pelas que lhes sobrevenha".

O antigo GATT (Acordo Geral sobre Tarifas Aduaneiras e Comércio) integrado ao direito positivo nacional (Decreto Legislativo n. 42/50 e Lei Federal n. 4.138, de 17.9.92) dispôs o seguinte:

"2. Os produtos de qualquer parte contratante importados por outra parte contratante, não estão sujeitos, direta ou indiretamente, a impostos ou outros tributos internos de qualquer espécie, superiores aos que incidem, direta ou indiretamente, sobre os produtos nacionais. Além disso, nenhuma parte contratante aplicará de outro modo, impostos ou encargos internos a produtos nacionais, contrariamente aos princípios estabelecidos no §1º.

....

"4. Os produtos de território de uma parte contratante que entram no território de outra parte contratante, não usufruirão tratamento menos favorável que o concedido a produtos similares de origem nacional no que diz respeito às leis, regulamentos e exigências relacionadas com a venda, oferta para venda, compra, transporte, distribuição e utilização no mercado interno. Os dispositivos deste parágrafo não impedirão a aplicação de tarifas de transporte internas diferenciais, desde que se baseiem exclusivamente na operação econômica dos meios de transporte e não na nacionalidade do produto".

Objetivando estabelecer tratamento tributário uniforme entre os países signatários do Acordo internacional, para que pudessem competir com os produtos internos, o STF fixou a diretriz seguinte: "A mercadoria importada de país signatário do GATT, ou membro da ALALC, estende-se a isenção do imposto de circulação de mercadorias concedida a similar nacional" (Súmula 575).

Posteriormente, veio a ser editada a Emenda Constitucional n. 23/83, que acrescentou o § 11 ao art. 23 da Constituição de 1967, nos termos seguintes:

"O imposto a que se refere o item II incidirá, também, sobre a entrada, em estabelecimento comercial, industrial ou produtor, de mercadoria importada do exterior por seu titular, inclusive quando se tratar de bens destinados a consumo ou ativo fixo do estabelecimento".

Em razão de tal preceito constitucional, a Fazenda do Estado de São Paulo passou a pugnar pela inaplicabilidade da mencionada Súmula, porque contrastaria com a mudança no ordenamento jurídico interno e que não teria sido objeto de emenda ao acordo internacional.

O STF, em diversas decisões, manteve a diretriz consubstanciada em sua súmula, como se colhe dos arestos seguintes:

"Ementa — ICM. Isenção reconhecida perante a lei estadual e subsistente após o advento da Emenda 23 de 1983, que, ao acrescentar o § 11 ao art. 23 da Constituição de 1967, editou norma de explicitação de competência do Estado e não regra de instituição direta de imposto ou proibitiva de isenção. Precedentes do Supremo Tribunal Federal (RREE 113.145, 114.296, 116.818 e 120.390, entre outro)" — RE n. 116.748-3 — 1ª T. Rel. Min. Octavio Gallotti — *DJU* de 20.9.91, Lex, vol. 155, p. 208/211).

No que concerne à importação de bens destinados ao *ativo fixo*, o STF decidiu:

"Ementa. ICM. Importação de maquinário destinado a integrar ativo fixo da empresa. GATT. Constituição Federal de 1969, Artigo 23, § 11, Súmula 575.

"A tese sufragada pelo acórdão recorrido está amparada na jurisprudência do Supremo Tribunal Federal, orientada no sentido de que não existe incompatibilidade entre o art. 23, § 11 da Constituição anterior, e o reconhecimento da isenção do ICM a produto importado de país signatário do GATT cujo similar nacional goza de idêntico benefício. Orientação expressa na Súmula 575. Recurso extraordinário não conhecido" (RE 115.624-4/210-SP — 1ª T. Rel. Min. Ilmar Galvão — j. 24.4.91 - *DJU* de 11.10.91 — Lex vol. 34, p. 126 a 129).

"Constituição. Tributário. ICM. GATT. Isenção. Emenda Constitucional n. 23, de 1983.

"I — Isenção de similar nacional. Súmula n. 575 — STF. A incidência inscrita no § 11 do art. 23 da Constituição (Emenda Constitucional n. 23, de 1983) não interfere com a isenção do ICM ao produto importado de país signatário do GATT, quando isento o similar nacional.

"II — Recurso não conhecido" (RE 130.765 — 2ª T — Rel. Min. Carlos Velloso — j. 7.5.91 — *RTJ* vol. 147, p. 302).

O STJ observou idêntica trilha jurídica ao expedir a Súmula n. 20, "verbis":

"A mercadoria importada de país signatário do GATT é isenta do ICM, quando contemplado com esse favor o similar nacional".

Além da "isenção", também pode ser aplicado o instituto do *diferimento* do ICMS (constante da legislação interna) às importações de produtos signatários do GATT, como se colhe dos julgados seguintes:

"Imposto — Circulação de Mercadorias e Serviços — Suplemento Vitamínico (vitamina B12) importado de país signatário do GATT. Diferimento. Similaridade com o produto nacional. Ocorrência. Artigo 98 do Código Tributário Nacional e Súmula n. 575 do Supremo Tribunal Federal. Hipótese ademais de documento comprobatório (guia de importação) da destinação exclusiva do produto pecuária e na avicultura. Interpretação e aplicabilidade do artigo 168-F, § 1, inciso III, do RICM, acrescido pelo Decreto Estadual n. 31.335 de 1988. Segurança concedida. Recursos não providos. Voto vencido" (Ap. Civ. n. 117.911-5-2 — Santos — 10ª Cam. Civ. do TJSP, — Rel. Des. Aroldo Viotti — Lex vol. 134, p. 126/9).

Em caso assemelhado, o mesmo TJSP analisou a aplicação do "diferimento" e também situação atinente à *redução da base de cálculo*, a saber:

"7. De outro lado, incide no caso o enunciado da Súmula n. 575 da Suprema Corte, que não foi alterado pela Emenda Constitucional n. 23, de 1983, conforme decisões do Pretório Excelso no sentido de que aquela súmula continua invocável (*RT*, vol. 650/23), e recentes decisões do Colendo Superior Tribunal de Justiça amparam esta conclusão, como a que, embora se refira à base de cálculo, assentou que "além de induvidosa a redução da base de cálculo para os concentrados e suplementos destinados à produção de ração animal nas operações internas, a Emenda Constitucional n. 23 de 1983, que acrescentou o § 11 ao art. 23 da Constituição da República de 1967, não revogou o GATT, como não contrariou o enunciado da Súmula n. 575 do Supremo Tribunal. Recurso provido" (Recurso Especial n. 4.610, São Paulo, julgado em 17.12.90, pela Colenda Segunda Turma, sendo Relator o eminente Ministro Américo Luz, *in DJU* de 25.02.91, p. 1.458)" (Ap. Civ. n. 182.650-2 — Santos — 11ª C. Civ. — Rel. Des. Gildo dos Santos — Sessão de 12.3.92, *Lex* vol. 136, pp. 171/3).

Recentemente, o STJ decidiu:

"Ementa. Tributário. ICM. GATT. Máquinas importadas. Ativo Fixo das empresas.

"Confere-se direito à redução na base de cálculo do ICM na importação de máquinas destinadas a integrar o ativo fixo da empresa, já que idêntico benefício é reconhecido ao similar nacional" (REsp 7.755-0 — SP — 2ª T — Rel. Min. Hélio Mosimann — j. 7.02.94 — *RSTJ* (58) 181.445 — junho de 1994 — pp. 215-8).

Entretanto, a simples existência de Tratado não constitui causa suficiente para eliminar-se, ou minorar-se carga tributária incidente na importação, eis que deve existir autêntica similaridade com o produto nacional, principalmente no que tange à sua destinação.

O TJSP já entendeu o seguinte: "Imposto — Circulação de mercadorias e serviços — Aves — Importação de país signatário do GATT, para servirem de matrizes para aquelas que comercializa no País — Diferimento concedido ao similar nacional — Inaplicabilidade — Concessão que implicaria em verdadeira isenção, por cuidar-se de mercadoria destinada ao ativo fixo — Exigibilidade do imposto, no entanto, na efetiva entrada das aves no estabelecimento do importador e não quando do desembaraço aduaneiro — Recurso não provido" (Ap. Civ. 207.047-2 — 13ª C. Civ. — Rel. Des. Gilberto Gama — j. 17.8.93 — *Lex* vol. 148, pp. 66/8).

O mesmo ocorre, em se tratando de características ou situações específicas referentes ao produto nacional, "verbis":

"O benefício fiscal que a Embargante postula com apoio na Súmula 575 da jurisprudência predominante do Supremo Tribunal Federal não pode ser deferido, já que sua situação não se equipara àquela prevista na cláusula 1ª do Convênio ICM n. 3/80. Com efeito, este facultou aos Estados e ao Distrito Federal concederem crédito presumido de ICM de até 80% do valor do tributo devido, incluídos nesse limite os valores dos insumos, às saídas de maçãs do estabelecimento em que tiverem sido produzidas, excetuadas as remessas com destino a estabelecimento nacional para utilização como matéria prima. Ora, no caso, as maçãs foram importadas pelo Embargante da República da Argentina, para revenda. Logo, as maçãs de que se trata não irão sair do estabelecimento em que foram produzidas, já que não foi a Embargante que as produziu. O crédito presumido de até 80% se reveste de natureza eminentemente subjetiva, ou seja, não se dirige propriamente ao produto e sim especificamente ao produtor nacional, objetivando estimular a produção de maçãs. Não há, pois, como argumentar com tratamento discriminatório entre as maçãs nacionais e as importadas de países signatários do GATT ou participantes da ALADI" (Ap. Civ. 219.646-2/7 da 11ª C. Civ. do TJSP — Rel. Des. Pinheiro Franco — j. 18.8.94 — *Repertório IOB de Jurisprudência* 18/94, p. 352).

Situação constitucional específica pode, eventualmente, constituir um complicador para a continuidade da diretriz constitucional, de conformidade com a interpretação que se proceder do preceito seguinte:

"Art. 151. É vedado à União:

....

III — instituir isenções de tributos da competência dos Estados, do Distrito Federal ou dos Municípios".

Extinguiu-se a denominada "isenção heterônoma" que permitia ao Legislativo da União tratar de desoneração tributária cuja competência fosse de outra pessoa jurídica de direito público. Assim, considerando que as isenções de ICMS têm nascedouro em Convênios, celebrados e ratificados pelos Estados (Lei Complementar n. 24 de 7.1.75), a União não mais poderia dispor sobre a isenção.

Todavia, há que se distinguir as diferentes participações da União — como entidade nacional, no âmbito do direito internacional, e como pessoa jurídica interna — no mesmo nível das demais entidades federativas (estados, Distrito Federal e municípios).

A Constituição estabelece competência exclusiva do Congresso Nacional para resolver definitivamente sobre tratados, acordos ou atos internacionais que acarretem encargos ou compromissos gravosos ao patrimônio nacional (art. 49, I), outorgando-se competência privativa ao Presidente da República para celebrar os tratados, as convenções e atos internacionais, sujeitos ao referendo do Congresso Nacional (art. 84, VIII).

Ensina Roque Carrazza que "no plano internacional, a (União) representa a totalidade do Estado brasileiro, isto é, atua perante o "direito das gentes" em nome da República Federativa do Brasil, exercendo seus direitos e cumprindo seus deveres. Sob este enfoque, concentra a soberania da Nação, que exerce, em pé de igualdade, perante os demais Estados independentes (art. 21, I e II da CF). Desfruta, pois, da chamada personalidade do "direito das gentes", que é negado aos Estados que a compõem". (*Curso de Direito Constitucional Tributário*, 2ª ed. RT, 1991, p. 77).

Sacha Calmon demonstra que "a proibição de isenção heterônoma na ordem interna não deve ser utilizada como argumento para impedir que a República Federativa do Brasil disponha sobre o regime tributário de bens e serviços tributados pelo ICMS em encerros de tratado internacional"... firmando as conclusões seguintes:

"a) A Constituição reconhece o tratado como fonte de direitos;

"b) O tratado, assinado pelo Presidente ou Ministro plenipotenciário e referendado pelo Congresso, empenha a vontade de todos os brasileiros, independente do Estado em que residam;

"c) O CTN assegura a prevalência do tratado sobre as legislações da União, dos Estados e dos Municípios;

"d) A proibição de isenção heterônoma é restrita à competência tributária exonerativa da União como ordem jurídica parcial e não como Pessoa Jurídica de Direito Público Externo;

"e) O interesse nacional sobreleva os interesses estaduais e municipais internos e orienta a exegese dos tratados;

"f) A competência da União para celebrar tratados em nome e no interesse da República Federativa do Brasil não fere a teoria do federalismo, se é que existe, ante as diversidades históricas das federações, nem arranha o federalismo arrimado na Constituição do Brasil de 1988" ("Tratados internacionais em matéria tributária" (perante a Constituição Federal do Brasil de 1988)", *RDT* 59, pp. 189/190).

E, prossegue o autor: "pode-se extratar, ainda, a submissão do ICMS, aos tratados, examinando-se o rol avantajado de temas a ele pertinentes que podem ser versados por lei complementar ...".

"Pode o Congresso Nacional definir nas transações internacionais (o ICMS incide na importação de mercadorias e serviços), quem seja, sob determinadas circunstâncias, contribuinte do imposto, para adequar a fiel observância dos tratados em matéria fiscal da Nação como um todo à realidade interna. As isenções, como se sabe, podem resultar do manejo do sujeito passivo da obrigação. A política tributária, seja em razão da formação de mercados comuns, como o Mercosul, seja em razão das técnicas de livre comércio partejadas e acordadas no GATT, não pode ser embaraçada pelas veleidades dos Estados-Membros, que o nosso federalismo não tem viés histórico, como o americano e o suíço" (ob. cit., p. 192).

Oportunas as diretrizes firmadas por Miguel Reale: "geralmente se pratica o erro de pensar que o Estado Brasileiro é a União, quando a União é efetivamente um dos aspectos internos do Estado Brasileiro. Para quem focaliza o Brasil, digamos assim, considerando-o de fora, como um todo, não existem Municípios, nem Estados, nem União: existe apenas e tão-somente a pessoa jurídica unitária do Estado Brasileiro" (*Lições Preliminares de Direito*, 13ª ed., Saraiva, 1986, p. 235).

O Ministério da Fazenda analisou profundamente a questão dos Tratados Internacionais perante a Constituição Federal de 1988 e a possibilidade de conceder isenções de impostos estaduais e municipais, especialmente as isenções concedidas por acordo firmado com a Itália (Decreto n. 431 de 20.1.92).

Nesse sentido, firmou as seguintes conclusões:

"II — quanto ao pleito dos executores dos projetos financiados pelos italianos ao amparo do Acordo-Quadro Brasil-Itália, solicitando a isenção dos impostos incidentes sobre a importação de bens italianos a serem utilizados nesses projetos, procede em relação aos impostos federais (II e IPI), bem como ao imposto estadual (ICMS).

....

IV — sendo a União competente para representar a República Federativa do Brasil nos tratados internacionais, ela agirá dotada de soberania, podendo, inclusive, conceder isenção de impostos federais, estaduais e municipais" (*RT* 5 — outubro-dezembro de 1993 — Cad. de Dir. Trib., pp. 186/191).

De tudo resulta que, à luz do texto constitucional, os Tratados Internacionais (tanto os já ratificados e em vigor como aqueles que decorram da OMC — Organização Mundial do Comércio, Mercosul, entre outros que também venham a ser celebrados) possuem hierarquia normativa sobre a legislação interna (federal, estadual e municipal), representando a própria vontade e interesse de todos os jurisdicionados da União, Estados e Municípios. Em matéria tributária, podem exonerar tributos estaduais.

Fabricante de veículos que não recolhe ICMS do substituto pratica crime?

I — Considerações Gerais

Trata-se do exame de imputação de responsabilidade penal (do fabricante do veículo), por obrigação tributária de terceiro (concessionário), que não praticou o fato gerador do ICMS, mas que tem vinculação indireta com o real contribuinte.

É cediço que o sujeito passivo deve decorrer naturalmente do fato imponível, da materialidade descrita hipoteticamente, na norma jurídica. A referida "ficção" só pode estar situada pelo legislador dentro de uma certa realidade do sistema jurídico, permeada pelos princípios da segurança, certeza e do direito de propriedade, uma vez que o patrimônio dos particulares só pode ser agredido ou desfalcado por fatos efetivamente existentes e que contenham ínsita a capacidade contributiva.

Na substituição — num plano "pré-jurídico" — o legislador afasta, por completo, o verdadeiro contribuinte que realiza o fato imponível, prevendo a lei, desde logo, o encargo da obrigação a uma outra pessoa (substituto), que fica compelida a pagar dívida de terceiro (substituído).

Johnson Barbosa Nogueira pensa da forma seguinte: "Somente o processo técnico de ficção pode explicar adequadamente o fenômeno da substituição tributária. Por escolha legislativa é atribuído a uma pessoa a que não se refere o fato-signo erigido em hipótese de incidência, mas com alguma vinculação a este fato, como se tal fato a ela se referisse. Por ficção legal, o substituto passa a ter relação direta com este fato, embora realmente fosse outra pessoa cuja renda ou capital é fato signo-presuntivo a hipótese de incidência".

E aponta que a "utilização da ficção pelo legislador tributário deve ser parcimoniosa, e, no caso de instituição de contribuinte substituto do imposto, há de respeitar o princípio da capacidade contributiva, e, conseqüente, a vinculação da pessoa eleita substituto à pessoa que seria o sujeito passivo natural (o substituído), de modo a permitir ao contribuinte repercutir o ônus do imposto até a pessoa do substituído" (*RDT* 21-22/90-113).

Na substituição *regressiva* a lei atribui responsabilidade ao adquirente de uma determinada mercadoria, por razões de comodidade, praticidade ou pela circunstância do verdadeiro contribuinte não manter organização adequada de seus negócios.

Nas operações com sucata, por exemplo, é comum exigir-se o ICMS do industrial que adquire tais mercadorias, em lugar do próprio sucateiro (verdadeiro contribuinte). Caracteriza-se o fenômeno do "diferimento", ou seja, postergação da exigência tributária para momento ulterior do ciclo mercantil.

Aceitável a juridicidade desse expediente legislativo, uma vez que se verificam, concretamente, todos os elementos componentes do fato gerador da obrigação tributária.

Na substituição *progressiva* o legislador indica uma pessoa responsável pelo recolhimento de um determinado valor (rotulado como tributo), relativamente a fato futuro e incerto, com alocação de valor, também incerto.

Há definição, por antecipação, do sujeito passivo de uma obrigação não acontecida, como é o caso em pauta, exigindo-se do fabricante de veículo o recolhimento do ICMS concernente a operação que, provavelmente, no futuro, deverá ser realizada por concessionária com consumidor final.

II — Legislação anterior à EC/93

Antes da edição da norma epigrafada, tinham vigência diversos diplomas legais (arts. 121, I, II e 128 do CTN; art. 6, § 3, alíneas a, b e c da Lei Complementar n. 44 de 7.12.83 e art. 25, I e II do Convênio ICM-66 de 14.12.88) procurando dar sustentação jurídica à figura da substituição tributária.

Geraldo Ataliba e Aires Barreto — em parecer sobre a questão — contestaram esta modalidade de transferência da responsabilidade sob os argumentos seguintes:

"a) viola o princípio da tipicidade tributária — corolário da estrita legalidade tributária — porque importa a exigência de ICMS antes da ocorrência do fato imponível (antes da saída do álcool carburante do estabelecimento produtor);

b) viola o princípio da não-cumulatividade que garante o aproveitamento dos créditos do imposto incidente nas operações anteriores, assegurando, com isso, a atribuição de certa carga ideal de ICMS a cada contribuinte promovente de operação por ele alcançada;

c) viola o preceito constitucional atributivo de competência tributária aos Estados-membros, que — ao definir o "fato-signo presuntivo de riqueza" sobre o qual poderá ser instituído o ICMS — já indica, de modo induvidoso, o destinatário legal do tributo, vale dizer, o sujeito passivo tributário, com o quê;

d) viola o princípio da capacidade contributiva, por importar oneração do patrimônio daquele que é o destinatário legal tributário na medida de fato de outrem e não na medida revelada pelo fato tributário a seu cargo" ("Substituição e Responsabilidade Tributária", *RDT*, vol. 49, pp. 73/96).

Alcides Jorge Costa analisou a Lei Complementar n. 44/83 e o instituto da substituição — diante da edição dos §§ 9 e 10 do Decreto-lei n. 406/68, que permitiram *acréscimos de margem estimada de lucro*. Salientou que "inexiste substituição e que esta denominação só pode ser resultado de equívoco do legislador. Na verdade, nem o industrial, nem o atacadista, nem o produtor têm qualquer espécie de vínculo com as operações que o varejista realiza com terceiros. Está, pois, ausente uma nota característica essencial da substituição".

E enfatiza que "a margem de lucro do comerciante varejista é totalmente estranha à operação que o produtor, industrial ou comerciante atacadista realizam. Descaracterizada a base de cálculo, descaracterizado está o tributo. Nestas condições, a Lei Complementar 44/83 é contrária ao texto constitucional" ("ICM — Substituição Tributária — Responsabilidade por retenção e recolhimento por operações ainda não realizadas" — *RDT*, vol. 44, pp. 38/45).

Ainda, Roberto de Siqueira Campos observou que "não há necessidade de profunda análise desse dispositivo para se constatar a sua total inconstitucionalidade, pois ele: a) determina que não se deve considerar o real valor de venda praticado pelo varejista, mas sim uma grandeza econômica estabelecida por terceiros estranhos à compra e venda mercantil; b) permite que a "legislação" atribua, para efeitos de cálculo do imposto, o estabelecimento de uma presumida margem de lucro do estabelecimento varejista". ("ICMS — Substituição Tributária — Inconstitucionalidade" — *RDT*, vol. 52, p. 236).

O Superior Tribunal de Justiça firmou a diretriz seguinte:

"Constitucional. Tributário. ICMS. Leis Complementares (Decreto-lei n. 406/68 e Código Tributário Nacional), preexistentes à Constituição Federal e por ela recepcionadas. Convênios estaduais disciplinando a substituição tributária (66/88 e 107/89) e Conflitando Com a Legislação em Vigor. Impossibilidade.

No sistema jurídico-constitucional brasileiro, a promulgação de nova Constituição não acarreta, *ipso facto*, a ineficácia (ou revogação) da legislação preexistente, derrogando só aquela que, com ela, se mostre incompatível.

Por não conflitarem com a Carta Política de 1988, continuam em vigor, com hierarquia de Leis Complementares, o Decreto-lei n. 406/68 e o Código Tributário Nacional, no pertinente à disciplina do ICM (ICMS), o respectivo fato gerador e a base de cálculo (§ 5, do artigo 34 do ADCT).

Consoante a legislação em vigor (recepcionada pela Constituição), o sujeito passivo da obrigação tributária, em princípio, deve ser aquele que praticou o ato descrito como núcleo do "fato gerador" — ao qual é imputável a autoria do fato imponível.

O *substituto tributário*, em face da disciplina da legislação tributária (CTN, artigo 128), deverá ser sempre alguém "vinculado" ao "fato gerador", sendo de todo incabível que algum devedor ("estranho" em relação ao ato imponível) substitua outro que ainda não seja contribuinte relativamente à operação considerada.

O Convênio n. 66/88 (e 107/89), a pretexto de disciplinar o instituto da substituição tributária, já definido em Lei Complementar (CTN, artigo 128), instituiu hipótese de "antecipação" do ICMS, nas operações de venda de veículos automotores, em que: a) a base de cálculo é fundada em fictício e estimado valor de tabela; b) o pagamento do tributo (ICMS) é exigido antes da ocorrência do fato gerador, em concreto; c) o substituto tributário é um terceiro estranho ao fato imponível.

Ao instituir, *in casu*, a substituição tributária, mediante a antecipação do recolhimento do ICMS, o Convênio n. 66/88, desbordou-se da legislação de regência (Decreto-lei n. 406/68, artigo 1, § 1º e artigos 52 e 128 do CTN), quando se sabe, que por determinação de regra transitória da Carta Política (artigo 34, § 8º do ADCT), tem a função de regulamentar provisoriamente a incidência do ICMS tão só no dizente às lacunas existentes (na legislação recepcionada) e sobre matéria tratada em Lei Complementar não recebida, no todo ou em parte, pela Constituição Federal.

Recurso conhecido e improvido, por maioria de votos. (Recurso Especial n. 38.529-6/SP (93.0025008-6) — Relator Designado: Ministro Demócrito Reinaldo, Primeira Turma — Seção de 16.3.94 — *DJU* de 6.6.94, p. 14327).

III — A EC - 3/93 de 17.3.93

A Emenda estabeleceu:

"Art. 1 — Os dispositivos da Constituição Federal abaixo enumerados passam a vigorar com as seguintes alterações:

Art. 150 ....

§7º — A lei poderá atribuir a sujeito passivo da obrigação tributária a condição de responsável pelo pagamento ou contribuição, cujo fato gerador deva ocorrer posteriormente, assegurada a imediata e preferencial restituição da quantia paga, caso não se realize o fato gerador presumido".

Indaga-se: será que, finalmente, serão dirimidas todas as controvérsias acerca da substituição regressiva, e constitucionalizado o fato gerador futuro e presumido?

Entendo que não.

E o argumento fundamental para negar-se juridicidade e eficácia a esse preceito é a circunstância de que o preceito revisor da CF-88 não se compadece com a própria Constituição, "verbis":

Art. 60 ....

....

§ 4º — Não será objeto de deliberação a proposta de emenda tendente a abolir:

....

IV — os direitos e garantias individuais"

Trata-se de *cláusula pétrea*, prevista em diversos incisos do art. 5 da mesma CF, em especial no seu § 2º os direitos e garantias expressos nesta Constituição não excluem outros decorrentes do regime e dos princípios por ela adotados, ou dos tratados internacionais em que a República Federativa do Brasil seja parte.

Além disso, a Constituição Federal expressa os princípios fundamentais da sociedade brasileira, as garantias do regime republicano e, principalmente, o respeito à "segurança e certeza do direito", também postos como elementos estruturadores e balizadores de qualquer tipo de norma.

O preceito encartado na EC 3/93 — traduzindo fato gerador presumido — não representa mera regra excepcional que pudesse acomodar-se no ordenamento jurídico. Sua aceitação acarretaria ruptura de todo um sistema harmônico, coerente, de princípios e normas, ou seja, um verdadeiro caos jurídico, onde, em nome de aparente constitucionalidade, se pretenderia impor ônus tributários sobre riquezas inexistentes, fatos aleatórios, negócios jurídicos estimados.

É induvidoso que a Constituição não criou um modelo que pudesse permitir um disfarçado confisco de bens, estribado em negócios inexistentes, imaginários.

A engenhosa e cerebrina superação do apontado obstáculo constitucioinal — certamente irremovível — obrigaria à adoção de inúmeros mecanismos legais, de cunho operacional, para evitar qualquer tipo de prejuízo ao contribuinte.

O contribuinte que recolheu antecipadamente ICMS sobre venda que seria realizada no futuro e que não se concretizou (desistência do negócio ou extravio do bem), dificilmente terá condição de ressarcir-se do tributo "imediatamente" (no mesmo dia do evento), e, ainda, com a devida atualização (juros, correção e indenização devida pelo adiantamento de numerário). Tal procedimento objetivaria evitar o locupletamento ilícito, o enriquecimento sem causa por parte da Fazenda.

A propósito, Sacha Calmon vislumbra "ser necessário que a lei garanta àqueles que sofrem a tributação antecipada três ordens de providências legais:

"*Primus* — A imediata recuperação, indexada se for o caso, do imposto que compulsoriamente o substituto lhe cobrou, no caso de não vir a realizar o fato gerador suposto;

"*Secundus* — A compensação imediata do imposto retido a maior, se menor for o valor da operação, antes suposta;

"*Tertius* — O direito de o adquirente do substituído — se contribuinte for — aproveitar o crédito daquele imposto pago pelo substituto, para preservar o princípio da não-cumulatividade" (A substituição tributária por fato gerador futuro — Emenda n. 3 à Constituição de 88 — Repertório IOB de Jurisprudência 16/321, 1993).

De tudo resulta, ser inconstitucional a EC 3/93 (art. 150, § 7 da CF), por tratar de matéria vedada em âmbito revisional, dispondo sobre garantias e direitos individuais (art. 60, § 4º, IV). A instituição do fato gerador presumido, objetivado na substituição tributária regressiva, visa os princípios da segurança e certeza do direito, tipicidade, igualdade, capacidade contributiva, vedação de confisco e não cumulatividade.

IV — A figura criminal

A Lei Federal n. 8.137 de 27.12.90 dispôs:

"Art 2 — Constitui crime da mesma natureza:

....

II — deixar de recolher, no prazo legal, valor de tributo ou de contribuição social, descontado ou cobrado, na qualidade de sujeito passivo de obrigação e que deveria recolher aos cofres públicos".

Trata-se, objetivamente de falta de pagamento de tributo, retratando uma típica situação de mora, decorrente de valor tributário que tenha recebido de terceiro inerente a negócio jurídico realizado com esse mesmo terceiro.

Hugo de Brito Machado questiona a respeito da instituição de um tipo penal novo, diverso da figura da apropriação indébita, porque "o contribuinte não se apropria, porque o dinheiro lhe pertence, e não ao fisco, que é simplesmente credor" (*Temas de Direito Tributário II — Ilícito Tributário* — Ed. RT, p. 162).

Cogitando-se de definição como crime uma situação que corresponde a simples inadimplemento do dever de pagar, estar-se-ia afrontando a Constituição que veda a prisão civil por dívida, salvo a do responsável pelo inadimplemento voluntário e inescusável de obrigação alimentícia e a do depositário infiel (que não é o caso em exame), nos termos do art. 5, inciso LXVII da Carga Magna (ob. cit. p. 164).

Pensa aplicável a Constituição, como norma superior, evitando antinomia com a lei ordinária, apenas no caso de inadimplência de dívida, e não de práticas fraudulentas.

Argutamente, Gerd W. Rothmann pondera que "no inciso II do seu art. 2, a lei n. 8.137/90 introduz um tipo penal em que parece estar ausente o elemento subjetivo. Nas hipóteses nele previstas não há referência a dolo nem a culpa ou a intenção do agente, dando a impressão de tratar-se de casos de *responsabilidade objetiva*, semelhante à que o CTN prevê em relação às infrações meramente administrativas, o que seria completamente inadmissível" (A extinção da punibilidade nos crimes contra a ordem tributária — 3º Simpósio Nacional IOB de Direito Tributário — novembro de 1994 — SP — Impressão da IOB, p. 45).

Enfatiza que "as figuras delituosas descritas no inciso II do artigo 2 da Lei n. 8.137/90 são crimes materiais, que pressupõem o dolo específico, a intenção de lesar o Fisco. Daí decorre que o simples não-recolhimento no prazo legal não pode constituir crime, quando ausente o elemento subjetivo do tipo" (ob. cit. p. 45).

No seu conceber, o dolo especílfico só seria cogitável no caso do contribuinte "fazer declaração falsa", "omitir declaração sobre rendas, bens ou fatos" e "empregar outra fraude", o que incorre no exame do permissivo legal, não se podendo caracterizar "crime de não-recolhimento de tributo".

Outrossim, a sistemática constitucional do ICMS — apuração de efetivo saldo devedor do tributo após a compensação de créditos com débitos, em razão da aplicação do princípio da não-cumulatividade — não se adequa à figura objetiva do inciso II do art. 2 da Lei 8.137/90.

Realmente, o simples desconto ou cobrança, por si só, não ocasionam autêntica falta de recolhimento de tributo uma vez que é imprescindível transcorrer o regime periódico de apuração; podendo, até, verificar-se a existência de saldo credor, que permita desconto (ou compensação) em períodos subseqüentes.

Sob esse aspecto, Marco Aurélio Greco assinala que "se o agente fizer um novo lançamento irregular (eventualmente deixar de se debitar de ICMS numa operação) a conduta em tese poderia configurar o crime, mas como existe um "crédito acumulado" a favor do contribuinte, o efeito seria apenas o de diminuir este saldo credor mas não chegaria a haver, num primeiro instante, a redução de tributo devido. Será que estar-se-ia perante um crime impossível? Ou será que já se configura uma tentativa, posto que o efeito redutor da arrecadação irá ocorrer em período posterior? (Notas à legislação sobre crimes fiscais — 3º Simpósio IOB, p. 65).

Respondendo a questão: o fabricante de veículos que não recolhe ICMS do substituto não pratica crime porque (a) a substituição tributária apresenta eiva de inconstitucionalidade, ao estatuir a esdrúxula figura de fato gerador presumido (inexistente); (b) o tributo só se torna devido e existente após a apuração periódica de seu efetivo valor, mediante compensação de créditos e débitos, e (c) a simples falta de recolhimento de tributo — de caráter objetivo, e sem a existência de culpa ou dolo — constitui simples mora, com natureza de infração administrativa.

Importação para uso próprio é sujeita ao ICMS? E se o importador for pessoa física não contribuinte? Importação de veículo usado por particular está sujeita ao ICMS?

A CF-88 estabelece que o ICMS incidirá "sobre a entrada de mercadoria importada do exterior, ainda quando se tratar de bem destinado a consumo ou ativo fixo do estabelecimento, assim como sobre o serviço prestado no exterior, cabendo o imposto ao Estado onde estiver situado o estabelecimento destinatário da mercadoria ou do serviço" (art. 155, IX, a).

A utilização dos vocábulos "mercadorias", "bens (do ativo fixo ou para consumo)" e "estabelecimento", significam, exclusivamente, atividade empresarial, profissional, peculiar à pessoa jurídica.

Mercadoria representa o bem econômico utilizado pelo comerciante dentro do ciclo mercantil (da produção ao consumo), com o intuito lucrativo. A finalidade da compra e venda é elemento característico do conceito de mercadoria. Outro objetivo que venha a ser dado à coisa, desvirtuará tal conceito.

Aliomar Baleeiro observa que "no Brasil, o conceito de mercadoria é de caráter legal e vinculado à finalidade de compra para a venda", como se infere do artigo 191 do Código Comercial, quando estatui que "é unicamente considerada mercantil a compra e venda de efeitos móveis ou semoventes para os revender por grosso ou a retalho, na espécie ou manufaturados, ou para alugar seu uso, etc." ("ICM sobre importação de bens de capital para uso do importador", Rev. For, vol. 250, p. 143).

Ensina J. X. Carvalho de Mendonça que "as coisas quando objeto de atividade mercantil, por outra, quando objeto de troca de "circulação econômica" tomam o nome de mercadorias. *Commercium quasi commutatio mercium*. A coisa, enquanto se acha na disponibilidade do industrial, que a produz, chama-se produto, manufato ou artefato; passa a ser mercadoria logo que é objeto de comércio do produtor ou do comerciante por grosso ou a retalho; que a adquire para revender a outro comerciante ou ao consumidor, deixa de ser mercadoria logo que sai da circulação comercial e se acha no poder ou propriedade do consumidor" (*Tratado de Direito Comercial Brasileiro*, 3ª ed., v. V, parte I, n. 14, p. 18.

Aquele que compra um bem, como seu usuário final, não está, realmente, adquirindo uma mercadoria; e, mesmo que venha proceder sua venda, não poderá ser tipificado como comerciante, por faltar a característica profissional e o requisito da habitualidade.

Entretanto, o texto constitucional grava importações sobre outras espécies de bens que não sejam mercadorias, como aqueles destinados a "consumo" ou "ativo fixo" do estabelecimento.

Consumo compreende-se no desaparecimento, desgaste, imprestabilidade, perda do bem, em decorrência de sua utilização, unicamente compreensível sob o aspecto físico, sem qualquer conotação de natureza jurídica.

Ativo Imobilizado ou Ativo Fixo são expressões sinônimas que, na linguagem contábil, identificam o agrupamento de contas onde se registram os recursos investidos em direitos que tenham por objeto bens necessários à exploração do objeto social (capital fixo). As expressões são utilizadas em oposição a ativo circulante. Os bens integrantes do ativo imobilizado destinam-se, pois, a manter a própria fonte produtora dos rendimentos, enquanto os bens do ativo circulante representam dinheiro, créditos, ou bens que serão transformados em dinheiro durante o ciclo operacional. É o emprego ou destino do bem o elemento essencial à sua classificação contábil e legal. Todavia, o elemento tempo também é essencial para efeitos tributários" (Nilton Latarroca, *Direito Tributário, Imposto de Renda das Empresas*, Ed. Atlas, 1992, p. 375).

São classificados no Ativo Imobilizado bens e direitos destinados à manutenção das atividades da companhia e da empresa ou exercidos com essa finalidade, inclusive os direitos de propriedade industrial ou comercial. É o que prevê o artigo 179, inciso IV, da Lei n. 6.404/76. É, talvez, a mais simples das classificações do Ativo ..." (Ademar Franco, *Imposto de Renda das Pessoas Jurídicas*, Ed. Atlas, 1986, p. 227).

Entretanto, o importador (pessoa jurídica) pode realizar diversas outras operações de importação de bens, para uso próprio, sem que venham a constituir fato imponível do ICMS, como é o caso de *locação e arrendamento mercantil (leasing)*.

Realmente, nas situações enfocadas, as avenças não compreendem "mercadoria" (porque os bens envolvidos não serão objeto de comércio), nem "consumo" (os bens não desaparecerão), muito menos "ativo fixo" (impossível a contabilização por se tratar de bens de propriedade de terceiro).

Aliás, tais operações ficam sujeitas ao ISS, em razão de constarem da lista de serviços anexa à Lei Complementar n. 56 de 15.12.87: "locação de bens móveis, inclusive arrendamento mercantil" (item 79).

Assim, conjugando-se os preceitos contidos nos arts. 156, III e 155, IX b da CF-88, o ISS exclui a incidência do ICMS, tendo a Consultoria Tributária da Secretaria da Fazenda de São Paulo esclarecido o seguinte:

"... este Órgão Consultivo, em inúmeras oportunidades, já havia se manifestado no sentido de que as operações relativas ao arrendamento mercantil se encontravam fora do campo de incidência do ICM, e, ao nosso ver, com o advento do novel sistema tributário implantado pela Constituição Federal de 1988, permanecem as razões que nos levaram àquelas considerações. Assim, o enquadramento das operações de arrendamento mercantil, entre aquelas sujeitas ao ISS, a partir da edição da Lei Complementar n. 56 de 15.12.87 (anteriormente não estavam relacionadas na Lista de Serviços que fala o Decreto-lei n. 406/68) não sofreu qualquer modificação, aplicando-se sobre a matéria o disposto no § 5º das Disposições Constitucionais Transitórias da Constituição Federal de 1988".

E respondeu o seguinte:

"3.2 está correto o entendimento de que as empresas de arrendamento mercantil não são contribuintes do ICM;

3.3 na esteira do entendimento acima esposado, não haverá complementação de ICMS a ser pago neste Estado, quando de aquisição de bens destinados a arrendamento mercantil, por empresas de "leasing" aqui localizadas" (Consulta n. 552/89 de 17.09.90 formulada pela ABEL — *Associação Brasileira de Empresas de Leasing — ICM e ICMS Respostas da Consultoria Tributária*, organizado por Álvaro Reis Laranjeira, terceiro volume, Ed. LTr, pp. 181/185).

Portanto, em quaisquer tipos de operações envolvendo arrendamento mercantil de bens corpóreos (bem como as de locação), não há que se cogitar de ICMS, tanto nas circulações internas, como nas importações, por não configurarem "negócios mercantis", e, por conseqüência, "mercadorias"; e, ainda, pela circunstância de que não integrarão ativo fixo do estabelecimento importador e nem serão destinadas ao seu consumo.

Nas operações de importação, o importador utiliza a sistemática do "regime aduaneiro de admissão temporária", porque os bens ingressam no território nacional, aqui permanecem por um determinado período, e, normalmente (ao término do contrato), retornam ao exterior.

O Supremo Tribunal Federal já havia decidido o seguinte: "ISS. Arrendamento mercantil de coisas móveis (*leasing*). Incidência do imposto sobre serviços. Subsunção no item 52 da Lista de Serviços. Razoável o entendimento de que a prestação habitual pela empresa de serviço, consubstanciado no arrendamento mercantil (*leasing*) de bens móveis, está sujeito ao ISS, em correspondência à categoria prevista no item 52 da Lista" (RE 106.047-2-Rel. Min. Rafael Mayer — RTJ 116/181).

Nesta mesma trilha, o Superior Tribunal de Justiça: "EMENTA: Tributário. Imposto sobre Serviços (ISS) *Leasing*. Incidência do imposto. Precedentes do STF e deste STJ.

"Consoante jurisprudência predominante do egrégio Supremo Tribunal Federal e desta egrégia corte, a prestação habitual de serviço de leasing por empresa está sujeita ao ISS (subsunção do item 52 da Lista de Serviços anexa ao Decreto-lei n. 406/68). Embargos rejeitados. Decisão por mairoria" (ED 836-0 — Primeira Seção — Rel. Min. Demócrito Reinaldo, j. 7.12.93, RSTJ (58) 57.94, pp. 59 ss.).

E no que tange à importação o STJ entendeu que: "Não é lícita a exigência de ICMS na importação de aeronave, em face de contrato de arrendamento mercantil (*leasing*) celebrado no exterior".

(REsp 22.299-4 — 1ª T — Rel. Min. Cesar Rocha — j. 20.10.93, *DJ* de 22.11.93, p. 24.899).

Por conseguinte, a importação efetuada por pessoa física (não contribuinte — particular) não tem a mínima condição de ser erigida em hipótese de incidência do ICMS, porque, embora se pudesse conceber o seu "consumo" (situação referida no art. 155, IX, a da CF), não se trata de comerciante (profissional que transaciona com "mercadorias"), nem de empresa-pessoa jurídica (vinculada a conceito de "ativo fixo"), sequer de "estabelecimento".

A propósito, *estabelecimento* significa "o próprio local ou edifício em que a *profissão* vai ser exercida ou *negócio* vai ser instalado, de modo que passa a compreender todo um conjunto de instalações e aparelhamentos necessários ao desempenho da *profissão ou negócio*, inclusive o próprio edifício em que se instala" (De Plácido e Silva, *Vocabulário Jurídico*, Forense, 1966, volume II, p. 1963).

Estabelecimento é o complexo de bens, materiais e imateriais, que constituem o instrumento utilizado pelo comerciante para a exploração de determinada atividade mercantil (Oscar Barreto Filho em Teoria do Estabelecimento Comercial, 1969, p. 75).

É inaceitável a regra, de caráter excepcional, prevista no Convênio ICM 66/88 (art. 27, I, d) disposto que, à falta de estabelecimento destinatário, deverá ser considerado o do domicílio do adquirente, quando importada do exterior, ainda que se trate de bens destinados a consumo ou ativo fixo do estabelecimento.

Considerando que a CF-88 utilizou unicamente o termo "estabelecimento", não poderia norma inferior alargar referido conceito, equiparando-o a mero domicílio, que mantém estrita atinência a regras civis, ou seja, "o lugar onde a pessoa natural estabelece a sua residência com ânimo definitivo" (art. 31 do Código Civil).

A jurisprudência, todavia, é oscilante, pois, embora o STJ tenha decidido pela incidência (REsp 37.648-3, *DJ* de 11.9.93 e 3O.576-O, *DJ* de 21.3.94), o

Tribunal de Justiça de São Paulo tem proferido decisão divergente: "O ICMS incide na operação de importação de mercadoria por contribuinte, ou seja, pelo industrial, comerciante ou produtor, pessoa jurídica. A importação de aeronave feita pela pessoa física, que não se enquadra no conceito de mercadoria, nem de contribuinte, não se sujeita ao tributo" (AP. Civ. 167.452-29 — 16ª C.C. — Rel. Des. Climaco Godoy, j. 20.11.91).

O aresto invocado expende interessantes considerações acerca da figura do "estabelecimento", "do requisito da habitualidade", culminando com feliz argumentação: "Acresce, ainda, que levado às últimas conseqüências, o fato gerador ora questionado, qualquer entrada de mercadoria ou bem do exterior está submetida ao imposto estadual *seja uma simples barra de chocolate trazida para consumo próprio, ou uma caneta ou ainda peças de vestuário*, que por ocasião da chegada do particular ao aeroporto, só poderão ser desembaraçadas após o pagamento do imposto estadual *o que exigiria a absurda obrigação acessória de inscrição do turista eventual no Cadastro de Contribuintes do Estado*".

Destarte, conclue-se o seguinte:

a) a importação realizada por pessoa jurídica, destinada a consumo ou ativo fixo de seu estabelecimento está sujeita ao ICMS (art. 155, IX, a da CF 88); não havendo incidência tributária no caso do bem estar sendo negociado em regime de locação ou arrendamento mercantil (leasing);

b) a importação, promovida por pessoa física (não contribuinte ou particular), inclusive de veículo usado, não é fato gerador de ICMS porque o bem não constitui mercadoria, nem se destina a estabelecimento, que constitui elemento pertinente a empresa, e não se confunde com domicílio.

Cabem créditos de ICMS na aquisição de bens de capital. Pode a Lei (complementar ou ordinária) vedar a utilização de créditos?

A CF reza que o ICMS "será não-cumulativo", compensando-se o que for devido em cada operação relativa à circulação de mercadorias ou prestação de serviços com o montante cobrado nas anteriores pelo mesmo ou outro Estado ou Distrito Federal (art. 155, § 2, item I)".

A inteligência da norma constitucional permite firmar a tranquila diretriz de que o crédito (originário de aquisições de bens e serviços em operações anteriores) não pode constituir uma mera faculdade outorgada ao contribuinte, traduzida como um procedimento discricionário.

Como o débito deve ser exigido, lançado e satisfeito, o mesmo ocorre com o crédito, sem o que o princípio resultaria ineficaz, frustando-se a dicção constitucional.

Do mesmo teor as lições de Paulo de Barros Carvalho, "verbis": "é sabido que o sujeito passivo das obrigações do ICM tem interesse no aproveitamento do crédito, pelas implicações aritméticas que determinam uma diminuição do imposto líquido a recolher. *Ad argumentandum*, figuremos a hipótese em que a totalidade, ou expressiva maioria dos "contribuintes" desistissem de aproveitar seus créditos, pagando a quantia integral do tributo devido em cada operação. Nessa conjuntura, o cânone da não cumulatividade ficaria anulado, assumindo o ICM a fisionomia própria dos gravames de incidência "em cascata". A ordem imperativa encartada no artigo 23, inciso II (CF-67) tornar-se-ia inoperante e o imposto cumulativo. O absurdo da conclusão mostra, com cores vivas, o descabimento da premissa". (*A regra matriz do ICM,* inédita, 1981, p.376).

E, arremata: "O primado da não-cumulatividade é uma determinação constitucional que deve ser cumprida, assim por aqueles que dela se beneficiam, como pelos próprios agentes da Administração Pública. E tanto é verdade, que a prática reiterada pela aplicação cotidiana do plexo de normas relativas ao ICM e ao IPI, consagra a *obrigatoriedade* do funcionário, encarregado de apurar a quantia devida pelo "contribuinte" de considerar-lhe os créditos, ainda que contra sua vontade" (ob. cit. p. 376).

Trata-se de duas categorias jurídicas distintas ("crédito" e "débito") que "desencadeiam relações jurídicas diferentes e independentes, nas quais credor e devedor se alternam. União e/ou Estados são credores (na primeira) e o contribuinte, na outra, e vice-versa no que tange à situação de devedores. Submetem-se, enfim, a princípios, critérios e regras de interpretação totalmente distintas" (Ataliba e Cleber Giardino, ob. cit., *RDT*, vol. 46, p. 77).

Embora os créditos (gerados pelas aquisições de bens e serviços) só tenham efetiva operacionalidade no momento em que se compensam com os débitos (decorrentes de fatos geradores de ICMS), tal situação não significa, de modo algum, que os créditos não possam ser escriturados no momento em que se realiza a aquisição de bens e serviços.

Na análise do direito de abater, há que se ter em conta o sentido da expressão *montante cobrado*, que não pode ser interpretado literalmente, porque a efetiva cobrança (arrecadação) escapa ao conhecimento do adquirente das mercadorias, ou dos serviços.

Considerando os diversos motivos pelos quais um contribuinte deixa de recolher o ICMS (esquecimento, falta de suporte financeiro, questionamento), ou o fisco de lançá-lo (no prazo decadencial de cinco anos) é elementar entender-se que a "prévia cobrança" (ou liquidação do tributo) não constitui pressuposto essencial do direito ao crédito.

A intelecção da norma pauta-se no sentido da existência de uma anterior operação, ou prestação, sendo de todo irrelevante exigir-se ato de cobrança ou prova da extinção da obrigação, mesmo porque o prazo legal para a realização de tais atos pode ser maior do que o período para a fruição normal do crédito fiscal.

No mesmo caminho Alcides Jorge Costa: "o vocábulo "cobrado" não pode ser entendido no sentido de concretamente exigido..." e que "o sentido de cobrar só pode ser o de incidir" (ICM na Constituição e na Lei Complementar, Res. Trib., 1978, p. 156).

A única vedação ao crédito está prevista, de forma expressa no texto constitucional:

"II — a isenção ou não incidência, salvo determinação em contrário na legislação;

a) não implicará crédito para compensação com o montante devido nas operações e prestações seguintes;

b) acarretará a anulação do crédito relativo a operações anteriores" (art.155).

O alcance, o efeito e os limites da regra constitucional restritiva, devem ser hauridos da lição de Tércio Sampaio Ferraz: "para que não sejamos obrigados a afirmar que o Constituinte estabeleceu um conflito antinômico, cabe uma interpretação restritiva das regras contidas nas alíneas "a" e "b", do inciso II, § 2º do art. 155; e que o critério da especialidade implica que estas regras só devam valer para aqueles casos excepcionais que não provoquem uma quebra no telos protegido pelo princípio da não-cumulatividade" (*Interpretação e Estudos na Constituição de 1988*, São Paulo, Ed. Atlas, 1990, p. 63).

Portanto, sempre que uma operação e prestação forem isentas, ou não se configurar hipótese de incidência do ICMS (como situações estranhas ao negócio mercantil ou aos serviços de transporte e de comunicações), o adquirente de tais mercadorias, ou de serviços, não poderia apropriar os respectivos créditos do valor tributário.

Entretanto, a integração de bem no "ativo imobilizado" (*bem de capital*) ou "utilização para uso ou consumo", do estabelecimento, não podem implicar em vedação ao crédito, porque a não-cumulatividade opera-se diante de operações-operações e não confrontando imposto-imposto.

Estas situações não mantêm nenhuma equivalência à apontadas restrições constitucionais, porque, em realidade — no momento em que nasce o direito ao crédito — não se verifica nenhuma subseqüente operação, por parte do contribuinte (titular do estabelecimento).

Os bens adquiridos para utilização e/ou industrialização, tributados pelo ICMS, conferem o respectivo direito ao crédito por ocasião de suas aquisições. Em momento ulterior, na hipótese de ocorrer operação isenta ou não incidente de ICMS e que cogitar-se-á da manutenção (ou não) do crédito gerado pela aquisição do bem de capital.

A Lei Complementar não pode, de forma alguma, conter disposição em sentido diverso do preceituado pela constituição, face o princípio da supremacia desta e do sistema escalonado de normas.

À Lei Complementar cabe, exclusivamente, "disciplinar o regime de compensação de imposto" (art. 155, XII, c), isto é, estabelecer um procedimento que objetive operacionalizar a sistemática da "não-cumulatividade"; jamais torpedeá-lo ou limitar, restringir ou cercear os direitos públicos subjetivos (contitucionais), erigidos como um autêntico estatuto do contribuinte.

A Lei Complementar objetiva explicitar a norma constitucional, caracterizando-se como lei nacional que fundamenta, inspira e permeia as legislações federal, estadual e municipal, não possuindo efetivo caráter inovatório, mas meramente regulatório, tornando claros, práticos e operacionais, os comandos constitucionais.

A lei ordinária também retira seu fundamento de validade da Constituição — que pode ser disciplinado (ou explicitado) por lei complementar — e, por conseguinte, não pode suprimir o direito ao crédito oriundo de jurídicas operações de aquisição de bens.

Ademais, constata-se a existência de regra excepcional na parte final do inciso II do art. 155 da CF, no dispor que "salvo determinação em contrário da legislação"; o que significa que a isenção ou não incidência do ICMS pode até (a contrário senso do contido nas alíneas "a" e "b" do mesmo inciso III) permitir o crédito em operações ou prestações seguintes, como sua manutenção relativamente às anteriores.

Portanto, cabem os créditos de ICMS na aquisição de *bens de capital*, por decorrerem de legítimas operações mercantis com incidência do imposto; que podem ser mantidos enquanto não ocorrer nenhuma futura operação com previsão de não incidência ou isenção (art. 155 II, b).

A lei (complementar ou ordinária) não pode vedar direito público subjetivo, de índole constitucional, porque só são dotadas de competência para disciplinar o regime de compensação de impostos (art. 155, XII, c) e para integrar na ordem jurídica estadual.

Em que casos não cabem créditos de ICMS?

I — A não-cumulatividade objetiva evita a superposição de cargas tributárias que possam advir da incidência de impostos dentro de um ciclo operacional, em situação multifásica, impedindo o duplo, triplo, etc, pagamento sobre a mesma base.

A determinação constitucional é realizada mediante a apropriação dos valores tributários incidentes sobre legítimas aquisições de bens, e prestações de serviços de transporte interestadual/intermunicipal e comunicação, anteriores, corporificados na figura de "créditos" (de natureza financeira), tendo como sujeito ativo o contribuinte; compensatório com "débitos" de operações mercantis e os referidos serviços (de natureza fiscal), figurando como sujeito ativo a Fazenda.

O direito ao crédito não se condiciona ao efetivo pagamento de ICMS em operações, ou prestações, anteriores, só encontrando ressalva no próprio texto constitucional (art. 155, § 2º., II, a e b), que veda a fruição de crédito no caso de isenção ou não incidência em negócio jurídico anterior, ou determina sua anulação no que concerne a operação ou prestação seguinte.

A apuração do montante de imposto a recolher deve atender a um determinado período (normalmente mensal), nada impedindo a fixação de termo diverso (decendial, semestral ou anual).

O que não é válido aceitar é a restrição a "mercadoria ou serviço" ou à vista de "cada operação" (na forma prevista no Convênio ICM 66/88, art. 29, itens II e III), uma vez que a CF-88 nada limita ou condiciona; antes, estabelece diretriz de créditos/débitos.

Gilberto de Ulhoa Canto observa que "o contribuinte tem direto incontrastável de reduzir o montante a ser por ele recolhido em conseqüência de cada operação de que resulta a saída por ele promovida, mediante abatimento, desse montante, da totalidade do ICM pago no mesmo período por aqueles outros contribuintes que lhe forneceram mercadorias ou matérias primas tributadas. Nesse sentido é a jurisprudência do STF, que considerou constitucional leis de Estados que, por diferentes razões e através de diversos caminhos, pretenderam restrigir ou reduzir os totais abatíveis ("ICM. Não Cumulatividade. Abatimento Constitucional", *RDT*, vols. 29/30, p. 205).

Ponderaram Geraldo Ataliba e Cleber Giardino que "tanto a operação que faz surgir o direito de crédito, como a que determina o nascimento do débito — embora devam ter por objeto mercadorias e/ou produtos industrializados, genericamente considerados — não supõem que tais produtos ou mercadorias sejam os mesmos; que dizer, a relação que a Constituição estabelece é *entre duas simples operações* sucessivas e não entre operações sucessivas respeitantes à *mesma* mercadoria ou ao *mesmo* produto industrializado" (ob. cit., *RDT*, vol. 46, p.80).

E, prosseguem "o elo de ligação — entre operação atual e operações anteriores — não, é, destarte, a presença da *mesma mercadoria ou do mesmo produto* (ainda porque, como na generalidade dos casos, não é rigorosamente, o "mesmo bem", que figura nessa seqüência de fatos") (p. 81).

E advertem: "não é, ao contrário do que gratuitamente se tem dito, a natureza específica da mercadoria ou do produto, o referencial jurídico deflagrador desses correspectivos direitos — a Constituição — não determina que o "crédito (relativo às operações anteriores) é assegurado apenas quando se cuida de negócios com os *mesmos* bens adquiridos que, agora são objeto de nova operação (de revenda). considera, isso sim, *a pessoa do contribuinte*, do partícipe das operações — atual e anteriores — porque a ele é que endereçou a sujeição e a titularidade, respectivamente, desses direitos recíprocos" (p. 82).

Inaceitável, ainda, a fixação (ainda que por convênios) de "opção" de percentagem determinada, a título de imposto cobrado nas operações anteriores (Conv. ICM 66/88, art. 29, § 1º), ou as malsinadas pautas.

O crédito deve representar o exato e mesmíssimo valor do ICMS, referente ao negócio jurídico realizado pelo contribuinte (aquisição de bens e serviços). Referida porcentagem poderá até revelar praticidade, sem dúvida, mas, certamente, não corresponderá ao "valor do crédito" que a CF impõe seja apropriado, para obediência ao princípio da não-cumulatividade, que não pode remanescer ao livre arbítrio (ou discricionariedade) de quaisquer das partes na relação jurídica tributária.

II — *Os bens adquiridos para utilização e/ou industrialização — matérias-primas, materiais auxiliares, de embalagem, produtos intermediários* — tributados pelo ICMS, conferem o direito ao crédito, por ocasião de suas aquisições.

Argumenta-se que o critério jurídico norteador do direito ao crédito consiste na vinculação física dos bens materiais aos processos de fabricação. Tais bens deveriam ser consumidos (ainda que de forma parcial ou paulatina), nas operações de industrialização, compreendendo-se o desgaste, o desbaste, o dano, a perda das propriedades físicas ou químicas, condicionando-se a ação direta do mesmo sobre o produto em fabricação, ou deste sobre o insumo.

Esta matéria é controvertida no que concerne à apropriação dos créditos relativamente a bens que tenham a característica primordial de ferramentas, partes e peças de máquinas. Na prática, cada caso deve ser examinado de forma específica, de nada valendo a utilização de critérios apriorísticos, ou aplicação de meros preconceitos.

Distinguir entre ferramental leve ou pesado, o período de utilização (consumo direto, integral ou imediato), a natureza contábil, à espécie dos bens, ou à circunstância material (crédito físico ou financeiro), não permite solucionar a controvérsia, de nítida raiz constitucional.

Considerando que os créditos decorrentes de aquisiçes de bens corpóreos, e serviços, não se vinculam inexoravelmente aos débitos que possam implicar operações com os mesmos bens e serviços, é legítimo o crédito relativo à aquisição de bens de capital, independentemente da circunstância de virem (ou não) a ser objeto de utilização em subseqüentes operações (ou serviços) realizadas pelo mesmo contribuinte.

III — *A inidoneidade do contribuinte originário — cujas operações e prestações de serviços sejam permitidoras do crédito — ou meras irregularidades documentais*, por si só, também não seriam causa suficiente para restringir ou inibir o referido direito ao crédito.

Questões circunscritas ao contribuinte originário, às quais os adquirentes dos bens, ou tomadores dos serviços, são pessoas estranhas, e nem mesmo têm acesso — porque não lhes cabe o poder de polícia, de cunho fiscalizatório — competem exclusivamente ao poder público.

Tratando-se de "operações e prestações" praticadas e comprovadas pelo contribuinte, que estejam inseridas num ciclo negocial, não há que se impedir o direito ao crédito, sob a assertiva fiscalista de que o emitente das notas fiscais é inidôneo.

É um truismo dizer necessária, obrigatória, louvável sob todos os aspectos, a preocupação em coibir os negócios ilícitos, espúrios, e, sobretudo, sonegatórios que tenham o condão de implicar em meras transferências de créditos, simuladas em pseudo vendas de bens e prestações de serviços.

A superioridade do interesse público sobre o interesse privado constitui fundamental princípio de direito administrativo, haurido pela compreensão dos inúmeros postulados constitucionais.

A arrecadação dos tributos decorre da competência da pessoa jurídica de direito público interno, compreendendo um autêntico poder-dever, indispensável para atender à eficaz prestação de serviços públicos. Todavia, demais princípios constitucionais também devem ser obedecidos de modo coerente, harmônico e sistemático, para que a ação governamental não se torne desmedida, desrespeitando os direitos do contribuinte.

Nunca é demais repetir que, mediante a aquisição de um bem industrial, comercial ou determinado tipo de serviço, em regra, nasce para o empresário o direito ao crédito fiscal. Concretizado tal negócio jurídico, corporificado em nota fiscal (sempre que possível), o contratado pode escriturar os mencionados créditos de ICMS, independente da situação societária e financeira em que se encontra o fornecedor dos bens e serviços.

O que importa considerar é se a transação foi realizada com pessoa inscrita na repartição fiscal (justificada pela exibição da ficha cadastral), e, se existe amparo documental, de conformidade com os princípios norteadores da *teoria da aparência*.

A idoneidade em causa não pode, simplesmente, redundar em conseqüentes glosas de créditos fiscais na escrita dos adquirentes, se estes ignoram tal situação, isto é, se não houve publicação formal, oficial, do respectivo ato fazendário de bloqueio de inscrição fazendária.

O Tribunal da Justiça de São Paulo decidiu o seguinte: "Anulatória — Débito Fiscal — Autuação de negócios efetuados com empresas inidôneas — Prova da publicação da declaração de inidoneidade — Inexistência — Ato administrativo que só produz efeitos a partir de sua publicação no Diário Oficial — Anulação do auto de infração — Débito cancelado — Recurso provido". (AP. Civ. n. 146.787-2 — Décima Quarta Câmara Civil — Rel. Des. Marcus Vinicius — sessão de 10.10.89 — Lex vol. 124, p. 39/41).

Embora, se argumente que o ato administrativo concernente à inidoneidade documental revista natureza declaratória de irregularidade, é imprescindível sua publicacão para projetar os pretendidos efeitos jurídicos e não serem promovidos, unicamente, "interna corporis".

Celso Antônio Bandeira de Mello elucida:

"8. Ao travarem relação jurídica com ressonância fiscal os contratantes têm o dever de exibirem, um ao outro, suas Fichas de Inscrição de Contribuinte (FIC). Daí resulta participarem ambos de uma dupla situação jurídica, em reciprocidade, a saber: a) posição *passiva*, em relação ao outro, quanto ao dever de exibir documento; b) posição *ativa*, em relação ao outro, quanto ao poder de exigir a exibição dele. Conforme estejam em uma outra dentre as duas posições jurídicas que devem ocupar, reciprocamente, suas situações ante o Fisco são distintas. Ou seja:

a) *Que exibe* (isto é, enquanto nesta posição), assume perante o Fisco a responsabilidade pelo que exibiu — pois a outra parte nada mais pode fazer senão consultar e conferir formalmente o documento que lhe é apresentado, nisto ficando esgotado seu dever.

b) *Quem recebe as informações* (isto é, enquanto nesta posição) assume perante o Fisco a responsabilidade de *transmitir com fidelidade* os dados que consultou no FIC, validade e operatividade dele. Desde que o documento apresentado possua a correta exteriorização do FIC, continentes dos elementos que deve ter, só lhe assiste aceitá-lo. Sua posição é meramente a de quem exige da outra parte documento que a norma jurídica prevê. Sua função não é a de um investigador, nem a de um fiscal da Receita, nem a de um detetive, mas de um comerciante que *deve*, perante o Fisco, *colher* os dados que outrem está obrigado a lhe fornecer" ("Ilícito Tributário — Notas Frias", *RDT*, vol. 62, p. 26).

A propósito, as Constituições Federal — art. 37 — e Estadual (SP) — art. 111, são categóricas em impor à Administração Pública obediência ao "princípio da publicidade" de seus atos, em prestígio aos princípios da lealdade, evitação de surpresa, em plena e total transparência, própria de uma nação liberal e democrática.

Como é público e notório "a publicidade é a divulgação oficial do ato para conhecimento público e início de seus efeitos externos. Daí por que as leis, atos e contratos administrativos, que produzem conseqüências jurídicas fora dos órgãos que as emite, exigem publicidade para adquirirem validade universal, isto é, perante partes e terceiros" (Hely Lopes Meirelles, *Direito Administrativo Brasileiro*, p. 641).

Por decorrência lógica, os procedimentos pautados pelos contribuintes, tomadores de créditos de ICMS (em operações legítimas), antes que seja promovida a publicação oficial de declaração de inidoneidade, inexistência de empresa ou estabelecimento, bloqueio de inscrição, etc, encontram-se amparados pelos princípios que resguardam o direito adquirido, o ato jurídico perfeito, e a boa fé que preside as relações jurídicas.

Inserem-se na temática da insurgência à glosa fiscal centrada em imperfeição documental, os casos em que haja simples omissões ou incorreções, como, por exemplo, aqueles atinentes a dados cadastrais, placas e veículos.

Conquanto os documentos tenham o condão de retratar (e materializar) os atos jurídicos, não se lhes pode emprestar valor preeminente de modo a direcionar todo o direito (constitucional) ao abatimento.

Em certos casos, ainda, não se pode condicionar o direito ao crédito à existência de nota fiscal, como se vislumbra nas situações em que o vendedor das mercadorias se nega a entregá-las (inadimplência, falência), obrigando o adquirente a promover busca e apreensão judicial, compelindo o mesmo a proceder à entrega compulsória que, então, pode se realizar em amparo em nota fiscal.

IV — *O diferimento* apresenta características e peculiaridades que dificultam a compreensão do direito a crédito do imposto. Constitui uma técnica impositiva atinente ao deslocamento da exigência do tributo para momento posterior à ocorrência do originário fato gerador, com a imputação da responsabilidade de seu recolhimento por parte de terceiro.

É utilizado para operações de pequeno porte, ou realizadas por contribuintes sem estrutura empresarial, de proporções modestas ou mesmo sem um efetivo estabelecimento, objetivando a simplificação fiscal de determinadas atividades. O ICMS, assim, fica diferido para as operações posteriores, como remessa para outro Estado, exportação, industrialização, etc.

Reina divergência na doutrina acerca da natureza do diferimento (exclusão da oneração tributária na operação, com igual efeito da isenção, ou mero deslocamento de sua exigência), que, contudo, não impediu o Judiciário de distinguir isenção do diferimento, negando direito a crédito pelo adquirente dos bens como tributo diferido, não havendo ofensa ao princípio da não-cumulatividade (STF - RE 92.675-2- e RE 87.493).

V — *As operações isentas (desonerações diretas, benefícios e incentivos fiscais, créditos-prêmios, ressarcimentos em espécies, reduções de bases de cálculo)* não permitem ao adquirente dos bens, ou serviços, o crédito de ICMS.

VI — *A imunidade* acarreta a conseqüente vedação ao crédito por representar hipótese de não incidência constitucionalmente qualificada.

VII — Finalmente, há que se considerar que a tipificação de *"não incidência"* do ICMS — que não permitiria o conseqüente direito ao crédito — acaba por redundar em situação altamente complexa, tendo em vista as regras ordinárias e os conceitos extraídos da constituição, e que já vêm sendo aceitos pela doutrina e jurisprudência.

Normalmente, os legisladores ordinários estabelecem, como fato gerador do ICMS, quaisquer saídas de bens de qualquer natureza, independente de consubstanciarem *"operação (negócio jurídico)"* ou terem a natureza de *"mercadoria"*. No caso, usualmente, as simples "transferências" de "bens do ativo " são consideradas fatos imponíveis de ICMS.

Em conseqüência, os estabelecimentos da mesma empresa, ou de terceiros, que receberem referidos bens, poderão escriturar o ICMS, como crédito, para posterior abatimento com débitos.

Todavia, à luz da sistemática constitucional, diversas situações, movimentações, atos ou negócios , não se subsumem à hipótese de incidência do ICMS, como é o caso das *transferências, mudança de estabelecimento, venda do imobilizado, demonstração, venda de bem dado em penhor, consignação mercantil, conferência de bens ao capital da sociedde, cisão, arrendamento mercantil.*

Na mesma trilha jurídica, situam-se as saídas de bens do estabelecimento, provocadas por *incêndios, furtos, perecimento, destruição.*

Sob o enfoque doutrinário e pretoriano não seriam tributáveis tais situações, o que, por conseqüência, não confeririam direito ao crédito pelo adquirente dos bens nas situações apontadas.

É constitucional a edição de tabelas, com o preço dos veículos, pré-definindo a base calculada do IPVA? Podem tais tabelas desconsiderar o estado do veículo (exemplo: veículo "trombado" pagar o mesmo IPVA a que está sujeito outro, não acidentado?)

A determinação da base (calculada) do IPVA, em lei, é presunção "juris tantum" ou "jure et de jure"?

A base de cálculo compreende o elemento qualificador do fato gerador tributário, devendo corresponder ao exato valor do negócio, estado ou situação jurídica referente ao particular.

A segurança e a certeza do elemento jurídico (com subtrato econômico), a ser considerado para apuração do montante tributário, constituem um ideal constitucional para que os patrimônios dos particulares sejam onerados na medida exata do fato, ato, estado ou situação a que estejam vinculados.

Entretanto, nem sempre é possível criar regra tributária estabelecendo o valor certo e preciso do elemento a ser tomado em conta para cálculo do tributo. Se no ISS, por exemplo, não se questiona a respeito da simples menção a "preço do serviço", como base de cálculo para quantificação do imposto municipal, porque deflui da prestação de serviços realizada pelo contribuinte; em outro tributo (IPVA) a medida prevista em lei, provavelmente, não conseguirá ser condizente com a realidade.

Realmente, tendo a CF outorgado competência aos Estados, e ao Distrito Federal, para instituir imposto sobre a "propriedade de veículos automotores" (CF, art. 155, I, c) a lei ordinária só poderá estabelecer uma genérica base de cálculo, ou seja, o valor venal dos veículos.

E, neste sentido mesmo que o ato normativo contenha tabela especificando os mais diversos tipos de veículos, prevendo ano de fabricação, modelo, combustível, etc, certamente não estará refletindo a realidade de mercado uma vez que não é concebível a fixação de um prévio valor (certo e determinado).

Referida tabela, todavia, não pode ser erigida em dogma, em presunção absoluta (''jure et de jure''), de natureza irrefutável, intocável, que não pudesse admitir prova em sentido oposto.

Com efeito, qualquer tabela de valores de veículos insere-se na categoria de presunção ''juris tantum'', de natureza condicional ou relativa, que permite comprovação em sentido contrário. Para tanto, basta o proprietário do veículo demonstrar erro na determinação legal, mediante a prática de preços diferentes, situações específicas de mercado (lei da oferta e da procura).

Em termos estritamente constitucionais é totalmente inconcebível a base calculada, centrada em elementos meramente ideais, divorciados da realidade. O IPVA só poderia ser calculado pelo próprio contribuinte — a exemplo de inúmeros outros impostos — de conformidade com a situação física dos veículos e do seu respectivo mercado.

E a precariedade da tabela torna-se, ainda, mais gritante no que concerne à situação material em que se encontram os veículos (danificados, sem pintura, defeitos em parte elétrica, mecânica etc.)

Portanto, tais tabelas, quando muito, podem representar meros parâmetros, indicar valores aproximados; mas nunca, os reais preços dos veículos, diante das características que cada um deles apresenta.

Oportuno ressaltar que as ''presunções'', ainda que veiculadas por lei, traduzem meras suposições a serem consideradas em matéria de prova, suscetíveis de valoração e oposição. Não se compatibilizam com os princípios da legalidade e da tipicidade cerrada que compreende a enumeração exaustiva dos elementos da tributação *(numerus clausulus)*, exclusivismo (elementos suficientes) e determinação (conteúdo estabelecido na lei tributária), não permitindo acréscimo ao seu repertório.

Além disso, as presunções situam-se em âmbito jurídico diverso (processual-probatório), não contendo os imprescindíveis requisitos constitucionais de segurança e certeza — é importante repetir— que constituem valores máximos da ordem jurídica tributária.

Em conclusão, é inconstitucional a edição de tabelas, com preço de veículos pré-definidos, uma vez que não se revestem dos elementos de segurança, certeza e exatidão que devem conter a base de cálculo do IPVA, e porque não representam as características específicas e a situação física de cada um deles.

A determinação da base (calculada) do IPVA, em lei, é presunção ''juris tantum'', porque constitui mero valor estimativo dos veículos, permitindo prova em sentido contrário no caso de constatada diferente situação de mercado ou características físicas dos veículos.

IX CONGRESSO BRASILEIRO DE DIREITO TRIBUTÁRIO

Presidente: PROFESSOR EDUARDO BOTTALLO

CONFERÊNCIAS

PROF. ALCIDES JORGE COSTA
PROF. FERNANDO ALBINO DE OLIVEIRA
PROF. LUCIANO DA SILVA AMARO
PROF. MARÇAL JUSTEN FILHO

COMISSÃO ORGANIZADORA

Presidente: PROFESSOR AIRES BARRETO

Antonia Aparecida Pereira, Antônio José da Costa, Carlos Ari Sundfeld, Carlos Mario Filho, Eliana Barbieri Bertachini, Esdras Dantas, Fátima Proença, Fugimi Yamashita, José Artur Lima Gonçalves, José Geraldo Jardim Munhoz, Luiz Alberto Bettiol, Marcelo Figueiredo, Malvina Corujo A. Lopes, Maria Leonor Leite Vieira, Maria Salete Camargo Nascimento, Maurilio Schmmitd, Natanael Martins, Paulo Ayres Barreto, Pedro Luciano Marrey Jr., Pérsio de Oliveira Lima, Ramiro Heise, Raquel Novaes, Rosoléa Miranda Folgosi, Valdir Oliveira Rocha, Wanderley Federighi.

MESAS DE DEBATES

Professores: Aires Barreto — Alcides Jorge Costa — Américo Lacombe — Anna Emília Cordelli Alves — Arnaldo Malheiros Filho — Carlos Velloso — Célio Batalha — Celso Antônio Bandeira de Mello — Diva Malerbi — Eduardo Bottallo — Elizabeth Carrazza — Estevão Horvath — Eugênio DoinVieira — Fernando Albino de Oliveira — Geraldo Ataliba — Heitor Regina — Heron Arzua — José Carlos Dias — José Eduardo Soares de Melo — Lúcia Figueiredo — Luciano da Silva Amaro — Luiz Francisco Silva Carvalho Filho — Marçal Justen Filho — Misabel Derzi — Ormezindo Paiva — Osiris Azevedo Lopes Filho — Paulo Frontini — Paulo de Barros Carvalho — Roque Carrazza — Sacha Calmon — Sidney Saraiva Apocalipse — Souto Maior Borges — Tércio Sampaio Ferraz Júnior — Wagner Balera.

COMISSÃO DE TRABALHOS E PREPARATÓRIA DO PLENÁRIO

Presidente: ESTEVÃO HORVATH

José Eduardo Soares de Melo, Paulo Ayres Barreto,
Sidney Saraiva Apocalipse, Antônio José da Costa, Wagner Balera,
Pérsio Oliveira Lima, José Artur Lima Gonçalves e Roque Carrazza

GALERIA DE HONRA

I CONGRESSO BRASILEIRO DE DIREITO TRIBUTÁRIO
(16 a 20 de março de 1981)
Presidente: Min. Xavier de Albuquerque
Conferencistas:
Min. Miguel Seabra Fagundes, Prof. Gilberto Ulhôa Canto e Prof. Celso Antônio Bandeira de Mello.

II CONGRESSO BRASILEIRO DE DIREITO TRIBUTÁRIO E O SEMINÁRIO COMEMORATIVO "20 ANOS DO CÓDIGO TRIBUTÁRIO NACIONAL"
(3 a 6 de dezembro de 1986)
Presidente: Prof. Paulo de Barros Carvalho
Conferencistas:
Prof. A. R. Sampaio Dória, Prof. Geraldo Ataliba e Prof. Paulo de Barros Carvalho.

III CONGRESSO BRASILEIRO DE DIREITO TRIBUTÁRIO
(9 a 11 de novembro de 1988)
Homenageado: Prof. Cléber Giardino
Conferencistas:
Min. Carlos Mário Velloso, Hector Villegas, Gilberto Ulhôa Canto, Souto Maior Borges, A. R. Sampaio Dória, Lúcia Valle Figueiredo, Roque Carrazza, Sacha Calmon, Américo Lacombe, Diva Malerbi e Sebastião Oliveira Lima.

IV CONGRESSO BRASILEIRO DE DIREITO TRIBUTÁRIO
(12 a 14 de junho de 1989)
Presidente: Prof. Dr. José Souto Maior Borges
Conferencistas: Prof. Paulo de Barros Carvalho, Prof. Aires Barreto, Prof. Roque Carrazza, Prof. Alberto Xavier, Prof. Alcides Jorge Costa, Prof. Gilberto Ulhôa Canto, Min. Carlos Mário Velloso, Prof. A. R. Sampaio Dória, Prof. Osiris A. Lopes Filho, Profa. Misabel Derzi e Prof. Geraldo Ataliba.

V CONGRESSO BRASILEIRO DE DIREITO TRIBUTÁRIO
(24 a 26 de abril de 1991)
Presidente: Prof. Aires Barreto
Conferencistas: Prof. Hector Villegas, Prof. Ferreiro Lapatza e Min. Carlos Mário Velloso.

VI CONGRESSO BRASILEIRO DE DIREITO TRIBUTÁRIO
(16 a 18 de setembro de 1992)
Presidente: Min. Carlos Mário Velloso
Homenageado: Prof. A. R. Sampaio Dória
Conferencistas: Prof. Alberto Xavier, Prof. Geraldo Ataliba e Profa. Misabel Derzi.

VII CONGRESSO BRASILEIRO DE DIREITO TRIBUTÁRIO
(15 a 17 de setembro de 1993)
Presidente: Prof. Roque Carrazza
Conferencistas: Min. Francisco Rezek, Prof. Paulo de Barros Carvalho e Prof. Sacha Calmon.

VIII CONGRESSO BRASILEIRO DE DIREITO TRIBUTÁRIO
(14 a 16 de setembro de 1994)
Presidente: Profa. Misabel Derzi
Conferencistas: Prof. Humberto Medrano (Peru), Prof. Roque Carrazza, Prof. Aires Barreto e Prof. Souto Maior Borges.

Impressão e acabamento
Gráfica e Editora FCA
Tel. (011) 419-0200

RDT 64

VIII CONGRESSO BRASILEIRO DE DIREITO TRIBUTÁRIO: SESSÃO SOLENE DE ABERTURA • CONFERÊNCIA MAGNA — A ISONOMIA TRIBUTÁRIA NA CONSTITUIÇÃO FEDERAL DE 1988 — **José Souto Maior Borges** • MESA DE DEBATES — DIREITO PENAL TRIBUTÁRIO • CONFERÊNCIA MAGNA — A PROGRESSIVIDADE NA ORDEM TRIBUTÁRIA — **Roque Antonio Carrazza** • MESA DE DEBATES — TRIBUTOS FEDERAIS • MESA DE DEBATES — TRIBUTOS ESTADUAIS • CONFERÊNCIA MAGNA — VEDAÇÃO AO EFEITO DE CONFISCO — **Aires Barreto** • MESA DE DEBATES — TRIBUTOS MUNICIPAIS • MESA DE DEBATES — INOVAÇÕES NO SISTEMA TRIBUTÁRIO • SESSÃO SOLENE DE ENCERRAMENTO • *IX CONGRESSO BRASILEIRO DE DIREITO TRIBUTÁRIO:* QUESTÕES — **Geraldo Ataliba** • TAXA DE POLÍCIA — DESCARACTERIZAÇÃO POR VIOLAÇÃO DO PRINCÍPIO DA LEGALIDADE E PELA INADEQUAÇÃO DE SUA BASE IMPONÍVEL: UM CASO CONCRETO — **Eduardo Bottallo** • ICMS — NATUREZA JURÍDICA DOS CONVÊNIOS DE ESTADOS-MEMBROS — INCONSTITUCIONALIDADE CONTINUADA — **Sacha Calmon** • MERCOSUL E TRIBUTOS ESTADUAIS, MUNICIPAIS E DISTRITAIS — **Roque Antonio Carrazza** • LIMITAÇÕES TEMPORAIS DA MEDIDA PROVISÓRIA: A ANTERIORIDADE TRIBUTÁRIA — **José Souto Maior Borges** • MODELOS JURÍDICOS DA TRIBUTAÇÃO BRASILEIRA — **Wagner Balera** • ISS — NÃO INCIDÊNCIA SOBRE FRANQUIA — **Aires Barreto** • IPI — IMPOSSIBILIDADE JURÍDICA DE SE UTILIZAR O IMPOSTO SOBRE PRODUTOS INDUSTRIALIZADOS EM TRIBUTAÇÃO DIFERENCIADA DO AÇÚCAR PARA PRODUTORES DO SUL E DO NORDESTE — **Misabel de Abreu Machado Derzi** • ISS E AS ATIVIDADES DE "FRANCHISING" — **Marçal Justen Filho** • CRÉDITOS DE ICMS E IPI — **Heron Arzua** • TRATADO INTERNACIONAL, EM MATÉRIA TRIBUTÁRIA, PODE EXONERAR TRIBUTOS ESTADUAIS — **Estevão Horvath e Nelson Ferreira de Carvalho** • QUESTÕES — **José Eduardo Soares de Mello**.

MALHEIROS EDITORES